Schriftenreihe
der Juristischen Schulung

Band 69

Fälle zum Besonderen Schuldrecht

von

Dr. Dr. h. c. Hans Josef Wieling †
em. o. Professor an der Universität Trier
Richter am Oberlandesgericht Koblenz a. D.

und

Dr. Thomas Finkenauer, M. A.
o. Professor an der Eberhard-Karls-Universität Tübingen

8., neu bearbeitete Auflage 2019
des von Heinrich Honsell und Hans Josef Wieling
begründeten Werkes

C.H.BECK

www.beck.de

ISBN 978 3 406 73013 9

Wilhelmstraße 9, 80801 München
Druck und Bindung: Nomos Verlagsgesellschaft
In den Lissen 12, 76547 Sinzheim
Satz: Druckerei C. H. Beck, Nördlingen

Gedruckt auf säurefreiem, alterungsbeständigem Papier
(hergestellt aus chlorfrei gebleichtem Zellstoff)

Vorwort zur 8. Auflage

Den Text der achten Auflage habe ich aktualisiert, neue Literatur und Rechtsprechung eingearbeitet. Die bewährte Konzeption des Buchs, ausführliche Lösungen zu geben und gleichzeitig relevanten Lernstoff zu vermitteln, habe ich beibehalten. Fall 2 – der „Fliesenfall“ – entfällt ersatzlos, weil der seit dem 1.1.2018 geltende § 439 III BGB die Rechtslage klärt. Stattdessen wurde ein Fall zum Bürgschafts- und Werkvertragsrecht als Fall 7 aufgenommen. Für Verbesserungsvorschläge der Leser bin ich dankbar.

Tübingen, im November 2018 *Thomas Finkenauer*

Vorwort zur 4. Auflage

In der vierten Auflage ist der Mitbegründer des Werkes, Heinrich Honsell, auf eigenen Wunsch ausgeschieden; für seine Vorarbeiten sind wir ihm dankbar. Den Anteil Honsells hat Thomas Finkenauer übernommen. Insbesondere dieser Teil des Buches, das Vertragsrecht, ist von der Schuldrechtsreform betroffen und machte daher weitgehende Überarbeitungen der Fälle erforderlich. Die Fälle sind als Übungsaufgaben für fortgeschrittene Studenten gedacht, der vorgeschlagene Lösungsweg ist keineswegs als der einzig richtige und denkbare zu verstehen, sondern als ein möglicher. Denn juristische Probleme sind keine mathematischen Aufgaben, die nur ein richtiges Ergebnis zulassen; juristische Probleme stehen der wertenden Betrachtung offen. Nur in diesem wohlverstandenen Sinne kann man die vorgeschlagenen Lösungen als „Musterlösungen“ bezeichnen. Hingewiesen sei auch auf die Tatsache, dass die Lösungen nicht immer den Vorgaben entsprechen, wie sie als Prinzipien für Klausuren und Hausarbeiten aufgestellt sind; sie sind z. B. nicht immer im vorgeschriebenen deduktiven Gutachtenstil verfasst. Längere Erörterungen im Gutachtenstil werden leicht umständlich und langatmig; zudem ist zu bedenken, dass die vorliegenden Fälle nicht nur das Lösen juristischer Probleme einüben sollen, sondern darüber hinaus wie ein Lehrbuch auch materielles Recht vermitteln wollen.

Trier, im Juli 2002 *Hans Josef Wieling/Thomas Finkenauer*

Aus dem Vorwort zur 1. Auflage

Die Technik der Falllösung kann, sowenig wie Methode überhaupt, allein durch abstrakte Regeln gelernt werden. Wie überall, so macht auch hier nur Übung den Meister. Was für den Arzt der Patient ist, ist für den Juristen der Fall. Nur am Fall kann man die Kunst des juristischen Argumentierens lernen. In der Konfliktsituation wird durch Heranziehung des Gesetzes und durch Abwägen der Gründe und Gegengründe eine Lösung gefunden. Die Fallbearbeitung ist deshalb das unerlässliche Komplement zum Lehrbuchstudium. Wir empfehlen dem Leser nachdrücklich, zunächst selbst eine Lösung zu entwerfen und erst danach die Musterlösung durchzuarbeiten. Wer das Richtige nicht auf Anhieb trifft, wird aus Fehlern lernen.

Der Schwierigkeitsgrad entspricht in etwa dem des Referendarexamens. (...) Natürlich wird im Examen die Lösung nicht in der hier gebotenen Ausführlichkeit verlangt. Die Erläuterungen dienen der Vertiefung und dem Nacharbeiten. Die Anordnung folgt der Systematik des Gesetzes. Das Besondere Schuldrecht gehört zu den zentralen Materien des Zivilrechts. In dem zur Verfügung stehenden Rahmen konnten nicht annähernd alle Probleme dieses Gebietes erörtert werden. Bei der Auswahl haben wir uns von dem Gesichtspunkt der Examensrelevanz leiten lassen. Der Schwerpunkt liegt demgemäß auf Kauf, Miete und Werkvertrag sowie auf den gesetzlichen Schuldverhältnissen.

Salzburg und Trier, im Mai 1979 *Heinrich Honsell/Hans Josef Wieling*

Inhaltsverzeichnis

Vorwort zur 8. Auflage V
Vorwort zur 4. Auflage V
Aus dem Vorwort zur 1. Auflage VI
Abkürzungsverzeichnis IX
Literaturverzeichnis XI

Fall 1. Ein günstiger Gebrauchtwagen
Begriff des Sachmangels – Beschaffenheitsvereinbarung – Nacherfüllung beim Stückkauf – Rücktritt – Minderung – Abtretung und Ausschluss der Gewährleistungsrechte – AGB 1

Fall 2. Die unrentable GmbH
Unternehmenskauf – Rechtskauf – Sachmängelhaftung – Rückgriff des Unternehmers 13

Fall 3. Der Brand in der Boutique
Garantiehaftung beim Mietvertrag – Veräußerung der Mietsache – Vertrag mit Schutzwirkung für Dritte und Drittschadensliquidation – unberechtigte Untervermietung 23

Fall 4. Der vorgeschobene Kündigungsgrund
Ansprüche aus dem Mietverhältnis – Schadensersatz bei ungerechtfertigter Kündigung und bei Abwälzung von Schönheitsreparaturen – Aufwendungsersatz – Wegnahmerecht 35

Fall 5. Die fehlerhafte EDV-Anlage
Leasing – Ausschluss der Gewährleistung – Rücktritt – Software-Kaufvertrag – Einwendungsdurchgriff 47

Fall 6. Die eingestürzte Zimmerdecke
Bau- und Architektenvertrag – Sachmängelhaftung – Mangelfolgeschäden – AGB – Deliktsansprüche – Sekundärhaftung des Architekten – Gesamtschuld . 63

Fall 7. Der unmotorisierte Oldtimer
Bürgschaft – Form – Sittenwidrigkeit – Einreden gegen die Bürgschaft – Werkvertrag – Mitwirkungsobliegenheit des Gläubigers – Teilvergütungsanspruch .. 75

Fall 8. Das Kartenspiel auf Kredit
Darlehen zu Spielzwecken – Kondiktionsausschluss wegen Sittenverstoßes 85

Fall 9. Das Porträt des Urgroßvaters
Stellvertretendes commodum – Schadensersatzansprüche – Schadensprobleme . 91

Fall 10. Die unerwünschte Nachbarhilfe
Fremdes Geschäft – berechtigte Geschäftsführung – aufgedrängte Bereicherung – Haftung des Geschäftsführers – Rechtsfolgen berechtigter Geschäftsführung ... 99

Fall 11. Die folgenschwere Pkw-Fahrt
Notgeschäftsführung – Selbstgefährdung im Straßenverkehr – Begriff der Aufwendung und des Geschäfts 113

Fall 12. Der enttäuschte Dieb
Verwendungen – bewusstes Führen eines fremden Geschäfts als eigenes – Abgrenzung Bereicherungsrecht/Eigentümer-Besitzer-Verhältnis – Geschäftsführung/Eigentümer-Besitzer-Verhältnis 127

Fall 13. Die unberechtigte Zugfahrt
Das Erlangen fremder Dienstleistungen als Bereicherung – Ersparnis von Aufwendungen – Bösgläubigkeit eines Minderjährigen 139

Fall 14. Eine problematische Pkw-Miete
Nutzungsmöglichkeit als Leistungs- und Bereicherungsobjekt – einschränkende Auslegung des § 818 III – Haftung des beschränkt Geschäftsfähigen bei Pkw-Miete 145

Fall 15. Ein unvorsichtiger Freund
Leistungsbegriff und Arten der Leistung – Problematik des § 267 – Saldotheorie – Leistung bei Geschäftsführung ohne Auftrag 151

Fall 16. Missverständnisse beim Hausbau
Subsidiarität der Eingriffskondiktion – die actio de in rem verso – Ausnahme von der Subsidiaritätsregel 161

Fall 17. Der Streit um die Briefmarke
Empfängerhorizont bei Willenserklärungen und Leistungen – Geheißerwerb und guter Glaube 169

Fall 18. Der stillgelegte Gewerbebetrieb
Eigentumsverletzung und Eingriff in einen Gewerbebetrieb – hypothetische Kausalität – Mitverschulden 177

Fall 19. Der mangelhafte Pkw
Produkthaftung – Produzentenhaftung – Weiterfresserschaden 189

Fall 20. Der nächtliche Unfall
Alternative Kausalität – Begriff des „Beteiligten" in § 830 I 2 – Anwendbarkeit des § 830 I 2 bei feststehender Verursachung durch einen Beteiligten 205

Paragraphenregister 209

Sachverzeichnis 213

Abkürzungsverzeichnis

a. A.	anderer Ansicht
a. E.	am Ende
a. F.	alte Fassung
a. M.	anderer Meinung
abl.	ablehnend
AcP	Archiv für die civilistische Praxis
AGB	Allgemeine Geschäftsbedingung(en)
AGBG	Gesetz zur Regelung des Rechts der Allgemeinen Geschäftsbedingungen
Anh.	Anhang
Anm.	Anmerkung
AnwBl.	Anwaltsblatt
BauR	Baurecht
BB	Der Betriebs-Berater
BGH	Bundesgerichtshof
BGHZ	Entscheidungen des Bundesgerichtshofs in Zivilsachen
D.	Digesten
DAR	Deutsches Autorecht
DB	Der Betrieb
DStR	Deutsches Steuerrecht
Einf.	Einführung
Fn.	Fußnote
FS	Festschrift
GmbHG	Gesetz betreffend die Gesellschaften mit beschränkter Haftung
GS	Gedächtnisschrift
h. L.	herrschende Lehre
h. M.	herrschende Meinung
i. S. d.	im Sinne des/der
i. S. v.	im Sinne von
i. V. m.	in Verbindung mit
JA	Juristische Arbeitsblätter
JR	Juristische Rundschau
Jura	Juristische Ausbildung
JuS	Juristische Schulung
JW	Juristische Wochenschrift
JZ	Juristenzeitung
krit.	kritisch
Lit.	Literatur
LM	Nachschlagewerk des Bundesgerichtshofs, Leitsätze mit Entscheidungen und Anmerkungen, hrsg. von Lindenmaier und Möhring

m. w. N.	mit weiteren Nachweisen
MDR	Monatsschrift für Deutsches Recht
n. F.	neue Fassung
NJW	Neue Juristische Wochenschrift
NJW-RR	Neue Juristische Wochenschrift, Rechtsprechungs-Report Zivilrecht
NZBau	Neue Zeitschrift für Baurecht und Vergaberecht
NZG	Neue Zeitschrift für Gesellschaftsrecht
NZM	Neue Zeitschrift für Miet- und Wohnungsrecht
NZV	Neue Zeitschrift für Verkehrsrecht
pr.	*principio,* am Anfang vor weiterer Unterteilung
RGZ	Entscheidungen des Reichsgerichtshofs in Zivilsachen
RL	Richtlinie
Rn.	Randnummer
str.	streitig
st. Rspr.	ständige Rechtsprechung
u. a.	und andere; unter anderem
Verbrauchsgüterkauf-RL	Richtlinie 1999/44/EG des Europäischen Parlaments und des Rates vom 25.5.1999 zu bestimmten Aspekten des Verbrauchsgüterkaufs und der Garantien für Verbrauchsgüter
VersR	Versicherungsrecht
vgl.	vergleiche
VIZ	Zeitschrift für Vermögens- und Investitionsrecht
Vorb.	Vorbemerkung
Warn.	Warneyer, Die Rechtsprechung des Reichsgerichts
WM	Wertpapiermitteilungen
WuM	Wohnungs- und Mietrecht
ZBB	Zeitschrift für Bankrecht und Bankwirtschaft
ZfBR	Zeitschrift für deutsches und internationales Bau- und Vergaberecht
ZGR	Zeitschrift für Unternehmens- und Gesellschaftsrecht
ZGS	Zeitschrift für das gesamte Schuldrecht
ZHR	Zeitschrift für das gesamte Handelsrecht und Wirtschaftsrecht
ZIP	Zeitschrift für Wirtschaftsrecht
ZMR	Zeitschrift für Miet- und Raumrecht
ZRP	Zeitschrift für Rechtspolitik
z. T.	zum Teil
zust.	zustimmend

Hinweis: §§ ohne Gesetzesangabe sind solche des BGB.

Literaturverzeichnis

Baur/Stürner	*Baur/Stürner,* Sachenrecht, 18. Aufl. 2009
BeckOGK BGB/ *Bearbeiter*	*Gsell/Krüger/Lorenz/Reymann,* beck-online. Großkommentar zum Zivilrecht
BeckOK BGB/ *Bearbeiter*	*Bamberger/Roth/Hau/Poseck,* Beck'scher Online-Kommentar zum BGB, 47. Edition, Stand 1.8.2018
Beuthien/Weber	*Beuthien/Weber,* Ungerechtfertigte Bereicherung und Geschäftsführung ohne Auftrag, 2. Aufl. 1987
Brox/Walker BGB AT ...	*Brox/Walker,* Allgemeiner Teil des BGB, 41. Aufl. 2017
Brox/Walker SchuldR AT	*Brox/Walker,* Schuldrecht, Allgemeiner Teil, 42. Aufl. 2018
Brox/Walker SchuldR BT	*Brox/Walker,* Schuldrecht, Besonderer Teil, 42. Aufl. 2018
Deutsch/Ahrens	*Deutsch/Ahrens,* Unerlaubte Handlungen, Schadensersatz und Schmerzensgeld, 6. Aufl. 2014
Ehmann/Sutschet	*Ehmann/Sutschet,* Modernisiertes Schuldrecht, 2002
Enneccerus/Lehmann	*Enneccerus/Lehmann,* Recht der Schuldverhältnisse, 15. Aufl. 1958
Erman/*Bearbeiter*	*Erman,* Handkommentar zum BGB, 15. Aufl. 2017
Esser/Schmidt SchuldR AT I bzw. II	*Esser/Schmidt,* Schuldrecht, Allgemeiner Teil, Teilband 1 und 2, 8. Aufl. 1995/2000
Esser/Weyers SchuldR BT I bzw. II	*Esser/Weyers,* Schuldrecht, Besonderer Teil, Teilband 1 und 2, 8. Aufl. 1998/2000
Fikentscher/Heinemann ..	*Fikentscher/Heinemann,* Schuldrecht, 11. Aufl. 2014
Fuchs	*Fuchs,* Deliktsrecht, 9. Aufl. 2017
Gursky BereicherungsR ..	*Gursky,* Bereicherungsrecht (20 Probleme aus dem BGB), 6. Aufl. 2010
Harke SchuldR AT	*Harke,* Allgemeines Schuldrecht, 2010
Harke SchuldR BT	*Harke,* Besonderes Schuldrecht, 2011
Huber/Faust	*Huber/Faust,* Schuldrechtsmodernisierung, 2002
Jauernig/*Bearbeiter*	*Jauernig,* Bürgerliches Gesetzbuch, 17. Aufl. 2018
Kötz/Wagner	*Kötz/Wagner,* Deliktsrecht, 13. Aufl. 2016
Koppensteiner/Kramer ...	*Koppensteiner/Kramer,* Ungerechtfertigte Bereicherung, 2. Aufl. 1988
Kupisch/Krüger	*Kupisch/Krüger,* Deliktsrecht, 1983
Lange/Schiemann	*Lange/Schiemann,* Schadensersatz, 3. Aufl. 2003
Larenz SchuldR AT	*Larenz,* Schuldrecht, Allgemeiner Teil, 14. Aufl. 1987
Larenz SchuldR BT I	*Larenz,* Schuldrecht, Besonderer Teil, 1. Halbband, 13. Aufl. 1986

Larenz/Canaris SchuldR BT II	*Larenz/Canaris*, Schuldrecht, Besonderer Teil, 2. Halbband, 13. Aufl. 1994
Looschelders SchuldR AT	*Looschelders*, Schuldrecht, Allgemeiner Teil, 16. Aufl. 2018
Looschelders SchuldR BT	*Looschelders*, Schuldrecht, Besonderer Teil, 13. Aufl. 2018
Lorenz/Riehm	*Lorenz/Riehm*, Lehrbuch zum neuen Schuldrecht, 2002
Medicus Gesetzl. Schuldverhältnisse	*Medicus*, Gesetzliche Schuldverhältnisse, 5. Aufl. 2007
Medicus/Lorenz SchuldR AT	*Medicus/Lorenz*, Schuldrecht, Allgemeiner Teil, 21. Aufl. 2015
Medicus/Lorenz SchuldR BT	*Medicus/Lorenz*, Schuldrecht, Besonderer Teil, 18. Aufl. 2018
Medicus/Petersen BürgerlR	*Medicus/Petersen*, Bürgerliches Recht, 26. Aufl. 2017
Motive	Motive zu dem Entwurfe eines BGB für das Deutsche Reich, 2. Aufl. 1896
Mugdan	Die gesamten Materialien zum Bürgerlichen Gesetzbuch für das Deutsche Reich, 1899
MüKoBGB/*Bearbeiter* ...	Münchener Kommentar zum BGB, 7. Aufl. 2016 f., 8. Aufl. 2018
Oechsler	*Oechsler*, Vertragliche Schuldverhältnisse, 2. Aufl. 2017
Oetker/Maultzsch	*Oetker/Maultzsch*, Vertragliche Schuldverhältnisse, 5. Aufl. 2018
Palandt/*Bearbeiter*	*Palandt* (Begr.), Bürgerliches Gesetzbuch, 77. Aufl. 2018
Prütting SachenR	*Prütting*, Sachenrecht, 36. Aufl. 2017
Reeb	*Reeb*, Grundprobleme des Bereicherungsrechts, 1975
Reinicke/Tiedtke	*Reinicke/Tiedtke* Kaufrecht, 8. Aufl. 2009
Reuter/Martinek	*Reuter/Martinek* Ungerechtfertigte Bereicherung, 1983
Reuter/Martinek II	*Reuter/Martinek* Ungerechtfertigte Bereicherung, Teilband 2, 2. Aufl. 2016
Soergel/*Bearbeiter*	*Soergel*, Kommentar zum BGB, 13. Aufl. 2000 ff.
Staudinger/*Bearbeiter* ...	*Staudinger*, Kommentar zum Bürgerlichen Gesetzbuch, 13. Bearb. 2001 ff.
Wandt Gesetzl. Schuldverhältnisse	*Wandt*, Gesetzliche Schuldverhältnisse, 8. Aufl. 2017
Westermann/*Bearbeiter* ..	*Westermann/Eickmann/Gursky*, Sachenrecht, 8. Aufl. 2011
Wieling BereicherungsR ..	*Wieling*, Bereicherungsrecht, 4. Aufl. 2007
Wieling SachenR I	*Wieling*, Sachenrecht I, Handbuch, 2. Aufl. 2006
Wieling/Finkenauer SachenR	*Wieling/Finkenauer*, Sachenrecht, Lehrbuch, 6. Aufl. 2019
Wolf/Neuner BGB AT ..	*Wolf/Neuner*, Allgemeiner Teil des deutschen Bürgerlichen Rechts, 11. Aufl. 2016

Fall 1. Ein günstiger Gebrauchtwagen

Begriff des Sachmangels – Beschaffenheitsvereinbarung – Nacherfüllung beim Stückkauf – Rücktritt – Minderung – Abtretung und Ausschluss der Gewährleistungsrechte – AGB

Sachverhalt

K interessierte sich im Februar 2018 für einen von Autohändler *A* zum Verkauf angebotenen gebrauchten Wagen. Das Verkaufsschild enthielt folgende Angaben: „VW Golf, Baujahr 2010, 38.000 km, 3.500 €". In Wirklichkeit hatte der Wagen bereits eine Fahrleistung von 115.000 km, was dem für die Gebrauchtwagenabteilung zuständigen Verkäufer *V*, der das Verkaufsschild geschrieben und dabei die Kilometerangabe vom Kilometerzähler übernommen hatte, nicht bekannt war; der VW war daher nur 2.500 € wert. In den Akten war jedoch die wirkliche Fahrleistung vermerkt. *K* hielt das Angebot für günstig und entschloss sich zum Kauf; den Kilometerstand besprachen *V* und *K* nicht mehr eigens. Der schriftliche Kaufvertrag enthielt nur die Bezeichnung des Wagens und den Preis. In den auf der Rückseite abgedruckten Geschäftsbedingungen, auf die auf der Vorderseite des Formulars deutlich hingewiesen war, hieß es u. a.: „Gebrauchte Fahrzeuge werden verkauft wie besichtigt und Probe gefahren. Im Übrigen wird die Gewährleistung ausgeschlossen."

K fuhr den Wagen vier Monate lang und veräußerte ihn dann unter Verwendung eines Kaufvertragsformulars zum Preis von 3.500 € an *Z*. Das Formular enthielt gut lesbar die Passage: „Das Kraftfahrzeug wird unter Ausschluss der Sachmängelhaftung verkauft. Dieser Ausschluss gilt nicht für Schadensersatzansprüche aus Sachmängelhaftung, die auf einer grob fahrlässigen oder vorsätzlichen Verletzung von Pflichten des Verkäufers beruhen, sowie bei Körperschäden." Der Kilometerzähler zeigte beim Verkauf einen Stand von 54.000 km an. *K* erklärte bei den Verhandlungen, er selbst könne die Kilometerangabe nicht zusichern, habe jedoch keinen Anlass, an ihrer Richtigkeit zu zweifeln. Wenige Tage nachdem *Z* den Wagen erworben hatte, kam durch einen Zufall die wirkliche Fahrleistung heraus. Ein Gutachter schätzte den Wert des Wagens jetzt auf 2.200 €.

K lehnt jegliche Gewährleistung ab, tritt aber *Z* seine etwaigen Rechte gegen *A* ab. Welche Rechte hat *Z*?

Lösung

I. Eigene Ansprüche und Rechte des Z gegen K

1. Anspruch auf Nacherfüllung nach §§ 437 Nr. 1, 434 I 1, 439
2. Schadensersatzanspruch nach §§ 437 Nr. 3, 434 I 1, 311a II
3. Rücktrittsrecht gemäß §§ 437 Nr. 2, 434 I 1, 326 V, 323, 346 ff.
4. Minderungsrecht gemäß §§ 437 Nr. 2, 434 I 1, 441
5. Kondiktion des Kaufpreises nach § 812 I 2 (1)
6. Fehlen der Geschäftsgrundlage (§ 313 II)

II. Von K abgetretene Ansprüche und Rechte des Z gegen A
1. Abtretbarkeit der Gewährleistungsrechte
2. Anspruch auf Nacherfüllung nach §§ 437 Nr. 1, 434 I 1, 439, 398
3. Schadensersatzanspruch nach §§ 437 Nr. 3, 434 I 1, 311a II, 398
4. Rücktrittsrecht gemäß §§ 437 Nr. 2, 434 I 1, 326 V, 323, 346 ff., 413
5. Minderungsrecht gemäß §§ 437 Nr. 2, 434 I 1, 441 I, 413

I. Eigene Ansprüche und Rechte des Z gegen K

1. Anspruch auf Nacherfüllung nach §§ 437 Nr. 1, 434 I 1, 439

Z hat Anspruch auf Nacherfüllung gemäß §§ 437 Nr. 1, 434, 439, wenn die Kaufsache im Zeitpunkt des Gefahrübergangs (also der Übergabe, § 446) mit einem Sachmangel behaftet war und der Anspruch nicht ausgeschlossen ist.

a) Nach dem in § 434 I 1 kodifizierten subjektiven oder konkreten Fehlerbegriff ist darauf abzustellen, „als was" die Sache verkauft worden ist.[1] Der mangelhaften Istbeschaffenheit steht die vertraglich ausbedungene Sollbeschaffenheit gegenüber. Der zentrale Begriff der Beschaffenheit wird vom Gesetz nicht definiert.[2] Er ist unter dem Vorzeichen möglichst großer Privatautonomie weit zu verstehen und umfasst die der Sache anhaftenden physischen Eigenschaften ebenso wie die sogenannten Umweltfaktoren, also rechtliche, tatsächliche oder wirtschaftliche Beziehungen der Sache zu ihrer Umwelt.[3] Die Fahrleistung ist zweifellos eine Eigenschaft, die einem Pkw anhaftet.[4] *K* und *Z* müssten eine bestimmte Fahrleistung vereinbart haben. Sie sprachen über den Tachostand und gingen dabei von einer Fahrleistung von 54.000 km aus. Damit wurde diese Angabe ausdrücklich als Beschaffenheit vereinbart. Mit seiner Bemerkung, er könne die Fahrleistung nicht zusichern, wollte *K* lediglich die Übernahme einer Beschaffenheitsgarantie (§ 443) und damit eine verschuldensunabhängige Haftung nach § 276 I 1 ausschließen, nicht jedoch eine Beschaffenheitsvereinbarung nach § 434 I 1. Eine Divergenz zwischen Ist- und Sollbeschaffenheit liegt vor; ein Sachmangel ist daher zu bejahen.

b) Nacherfüllung ist nach Wahl des Käufers in zwei Formen möglich, nämlich als Nachlieferung und als Nachbesserung, § 439 I. Ob bei einem Stückkauf, wie dem Vorliegenden, Nachlieferung (Ersatzlieferung) in Betracht kommt, ist umstritten. § 439 I unterscheidet nicht zwischen Stück- und Gattungskauf, ebenso wenig wie die durch die Schuldrechtsmodernisierung umgesetzte Verbrauchsgüterkauf-RL. Deren 16. Erwägungsgrund schließt eine Ersatzlieferung bei gebrauchten Gütern nur „in der Regel" aus, weil diese Güter „aufgrund ihrer Eigenart" nicht ersetzt werden können. Der Reformgesetzgeber hielt die Ersatzlieferung beim Kauf einer bestimmten gebrauchten Sache „zumeist" für ausgeschlossen, bei vertretbaren Sachen allerdings für möglich.[5] Die h. M. bejaht daher den Nachlieferungsanspruch bei einem Stückkauf, wenn die Sache ersetzbar (nach a. A. vertretbar bzw. austauschbar)

---

1 Vgl. *Larenz* SchuldR BT § 41 I a m. w. N.
2 Dazu BT-Drs. 14/6040, 213.
3 St. Rspr., vgl. etwa RGZ 161, 330 (333); BGHZ 79, 183 (185); BGH NJW 1992, 2564 (2565); MüKoBGB/*Westermann* § 434 Rn. 9; BeckOK BGB/*Faust* § 434 Rn. 22; *Harke* SchuldR BT Rn. 45; *Looschelders* SchuldR BT Rn. 38; s. auch BT-Drs. 14/6040, 213.
4 Palandt/*Weidenkaff* § 434 Rn. 72.
5 BT-Drs. 14/6040, 209, 232.

ist, die Interessen des Käufers befriedigt werden und daher der Stückkauf funktionell mit einem Gattungskauf vergleichbar ist.[6] Bei neuwertigen, industriell gefertigten Sachen ist eine solche Vergleichbarkeit in aller Regel anzunehmen; bei einem gebrauchten Pkw wird sie jedoch zu Recht abgelehnt.[7] *K* und *Z* sind einig geworden über ein bestimmtes, aufgrund seiner Eigenschaft als Gebrauchtwagen einmaliges Automobil. Jedes andere Fahrzeug, selbst des gleichen Typs und mit gleicher Fahrleistung etc., ist nicht das von *Z* aufgrund seiner Besichtigung gewonnenen persönlichen Eindrucks ausgesuchte. Eine Ersatzlieferung ist daher nicht möglich. Richtiger Ansicht nach kommt bei einem Stückkauf eine Nachlieferung jedoch bereits aus prinzipiellen Erwägungen nicht in Betracht.[8] Bei einem solchen Kauf beschränkt sich die Leistungspflicht nämlich von vornherein auf die konkrete verkaufte Sache, und jede andere als die verkaufte Sache ist erfüllungsuntauglich; denn der Nacherfüllungsanspruch kann schließlich inhaltlich nicht weiter reichen als der ursprüngliche Erfüllungsanspruch.[9] § 439 I ist kein Argument für die h. M., da diese Vorschrift als selbstverständlich voraussetzt, dass nur eine erfüllungstaugliche Sache als Ersatz geliefert werden kann, und auch die Verbrauchsgüterkauf-RL zwingt nach richtiger Auffassung nicht zur Zulassung der Ersatzlieferung.[10] Die Zulassung der Ersatzlieferung könnte – der vertraglichen Vereinbarung zuwider – letztlich sogar zu einer Beschaffungspflicht des Verkäufers und dazu führen, dass dem Käufer eine Sache aufgedrängt wird, die er sich nicht ausgesucht hat.[11] Das Kriterium der Austauschbarkeit führt zu einer Art richterlicher Bevormundung, denn selbst bei vertretbaren Sachen aus einer Massenproduktion können sich Abweichungen zwischen den einzelnen Stücken ergeben, die für die Kaufentscheidung maßgeblich waren, etwa die Maserung von Holz, der Zustand der Verpackung etc.

Vorliegend ist also Nachlieferung in jedem Fall anfänglich unmöglich, § 275 I. Gleiches gilt für die Nachbesserung: Es ist unmöglich, die erhöhte Fahrleistung des ausgesuchten Pkw zu beseitigen; Nacherfüllung scheidet daher wegen § 275 I aus.

2. Schadensersatzanspruch nach §§ 437 Nr. 3, 434 I 1, 311a II

Die zu hohe Fahrleistung war ein anfänglicher und unbehebbarer, vor Vertragsschluss bereits bestehender Mangel. *K* war es daher unmöglich (§ 275 I), seiner Pflicht aus § 433 I 2 zu mangelfreier Leistung zu genügen (§ 311a I). *Z* hat einen Wagen im Wert von 2.200 € für 3.500 € gekauft. Sein Vermögen wurde dadurch um 1.300 € gemindert. Diesen Vermögensschaden muss *K* nach § 311a II 1 ersetzen, es sei denn, er habe das Leistungshindernis bei Vertragsschluss nicht gekannt oder seine Unkenntnis nicht zu vertreten. *K* hat hier ausdrücklich darauf hingewiesen, dass er für die Richtigkeit der Kilometerangabe nicht einstehen könne. Eine verschuldens-

---

6 BGH NJW 2006, 2839; OLG Braunschweig JZ 2003, 863 (864); OLG Schleswig NJW-RR 2005, 1579 (1581); *Canaris* JZ 2003, 831 (833 ff.); Palandt/*Weidenkaff* § 439 Rn. 15; *Looschelders* SchuldR BT Rn. 85; *Ebel* JA 2004, 566.

7 Vgl. BGH NJW 2006, 2839; OLG Hamm NZV 2006, 97; *Ball* NZV 2004, 217 (220); *Tiedtke/Schmitt* JuS 2005, 583 (585).

8 BeckOK BGB/*Faust* § 439 Rn. 47; *Faust* JZ 2007, 101 (103 f.); *Huber* FS P. Schlechtriem, 2003, 521 (523 in Fn. 9); *Huber* NJW 2002, 1004 (1006); *Lorenz/Riehm* Rn. 505; im Grundsatz auch *Ackermann* JZ 2002, 378 (385); *Reinicke/Tiedtke* Rn. 422.

9 Eine Ausnahme ist zu machen für die Lieferung eines aliud: Liegt keine Extremabweichung vor, ist § 434 III anzuwenden und daher der Nacherfüllungsanspruch zu bejahen; in diesem Fall ist im Wege der Nachlieferung die eigentlich geschuldete Sache zu leisten.

10 Richtig *Faust* ZGS 2004, 252 (254 f.); anders aber *Ackermann* JZ 2002, 378 (385); *ders.* JZ 2003, 1154.

11 Richtig BeckOK BGB/*Faust* § 439 Rn. 48; befürwortend *Canaris* JZ 2003, 831 (836).

unabhängige Gewähr aufgrund einer Garantie nach § 276 I 1 scheidet damit aus. Aber auch Fahrlässigkeit kann man ihm bei seiner Aussage nicht vorwerfen. Er hatte den Wagen von einem Händler gekauft und insoweit keinen Grund, an der Richtigkeit der Angaben zu zweifeln; eine Vergewisserungspflicht, etwa durch nochmalige Anfrage bei *A*, kommt hier nicht in Betracht. *K* haftet daher nicht auf Schadensersatz.

3. Rücktrittsrecht gemäß §§ 437 Nr. 2, 434 I 1, 326 V, 323, 346 ff.

a) *Z* kann möglicherweise gemäß §§ 437 Nr. 2, 434, 326 V, 323 den Rücktritt vom Kaufvertrag mit *K* erklären. Der Pkw war bei Gefahrübergang auf *Z* mangelhaft i. S. v. § 434 I 1 (oben I 1a). Da der Wagen den nicht behebbaren Mangel schon vor Vertragsschluss aufwies, war es *K* nach § 275 I unmöglich, seine Leistung „vertragsgemäß" (§ 323 I), d. h. gemäß § 433 I 2 frei von Sachmängeln, zu erbringen. Er „brauchte" daher i. S. v. § 326 V nicht zu leisten,[12] weshalb *Z* zurücktreten kann. Eine Nachfrist ist hier gemäß § 326 V entbehrlich, weil die Nacherfüllung unmöglich ist (oben I 1b). Nicht anwendbar auf einen solchen Fall ist § 326 I 1. Zwar hat diese Norm denselben (!) Tatbestand wie § 326 V, jedoch zeigt § 326 I 2, dass im Fall der Schlechtleistung und Unmöglichkeit der Nacherfüllung die *ipso-iure*-Befreiung des § 326 I 1 nicht gelten soll: Der Gläubiger soll die Entscheidungsfreiheit behalten, ob er die mangelhafte Leistung behalten oder (nach § 326 V ohne Fristsetzung) zurücktreten will.

b) *K* könnte das Rücktrittsrecht des *Z* wirksam ausgeschlossen haben. Er hat „unter Ausschluss der Sachmängelhaftung" verkauft; was sich auf alle Mängel, auch auf eine erhöhte Fahrleistung bezieht. Da *K* nicht arglistig gehandelt und eine Zusicherung (Garantie) abgelehnt hat, ergeben sich gegen den Gewährleistungsausschluss aus § 444 keine Bedenken. § 476 I ist nicht anwendbar, da es sich bei dem Geschäft zwischen *K* und *Z* mangels Unternehmereigenschaft des *K* (§ 14) nicht um einen Verbrauchsgüterkauf handelt.

Fraglich ist die Reichweite des Gewährleistungsausschlusses. Sind im Kaufvertrag eine bestimmte Beschaffenheit und ein pauschaler Ausschluss der Sachmängelhaftung vereinbart, ist dies nach dem BGH regelmäßig dahin auszulegen, dass der Haftungsausschluss nicht für das Fehlen der vereinbarten Beschaffenheit gemäß § 434 I 1 gelte, sondern nur für die Fälle des § 434 I 2. Beide Regelungen stünden gleichrangig nebeneinander. Andernfalls sei die Beschaffenheitsvereinbarung – außer im Falle der Arglist (§ 444) – für den Käufer ohne Sinn und Wert.[13] Diese Auffassung ist schon deshalb nicht überzeugend, weil man mit den gleichen Argumenten auch umgekehrt eine Beschaffenheitsvereinbarung verneinen könnte. Der BGH verkennt, dass der Verkäufer mit dem pauschalen Gewährleistungsausschluss unmissverständlich den Willen zum Ausdruck bringt, nicht für die vereinbarte Beschaffenheit einstehen zu wollen. Gleichrangigkeit oder gar ein Widerspruch besteht zwischen den Abreden nicht, da jeder Gewährleistungsausschluss den Sinn hat, eine vertraglich (etwa durch Beschaffenheitsvereinbarung) begründete Einstandspflicht auszuschließen. Die h. M. verwischt hier die Grenze zwischen Beschaffenheitsvereinbarung und Garantie, denn nur letztere steht nach der Wertung des § 444 wegen widersprüchlichen Verhaltens einem Gewährleistungsausschluss entgegen.

---

[12] Mit dieser Formulierung werden die Fälle der Einwendung des § 275 I sowie der Einreden gemäß § 275 II, III zusammengefasst.

[13] BGH NJW 2007, 1346 Rn. 31.

Der Ausschluss könnte freilich eine unwirksame Allgemeine Geschäftsbedingung (AGB) sein. Eine AGB muss für eine Vielzahl von Verträgen vorformuliert sein, § 305 I 1. *K* verwendete ein Formular, das für viele andere Kaufverträge ebenfalls benutzt wird. Darauf, dass *K* das Vertragsmuster selbst nur einmal benutzen wollte, kommt es für die Anwendbarkeit des § 305 I nicht an.[14] Der Haftungsausschluss wurde auch gemäß § 305 II wirksam in den Vertrag einbezogen: Die Klausel war für *Z* gut lesbar, und er erklärte sich mit seiner Unterschrift mit ihr einverstanden. Der Ausschluss der Haftung ist daher insbesondere an § 309 zu messen: Nr. 8a ist hier nicht einschlägig, weil die Regelung gerade nicht mangelbezogene Pflichtverletzungen betrifft, Nr. 8b bezieht sich nur auf neu hergestellte Sachen. Zu beachten war jedoch Nr. 7a und b, wonach durch eine AGB wirksam die Haftung für fahrlässige Körperverletzungen sowie für mindestens grob fahrlässig verursachte sonstige Schäden nicht ausgeschlossen werden kann.[15] Gerade für diese Fälle sieht das von *K* verwendete Vertragsmuster keinen Haftungsausschluss vor, weshalb im Übrigen die Gewährleistung wirksam abbedungen wurde.[16] *Z* hat daher kein Rücktrittsrecht gemäß § 437 Nr. 2.

4. Minderungsrecht gemäß §§ 437 Nr. 2, 434 I 1, 441

Aufgrund des wirksamen Haftungsausschlusses kann *Z* auch nicht anstelle des Rücktritts die Minderung erklären.

5. Kondiktion des Kaufpreises nach § 812 I 2 (1)

Z kann von *K* den Kaufpreis nach § 812 I 2 (1) kondizieren, wenn er ihn ohne rechtlichen Grund bezahlt hat. Dies ist der Fall, wenn *Z* den Vertrag wirksam anficht.[17] Voraussetzung hierfür sind ein Anfechtungsgrund und eine fristgerechte Anfechtungserklärung (§ 143).

In Betracht kommt eine Irrtumsanfechtung nach § 119 II. Die Fahrleistung ist ein wertbildender Faktor und damit eine verkehrswesentliche Eigenschaft i. S. d. § 119 II.[18] Die Anfechtung wegen Irrtums über eine verkehrswesentliche Eigenschaft, die gleichzeitig eine Beschaffenheit i. S. d. § 434 ist, wird jedoch durch die §§ 433 ff. als

---

[14] Palandt/*Grüneberg* § 305 Rn. 9; BGH ZIP 2005, 1604.

[15] Unerheblich ist, dass im konkreten Fall ein solcher Schadensersatzanspruch nicht in Betracht kommt. Hätte sich der Ausschluss der Haftung des *K* auch auf die genannten Fälle bezogen, wäre die gesamte Klausel unwirksam gewesen; denn nach ganz h. M. ist die geltungserhaltende Reduktion einer Klausel unstatthaft, vgl. Palandt/*Grüneberg* § 306 Rn. 6; OLG Hamm NJW-RR 2005, 1220.

[16] Man könnte an eine Anwendung des § 307 II Nr. 2 denken (Einschränkung wesentlicher vertraglicher Rechte und Pflichten). Zwar ist in § 433 I 2 die Mangelfreiheit der Leistung ausdrücklich zur Hauptpflicht des Verkäufers erhoben worden. Dabei handelt es sich jedoch nicht um eine „Kardinalpflicht" i. S. v. § 307, sonst wären die speziellen Tatbestände des § 309 Nr. 8 überflüssig und ein Ausschluss der Gewährleistungshaftung nicht mehr möglich; vgl. dazu Palandt/*Grüneberg* § 307 Rn. 37.

[17] Streitig ist, ob beim Wegfall des Rechtsgrunds wegen Anfechtung § 812 I 1 (1) – *condictio indebiti* – oder § 812 I 2 (2) – *condictio ob causam finitam* – gilt. Man kann sowohl mit der *ex-tunc*-Wirkung des § 142 I argumentieren als auch damit, dass die Anfechtung tatsächlich erst später erfolgt. Die fiktive Rückwirkung der Anfechtung ändert aber nichts daran, dass der Leistende auf eine bestehende Forderung leistet. Selbst wenn er weiß, dass er anfechtungsberechtigt ist, darf seine Kondiktion nicht durch § 814 ausgeschlossen sein. § 814 ist nur auf § 812 I 1 (1) anwendbar, folglich ist die zweite Ansicht vorzugswürdig, vgl. *Wieling* BereicherungsR § 3 III 2.

[18] Ausführlich zu § 119 II *Wieling* Jura 2001, 577 (579 ff.).

leges speciales ausgeschlossen, da anderenfalls die im Vergleich zur maximalen Anfechtungsfrist gemäß § 121 II kürzere Verjährungsfrist des § 438 I Nr. 3, die Vorschrift des § 442 I 2 (Ausschluss der Sachmängelhaftung bei grobfahrlässiger Unkenntnis des Käufers) sowie insbesondere die Regelungen über das Erfordernis der Nachfristsetzung unterlaufen werden könnten.[19]

Es fragt sich jedoch, ob die Irrtumsanfechtung ausnahmsweise zulässig ist, wenn die Sachmängelansprüche vertraglich ausgeschlossen sind. Ist ein Mangel vorhanden, der gleichzeitig eine wesentliche Eigenschaft der Sache betrifft, und ist die Haftung vertraglich abbedungen, so folgt gerade aus dem Gesichtspunkt der Spezialität, dass der Gewährleistungsausschluss auch das Anfechtungsrecht erfasst; es wäre falsch, wollte man argumentieren, die §§ 434 ff. könnten, weil sie ausgeschlossen sind, ihre Wirkung als *leges speciales* nicht mehr entfalten und § 119 II komme zum Zuge. Ein vertraglicher Gewährleistungsausschluss, selbst wenn er in AGB vereinbart ist, erfasst also stets auch die Anfechtung nach § 119 II.[20]

Da die Anfechtung ausgeschlossen ist, kommt eine Kondiktion nach § 812 I 2 (1) nicht in Betracht.

6. Fehlen der Geschäftsgrundlage (§ 313 II)

Z kann nicht Anpassung seines Vertrags mit *K* verlangen (§ 313 I) oder den Rücktritt erklären (§ 313 III). Denn beide Parteien haben dem Vertrag zwar falsche Vorstellungen über die Fahrleistung des Wagens zugrunde gelegt; der gemeinsame Irrtum, von § 313 II erfasst, kann jedoch nicht anders behandelt werden als der einseitige Irrtum nach § 119 II, weil sonst die speziellen kaufrechtlichen Regeln ausgehöhlt würden.[21]

II. Von K abgetretene Ansprüche und Rechte des Z gegen A

1. Abtretbarkeit der Gewährleistungsrechte

K hat seine etwaigen Rechte gegen *A* an *Z* abgetreten. Ohne weiteres abtretbar sind die Ansprüche auf Nacherfüllung (§ 437 Nr. 1) und Schadens- sowie Aufwendungsersatz (§ 437 Nr. 3). Zweifelhaft erscheint die Abtretbarkeit des Rücktritts- und Minderungsrechts (§ 437 Nr. 2), da es sich nicht um Forderungen i. S. d. § 398 S. 1, sondern um Gestaltungsrechte handelt. In Betracht kommt die Anwendung des § 413. Wegen der Unselbstständigkeit dieser Gestaltungsrechte könnte man allerdings ihre Abtretbarkeit verneinen; denn immerhin würde der Zessionar mit der Ausübung eines solchen Gestaltungsrechts ein für ihn fremdes Vertragsverhältnis umgestalten.[22] Dies verkennt das unabweisliche praktische Bedürfnis für die Zulässigkeit der Abtretung, zumindest wenn, wie hier, das Vertragsobjekt ebenfalls an

---

19 H. M., vgl. BGH NJW 1969, 184; Palandt/*Weidenkaff* § 437 Rn. 53; MüKoBGB/*Westermann* § 437 Rn. 53; *Oetker/Maultzsch* § 2 Rn. 348; *Wieling* Jura 2001, 577 (582 f.); anders BeckOK BGB/*Faust* § 437 Rn. 182 (freie Konkurrenz mit dem Sachmängelgewährleistungsrecht).

20 BGHZ 63, 369 (376 f.); MüKoBGB/*Armbrüster* § 119 Rn. 151; BeckOK BGB/*Faust* § 437 Rn. 180. Das wird nicht selten übersehen, so z. B. in BGHZ 34, 32 (33). In der Judikatur wird zum Teil die Auffassung vertreten, dass sich der Gewährleistungsausschluss nur dann auf die Irrtumsanfechtung erstreckt, wenn dies ausdrücklich vereinbart ist (vgl. z. B. OLG Karlsruhe JZ 1971, 294 [295]). Diese Ansicht verkennt, dass es sich um eine Frage der juristischen Konstruktion handelt, von der die Parteien regelmäßig keine Kenntnis haben; a. A. *Schmidt-Salzer* JZ 1967, 661 (663).

21 MüKoBGB/*Finkenauer* § 313 Rn. 166; MüKoBGB/*Westermann* § 437 Rn. 56.

22 *Seetzen* AcP 169 (1969), 352 (370) m. w. N.; *Groß* NJW 1971, 648.

den Zessionar übertragen wurde. Unter Umständen ist der Zweitverkäufer, der unter Gewährleistungsausschluss verkauft, sogar als verpflichtet anzusehen, seinem Abkäufer die ihm gegen den Erstverkäufer zustehenden Gewährleistungsrechte abzutreten.[23] Selbst wenn man nur selten so weit gehen kann, spricht nichts dagegen, bei Rücktritt und Minderung dem Prinzip der Vertragsfreiheit Geltung zu verschaffen. Die Abtretung der Gewährleistungsrechte wird aufgrund des praktischen Bedürfnisses von der Rechtsprechung zugelassen, meist im Hinblick auf die formularmäßige Abtretung in der Bau- und Leasingbranche.[24] Eine unterschiedliche Behandlung der Ansprüche und Rechte aus § 437 ist auch nicht angebracht und war vom Gesetzgeber mit der Umformung von Wandelung und Minderung in Gestaltungsrechte nicht beabsichtigt. Gegen die Abtretung der Gewährleistungsrechte, sozusagen im Bündel, ist daher nichts einzuwenden;[25] der Zessionar erhält das Wahlrecht zwischen den Ansprüchen und Gestaltungsrechten des § 437.

Z kann also Gewährleistungsrechte geltend machen, wenn *K* gegen *A* solche zugestanden haben.

2. Anspruch auf Nacherfüllung nach §§ 437 Nr. 1, 434 I 1, 439, 398

a) Zwischen *K* und *A*, vertreten durch *V*, ist ein gültiger Kaufvertrag zustande gekommen. Die Kaufsache müsste im Zeitpunkt des Gefahrübergangs fehlerhaft gewesen sein. Die Fahrleistung von 38.000 km haben *K* und *A* zwar nicht ausdrücklich zum Gegenstand einer Beschaffenheitsvereinbarung gemacht, jedoch konkludent (§ 434 I 1): *K* hat seine Kauferklärung in Kenntnis des Verkaufsschilds gemacht, was bei der Auslegung seiner Erklärung zu berücksichtigen ist; *V* hat den Wagen konkludent mit der angegebenen Fahrleistung verkauft.[26] Da der Kaufvertrag nicht formbedürftig war, unterlag auch die Beschaffenheitsvereinbarung keiner bestimmten Form.[27] Weil der Wagen in Wirklichkeit 115.000 km gefahren war, lag ein Sachmangel vor.[28]

---

[23] Bisher hat der BGH eine solche Pflicht nur angenommen, wenn dafür besondere Anhaltspunkte vorlagen, vgl. BGH NJW 2004, 1873. Nach anderer Ansicht soll sich eine grundsätzliche Verpflichtung aus § 285 ergeben, vgl. *Jud* FS U. Huber, 2006, 370 ff. m. w. N.; Staudinger/*Caspers*, 2014, § 285 Rn. 16; a. A. *Hammen* FS Hadding, 2004, 51 ff. Die generelle Annahme einer Abtretungspflicht ist jedoch nicht unbedenklich; in Betracht kommt allenfalls eine ergänzende Vertragsauslegung (so Staudinger/*Honsell*, 1995, § 463 a. F. Rn. 73). Der Gewährleistungsausschluss steht jedoch einer solchen Auslegung regelmäßig entgegen, s. Soergel/*Huber*, 12. Aufl. 1991, § 463 a. F. Rn. 58.

[24] Zur Abtretung des Minderungsrechts: BGHZ 95, 250 mit zust. Anm. von *Schubert* JR 1986, 154; zum vertraglichen bzw. gesetzlichen Rücktrittsrecht BGH NJW 1973, 1793; NJW 1985, 2640; zum Leasingrecht unten Fall 5 II 3.

[25] So auch Palandt/*Grüneberg* § 413 Rn. 5; Staudinger/*Busche*, 2017, § 413 Rn. 13; Erman/*Westermann* § 398 Rn. 29; *Nörr/Scheyhing/Pöggeler*, Sukzessionen, 2. Aufl. 1999, § 4 IV 2a.

[26] Zur Möglichkeit einer bloß konkludenten Beschaffenheitsvereinbarung vgl. BGH NJW 2013, 1074 (1075); Palandt/*Weidenkaff* § 434 Rn. 17; *Oetker/Maultzsch* § 2 Rn. 62.

[27] Dazu Palandt/*Weidenkaff* § 434 Rn. 18.

[28] Zu denken wäre hier auch an die Anwendung des § 434 I 3 i. V. m. § 434 I 2 Nr. 2. Mit dem Verkaufsschild hat der Gehilfe des *A*, *V*, die Fahrleistung des Pkw in öffentlicher Weise gekennzeichnet. Dass der Verkäufer *A* für Angaben seines Gehilfen haftet, könnte nach dem Wortlaut des § 434 I 3 zwar fraglich sein, ist indes wegen der *ratio legis* nicht zu bestreiten (vgl. MüKoBGB/*Westermann* § 434 Rn. 32). *A* kann auch nicht fehlende Kenntnis vom Verkaufsschild einwenden, da § 434 I 3 das Kennenmüssen der Kenntnis gleichstellt und deshalb selbst einfache Fahrlässigkeit genügt (§ 122 II). Es kommt dabei übrigens nicht darauf an, ob *A* wusste, dass die Äußerung nicht der tatsächlichen Fahrleistung entsprach. Für die Anwendung des § 434 I 3 bleibt jedoch praktisch in Fällen wie hier aufgrund des

Anderes folgt auch nicht aus der von *A* verwendeten Klausel „wie besichtigt und Probe gefahren". Zwar ist es dem Verkäufer unbenommen, die vorhandenen Mängel der zu verkaufenden Sache genau zu beschreiben und so zum Gegenstand einer Beschaffenheitsvereinbarung mit dem Käufer nach § 434 I 1 zu machen: Wird ein Unfallwagen als solcher verkauft, ist seine Beschaffenheit als Unfallauto vereinbart; auch die vorherige öffentliche Anpreisung als unfallfrei würde ihn aufgrund des Vorrangs der Parteivereinbarung nicht mangelhaft machen.[29] Allerdings kann in der von *A* verwendeten Klausel eine die Fahrleistung betreffende Beschaffenheitsvereinbarung nicht gesehen werden. Mit der Klausel kann die Haftung allenfalls für solche Mängel ausgeschlossen werden, die bei einer Besichtigung durch einen Laien ohne Zuziehung eines Sachverständigen erkennbar sind.[30] Das wäre bei einem offenkundigen Blechschaden sicher der Fall, nicht jedoch bei einer erhöhten Fahrleistung. Die Klausel erfasst daher bereits ihrem Wortlaut nach nicht den vorhandenen Sachmangel. Im Übrigen ist im Hinblick auf Beschaffenheitsvereinbarungen im Verbrauchsgüterkauf stets § 476 I 2 zu beachten: Das Verbot von Haftungsbeschränkungen gemäß § 476 I 1 darf nicht durch „anderweitige Gestaltungen" umgangen werden. Um nicht als Umgehung zu erscheinen, muss eine Beschaffenheitsvereinbarung beschreibenden Charakter haben und dem Käufer hinreichend klar machen, dass die Sollbeschaffenheit der Kaufsache entsprechend beschränkt wird (Transparenzgebot).[31] Dem genügt die Klausel „wie besichtigt" in aller Regel nicht, an eine Ausnahme könnte man bei einer gut sichtbaren Beule oder Roststelle denken.[32]

b) Womöglich hat *A* jedoch mit der gegenüber *K* verwendeten Klausel („wie besichtigt und Probe gefahren") nicht nur die Beschaffenheit vereinbaren wollen (soeben a), sondern sich formularmäßig von jeglicher Gewährleistung freigezeichnet.[33] Ein solcher umfassender (vor 2002 üblicher) Ausschluss ist wegen § 444 unwirksam, soweit *A* eine Beschaffenheitsgarantie, also die Gewähr dafür übernommen hat, dass der Wagen zur Zeit des Gefahrübergangs die auf dem Schild angegebene Fahrleistung aufwies. Gerade Anpreisungen und Angaben auf Verkaufsschildern beim Gebrauchtwagenkauf wurden nach früherer Terminologie als Eigenschaftszusicherung, also als Beschaffenheitsgarantie aufgefasst.[34] Da jedoch ein Gebrauchtwagenkäufer wegen § 476 I – im Unterschied zum Recht vor 2002 – nicht mehr schutzlos ist, sollten an eine konkludente Garantieübernahme die üblichen, erhöhten Anforderun-

---

Vorrangs der Parteivereinbarung (§ 434 I 1) wenig Raum; s. auch BeckOK BGB/*Faust* § 434 Rn. 80.

[29] Problematisch sind die Fälle, in denen etwa ein Neuwagen oder ein gut erhaltenes Gebrauchtfahrzeug als „Bastlerfahrzeug" oder „rollender Schrott" verkauft wird. Mit einer solchen Beschaffenheitsvereinbarung soll die Notwendigkeit von Reparaturen deutlich gemacht und so jeder Mangel von vornherein ausgeschlossen werden. Stimmen vereinbarter und tatsächlicher Zustand nicht überein, wird häufig eine Umgehung nach § 476 I 2 oder aber eine überraschende Klausel gemäß § 305c I vorliegen; vgl. BeckOK BGB/*Faust* § 476 Rn. 9ff.; *Müller* NJW 2003, 1975 (1977); OLG Oldenburg DAR 2005, 92.

[30] OLG Saarbrücken OLGR 2006, 51; OLG Köln NJW-RR 1992, 49; Palandt/*Weidenkaff* § 444 Rn. 16.

[31] Zutreffend *Huber* FS Henrich, 2000, 297 (309f.); *Westermann* JZ 2001, 530 (536); MüKoBGB/*Lorenz* § 475 a.F. Rn. 9.

[32] *Bohne,* in: Hoeren/Martinek, Systematischer Kommentar zum Kaufrecht, 2002, Teil 1 Rn. 551. Gänzlich gegen die Wirksamkeit der Klausel die h.M., vgl. MüKoBGB/*Lorenz* § 475 a.F. Rn. 10.

[33] Dazu OLG Saarbrücken OLGR 2006, 51.

[34] Vgl. etwa BGH NJW 1975, 1693 (1694); OLG Düsseldorf NJW-RR 2000, 505 (506); LG Kleve NJW-RR 2005, 422; *Hampel* JuS 2003, 465 (467).

gen an das unbedingte Einstehenwollen des Garanten gestellt werden.[35] Selbst wenn man in Rechnung stellt, dass ein Gebrauchtwagenkäufer auf die Zuverlässigkeit der Angaben des als fachkundig auftretenden Händlers angewiesen ist, wäre es doch nur eine Fiktion, in dem Verkaufsschild mehr als eine bloße Anpreisung sehen zu wollen. Andere Indizien dafür, dass hier *A* sein unbedingtes Einstehenwollen für die angegebene Fahrleistung erklärt hätte, sind nicht ersichtlich, zumal *V* und *K* den Kilometerstand nicht mehr eigens besprochen hatten und dieser auch nicht in die Kaufurkunde aufgenommen wurde. Der Haftungsausschluss ist daher nicht wegen § 444 unwirksam.

Jedoch kann sich gemäß § 476 I 1 ein Unternehmer beim Verkauf einer beweglichen Sache an einen Verbraucher (Verbrauchsgüterkauf, § 474 I 1) nicht auf eine für den Verbraucher nachteilige Vereinbarung berufen, wenn sie dessen Gewährleistungsrechte beschränkt. Ein Haftungsausschluss ist eine solche nachteilige Vereinbarung und daher unwirksam.[36] Sieht man folglich in der genannten Klausel einen Haftungsausschluss, kann sich *A* auf sie wegen § 476 I 1 nicht berufen. Die Frage, ob die AGB überhaupt wirksam in den Kaufvertrag mit *K* einbezogen wurde, kann dahinstehen.

c) Der Nacherfüllungsanspruch des *K* gegen *A* scheitert jedoch aus demselben Grund wie derjenige des *Z* gegen *K*: Es ist beim Stückkauf unmöglich (§ 275 I), einen anderen Pkw als Ersatz zu liefern oder den ausgesuchten Pkw so nachzubessern, dass seine Fahrleistung der Sollbeschaffenheit entspricht.

3. Schadensersatzanspruch nach §§ 437 Nr. 3, 434 I 1, 311a II, 398

Die zu hohe Fahrleistung war ein anfänglicher, unbehebbarer Sachmangel. *A* selbst kannte zwar den sich aus der Divergenz von Anpreisung auf dem Verkaufsschild und wirklicher Fahrleistung ergebenden Mangel nicht; *V* hat jedoch bei der Beschriftung des Verkaufsschilds die übliche Sorgfalt außer Acht gelassen, indem er die betreffende Akte zum Wagen nicht überprüft hat. Das hat sich *A* nach § 278 zurechnen zu lassen (§ 311a II 2). Allerdings kann *Z* Schadensersatz statt der Leistung nur verlangen, wenn *K* auch einen Schaden hatte. *K* hat den Wagen vier Monate lang benutzt und danach zum gleichen Preis weiterveräußert, den er selbst bezahlt hat. *K* hat also keinen Schaden erlitten, sondern einen Gewinn gemacht. Da er sich von Ansprüchen des *Z* wirksam freigezeichnet hat, hat er auch kein Haftungsinteresse.[37]

Fraglich ist aber, ob diese spätere Entwicklung in die Berechnung der Schadenshöhe einfließen darf. Ein Schaden des *K* lässt sich nämlich begründen, wenn man nicht auf seine spätere Vermögensentwicklung abstellt, sondern auf den Zeitpunkt der Vertragserfüllung, hier also die Übereignung des Wagens. Zu dieser Zeit hatte *K* in der Tat einen Schaden, da er für den Wagen, der lediglich 2.500 € wert war, 3.500 € bezahlt hat. Obwohl grundsätzlich für die Bemessung eines Schadens die letzte mündliche Verhandlung in der Tatsacheninstanz entscheidend ist,[38] stellt die ganz h. M. in Fällen wie dem vorliegenden auf den Zeitpunkt der Vertragserfüllung ab

---

[35] Richtig *Stöber* DAR 2004, 570 (572); offen gelassen in BGH NJW 2007, 1346 (1348).

[36] Das gilt selbst für den Fall, dass der Ausschluss individualrechtlich vereinbart ist. Lediglich der Anspruch auf Schadensersatz kann auf diese Weise abbedungen oder beschränkt werden, vgl. § 476 III.

[37] Von einem möglichen Schadensersatzanspruch des *Z* konnte sich *K* im Rahmen des § 309 Nr. 7 nicht freizeichnen; weil er jedoch nicht fahrlässig war, scheidet auch ein solcher Anspruch aus (oben I 2).

[38] RGZ 59, 238 (239); OLG Hamm NJW 1974, 2091 (2092); BGH NJW 1987, 645 (646).

und lässt die spätere Entwicklung unberücksichtigt.[39] Das ist überzeugend: Der Schädiger darf nicht dadurch entlastet werden, dass der Geschädigte durch ein weiteres Geschäft seinen Schaden verringert oder gar Gewinn macht. Zwar folgt aus der Schadensminderungspflicht des Geschädigten nach § 254 II 1, dass dem Schädiger eine Schadensminderung zugutekommt; diese Pflicht reicht jedoch nicht so weit, dass dem Geschädigten jeder Vorteil anzurechnen wäre. Die Rechtsordnung muss das privatautonome Recht zur selbstbegünstigenden Vertragsgestaltung anerkennen.[40] Die Weiterveräußerung hat daher außer Betracht zu bleiben.[41] *Z* kann daher von *A* verlangen, so gestellt zu werden, als habe dieser gegenüber *K* ordnungsgemäß erfüllt; er kann also den Betrag liquidieren, um den der Pkw weniger wert war, als er bei fehlerfreier Leistung wert gewesen wäre (kleiner Schadensersatz); das sind 1.000 €. „Schadensersatz statt der ganzen Leistung" (großen Schadensersatz) kann *Z* nur unter der zusätzlichen Voraussetzung verlangen, dass die Pflichtverletzung des *A* nicht unerheblich war (§§ 311a II 3, 281 I 3). Das ist bei einer Abweichung von 77.000 km der Fall. Zug um Zug gegen Rückgabe des Pkw kann er daher 3.500 € verlangen.

Z kann danach einen Schadensersatzanspruch nach §§ 437 Nr. 3, 434 I 1, 311a II aus abgetretenem Recht geltend machen.

4. Rücktrittsrecht gemäß §§ 437 Nr. 2, 434 I 1, 326 V, 323, 346 ff., 413

Aufgrund des Sachmangels, der *K* unbekannt war (§ 442 I), und wegen Unmöglichkeit einer Nacherfüllung darf *K* zurücktreten. Einer Nachfristsetzung bedurfte es wegen § 326 V nicht.

a) Der Rücktritt könnte aber ausgeschlossen sein, weil sich *K* die Rückgabe des Wagens durch die Weiterveräußerung selbst unmöglich gemacht hat. Zwar ist *K* nach Erklärung des Rücktritts gemäß § 346 I verpflichtet, die empfangene Leistung herauszugeben. An die Stelle der wegen einer Veräußerung unmöglichen Rückgewähr tritt aber die Wertersatzpflicht gemäß § 346 II 1 Nr. 2. Die Höhe dieses Wertersatzes wird durch die im Vertrag festgesetzte Gegenleistung, also den Kaufpreis, bestimmt (§ 346 II 2). Da die Sache mit einem Mangel behaftet war, der zu einer Wertminderung von 1.000 € geführt hat, müsste der Wertersatz indes um diesen Betrag gekürzt werden.[42] Zu fragen ist, ob der Rücktrittsberechtigte, der die gekaufte Sache weiterverkauft hat, sich zunächst um die Rückgabe der Sache bemühen muss. In Übereinstimmung mit der früheren Rechtslage sollte man eine solche Beschaffungspflicht annehmen: Erst wenn der Rückgewährschuldner die Sache nicht zurückerhalten kann, schuldet er nach § 346 II Wertersatz; Wertersatz ist nämlich „statt der Rückgewähr" zu leisten, d. h. erst bei Unmöglichkeit einer Rückgewähr.[43] Da *K* seine Gewährleistungsrechte an *Z* abgetreten hat und dieser den Rücktritt

---

39 RGZ 142, 8 (11 f.); BGH NJW 1971, 837; BGHZ 79, 249 (258); zum Ganzen auch *Schulz* AcP 191 (1991), 433; MüKoBGB/*Oetker* § 249 Rn. 274.

40 So überzeugend *Müller-Laube* JZ 1991, 162 (166).

41 Zum gleichen Ergebnis gelangt *Büdenbender* JuS 1976, 153 (156 f.), der meint, es handele sich um ein Problem der Vorteilsausgleichung, der Vorteil aus dem Weiterverkauf sei aber aufgrund einer wertenden Entscheidung nicht anzurechnen. Noch anders *Pfister* JuS 1976, 373 (374), der einen eigenen Schaden des *K* zwar ablehnt, aber über die Grundsätze der Drittschadensliquidation zu einem Ersatzanspruch gelangt. Indessen fehlt es bei einer Veräußererkette an der Zufälligkeit der Schadensverlagerung, die für diese Rechtsfigur erforderlich ist (richtig *Büdenbender* JuS 1976, 153 [155]).

42 Palandt/*Grüneberg* § 346 Rn. 10; ähnlich schon OLG Köln VersR 1993, 109.

43 So Palandt/*Grüneberg* § 346 Rn. 8a; *Kaiser* JZ 2001, 1057 (1062).

erklären muss, kann der Wagen jedoch ohnehin in natura herausgegeben werden, *K* muss den Wagen nicht erst beschaffen.

b) *Z* kann also den Rücktritt von dem zwischen *A* und *K* geschlossenen Kaufvertrag erklären (§ 349). Er hat dann einen Anspruch auf Rückzahlung der von *K* bezahlten 3.500 € gemäß § 346 I Zug um Zug gegen Rückgabe des Wagens (§ 348). *Z* und *A* schulden einander zudem Ersatz für die tatsächlich mittels des Wagens und des Kaufpreises gezogenen Nutzungen (§ 346 I). *Z* muss den Rücktritt allerdings innerhalb von zwei Jahren nach der Ablieferung erklären, d. i. die Übergabe des Wagens von *A* an *K* im Februar 2018. Denn der Rücktritt ist gemäß §§ 438 IV 1, 218 I 2 unwirksam, wenn der Nacherfüllungsanspruch verjährt wäre (vgl. § 438 I Nr. 3, II). Der Irrealis ist in § 218 I 2 deshalb erforderlich, weil der Nacherfüllungsanspruch bei der hier bestehenden anfänglichen Unmöglichkeit bereits von vornherein nach § 275 I ausgeschlossen ist und daher nicht verjähren kann.

5. Minderungsrecht gemäß §§ 437 Nr. 2, 434 I 1, 441 I, 413

Möglicherweise kann *Z* den Kaufpreis gemäß § 441 I mindern. Es handelt sich bei der Minderung zwar nicht um einen Schadensersatzanspruch, das Ergebnis ist aber häufig ähnlich. Die Minderung ist wie der Rücktritt ein Gestaltungsrecht, welches durch Erklärung ausgeübt wird. § 441 I 1 verweist in seinen Voraussetzungen auf diejenigen des Rücktritts („statt zurückzutreten"), welche vorliegen (oben II 4).

Unterstellt man, dass der Wert der Sache in mangelfreiem Zustand mit dem Kaufpreis übereinstimmt, ist für die Minderung nicht die von § 441 III 1 vorgeschriebene Verhältnisrechnung notwendig.[44] Die in diesem Fall zulässige vereinfachte Rechnung lautet: Kaufpreis minus Wert der mangelhaften Sache. Da *Z* wiederum nur das abgetretene Recht geltend macht, ist der Wert maßgeblich, den der Wagen zum Zeitpunkt der Übergabe an *K* hatte (also 2.500 €, nicht 2.200 €). *Z* kann daher nach § 441 IV 1 1.000 € von *A* verlangen.

---

[44] Vgl. Jauernig/*Berger* § 441 Rn. 6.

Fall 2. Die unrentable GmbH

Unternehmenskauf – Rechtskauf – Sachmängelhaftung – Rückgriff des Unternehmers

Sachverhalt

A war Gesellschafter der Elektrogroßhandels-GmbH *E;* er hielt Gesellschaftsanteile im Wert von 95 % des Stammkapitals. *A* beschloss, die Anteile zu veräußern. Bei den Verhandlungen mit dem Interessenten *X* legte er die letzten, vom Wirtschaftsprüfer *W* testierten Jahresabschlüsse vor, die aufgrund interner Berechnungsfehler zu hohe Gewinne auswiesen; in Wirklichkeit hatte die Gesellschaft in den letzten Jahren erheblich weniger erwirtschaftet. *A* hatte keine Kenntnis von der Unrichtigkeit der Angaben. *W* hätte sie bei seiner Prüfung jedoch bemerken können, hatte aber die Angaben der *E*-GmbH ungeprüft übernommen, obwohl er auf den anstehenden Verkauf hingewiesen worden war. *X* erwarb im Januar 2018 die Anteile des *A* mit notariellem Vertrag zum Preis von 400.000 €, der insbesondere auf Grundlage der Jahresabschlüsse ermittelt worden war. Tatsächlich waren die Anteile jedoch nur 250.000 € wert. Im Kaufvertrag hatten *A* und *X* im Übrigen einen Rücktrittsausschluss vereinbart.

Im April 2018 erklärt der Einzelhändler *H* gegenüber der *E*-GmbH den Rücktritt von einem im Januar 2018 mit ihr geschlossenen Kaufvertrag über ein hochwertiges Fernsehgerät. *H* hatte es an einen Privatmann weiterverkauft und wegen eines Fehlers bei der Bildwiedergabe zurückgenommen, ohne auf Nachbesserung zu bestehen; der Kunde hatte gedroht, nie mehr bei *H* zu kaufen, wenn er sein „gutes Geld" nicht zurückerhalte. Die Nachbesserungskosten hätten erheblich unter dem Gewinn gelegen, den die *E*-GmbH mit dem Gerät erzielt hatte.

Welche Rechte hat *X* gegen *A,* wenn er im Juli 2018 die falschen Angaben bemerkt?

Kann *H* von seinem Vertrag mit der *E*-GmbH zurücktreten?

Lösung

I. Rechte des X gegen A
1. Anspruch auf Nacherfüllung, §§ 437 Nr. 1, 439, 434 I 1, 453 I
2. Minderungsrecht, §§ 437 Nr. 2, 434 I 1, 441 IV, 453 I
3. Anspruch auf Schadensersatz, §§ 437 Nr. 3, 434 I 1, 311a II, 453 I
4. Schadensersatz gemäß §§ 280 I, 311 II, 241 II (culpa in contrahendo)
5. Ungerechtfertigte Bereicherung, § 812 I 1 (1)
6. Fehlen der Geschäftsgrundlage, § 313 II

II. Rücktrittsrecht des H aus §§ 437 Nr. 2, 434 I, 445a II, 323 I, 346 ff.

I. Rechte des X gegen A

1. Anspruch auf Nacherfüllung, §§ 437 Nr. 1, 439, 434 I 1, 453 I

Die *E*-GmbH könnte aufgrund der fehlenden Erträge einen Sachmangel aufweisen, der *X* zur Forderung von Nacherfüllung berechtigt.

a) Der Kaufvertrag zwischen *A* und *X* über die GmbH-Anteile war wirksam; spätestens bei ihrer Abtretung nach § 413, § 15 III GmbHG wurde die notarielle Form eingehalten und der womöglich formunwirksame Vertrag nach § 15 IV 2 GmbHG geheilt. Bei einem Anteilskauf handelt es sich um einen Rechtskauf (share deal), auf den gemäß § 453 I die kaufrechtlichen Vorschriften Anwendung finden.[1]

b) Fraglich ist, ob bei einem Rechtskauf (Anteilskauf) überhaupt ein Sachmangel nach § 434 denkbar ist. Herkömmlich unterscheidet man beim Rechtskauf wie folgt: Falls eine besondere Vereinbarung nicht vorliegt, hat das Recht keinen Mangel, wenn es besteht und nur im Wert gemindert ist – der Verkäufer haftet für die Verität des Rechts, nicht für seine Bonität. Das führt dazu, dass ein Gesellschaftsanteil niemals schon deshalb einen Sachmangel aufweist, weil das von der Gesellschaft betriebene Unternehmen einen Mangel hat.[2] Jedoch geht die h. M. davon aus, dass der Kauf *sämtlicher* Anteile einer Gesellschaft zwar Rechtskauf ist, wirtschaftlich betrachtet aber nichts anderes ist als der Kauf des Unternehmens selbst und daher wie ein Sachkauf behandelt werden muss.[3] Streitig ist aber, ob ein Mangel im Unternehmenssubstrat auch dann als Mangel der Anteile anzusehen war, wenn nicht alle Anteile verkauft worden waren. Die Rechtsprechung nimmt dies dann an, wenn der beim Verkäufer oder einem Dritten verbleibende Rest so geringfügig ist, dass der Erwerber in seiner Verfügungs- und Leitungsmacht über das Unternehmen praktisch nicht mehr beeinträchtigt werden kann.[4] Voraussetzung ist freilich immer, dass der Parteiwille auf den Erwerb des Unternehmens als eines solchen gerichtet ist. Diesen Anforderungen entspricht der Kauf zwischen *A* und *X*, bei dem *X* Anteile in Höhe von 95 % erwirbt. Folglich sind die gekauften Anteile nach § 434 als mangelhaft zu erachten, wenn das Unternehmen einen Sachmangel aufwies.[5]

---

1 Beim asset deal wird dagegen das „Unternehmen“ mit einem einheitlichen Kaufvertrag verkauft, die assets (Vermögensgegenstände wie Sachen, Rechte und unkörperliche Vermögenswerte wie Ruf, Kundenbeziehungen, Know-how etc.) einzeln übertragen; es handelt sich dabei um den Kauf eines „sonstigen Gegenstands“ nach § 453 I (vgl. BT-Drs. 14/6040, 242). Zur Unterscheidung von asset und share deal *Medicus/Lorenz* SchuldR BT Rn. 374; *Korch* JuS 2018, 521 (522).

2 *Lorenz/Riehm* Rn. 486; Palandt/*Weidenkaff* § 453 Rn. 23.

3 Palandt/*Weidenkaff* § 453 Rn. 23.

4 BGHZ 65, 246 (251); BGHZ 138, 195 (204); BGH NJW 2001, 2163 (2164); ZIP 2018, 2112; vgl. zudem *Schmidt,* Handelsrecht, 6. Aufl. 2014, § 5 II m. w. N.; *Grunewald* NZG 2003, 372 (373); *Weitnauer* NJW 2002, 2511 (2514). Wie viele Anteile erworben werden müssen, damit ein Unternehmenskauf angenommen werden kann, ist umstritten. BGHZ 65, 246 (252) hat die Frage offen gelassen, *obiter* aber einen verbleibenden Anteil von 10 % (§ 50 I GmbHG: Minderheitsrechte) oder von 25 % (§ 53 II 1 GmbHG: fremde Sperrminorität) als Grenze erwogen. Ebenfalls für eine Grenze bei 75 % *Schmidt,* Handelsrecht, 6. Aufl. 2014, § 5 II Rn. 29; für 80 % Palandt/*Weidenkaff* § 453 Rn. 23; für 90 % *Looschelders* SchuldR BT Rn. 241; anders etwa *Huber* AcP 202 (2002), 179 (231); BeckOK BGB/*Faust* § 453 Rn. 32, *Lorenz* FS Heldrich, 2005, 305 (308), die nur bei einem Anteilskauf von 100 % oder ganz unerheblich weniger eine Gleichstellung mit dem Sachkauf bejahen.

5 Da § 453 I den Rechtskauf dem Sachkauf gleichstellt, können die Parteien eines Anteilskaufs die Beschaffenheit des von der Gesellschaft betriebenen Unternehmens besonders vereinbaren und so dessen Beschaffenheit zum Merkmal der Beschaffenheit des gekauften Anteils machen (§ 434 I 1). Es ist daher möglich, auch beim Kauf eines Minderheitspakets zu vereinbaren, dass bestimmte Mängel im Unternehmenssubstrat zu Mängeln der Anteile

c) Die unrichtigen Angaben in den Jahresabschlüssen könnten einen Sachmangel des Unternehmens begründen, genauer: der mangelnde Ertrag könnte als Mangel i. S. d. § 434 I zu qualifizieren sein. Eine Sache ist mangelhaft, wenn ihre tatsächliche Beschaffenheit nicht der vereinbarten Sollbeschaffenheit entspricht (subjektiver Fehlerbegriff).[6] Unter den Begriff der Beschaffenheit einer Sache fallen die ihr anhaftenden physischen Eigenschaften ebenso wie die so genannten Umweltfaktoren, also rechtliche, tatsächliche oder wirtschaftliche Beziehungen der Sache zu ihrer Umwelt, die ihren Grund im tatsächlichen Zustand der Sache haben, ihr auf eine gewisse Dauer anhaften und so nach der Verkehrsauffassung Einfluss auf die Wertschätzung der Sache haben.[7] Es kommen wie bei § 119 II nur die wertbestimmenden Faktoren als Beschaffenheit i. S. d. § 434 in Betracht, nicht hingegen der Wert selbst. Ertragswert und Substanzwert sind die wesentlichen Bewertungsfaktoren beim Kauf eines Unternehmens.[8] Sie sind regelmäßig von entscheidendem Einfluss auf Kaufentschluss und Preisgestaltung, weshalb bei falschen Ertragsangaben ein Mangel in der Beschaffenheit des Unternehmens anzunehmen ist.[9] Dass solche Angaben dem Unternehmen nicht körperlich „anhaften", ist unschädlich, weil § 453 I nur die entsprechende Anwendung des Sachmängelrechts anordnet und auch das Unternehmen selbst nicht körperlich ist. Der Unternehmensertrag war hier Gegenstand einer Beschaffenheitsvereinbarung nach § 434 I 1. Ausdrücklich haben *A* und *X* zwar keinen bestimmten Unternehmensertrag vereinbart, dieser war aber ersichtlich Grundlage für die Kaufpreisermittlung. Da auf die Abschlüsse Bezug genommen wurde, ist deren Inhalt konkludent Teil der Vereinbarung geworden.[10]

Gleichwohl lehnte es die ständige Rechtsprechung unter dem alten Schuldrecht ab, in unrichtigen Angaben über den Ertrag oder Umsatz sowie in manipulierten Bilanzen einen Fehler des Unternehmens zu sehen. Man unterschied zwischen einer „Beschaffenheit" nach Abs. 1 von § 459 a. F. und der zusicherungsfähigen „Eigen-

---

führen sollen, vgl. *Wolf/Kaiser* DB 2002, 411 (416 f.); *Gaul* ZHR 166 (2002), 35 (39); a. A. *Huber* AcP 202 (2002), 179 (229 ff.); BeckOK BGB/*Faust* § 453 Rn. 21.

6 Palandt/*Weidenkaff* § 434 Rn. 9.

7 BeckOK BGB/*Faust* § 434 Rn. 22 ff.

8 Zu den Problemen der Unternehmensbewertung im Einzelnen vgl. etwa *Moxter,* Grundsätze ordnungsmäßiger Unternehmensbewertung, 2. Aufl. 1983. Es hat sich weitgehend das Ertragswertverfahren durchgesetzt, vgl. MüKoHGB/*Thiessen*, 4. Aufl. 2016, § 25 Anh. Rn. 5; gleichwohl hat in der Praxis auch der Substanzwert eines Unternehmens noch Bedeutung.

9 Ebenso Palandt/*Weidenkaff* § 434 Rn. 95b; MüKoBGB/*Westermann* § 453 Rn. 31; *Thiessen,* Unternehmenskauf und Bürgerliches Gesetzbuch, 2005, 189 ff., 401 ff.; MüKoHGB/*ders*., 4. Aufl. 2016, § 25 Anh. Rn. 60 ff.; *Oechsler* Rn. 104; *Looschelders* SchuldR BT Rn. 239; *Canaris* FS Georgiades, 2006, 85; *Gaul* ZHR 166 (2002), 35 (45 ff.); *Wunderlich* WM 2002, 981 (985); *Triebel/Hölzle* BB 2002, 521 (525); *Wolf/Kaiser* DB 2002, 411 (415 f.); *Schröcker* ZGR 2005, 63 (80); *Kleinhenz/Junk* JuS 2009, 787 (788 f.); *Redeker* NJW 2012, 2471; a. A. (Anwendung der Grundsätze der *culpa in contrahendo*, §§ 280, 241) *Huber* AcP 202 (2002), 179 (211 ff.); BeckOK BGB/*Faust* § 434 Rn. 26; § 453 Rn. 30; *Kindl* WM 2003, 409 (411); *Weitnauer* NJW 2002, 2511 (2514); *Grigoleit/Herresthal* JZ 2003, 118 (125); *Fischer* DStR 2004, 276 (278).

10 Eine konkludente Beschaffenheitsvereinbarung genügt nach den allgemeinen Grundsätzen für § 434 I 1 (oben Fall 1 II 2a). Die Beschaffenheitsvereinbarung unterliegt demselben Formgebot wie der Kaufvertrag und kann wie dieser geheilt werden (Palandt/*Weidenkaff* § 434 Rn. 18); die notarielle Form des § 15 III GmbHG wurde eingehalten (oben I 1a). Ist die Vereinbarung formunwirksam, ist zu prüfen, ob sie den andersartigen Anforderungen des § 434 I 2 Nr. 1 genügt; die vertraglich vorausgesetzte „Verwendung" der Sache muss nicht deckungsgleich mit einer Beschaffenheitsvereinbarung sein.

schaft“ nach Abs. 2 und legte den Beschaffenheitsbegriff weit restriktiver aus als denjenigen der Eigenschaft. Dafür sprach, dass nach § 459 I a. F. die Sache mit einem Fehler „behaftet“ sein musste. Gerade das wurde bei mangelndem Ertrag aber verneint.[11] Der BGH erkannte nur an, dass Ertragsangaben eines längeren Zeitraums der Eigenschaft i. S. d. § 459 II a. F. „rechtlich gleichzustellen“ seien und damit die Ertragsfähigkeit *zusicherungsfähig* sei.[12] An einer solchen Zusicherung (heute: Garantie) fehlt es aber oft, weshalb ein Sachmangel nach § 459 a. F. nicht angenommen werden konnte. Genau dieses Ergebnis war jedoch gewollt, weil man so eine Haftung des Unternehmensveräußerers aus *culpa in contrahendo* wegen vorvertraglicher Aufklärungspflichtverletzung (heute §§ 280, 241) annehmen konnte, die nicht nach § 477 a. F. in einem halben Jahr, sondern regelmäßig nach § 195 a. F. in dreißig Jahren verjährte.[13] Zudem ist die *culpa in contrahendo* in der Rechtsfolge erheblich flexibler als die Rückabwicklung des Unternehmenskaufs nach einem Rücktritt, welche nach einiger Zeit zu erheblichen Schwierigkeiten führen kann. Die Unterscheidung zwischen Beschaffenheits- und Eigenschaftsbegriff war allerdings bereits unter der Geltung des alten Schuldrechts nicht überzeugend.[14] Das Wortlautargument aus § 459 I a. F. („behaftet sein“) ist wegen § 434 nicht mehr möglich, und insbesondere ist die zu kurze Verjährung des § 477 a. F. in § 438 auf zwei Jahre verlängert, so dass die Gründe für die Rechtsprechung, den Beschaffenheitsbegriff eng auszulegen, weitgehend bedeutungslos geworden sind.[15] Es bleibt daher festzuhalten, dass die falschen Angaben zu einer Divergenz zwischen Ist- und Sollbeschaffenheit führen und daher ein Sachmangel i. S. d. § 434 I 1 vorliegt.

d) Die Rechte des *X* wegen des Sachmangels sind nicht nach § 442 I ausgeschlossen; weder hatte er positive Kenntnis von dem Mangel, noch ist ihm grobe Fahrlässigkeit vorzuwerfen.[16]

e) Nacherfüllung ist hier jedoch von Anfang an unmöglich. Der Mangel des Unternehmens (fehlender Gewinn) ist nicht behebbar, eine Nachbesserung (§ 439 I 1. Fall) scheidet aus.[17] Ebenso kann *X* von *A* nicht die Nachlieferung einer „mangelfreien Sache“, also eines anderen Unternehmens, verlangen (§ 439 I 2. Fall).[18]

---

[11] BGH NJW 1970, 653; NJW 1977, 1538; NJW 2001, 2163; NJW-RR 1989, 306 (307); anders die st. Rspr. des RG (etwa RG JW 1913, 684).

[12] BGH NJW 1977, 1536 (1537) unter Berufung auf RGZ 67, 86 (87); BGH NJW 1995, 1547.

[13] Vgl. etwa ausdrücklich BGH NJW 1977, 1538 (1539).

[14] Vgl. dazu eingehend *Immenga* AcP 171 (1971), 1 (15 f.); gegen die Unterscheidung bereits *v. Caemmerer* FS Wolff, 1952, 3 (18); *Gronstedt/Jörgens* ZIP 2002, 52 (54): „spitzfindige Begriffsakrobatik“.

[15] So die Hoffnung der Bundesregierung (BT-Drs. 14/6040, 242); vgl. dazu unten I 4 a. E.

[16] Selbst bei Unterlassung der mittlerweile üblichen sog. „due diligence“ (d. i. die Unternehmensprüfung u. a. in wirtschaftlicher, finanzieller, rechtlicher und steuerlicher Hinsicht; dazu *Körber* NZG 2002, 263; MüKoHGB/*Thiessen,* 4. Aufl. 2016, § 25 Anh. Rn. 13) kann mangels vorvertraglicher Pflicht des Käufers, die Kaufsache zu kontrollieren, grobe Fahrlässigkeit nicht angenommen werden, vgl. *Gaul* ZHR 166 (2002), 35 (64).

[17] Es kann hier keine Nachschusspflicht des *A* angenommen werden; richtig *Schröcker* ZGR 2005, 63 (82); zweifelnd *Gronstedt/Jörgen* ZIP 2002, 52 (61); *Triebel/Hölzle* BB 2002, 521 (526). Das liefe nämlich im Ergebnis auf nichts anderes als Schadensersatz bzw. Minderung (§ 441 IV) hinaus.

[18] *Gaul* ZHR 166 (2002), 35 (54); *Triebel/Hölzle* BB 2002, 521 (526). Anderes ist etwa dann denkbar, wenn nur einzelne Gegenstände fehlen, die einen Gesamtmangel des Unternehmens ausmachen. – Wendet man die Vorschriften über den Sachkauf auf den Unternehmenskauf entsprechend an (§ 453), muss man das Unternehmen im Ganzen als „die Sache“ begreifen. Der Kauf ist danach mit einem Stückkauf vergleichbar; bei einem solchen sind nach umstrittener Ansicht Nachlieferung und Beschaffungspflicht des Verkäufers allenfalls dann denkbar, wenn eine vertretbare Sache gekauft war und das Leistungsinteresse des

Von der Nacherfüllungspflicht ist *A* aufgrund (objektiver) Unmöglichkeit gemäß § 275 I befreit.

2. Minderungsrecht, §§ 437 Nr. 2, 434 I 1, 441 IV, 453 I

X könnte von *A* Rückerstattung des nach Minderung zu viel gezahlten Kaufpreises entsprechend §§ 437 Nr. 2, 441 IV verlangen. Eine wirksame Minderung setzt gemäß § 441 I 1 voraus, dass alle Rücktrittsvoraussetzungen vorliegen („statt zurückzutreten"): *X* kann aufgrund des Sachmangels nach §§ 437 Nr. 2, 326 V vom Vertrag zurücktreten; einer Fristsetzung bedarf es aufgrund der Unmöglichkeit der Nacherfüllung nicht.[19] Nach § 441 III ist der Kaufpreis also entsprechend der Differenz zwischen dem Wert der Sache in mangelfreiem Zustand und ihrem wirklichen Wert herabzusetzen, also um 150.000 €. Gemäß § 441 I 1 ist die Minderung Gestaltungsrecht, d. h. sie wird durch Erklärung des Berechtigten geltend gemacht. Nach § 441 IV 1 hat *A* dem *X* sodann 150.000 € zu erstatten.

Nur das Rücktrittsrecht, nicht das Minderungsrecht, wurde hier nach § 444 ausgeschlossen; ein solcher Ausschluss ist beim Unternehmenskauf üblich. Das Minderungsrecht des *X* ist zudem nach §§ 438 V, 218 ausgeschlossen, wenn der (Nach-) Erfüllungsanspruch verjährt ist und der Verkäufer sich darauf beruft.[20] Gemäß § 438 I Nr. 3, II verjährt der Nacherfüllungsanspruch in zwei Jahren ab Ablieferung. Beim Rechtskauf ist eine „Ablieferung" nicht denkbar, weshalb in der Regel auf die Abtretung der Anteile abzustellen ist.[21] Da der Kauf der GmbH-Anteile hier jedoch als Kauf des Unternehmens anzusehen ist, ist für den Verjährungsbeginn zusätzlich die tatsächliche Übergabe des Unternehmens maßgeblich.[22] *X* kann damit die Minderung erklären.

3. Anspruch auf Schadensersatz, §§ 437 Nr. 3, 434 I 1, 311a II, 453 I

X könnte gegen *A* entsprechend §§ 437 Nr. 3, 311a II Anspruch auf Ersatz des Schadens haben, der ihm durch die mangelhafte Erfüllung entstanden ist („Schadensersatz statt der Leistung"). Bei fehlendem Ertrag handelt es sich um einen anfänglichen, schon bei Vertragsschluss bestehenden und nicht behebbaren Mangel eines Unternehmens (§ 311a I). Da es gemäß § 433 I 2 zur Erfüllungspflicht des Verkäufers gehört, die Sache frei von Sachmängeln zu leisten, ist ein Fall von (qualitativer) Unmöglichkeit gegeben.[23] Eine Nachfristsetzung ist in § 311a II nicht vorgesehen. Fraglich ist, ob *A* seine Unkenntnis vom Leistungshindernis nach § 311a II 2 zu vertreten hat. Die Übernahme einer Garantie gemäß § 276 I 1 kommt hier nicht in Betracht, weil *A* nicht zu erkennen gegeben hat, für eine bestimmte Ertragshöhe auf jeden Fall einstehen zu wollen. Gemäß § 278 haftet er aber auch für die fahrlässige Unkenntnis der als Erfüllungsgehilfen eingesetzten Personen,[24] nämlich für das Verschulden des Wirtschaftsprüfers *W*, der die Unterlagen der GmbH ungeprüft über-

---

Käufers auch mit der Ersatzlieferung zu befriedigen ist (s. oben Fall 1 I 1b); beides ist hier zu verneinen.

19 § 326 I 1 ist hier wegen § 326 I 2 unanwendbar, vgl. Fall 1 I 3a.

20 Es bedarf dieser komplizierten Regelung, weil die Minderung (ebenso wie der Rücktritt) ein Gestaltungsrecht ist und daher die Regeln über die Anspruchsverjährung, zu denen § 438 eine Sonderregelung bildet, nicht anwendbar sind.

21 Palandt/*Weidenkaff* § 438 Rn. 16.

22 Vgl. BGHZ 138, 195 (205); *Eidenmüller* NJW 2002, 1627.

23 Zum Begriff *Looschelders* SchuldR AT § 22 Rn. 17.

24 Palandt/*Grüneberg* § 311a Rn. 9.

nommen hat.[25] *W* hätte sich, da er auf die mögliche Verwendung der Abschlüsse hingewiesen war, erkundigen und zumindest Stichproben machen müssen; wenigstens aber hätte er darauf hinweisen müssen, dass er die Angaben des Unternehmens nicht geprüft hat. Nach § 311a II haftet *A* damit auf Schadensersatz statt der Leistung, d. h. er muss *X* so stellen, wie dieser bei ordnungsgemäßer Erfüllung stünde. Er muss ihm daher 150.000 € als Schadensersatz zahlen.

4. Schadensersatz gemäß §§ 280 I, 311 II, 241 II (culpa in contrahendo)

Möglicherweise haftet *A* gemäß § 280 I für die Verletzung einer vorvertraglichen Aufklärungspflicht. Er hat zwar selbst keine falschen Angaben gemacht, ihm ist aber gemäß § 278 das fehlerhafte Testat des Wirtschaftsprüfers zuzurechnen (oben I 3). Das Gewährleistungsrecht mit seinen Spezialregeln – namentlich die Verjährungsregelung in § 438 und das Erfordernis einer Nachfristsetzung – entfaltet jedoch eine Sperrwirkung gegenüber der Anwendung des § 280 I.[26] Diese Sperrwirkung der §§ 433 ff. reicht allerdings nur so weit wie ihr Tatbestand; die Anwendung des § 280 I ist folglich grundsätzlich insoweit ausgeschlossen, als sich die vorvertragliche Pflichtverletzung auf eine Sacheigenschaft bezieht, die geeignet ist, einen Sachmangel zu begründen.[27] Bei falschen Angaben über die Beschaffenheit der Kaufsache oder bei Verschweigen von Mängeln kommt also eine Haftung aus *culpa in contrahendo* nicht in Betracht. Allerdings soll nach verbreiteter Ansicht die Sperrwirkung der §§ 433 ff. gegenüber § 280 I nur im Grundsatz gelten und ausnahmsweise bei Verletzung besonderer, meist aus der Verkehrssitte oder den Umständen des Falles hergeleiteter Beratungs- und Aufklärungspflichten entfallen können.[28] Nach dieser Ansicht führt die Verletzung der Aufklärungspflicht – diese wird mit dem Informationsvorsprung des Veräußerers, der genaue Einblicke in die Verhältnisse des Unternehmens hat, und der besonderen Angewiesenheit des Erwerbers auf zuverlässige Angaben über Substanz und Ertrag des Unternehmens begründet – zu einer Haftung des Veräußerers aus § 280 I.[29] Demgegenüber ist am genannten Grundsatz festzuhalten und der Anspruch aus §§ 280 I, 311 II zwecks Abgrenzung des allgemeinen Leistungsstörungsrechts vom Gewährleistungsrecht mit seinen Besonderheiten nur bei solchen Nebenpflichtverletzungen zu gewähren, die nicht gleichzeitig zu einem Sachmangel führen.[30] Vermutlich werden aber die Gerichte an ihrer bisherigen Rechtsprechung festhalten und bei falschen Angaben über Unternehmenserträge auf § 280 I rekurrieren. Die Verjährungsfristen haben sich zwar angenähert (§ 438: objektiv zwei Jahre – §§ 195, 199: subjektiv drei Jahre),[31] weshalb die Problematik

[25] Vgl. etwa BGH NJW 2001, 2163 (2164) (Steuerberater); krit. *Müller* ZIP 2000, 817 (822).

[26] Palandt/*Weidenkaff* § 437 Rn. 51a; *Looschelders* SchuldR BT Rn. 189; *Mertens* AcP 203 (2003), 818 (853); RGZ 135, 339 (346); BGHZ 60, 319; BGH NJW 1973, 1234; NJW-RR 1988, 10 (11); BGHZ 180, 205. – Dagegen für eine freie Konkurrenz: *Esser/Weyers* SchuldR BT I § 6 II 1, 3b; BeckOK BGB/*Faust* § 437 Rn. 190 (im Grundsatz).

[27] *Huber,* in: Huber/Faust, § 14 Rn. 26.

[28] BGHZ 88, 130 (135); BGH NJW 1981, 1035; WM 1984, 1092 (1093); Staudinger/*Matusche-Beckmann,* 2013, § 437 Rn. 79 und *Honsell* JR 1976, 361.

[29] BeckOK BGB/*Faust* § 434 Rn. 26; *Baur* BB 1979, 381 ff.; *Aderhold* DStR 1991, 844; *Hiddemann* ZGR 1982, 435 (437); *Stengel/Scholderer* NJW 1994, 158 (161); BGH NJW 1977, 1538; NJW-RR 1989, 306 (307); NJW 1991, 1223 (1224); NJW 2001, 2163 (2164).

[30] Richtig etwa *Triebel/Hölzle* BB 2002, 521 (533) (für den Unternehmenskauf); *Schröcker* ZGR 2005, 63 (89); *Canaris* FS Georgiades, 2006, 93; MüKoBGB/*Westermann* § 453 Rn. 31; *Thiessen,* Unternehmenskauf und Bürgerliches Gesetzbuch, 2005, 426, 430, 432; *Kleinhenz/Junk* JuS 2009, 787 (791).

[31] Zur subjektiven und objektiven Anknüpfung im Verjährungsrecht vgl. *Finkenauer,* in: Ehmann/Sutschet, 289 f., 296.

falscher Bilanzen beim Unternehmenskauf erheblich entschärft worden ist; denn in der Regel wird ein Unternehmenskäufer beim Jahresabschluss im folgenden Jahr die falschen Angaben entdecken können. Da aber immer noch ein Unterschied in der Verjährung besteht,[32] wird das Bedürfnis nach einer Anwendung des allgemeinen Leistungsstörungsrechts die Rechtsprechung vermutlich zu der – dogmatisch kaum befriedigenden – Annahme selbstständiger Beratungs- oder Aufklärungspflichtverletzungen führen.[33]

Der Anspruch aus § 280 I umfasst nur das negative Interesse des *X:* Wäre er richtig aufgeklärt worden, hätte er den Kaufvertrag nicht zu dem überhöhten Preis abgeschlossen. Nach der Rechtsprechung wird *X* daher so gestellt, als habe er die Anteile zum günstigeren Preis, also zu ihrem wirklichen Wert, gekauft; auf den Nachweis, dass der Verkäufer mit einem solchen Vertragsabschluss auch wirklich einverstanden gewesen wäre, soll es dabei nicht ankommen.[34] Die Differenz zum gezahlten Preis ist sein Schaden.

5. Ungerechtfertigte Bereicherung, § 812 I 1 (1)

Eine Anfechtung durch *X* gemäß § 119 II wegen Eigenschaftsirrtums kommt im Konkurrenzbereich zur Sachmängelgewährleistung nicht in Betracht, sonst würden deren spezielle Regeln (Erfordernis der Nachfristsetzung vor Rücktritt; § 442 I 2; zeitliche Grenzen) umgangen.[35] Eine Kondiktion scheidet daher aus.

6. Fehlen der Geschäftsgrundlage, § 313 II

X kann nicht nach § 313 II, I Anpassung verlangen oder gemäß § 313 III 1 vom Vertrag zurücktreten („Fehlen der Geschäftsgrundlage"), weil sich wesentliche Vorstellungen, von denen *X* und *A* ausgegangen sind, als falsch erwiesen haben. Es lag hier nämlich ein beiderseitiger Motivirrtum vor, der wie § 119 II vom Sachmängelrecht verdrängt wird.[36]

II. Rücktrittsrecht des H aus §§ 437 Nr. 2, 434 I, 445a II, 323 I, 346 ff.

H kann möglicherweise gemäß §§ 445a II, 437 Nr. 2 Rücktritt von seinem Kaufvertrag mit der *E*-GmbH erklären, ohne ihr eine Frist zur Nacherfüllung setzen zu müssen.[37] Mit der Formulierung des § 478 I wird für den Regress des Unternehmers

---

[32] Aufgrund der Jahresschlussverjährung des § 199 I kann es sich beinahe um einen Unterschied von zwei Jahren handeln.

[33] *Finkenauer,* in: Ehmann/Sutschet, 311; *Lorenz* FS Heldrich, 2005, 305 (322). Vgl. zu den einzelnen Fällen Palandt/*Grüneberg* § 311 Rn. 42. Für eine Fortführung der bisherigen Rechtsprechung *Huber* AcP 202 (2002), 179 (231 ff.); *Kindl* WM 2003, 409 (411); dagegen MüKoHGB/*Thiessen,* 4. Aufl. 2016, § 25 Anh. Rn. 69.

[34] BGH NJW 1977, 1536 (1538); NJW 1977, 1538 (1539); NJW-RR 1989, 306 (307); NJW 2001, 2875; *Canaris* ZGR 1982, 395 (451). Im Ergebnis ist das eine Minderung über *culpa in contrahendo:* Man kommt hier ausnahmsweise zum gleichen Ergebnis, zu dem auch der Schadensersatzanspruch auf das Erfüllungsinteresse, also das positive Interesse, führt, vgl. oben I 3 a. E.

[35] Vgl. bereits oben Fall 1 I 5.

[36] Vgl. bereits oben Fall 1 I 6. Andere wollen subsidiär, bei fehlendem Verschulden des Unternehmensveräußerers, die Grundsätze über das Fehlen der Geschäftsgrundlage anwenden, so *Canaris* ZGR 1982, 395 ff., 402 ff.; *Müller* ZIP 2000, 817 (825); Soergel/*Huber,* 12. Aufl. 1991, § 459 a. F. Rn. 268 f., 279. Diese Ansicht erübrigt sich, wenn man, wie hier unter I 1c vertreten, die Unternehmenskennzahlen als nach § 434 vereinbarte Beschaffenheit auffasst.

[37] Es handelt sich bei § 445a II, anders als bei § 445a I, nicht um eine selbstständige Anspruchsgrundlage.

eine Ausnahme vom Erfordernis der Nachfristsetzung gemacht. Dies Erfordernis privilegiert den Verkäufer; der Käufer soll sich nicht durch Rücktritt sogleich vom Vertrag lösen können.[38] Die Gewährleistungsrechte des Käufers gemäß § 437 Nr. 2, 3 – Rücktritt, Minderung, Schadens- oder Aufwendungsersatz – kommen grundsätzlich erst nach erfolglosem Verstreichen einer Nachfrist zum Zuge („Vorrang der Nacherfüllung“). Die Vorrangigkeit des Setzens einer Nachfrist findet im Gesetz allerdings nur versteckt ihren Ausdruck: Während § 437 Nr. 1–3 den Eindruck erweckt, die Gewährleistungsrechte stünden gleichberechtigt nebeneinander, setzt ein Rücktritt nach §§ 437 Nr. 2, 323 I das erfolglose Verstreichen einer angemessenen Frist zur Nacherfüllung voraus, ebenso der Anspruch auf Schadensersatz gemäß §§ 437 Nr. 3, 281 I 1;[39] auch aus § 440 S. 1 lässt sich ableiten, dass nur ausnahmsweise eine Fristsetzung entbehrlich ist.

Die Privilegierung des § 445a II gilt nur, wenn am Ende der Verkaufskette ein Verbrauchsgüterkauf vorliegt (§ 474 I): *H* ist als Händler Unternehmer nach § 14, sein Kunde nach § 13 Verbraucher, das Gerät ist zudem eine neu hergestellte Sache. Da die Bildwiedergabe des Geräts gestört war, bestand ein Mangel i. S. v. § 434 I 2 Nr. 1. Der Mangel muss bereits bei Gefahrübergang auf *H* vorgelegen haben. Gemäß §§ 478 I, 477 wird innerhalb von sechs Monaten nach Gefahrübergang auf den Verbraucher zugunsten des Unternehmers vermutet, dass die Sache bereits bei Gefahrübergang vom Lieferanten auf *ihn* mangelhaft war. Die Vermutung, das Gerät sei bereits bei Gefahrübergang auf *H* mangelhaft gewesen, kann die *E*-GmbH nicht widerlegen. Es ist auch davon auszugehen, dass *H* seinen Untersuchungs- und Rügeobliegenheiten gemäß § 377 HGB genügt hat (§ 445a IV).

Problematisch ist allerdings, ob die Voraussetzung des § 445a II bejaht werden kann, dass *H* die Sache „zurücknehmen *musste*“. Es soll ein Rückgriff des Letztverkäufers unter den erleichterten Voraussetzungen der §§ 445a f. nur dann möglich sein, wenn er berechtigten Ansprüchen des Verbrauchers genügt hat,[40] bloße Kulanz gegenüber dem Verbraucher genügt nicht.[41] Man wird wie folgt unterscheiden müssen: Es ist durchaus möglich, dass die Rechtsordnung dem Letztverkäufer eine Rechtspflicht gegenüber dem Verbraucher auferlegt, diese jedoch im Verhältnis zu seinem Lieferanten nicht als eine Rücknahme*verpflichtung* erscheint. Das ist etwa der Fall, wenn der Letztverkäufer die Sache zurücknimmt, obwohl die Gewährleistungsansprüche des Verbrauchers bereits verjährt sind; denn immerhin besteht seine rechtliche Verpflichtung, wenn auch einredebehaftet, fort. Jedoch lässt sein Vertrag mit dem Lieferanten die Obliegenheit entstehen, die Verjährungseinrede zu erheben; die Nichtbeachtung dieser Obliegenheit führt zum Verlust der in § 445a angeordneten Privilegierungen.[42] Die Rücknahmeverpflichtung des Letztverkäufers muss deshalb stets nach Treu und Glauben aus dem Blickwinkel des Vertrags zwischen ihm und seinem Lieferanten beurteilt werden. Daher ist der Letztverkäufer gewiss nicht

---

[38] Wie dies nach dem bis zum 31.12.2001 geltenden Recht der Fall war („Wandelung“). Der oft als „weitere“ Anspruchsgrundlage des Käufers apostrophierte Nacherfüllungsanspruch ist daher nichts anderes als ein Recht des Verkäufers „zur zweiten Andienung“ und damit im Vergleich zum früheren, angeblich weitaus weniger verbraucherfreundlichen Recht eine Benachteiligung des Käufers; richtig *Dauner-Lieb* AnwBl. 2006, 430 (431).

[39] Für die Minderung nach §§ 437 Nr. 2, 441 I gelten dieselben Voraussetzungen wie für den Rücktritt („statt zurückzutreten“); für den Aufwendungsersatz nach §§ 437 Nr. 3, 284 gelten die Voraussetzungen des Schadensersatzes statt der Leistung („anstelle …“).

[40] Palandt/*Weidenkaff* § 445a Rn. 13.

[41] MüKoBGB/*Lorenz* § 478 a. F. Rn. 19; *Medicus/Lorenz* SchuldR BT Rn. 254; *Jacobs* JZ 2004, 225 (229).

[42] MüKoBGB/*Lorenz* § 478 a. F. Rn. 19; anders *Lepsius* AcP 207 (2007), 340 (354 f.).

gehalten, einen Prozess mit dem Verbraucher um das Bestehen seiner womöglich zweifelhaften Rücknahmepflicht zu führen.[43] Umgekehrt liegt es, wenn der Verkäufer die Sache zurücknimmt, ohne auch nur den Versuch zu unternehmen, sein „Recht zur zweiten Andienung" geltend zu machen: Zwar ist es jedem grundsätzlich freigestellt, auf ein Recht zu verzichten, das ihm die Rechtsordnung gewährt, doch erscheint es im Verhältnis zwischen Letztverkäufer und seinem Lieferanten treuwidrig, wenn jener nicht auf einer Nachbesserung besteht, die wie hier ohne weiteres zu bewerkstelligen ist und nur geringe Kosten verursacht.[44] Diese Kosten hätte *H* ohne weiteres an die *E*-GmbH gemäß § 445a I weiterreichen können. *H* hat das Gerät also nicht zurücknehmen „müssen", er kann sich nicht auf § 445a II berufen; ein sofortiger Rücktritt ist wegen des Erfordernisses einer Nachfrist ausgeschlossen. *H* kann von der *E*-GmbH lediglich Nacherfüllung in Form der Nachlieferung oder Nachbesserung verlangen (§§ 437 Nr. 1, 439 I). Dazu muss er freilich beweisen, dass der Mangel schon bei Gefahrübergang auf ihn bestanden hat, denn die Privilegierung der §§ 478 I, 477 hilft ihm nicht.[45]

---

43 Palandt/*Weidenkaff* § 445a Rn. 13; BeckOK BGB/*Faust* § 445a Rn. 20.

44 Wie hier *Huber*, in: Huber/Faust, § 15 Rn. 27.

45 Der Verkauf an *H* ist kein Verbrauchsgüterkauf, mangels Anwendbarkeit des § 445a II ist auch § 478 I unanwendbar.

Fall 3. Der Brand in der Boutique

Garantiehaftung beim Mietvertrag – Veräußerung der Mietsache – Vertrag mit Schutzwirkung für Dritte und Drittschadensliquidation – unberechtigte Untervermietung

Sachverhalt

V gehört ein größeres Wohn- und Geschäftshaus. Ab 1.1.2018 vermietet er die Geschäftsräume und eine kleine darüber liegende Wohnung an *M*, der eine Boutique eröffnen will; sie vereinbaren eine Mietdauer von zehn Jahren. *M* eröffnet die Boutique und bezieht die Wohnung. Zum 1.2.2018 veräußert *V* das Haus an *E* und macht dem *M* hiervon Mitteilung. Da sich die Boutique besser anlässt als erwartet, engagiert *M* bereits zum 1.3.2018 seine Schwester *S* als Angestellte und vermietet ihr deshalb, ohne *E* zu fragen, auch die Wohnung. Auf einen schriftlichen Vertrag verzichten *M* und *S*.

Im Juni 2018 bricht in den Geschäftsräumen ein Brand aus, der sich auch auf die angrenzende Wohnung erstreckt. *S*, die sich zu diesem Zeitpunkt in der Wohnung befindet, erleidet Verletzungen. Ein Teil der dem *M* gehörenden Ladeneinrichtung und Waren sowie Möbel der *S* fallen dem Brand zum Opfer. Der Brand war durch einen Defekt an einer Stromleitung in den Geschäftsräumen entstanden. Die Ermittlungen ergeben, dass die Leitung schon vor 2018 schadhaft war.

Welche Schadensersatzansprüche hat *S*? Welche Ansprüche bestehen im Verhältnis zwischen *M* und *E*?

Lösung

I. Ansprüche der S gegen M auf Schadensersatz und Schmerzensgeld
1. §§ 536a I (1), 536 I
2. Schadensersatz gemäß § 311a II
3. Schadensersatz nach § 823 I

II. Ansprüche der S gegen E auf Schadensersatz und Schmerzensgeld
1. Schadensersatz gemäß §§ 536a I (1), 536 I, 566 I, 311 III 1, 241 (Vertrag mit Schutzwirkung zugunsten Dritter)
2. Anspruch aus § 536a I (1) i. V. m. Drittschadensliquidation
3. Anspruch aus Delikt nach § 823 I

III. Ansprüche des M gegen E auf Schadensersatz für die Ladeneinrichtung und die vernichteten Waren
1. Anspruch aus §§ 536a I (1), 536 I, 578 II, I, 566 I
2. Schadensersatz gemäß § 823 I

IV. Anspruch des M gegen E wegen der Schäden der S aus §§ 536a I (1), 536 I

V. Anspruch des E gegen M auf Herausgabe des Untermietzinses
1. §§ 280 I, 241 II, 535

2. Anspruch aus §§ 687 II 1, 681 S. 2, 667 (Geschäftsanmaßung)
3. Anspruch aus §§ 987, 990
4. Anspruch aus § 816 I 1 (Eingriffskondiktion)
5. § 812 I 1 (2) (Eingriffskondiktion)
6. Anspruch auf Schadensersatz nach § 823 I

I. Ansprüche der S gegen M auf Schadensersatz und Schmerzensgeld

1. §§ 536a I (1), 536 I

M könnte auf Ersatz der seiner Schwester *S* entstandenen Sach- und Körperschäden nach § 536a I (1) haften.

a) Ein wirksames Mietverhältnis wurde zwischen *M* und *S* zum 1.3.2018 begründet. Der Wirksamkeit eines Untermietvertrags steht es nicht entgegen, wenn der Mieter wie hier vom Vermieter die Erlaubnis zur Untervermietung nicht eingeholt hat.[1] Die Formvorschrift des § 550 gilt auch für den Untermietvertrag. Nach § 550 S. 1 ist ein mündlicher Vertrag, der für eine längere Dauer als ein Jahr geschlossen wurde, mit der Maßgabe wirksam, dass er für unbestimmte Zeit gilt; die fehlende Schriftform führt daher nicht zu einer Unwirksamkeit des Vertrags gemäß § 125 S. 1. Die Mietsache müsste nach §§ 536a I (1), 536 I bereits bei Vertragsschluss mit einem Mangel behaftet gewesen sein, der ihre Tauglichkeit zu dem vertraglichen Gebrauch aufhob oder minderte.[2] Es genügt, dass der Mangel latent vorhanden war, die Ursache des später eingetretenen Schadens also bereits gesetzt war.[3] Eine schadhafte elektrische Leitung stellt eine latente Gefahr dar, die jederzeit zu einem Schaden führen kann. Eine Mietsache, die nicht gefahrlos gebraucht werden kann, ist schon deshalb mangelhaft. Das gilt auch dann, wenn der Mieter den Mangel und deshalb das Risiko nicht kennt.[4] Es kommt auch nicht darauf an, dass die Gefahrenquelle unmittelbar in den Mieträumen liegt. Es genügt, dass die Mietsache – wie hier die Wohnung im Verhältnis zu den in demselben Haus befindlichen Geschäftsräumen – der Gefahrenquelle aufgrund ihrer Nähe ausgesetzt ist; verwirklicht sich die Gefahr, haftete der Mietsache ein Mangel an.[5] Da der Mangel schon bei Vertragsschluss mit *S* vorhanden war, liegen die Voraussetzungen des § 536a I (1) vor.

b) Auch den Untervermieter trifft die Garantiehaftung aus § 536a I (1). Er ist Vermieter mit allen Rechten und Pflichten i. S. d. §§ 535 ff. und haftet daher verschuldensunabhängig nach § 536a I (1).[6]

c) Fraglich ist indessen, ob die von *S* geltend gemachte Körperverletzung und der Schaden an ihren Möbeln von § 536a I erfasst werden; dabei handelt es sich nicht um Mangel-, sondern um Mangelfolgeschäden. Mangelfolgeschäden sind diejenigen

---

1 BeckOK BGB/*Ehlert* § 540 Rn. 23.

2 Während das Kauf- und Werkvertragsrecht zwischen Sach- und Rechtsmängeln unterscheidet, kennt das Mietrecht nur den „Mangel". In § 536 I ist mit „Mangel" lediglich der Sachmangel gemeint, in §§ 536a ff. jedoch der Oberbegriff; zu Recht kritisch *Hau,* in: Ehmann/Sutschet, 274.

3 Vgl. BGH LM § 537 Nr. 19 (Schwitzwasser auf Kegelbahn); BGH NJW 1972, 944 (fehlerhafte Stromleitung); Palandt/*Weidenkaff* § 536a Rn. 9.

4 RGZ 81, 200 (202); BGH NJW 1968, 885 f.

5 BGH NJW 1972, 944 (945); bestätigt in BGH NZM 2006, 582.

6 BGHZ 70, 327 (330); Palandt/*Weidenkaff* Einf. v. § 535 Rn. 3, § 540 Rn. 18; BeckOK BGB/*Ehlert* § 540 Rn. 23.

Nachteile, welche der Gläubiger infolge der Mangelhaftigkeit des Vertragsgegenstands an anderen Rechtsgütern (vor allem an Gesundheit und Eigentum) erleidet. Ob diese Mangelfolgeschäden unter § 536a I fallen, ist umstritten. Nach ganz h. M. wird die Garantiehaftung auch auf Mangelfolgeschäden erstreckt.[7] Die Gegenmeinung will § 536a I auf den eigentlichen Erfüllungsschaden beschränken und das Integritätsinteresse (hinsichtlich anderer Rechtsgüter) nur bei Verschulden, d. h. nach § 280 I, ersetzen.[8] Nach einer weiteren Ansicht ist zwar die Garantiehaftung auch auf Mangelfolgeschäden zu erstrecken, aber eine Einschränkung insofern zu machen, als der Vermieter für Mangelfolgeschäden nicht haften soll, wenn er den Mangel auch bei Anwendung äußerster Sorgfalt nicht hätte erkennen können.[9] Der h. M. ist beizupflichten: Auch wenn die Garantiehaftung des § 536a I (1) im Haftungssystem des BGB eine Anomalie darstellt,[10] kann sie doch angesichts des klaren Wortlauts nicht durch eine willkürliche Restriktion und auf dem „Schleichweg" über die Anwendung des § 280 I wieder aufgehoben werden. Zudem haftet der Vermieter auf „Schadensersatz"; die frühere Beschränkung des § 538 I a. F. auf „Schadensersatz wegen Nichterfüllung" (die aber richtiger Ansicht nach ebenfalls die Mangelfolgeschäden umfasste) ist entfallen. Die allgemeine Formulierung zeigt, dass die Haftung aus § 536a I (1) nicht auf bestimmte Schäden beschränkt sein soll. Wie in den für Kauf- und Werkvertrag gemäß §§ 437 Nr. 3, 634 Nr. 4 geltenden §§ 280 I, 281 I sind daher auch Mangelfolgeschäden umfasst. *S* kann also Ersatz für die Körperverletzung und die Sachschäden verlangen.

Nach § 253 II kann *S* außerdem „billige Entschädigung in Geld" fordern (Schmerzensgeld), da *M* ihr wegen der Körperverletzung Schadensersatz leisten muss. Die Vorschrift bezieht sich auf alle Fälle der vertraglichen, deliktischen oder Gefährdungshaftung.[11] Es bestehen daher keine Bedenken, *S* auch im vorliegenden Falle einer vertraglichen, aber verschuldensunabhängigen Haftung einen solchen Anspruch zu gewähren.

2. Schadensersatz gemäß § 311a II

Möglicherweise hat *S* einen Schadensersatzanspruch aus § 311a II wegen anfänglicher Unmöglichkeit der Leistung des *M,* nämlich die Mietsache gemäß § 535 I 2 in einem zum vertragsgemäßen Gebrauch geeigneten Zustand zu überlassen. Im Gegensatz zu §§ 437 Nr. 3, 634 Nr. 4 verweist das Mietrecht jedoch nicht ins allgemeine Leistungsstörungsrecht, sondern regelt in § 536a I (1) Tatbestand und

[7] Palandt/*Weidenkaff* § 536a Rn. 14; BeckOK BGB/*Wiederhold* § 536a Rn. 27; *Looschelders* SchuldR BT Rn. 422; *Esser/Weyers* SchuldR BT I § 15 I 6c; so auch (zu dem § 536a I entsprechenden § 538 a. F.) RGZ 81, 200 (203); BGH NJW 1971, 424; NJW 1972, 944 (945): krit. *Medicus/Lorenz* SchuldR BT Rn. 461.

[8] So (zu § 538 a. F.) *Todt* BB 1971, 680 (681); *Weimar* MDR 1960, 555 (556); *Enneccerus/Lehmann* § 128 III 2g.

[9] *Fikentscher/Heinemann* Rn. 1003; *Larenz* SchuldR BT § 48 III 3 (237); *Diederichsen* AcP 165 (1965), 150 (168); *Krampe,* Die Garantiehaftung des Vermieters für Sachmängel, 1980, 46 ff.

[10] *Hau,* in: Ehmann/Sutschet, 271: „markanteste Eigenheit des Mietrechts". Die Garantiehaftung beruht auf einer Verallgemeinerung in der Pandektistik; Ausgangspunkt war ein aus dem römischen Recht überlieferter Fall: Nach *Ulpian* D. 19, 2, 19, 1 haftet der Vermieter von Fässern (die im Weinkeller in den Boden eingelassen waren) für anfängliche Undichtigkeit aus dem Gesichtspunkt der Garantie, also ohne Rücksicht auf Verschulden; er hatte demnach den Wert des ausgelaufenen Weins zu ersetzen; dazu *Krampe,* Die Garantiehaftung des Vermieters für Sachmängel, 1980, 21 ff. Der BGB-Gesetzgeber hielt an der Garantiehaftung vor allem aus sozialpolitischen Erwägungen fest (Protokolle bei *Mugdan* II, 814).

[11] Vgl. auch BeckOK BGB/*Spindler* § 253 Rn. 10; Palandt/*Grüneberg* § 253 Rn. 5 ff., 8.

Rechtsfolge des auf einen anfänglichen Mangel der Mietsache bezogenen Schadensersatzanspruchs nach Überlassung der Mietsache eigenständig. Ein auf § 311a II gestützter Ersatzanspruch kommt daher nicht in Betracht.[12]

3. Schadensersatz nach § 823 I

S könnte einen Schadensersatzanspruch gegen *M* aus § 823 I wegen widerrechtlicher und schuldhafter Körper- und Eigentumsverletzung haben. Da diese nicht durch ein Tun des *M* verursacht wurde, kommt nur eine Eigentums- und Körperverletzung durch Unterlassen in Betracht. Das Unterlassen ist nur rechtswidrig, wenn eine Rechtspflicht zum Handeln besteht. Die Rechtspflicht darf für den Deliktsanspruch nicht ohne weiteres aus dem Mietvertrag hergeleitet werden; es muss sich vielmehr um eine Pflicht handeln, die jedermann gegenüber besteht, eine nur dem Vertragspartner gegenüber bestehende Pflicht genügt nicht. Die Rechtspflicht zur Schadensverhütung könnte sich aus der Beherrschung einer Gefahrenquelle ergeben (allgemeine Verkehrssicherungspflicht).[13] *M* könnte seine Verkehrssicherungspflicht allenfalls dadurch verletzt haben, dass er es unterlassen hat, anlässlich der Weitervermietung das gesamte Leitungsnetz einer Überprüfung zu unterziehen. Da indes keine Anhaltspunkte für mögliche Defekte vorhanden waren, ginge die Statuierung einer solchen Pflicht zu weit. Ein Deliktsanspruch ist somit nicht begründet.

II. Ansprüche der S gegen E auf Schadensersatz und Schmerzensgeld

1. Schadensersatz gemäß §§ 536a I (1), 536 I, 566 I, 311 III 1, 241 (Vertrag mit Schutzwirkung zugunsten Dritter)

S hat gegen *E* mangels einer eigenen vertraglichen Beziehung nur dann einen Anspruch auf Ersatz ihrer Schäden aus § 536a I (1), wenn sie in den Schutzbereich des Mietvertrags zwischen *M* und *V* einbezogen ist, in den *E* eingetreten ist. Die Stromleitung war bereits vor 2018 schadhaft, weshalb schon zum Zeitpunkt des Vertragsschlusses zwischen *M* und *V* ein anfänglicher Mangel der Mietsache bestanden hat (vgl. oben I 1a).

a) Zwar haben *M* und *E* keine vertraglichen Beziehungen miteinander begründet, hinsichtlich der von *S* gemieteten Wohnung kommt aber ein Mietverhältnis nach § 566 I in Betracht („Kauf bricht nicht Miete").[14] Voraussetzung des § 566 I ist, dass im Zeitpunkt der Veräußerung ein wirksamer Mietvertrag zwischen dem Mieter und dem früheren Eigentümer bestanden hat und dass jenem zu dieser Zeit der vertragsmäßige Gebrauch bereits überlassen war.[15] Der Wirksamkeit des Mietvertrags steht es nicht entgegen, wenn *V* und *M* keinen schriftlichen Vertrag abgeschlossen haben (oben I 1a). Da der Gebrauch der Mietsache dem *M* im Zeitpunkt der Veräußerung bereits überlassen war, liegen die Voraussetzungen des § 566 I vor. *E* ist auf der Vermieterseite in den Vertrag eingetreten.

---

[12] Vgl. etwa Palandt/*Weidenkaff* § 536a Rn. 3.

[13] Vgl. dazu etwa Palandt/*Sprau* § 823 Rn. 48 ff. m. w. N.; *Raab* JuS 2002, 1041 (1044).

[14] Die amtliche Überschrift des § 566 ist unpräzis: „Miete" ist nach § 535 II das Entgelt für die Gebrauchsüberlassung und nicht etwa das „Mietverhältnis". Außerdem kommt es nicht auf den „Kauf", sondern die Übereignung an den Erwerber an.

[15] § 566 gilt nur, wenn der Mietvertrag mit dem Eigentümer zustande gekommen ist, vgl. Staudinger/*Emmerich,* 2018, § 566 Rn. 28. Zu den Problemen bei einem Mietvertrag mit einem nichtberechtigten Vermieter vgl. *Finkenauer* Jura 2001, 606 (610 f.); *Wieling* GS Sonnenschein, 2003, 201 ff.

b) *S* hat gegen *E* einen eigenen Ersatzanspruch, wenn sie in den Schutzbereich des Vertrags zwischen *M* und *E* einbezogen ist. Zwar hat die ältere Rechtsprechung den Vertrag mit Schutzwirkung zugunsten Dritter auf Personenschäden beschränkt. Das wird jedoch heute nicht mehr aufrechterhalten.[16] *S* könnte daher über die Grundsätze des Drittschutzes auch Ersatz für die zerstörten Möbel erlangen.

Gegen einen Anspruch aus § 536a I (1) i. V. m. dem Institut des Vertrags mit Schutzwirkung zugunsten Dritter kann nicht eingewendet werden, dass § 536a I (1) eine verschuldensunabhängige Garantiehaftung statuiert, der Vertrag mit Schutzwirkung zugunsten Dritter aber als Verschuldenshaftung und nur aus dem Grund entwickelt worden ist, weil man den deliktischen Anspruch für unzureichend gehalten hat (*arg.* §§ 831, 278).[17] Eine solche Einschränkung des Vertrags mit Schutzwirkung zugunsten Dritter wäre nämlich nicht systemgerecht. In seinen engen Grenzen müssen die einbezogenen Dritten bezüglich ihres Integritätsinteresses einem Mieter vollständig gleichgestellt werden; daher muss das Institut auch im Rahmen des § 536a I (1) zur Anwendung gelangen.[18]

Die Einbeziehung eines Dritten in den Schutzbereich eines von einem anderen abgeschlossenen Vertrags wird in § 311 III 1 zwar angesprochen; die Bestimmung regelt indes nicht die Voraussetzungen eines solchen Ersatzanspruchs des Dritten.[19] Rechtsprechung und Lehre ermöglichen einen Ersatz unter folgenden Voraussetzungen:

aa) Der Dritte muss erstens mit der vom Schuldner (Vermieter) zu erbringenden Leistung in gleicher Weise in Berührung kommen wie der Gläubiger (Mieter).[20] Beim Mietvertrag ist das regelmäßig der Fall, wenn weitere Personen bestimmungsgemäß in der Wohnung wohnen oder wenn die Wohnung, wie hier, anderen Personen überlassen ist. Die *S* ist hinsichtlich der Leistungsnähe dem Mieter *M* gleichzustellen.

bb) Sodann werden nur diejenigen Personen in die Schutzwirkung des Vertrags einbezogen, deren Einbeziehung nach dem Vertragszweck unter Berücksichtigung von Treu und Glauben geboten ist. Das ist jedenfalls dann der Fall, wenn zwischen dem Gläubiger und dem einzubeziehenden Dritten ein Verhältnis mit personenrechtlichem Einschlag vorliegt, aufgrund dessen der Gläubiger „sozusagen für das Wohl und Wehe des Dritten verantwortlich ist, weil er ihm gegenüber zu Schutz und Fürsorge verpflichtet ist" („Gläubigernähe").[21] *S* ist Schwester und Angestellte des *M*. Was das Verwandtschaftsverhältnis anlangt, so wird man allerdings nicht sagen können, dass unter Geschwistern in Fällen wie diesem eine besondere Fürsorgepflicht besteht. *S* ist selbstständige Bewohnerin der von *M* gemieteten und untervermieteten Wohnung. Insofern bestehen zwischen ihr und *M* gewöhnliche Vertragsbeziehungen, die familiäre Beziehung spielt keine Rolle. Anders verhält es

---

16 BGHZ 49, 350 (355).

17 Dazu Palandt/*Grüneberg* § 328 Rn. 13; *Medicus/Lorenz* SchuldR AT Rn. 532.

18 Ebenso BGHZ 49, 350 (354); BGH LM § 537 Nr. 19 (Kegelbahn).

19 Obwohl es dem Wortlaut des § 311 III 1 nicht eindeutig zu entnehmen ist, sollte er auch den Vertrag mit Schutzwirkung für Dritte gesetzlich verankern (*Canaris* JZ 2001, 520); es handelt sich dabei jedoch um eine narrative, nicht subsumptionsfähige Norm.

20 BGHZ 49, 350 (354).

21 Vgl. etwa BGHZ 51, 91 (95 f.). Der BGH hat dieses Kriterium inzwischen für einige Fallgruppen aufgegeben und damit insbesondere in Auskunftsfällen die Grenzen des Vertragsrechts durch Anerkennung eines Vermögensschutzes erheblich ausgeweitet; vgl. nur BGH JZ 1995, 306. Es bleibt aber dabei, dass Drittschutz vor allem dann in Betracht kommt, wenn ein personenrechtlicher Einschlag vorliegt, vgl. Palandt/*Grüneberg* § 328 Rn. 17a; *Medicus/Lorenz* SchuldR AT Rn. 869.

sich mit der aus dem Angestelltenverhältnis entspringenden Schutz- und Fürsorgepflicht (§ 618). Zwar lässt sich auch hier der Standpunkt vertreten, die Rechtsgüter der *S* seien nicht in ihrer Stellung als Angestellte verletzt worden und hinsichtlich der Wohnung bestehe keine arbeitsrechtliche Fürsorgepflicht. Allerdings erscheint diese Trennung zu formal, wenn man berücksichtigt, dass *S* nur deshalb die Wohnung bezogen hat, weil sie Angestellte des *M* wurde.

cc) Nach verbreiteter Ansicht muss dem Vertragspartner die Einbeziehung des Dritten erkennbar gewesen sein,[22] was hier bereits fraglich ist. Vor allem aber ist erforderlich, dass der Dritte *(S)* schutzbedürftig ist.[23] Das ist er nur, wenn er selbst keine vertraglichen Ansprüche auf Ersatz seines Schadens hat. Dies ist hier jedoch der Fall: *S* hat einen eigenen Anspruch gegen *M* aufgrund des mit ihm geschlossenen Mietvertrags (oben I 1). Die h. M. lehnt daher in Fällen wie diesen zutreffend eine Einbeziehung des Untermieters in den Vertrag mit dem Hauptmieter ab.[24] *S* kann somit von *E* keinen Ersatz für ihr Mobiliar und die Erstattung der Krankenkosten verlangen.

2. Anspruch aus § 536a I (1) i. V. m. Drittschadensliquidation

Der auf die Liquidation des Drittschadens gestützte Anspruch steht dem Dritten *(S)* nicht unmittelbar zu. Vielmehr könnte ihn nur *M* geltend machen, *S* könnte von *M* Abtretung des Anspruchs verlangen.

Anerkannt sind im Wesentlichen drei Fallgruppen, in denen der Vertragspartner den Schaden eines Dritten geltend machen darf: mittelbare Stellvertretung, obligatorische Gefahrenentlastung, Obhut für fremde Sachen. Diesen Fällen ist gemeinsam, dass der Schaden nicht den Gläubiger trifft, sondern aufgrund interner Beziehungen des Gläubigers zu einem Dritten zufällig bei diesem eintritt. Der Schädiger soll durch die zufällige Schadensverlagerung nicht entlastet werden (vgl. Fall 19 II 1c). Die Drittschadensliquidation setzt vor allem voraus, dass der Geschädigte keinen Anspruch und der Anspruchsinhaber keinen Schaden hat. Wie unter I 1 dargelegt, hat *S* gegen *M* jedoch einen eigenen Anspruch nach § 536a I (1) als Untermieterin; insoweit hat *M* auch einen Schaden. Er kann diesen Haftungsschaden gegenüber *E* geltend machen. Für die Drittschadensliquidation ist also schon aus diesen Gründen kein Raum: *S* hat eigene Schadensersatzansprüche, und *M* hat selbst einen Schaden.

3. Anspruch aus Delikt nach § 823 I

Der Anspruch scheitert am Fehlen einer Verkehrssicherungspflicht und am Verschulden (vgl. oben I 3): Auch von *E* konnte mangels Indizien für einen Defekt nicht erwartet werden, dass er das ganze Leitungsnetz anlässlich seines Eigentumserwerbs untersucht.

---

[22] *Medicus/Lorenz* SchuldR AT Rn. 821; *Looschelders* SchuldR AT § 9 Rn. 13.

[23] BGHZ 70, 327 (330); 129, 136 (169); BGH NJW 1996, 2927 (2929); Palandt/*Grüneberg* § 328 Rn. 18; MüKoBGB/*Gottwald* § 328 Rn. 188; *Harke* SchuldR AT Rn. 437. Gegen das Kriterium der Schutzbedürftigkeit *Haase* JR 1978, 285 f.; *Schwarze* AcP 203 (2003), 348 (364).

[24] BGHZ 70, 327 (330); BGH WM 1979, 307 f.; MüKoBGB/*Gottwald* § 328 Rn. 188; *Krause* JZ 1982, 16 (18 f.); *Esser/Weyers* SchuldR BT I § 15 I 6d. Anderes könnte man annehmen, wenn der Untermietvertrag unwirksam ist.

III. Ansprüche des M gegen E auf Schadensersatz für die Ladeneinrichtung und die vernichteten Waren

1. Anspruch aus §§ 536a I (1), 536 I, 578 II, I, 566 I

a) *M* könnte gegen *E* einen Schadensersatzanspruch aus § 536a I haben. Der Vertrag zwischen *M* und *V* war wirksam, *E* ist in diesen Vertrag eingetreten, § 566 I (oben II 1a). Hinsichtlich der Geschäftsräume gilt § 566 aufgrund der Verweisung in § 578 II, I entsprechend.

b) Es fragt sich, ob auch der Erwerber einer Mietsache der Garantiehaftung des § 536a I (1) für anfängliche Mängel ausgesetzt ist. Eine Mindermeinung verneint dies mit dem Hinweis darauf, Mängel der Mietsache, die vor der Zeit seines Erwerbs entstanden seien, gingen ihn nichts an; er könne nicht nur deshalb einer Haftung ausgesetzt sein, weil zufälligerweise während der Dauer seines Eigentums ein Schaden eingetreten sei.[25] Zudem könne der Erwerber gegen den schuldlosen Veräußerer nicht Rückgriff nehmen.[26] Demgegenüber lassen h. L. und Rechtsprechung[27] den Erwerber haften, weil der Schadensersatzanspruch während der Dauer seines Eigentums entstanden ist[28] und die Gegenmeinung zu einer Verschlechterung der Rechtsstellung des Mieters führt, die mit der *ratio legis* des § 566 nicht zu vereinbaren ist.[29] Er würde nämlich durch die Veräußerung einen Anspruch verlieren, der ihm andernfalls erhalten bliebe. Freilich sind zwei Einschränkungen zu machen: Der in den Mietvertrag eintretende Erwerber ist der Garantiehaftung nur dann ausgesetzt, wenn einerseits der Mangel schon vor Beginn des ursprünglichen Vertragsverhältnisses vorhanden war und andererseits der Schaden erst nach Eintritt des Erwerbers entstanden ist. Würde man für den Zeitpunkt, in dem der Mangel vorhanden sein muss, nicht auf den Vertragsschluss, sondern auf den Eintritt des Erwerbers abstellen, so würde dies zu einer von der *ratio legis* des § 566 nicht mehr gedeckten Begünstigung des Mieters führen: Aus einem nachträglichen Mangel, für den gemäß § 536a I (2) nur bei Verschulden zu haften ist, würde ein von der Garantiehaftung umfasster ursprünglicher Mangel. Ist andererseits der Schaden schon vor Eintritt des neuen Vermieters entstanden, so handelt es sich nicht um eine Verpflichtung, die „während der Dauer seines Eigentums" (§ 566 I) begründet worden ist.[30]

Da der Mangel schon vor Vertragsschluss zwischen *V* und *M* vorhanden war und der Schaden erst nach Eintritt des *E* entstanden ist, ist *E* nach § 536a I (1) zum Schadensersatz verpflichtet. Er muss nach zutreffender h. M. alle Mangelfolgeschäden ersetzen (oben I 1c), also sowohl die Ladeneinrichtung als auch die vernichteten Waren.

2. Schadensersatz gemäß § 823 I

Dafür, dass *E* eine (allgemeine) Verkehrssicherungspflicht verletzt hätte, findet sich kein Anhaltspunkt (oben II 3).

---

[25] *Enneccerus/Lehmann* § 133 II mit Fn. 11.

[26] Hierauf verweist *Larenz* SchuldR BT § 48 IV in Fn. 110.

[27] RG JW 1905, 487, Nr. 5; BGHZ 49, 350 (352); Palandt/*Weidenkaff* § 566 Rn. 18; Staudinger/*Emmerich*, 2018, § 566 Rn. 54.

[28] Ein Schadensersatzanspruch setzt zu seiner Entstehung den Eintritt eines Schadens voraus.

[29] Vgl. BGHZ 49, 350 (352). Der frühere Vermieter haftet nach § 566 II 1 für die Verbindlichkeiten des neuen Vermieters zwar wie ein Bürge, hier aber ist *V* aufgrund des § 566 II 2 frei geworden.

[30] In einem solchen Fall haftet der frühere Vermieter weiter; Palandt/*Weidenkaff* § 566 Rn. 21.

IV. Anspruch des M gegen E wegen der Schäden der S aus §§ 536a I (1), 536 I

E haftet dem *M* für alle Schäden, die diesem aufgrund der Mangelhaftigkeit der gemieteten Räume entstehen. *M* haftet der *S*, wie gesehen, auf Schadensersatz. Dieser Schaden des *M* ist ebenfalls Mangelfolgeschaden und daher grundsätzlich zu ersetzen.

Fraglich ist jedoch, ob *E* vielleicht deshalb nicht haftet, weil *M* zur Untervermietung mangels Erlaubnis nicht befugt war, § 540 I 1.[31] Aus § 553 I 1 folgt lediglich, dass *M* einen Anspruch gegen *E* hatte, u. a. bei berechtigtem Interesse eine solche Erlaubnis zu verlangen; mangels Gestattung war *M* zur Untervermietung aber nicht befugt. Die mangelnde Befugnis des *M* wäre freilich nur dann relevant, wenn die Untervermietung für *E* mit einer Risikoerhöhung verbunden wäre,[32] z. B. wenn sich zusätzliches Mobiliar oder eine zusätzliche Person in der Wohnung befunden hätte. Nur dann wäre nämlich das Verhalten des *M* für den (höheren) Schaden des *E* kausal. Beides liegt hier aber nicht vor: *M* hat die Wohnung an *S* nur „weitergereicht", das Risiko des *E* wurde dadurch nicht erhöht. Würde man den Anspruch gleichwohl verneinen, so liefe dies auf die Verweigerung von Schadensersatz wegen eines *versari in re illicita* (wörtl.: das Sichaufhalten auf verbotenem Feld) hinaus; der Strafgedanke kann aber im Zivilrecht keine Geltung beanspruchen.[33]

Macht *S* den ihr entstandenen Schaden (unter Einschluss des Schmerzensgeldes) gegen *M* geltend, kann dieser von *E* gemäß § 536a I (1) Ersatz verlangen. Er kann von *E* gemäß § 249 I auch Freistellung vom Anspruch der *S* fordern.

V. Anspruch des E gegen M auf Herausgabe des Untermietzinses

1. §§ 280 I, 241 II, 535

Der Anspruch setzt die Verletzung einer Nebenpflicht voraus. *M* hatte die Pflicht, eine Untervermietung zu unterlassen oder die Erlaubnis nach § 553 I 1 einzuholen. Diese Pflicht hat er schuldhaft verletzt.

Nach der Differenzhypothese kommt als Schaden allenfalls der Betrag in Betracht, den *E* als Untermietzuschlag nach § 553 II hätte verlangen können. Es müssten also die Voraussetzungen des § 553 I 1 vorgelegen haben. *M* ist nach Abschluss des Mietvertrags das berechtigte Interesse an einer Überlassung der kleinen Wohnung an *S* nicht abzusprechen, weil die günstige Entwicklung seines Geschäfts die Anstellung der *S* notwendig oder doch möglich gemacht hat. *M* müsste der *S* jedoch nach § 553 I 1 nur einen Teil des Wohnraums überlassen haben; er hat ihr aber die ganze Wohnung untervermietet. § 553 I 1 soll dem Hauptmieter ermöglichen, die Wohnung teilweise an Dritte, etwa einen Lebenspartner, weiterzugeben, um dem Hauptmieter auf diese Weise die Wohnung zu erhalten.[34] Für die Auslegung des § 553 I 1 ist daher nicht entscheidend, dass *M* die Geschäftsräume und die Wohnung als zusammengehöriges Objekt gemietet und so gesehen der *S* lediglich einen Teil der gesamten Mietsache überlassen hat. Es kommt nur auf den Wohnraum an, und diesen hat er ihr zur Gänze weitervermietet. Auch bei einem Mischmietverhältnis wie dem vorliegenden gelten grundsätzlich für jede der vermieteten Sachen die dafür anwendbaren Vorschriften.[35] Selbst wenn man hier indes die Voraussetzung des

[31] Ähnliche Erwägung in BGHZ 49, 350 (355 f.).
[32] Vgl. auch BGHZ 49, 350 (355).
[33] Vgl. dazu auch *Esser/Schmidt* SchuldR AT II § 33 I 1b.
[34] MüKoBGB/*Bieber* § 553 Rn. 2.
[35] Palandt/*Weidenkaff* Einf. v. § 535 Rn. 100.

§ 553 I 1 der nur teilweisen Untervermietung bejahen wollte, fehlt es an Anhaltspunkten dafür, dass dem *E* die Untervermietung nur bei angemessener Erhöhung des Mietzinses hätte zugemutet werden können. Dies wäre etwa dann der Fall, wenn mit der Untervermietung eine erhöhte Benutzung (und damit Abnutzung) der Mietsache verbunden gewesen wäre. Hier aber hat *M* nur die an ihn vermietete Wohnung „weitergereicht", und *E* erhält bereits den für die Vermietung der Wohnung vereinbarten Mietzins. Da *E* folglich keinen Anspruch auf Mieterhöhung gemäß § 553 II hatte, ist ihm auch kein Schaden erwachsen. Zu erwägen ist aber eine Übernahme der Grundsätze zur Schadensberechnung bei rechtswidrig schuldhaftem Eingriff in ausschließliche Nutzungsrechte. Eine Berechnung des Schadensersatzes in Höhe des Verletzergewinns ist allerdings abzulehnen, da es sich hierbei um eine Vermengung von bereicherungs- und schadensersatzrechtlichen Elementen handelt, die schon an sich nicht unbedenklich ist und jedenfalls in den Fällen der Vertragsverletzung verneint werden muss.[36] Obgleich also der Mieter die Rechtspflicht hat, eine unerlaubte Untervermietung zu unterlassen, kann doch im Falle des Zuwiderhandelns der Verletzergewinn nicht als Schaden des Vermieters angesehen werden. *E* hat keinen Anspruch aus Vertragsverletzung.

2. Anspruch aus §§ 687 II 1, 681 S. 2, 667 (Geschäftsanmaßung)

Voraussetzung ist, dass *M* ein fremdes Geschäft als eigenes behandelt hat, obwohl er wusste, dass er hierzu nicht berechtigt war. Nach § 540 I 1 ist der Mieter ohne Erlaubnis des Vermieters zur Weitervermietung nicht berechtigt. Von einer Gestattung, etwa durch stillschweigende Duldung, kann hier nicht ausgegangen werden. *M* konnte zudem nach § 553 I 1 die Erlaubnis zur Untervermietung nicht verlangen, weil es sich dabei nicht um eine teilweise Gebrauchsüberlassung von Wohnraum gehandelt hat (oben V 1). *M* hatte also bereits keinen Anspruch auf Gestattung der Untervermietung und war damit jedenfalls unberechtigt.

Der Anspruch aus § 687 II 1 setzt weiter voraus, dass *M* ein fremdes Geschäft, nämlich ein Geschäft des *E,* als eigenes geführt hat. Nur vereinzelt wird die Auffassung vertreten, die Untervermietung sei ein Geschäft des Vermieters, da der Mieter die Grenzen der vertraglichen Absprache mit dem Vermieter überschreite, wenn er unberechtigt weitervermiete.[37] Die h. M.[38] sieht dagegen in der Untervermietung zu Recht kein objektiv fremdes Geschäft, weil nur der Mieter, nicht der Vermieter, untervermieten kann. Der Vermieter ist während des Bestehens des Mietverhältnisses gar nicht in der Lage, dem Dritten (dem Untermieter) den unmittelbaren Besitz an der Mietsache einzuräumen; der Mieter übt mit der unbefugten Weitervermietung lediglich den ihm überlassenen Gebrauch in einer ihm nicht zustehenden Weise aus. Das aber ist eine Vertragsverletzung (dazu oben V 1), nicht die Anmaßung einer Eigengeschäftsführung. Ein Anspruch aus § 687 II 1 scheidet daher aus.

3. Anspruch aus §§ 987, 990

Die §§ 987 ff. setzen eine sog. Vindikationslage voraus, d. h. *M* müsste unrechtmäßiger Besitzer und *E* Eigentümer der Sache sein. Zwischen *M* und *E* besteht jedoch ein

---

36 *Söllner* JuS 1967, 449 f.

37 So *Herschel* JuS 1968, 562.

38 BGHZ 131, 297 (306); BGH NJW 2006, 2323 (2325); NJW-RR 2009, 1522; Palandt/*Sprau* § 677 Rn. 4; *Medicus/Lorenz* SchuldR BT Rn. 486; *Wandt* Gesetzl. Schuldverhältnisse § 11 Rn. 13.

Mietverhältnis. *M* ist also gegenüber *E* zum Besitz berechtigt; eine Vindikationslage liegt nicht vor (§ 986 I). Streitig ist aber, ob die §§ 987, 990 auf den sog. „Nicht-so-Berechtigten" analog anzuwenden sind. „Nicht-so-berechtigt" ist der rechtmäßige, sein Besitzrecht überschreitende Fremdbesitzer (sog. Fremdbesitzerexzess). Die h. L. lehnt indes zutreffend eine Anwendung des Vindikationsrechts auf den „Nicht-so-Berechtigten" ab, weil damit der Vorrang der vertraglichen Haftung in Frage gestellt sowie die bereicherungsrechtliche und deliktische Haftung ausgeschlossen würde, ohne dass hierfür ein Bedürfnis besteht.[39]

4. Anspruch aus § 816 I 1 (Eingriffskondiktion)

Der Tatbestand des § 816 I 1 ist erfüllt, wenn *M* als Nichtberechtigter eine *E* gegenüber wirksame Verfügung getroffen hat. Es ist jedoch zweifelhaft, ob die Untervermietung als Verfügung angesehen werden kann. Darunter versteht man ein Rechtsgeschäft, durch das auf ein Recht unmittelbar eingewirkt wird, indem es z. B. übertragen, belastet, in seinem Inhalt verändert oder aufgehoben wird. Eine Mindermeinung sieht in der Vermietung und ebenso in der Untervermietung eine Verfügung; der unberechtigt Vermietende eigne sich in Gestalt des Mietzinses den Gebrauch der Sache zu, der dem Eigentümer gebühre.[40] Die ganz überwiegende Meinung erachtet dagegen weder die Untervermietung noch die Vermietung als Verfügung:[41] Weder die (Unter-)Vermietung als schuldrechtlicher Vertrag noch der tatsächliche Vorgang der Besitzüberlassung könnten als Verfügung qualifiziert werden; denn es fehle an der unmittelbaren Einwirkung auf das Eigentumsrecht.

Die zuerst genannte Auffassung ist mit dem Verfügungsbegriff nicht vereinbar und vernachlässigt den dinglichen Charakter der Verfügung. Diesem Einwand entgeht, wer § 816 I auf die Vermietung nur analog anwendet.[42] Selbst wenn man diese Analogie akzeptiert, kann sie doch nur für die Vermietung Geltung beanspruchen, nicht für die Untervermietung. Wer eine ihm nicht gehörende Sache vermietet, greift in die Position des Eigentümers ein. Dagegen hat bei einer bereits vermieteten Sache der Vermieter keine weitere Vermietungsbefugnis. Bei der Untervermietung beschränkt der Mieter seine eigene Nutzungsbefugnis; er beeinträchtigt nicht das Gebrauchsrecht des Vermieters.[43] Der Untermieter erhält gegenüber dem Vermieter nicht einmal ein Recht zum Besitz (§ 546 II!); die Untervermietung ist daher keine Verfügung, die dem Berechtigten (Vermieter) gegenüber *wirksam* ist.[44] Jedenfalls für die Untervermietung ist die Analogie zu § 816 I daher nicht gerechtfertigt.

---

[39] *Wieling* SachenR I § 12 II 3a m. w. N.; Erman/*Ebbing* Vor §§ 987–993 Rn. 20; Palandt/*Herrler* Vorb. v. § 987 Rn. 3 f.; a. M. BGHZ 31, 129 (133) zu einem Sonderfall, der nicht verallgemeinert werden darf, vgl. BGHZ 131, 297 (307).

[40] *Diederichsen* NJW 1964, 2296.

[41] BGHZ 131, 297 (306); BGH NJW 2006, 2323 (2325); *Wieling* BereicherungsR § 4 III 1a; Palandt/*Sprau* § 816 Rn. 4; *Larenz/Canaris* SchuldR BT II § 69 II 1d; *Looschelders* SchuldR BT Rn. 1077; dazu auch Staudinger/*Lorenz*, 2007, § 816 Rn. 6 f. Vgl. den guten Überblick bei *Gursky* BereicherungsR, 11. Problem, 78 ff.

[42] So Staudinger/*Emmerich*, 2018, § 540 Rn. 31; *Esser/Weyers* SchuldR BT II § 50 II 2a; *Weimar* MDR 1964, 383.

[43] BGHZ 131, 297 (306); *Reuter/Martinek* § 8 I 3a (311); *Söllner* JuS 1967, 449 (452).

[44] *Sustmann* LM § 549 a. F. Nr. 18, 5. Wer gleichwohl § 816 heranzieht, kommt zu einer Herausgabe des Erlangten erst, wenn der Eigentümer die Untervermietung genehmigt (§ 185 II 1); vgl. *Diederichsen* NJW 1964, 2296.

5. § 812 I 1 (2) (Eingriffskondiktion)

M könnte etwas ohne rechtlichen Grund „in sonstiger Weise" auf Kosten des *E* erlangt haben. Ein Anspruch des *E* auf Herausgabe des erlangten Mietzinses scheitert daran, dass *M* diesen Betrag nicht „auf Kosten" des *E* erlangt hat. Der Vermieter war nach Vermietung an *M* hinsichtlich der Wohnung nicht mehr nutzungsberechtigt, so dass mit der Untervermietung nicht in den Zuweisungsgehalt einer dem *E* zugeordneten Rechtsposition eingegriffen wurde.[45]

Nach anderer Ansicht ist in Fällen der unberechtigten Untervermietung an einen „Eingriff" des Mieters in die nur dem Vermieter zustehende Zustimmungsbefugnis zu denken, die wegen des Anspruchs auf einen angemessenen Mietzuschlag gemäß § 553 II vermögenswert ist.[46] Der Mieter müsste demgemäß Wertersatz nach § 818 II in Höhe desjenigen Betrags leisten, um den der Vermieter die Miete hätte erhöhen können. Wie oben V 1 gezeigt, hatte *E* indes keinen Anspruch aus § 553 II. Ein Anspruch aus § 812 I 1 (2) scheidet daher in jedem Fall aus.

6. Anspruch auf Schadensersatz nach § 823 I

Durch die unbefugte Gebrauchsüberlassung greift der Mieter in das Eigentum des Vermieters ein, da er eigenmächtig die Besitzkette verlängert.[47] Es fehlt jedoch an einem Schaden (oben V 1). *E* hat deshalb keinen Deliktsanspruch.

Im Ergebnis steht *E* daher kein Anspruch gegen *M* wegen der unerlaubten Untervermietung zu; es bleibt ihm nur das außerordentliche Kündigungsrecht gemäß § 543 II 1 Nr. 2.[48]

---

[45] Vgl. BGHZ 131, 297 (306); BGH NJW 1964, 1853; NJW-RR 2009, 1522; *Reuter/Martinek* § 8 I a (311); *Riehm* JuS 1998, 672; MüKoBGB/*Schwab* § 812 Rn. 289 ff.

[46] Erman/*Buck-Heeb* § 812 Rn. 71; *Larenz/Canaris* SchuldR BT II § 69 I 2a; *Theuffel* JuS 1997, 886 (888); *Gebauer* Jura 1998, 128 (131 ff.).

[47] *Söllner* JuS 1967, 449 (450).

[48] Der Mieter kann sich freilich mit einer Einrede gegen die Kündigung verteidigen, wenn er anders als hier Anspruch auf Erteilung der Erlaubnis zur Untervermietung hatte, vgl. Palandt/*Weidenkaff* § 540 Rn. 14.

Fall 4. Der vorgeschobene Kündigungsgrund

Ansprüche aus dem Mietverhältnis – Schadensersatz bei ungerechtfertigter Kündigung und bei Abwälzung von Schönheitsreparaturen – Aufwendungsersatz – Wegnahmerecht

Sachverhalt

M ist schon lange Jahre Mieter einer Wohnung des *V*, die er allein bewohnt. Da der Mietzins erheblich unter der ortsüblichen Vergleichsmiete liegt, beschließt *V*, das unbefristete Mietverhältnis zu kündigen. In seinem Kündigungsschreiben stützt *V* dies auf Eigenbedarf. Er spiegelt dem *M* vor, seine Tochter beabsichtige zu heiraten und benötige die Wohnung, was nicht zutrifft. *M* zweifelt an dem Eigenbedarf, widerspricht der Kündigung und kündigt vorsorglich an, er werde Schadensersatz fordern, wenn er ausziehen müsse. Als *V* auf der Kündigung besteht, zieht er aus und mietet eine vergleichbare Wohnung in derselben Gegend.

M begehrt sogleich Ersatz des Schadens, der ihm durch die Kündigung entstanden ist: 2.500 € Umzugskosten und 1.000 € Maklergebühren; zudem hat er monatlich 180 € mehr für die neue Wohnung zu zahlen.

V verlangt die Durchführung der fälligen Schönheitsreparaturen, die dem *M* nach dem Wortlaut einer in den Mietvertrag einbezogenen AGB „in der Regel" in einem Turnus von fünf Jahren oblagen. Außerdem fordert er den Austausch einer während der Mietzeit des *M* erheblich beschädigten Badewanne. *M* weigert sich jedoch nach seinem Auszug, die angesichts der Abnutzung der Wohnung tatsächlich erforderlichen Schönheitsreparaturen durchzuführen und die Badewanne zu ersetzen. *V* lässt daraufhin die Reparaturen durch einen Fachbetrieb ausführen und verlangt die entstandenen Kosten ersetzt.

Erst ein Jahr nach seinem Auszug erinnert sich *M* schließlich der wertvollen Art-déco-Deckenleuchte, die er ohne das Wissen des *V* im Bad installiert und vergessen hatte. *V* meint, es sei nun viel zu spät, ihn auch noch damit zu behelligen, die Leuchte passe gut zur Badeinrichtung.

Wie ist die Rechtslage?

Lösung

I. Ansprüche des M gegen V

1. Anspruch des M auf Ersatz der Umzugskosten, der Maklergebühren und der Mietzinsdifferenz
   a) Schadensersatz nach §§ 535, 280 I
   b) Schadensersatz nach § 823 I
   c) Schadensersatz nach § 823 II
   d) Schadensersatz gemäß § 826

2. Ansprüche des M wegen der Deckenleuchte
   a) Anspruch auf Aufwendungsersatz nach §§ 539 I, 683 bzw. §§ 539 I, 684
   b) Verwendungsersatzanspruch nach §§ 994, 996
   c) Vergütungsanspruch nach §§ 951 I 1, 812 I 1
   d) Wegnahmerecht gemäß § 539 II
   e) Vindikation nach § 985

II. Ansprüche des V gegen M

1. Anspruch auf Ersatz für die beschädigte Badewanne
   a) §§ 280 I, 281 I, 535
   b) Anspruch aus § 823 I
   c) Anspruch aus § 823 II i. V. m. § 303 StGB
   d) Ergebnis
2. Anspruch auf Kostenersatz wegen der Schönheitsreparaturen

I. Ansprüche des M gegen V

1. Anspruch des M auf Ersatz der Umzugskosten, der Maklergebühren und der Mietzinsdifferenz

a) Schadensersatz nach §§ 535, 280 I

M könnte gegen *V* wegen der Kündigung einen Anspruch auf Schadensersatz haben. *V* müsste dazu eine Pflicht aus dem Mietverhältnis verletzt haben, § 280 I 1. Nach § 535 I 1 ist der Vermieter verpflichtet, dem Mieter den Gebrauch der Mietsache zu überlassen, solange die Sache gemietet ist. *V* ist von seiner Leistungspflicht gegenüber *M* auch nicht frei geworden, da er den Eigenbedarf für seine Tochter nach § 573 II Nr. 2 lediglich vorgespiegelt hat und deshalb die Kündigung unberechtigt war. Er hat mit der Kündigung zu erkennen gegeben, dass er die von ihm geschuldete Leistung nicht mehr erbringen möchte. Darin liegt ein Fall der Verletzung einer Hauptpflicht, eine Erfüllungsverweigerung.[1] Um den *M* zur Räumung zu veranlassen, hat *V* den Kündigungsgrund nur vorgeschoben, also bewusst wahrheitswidrig und damit vorsätzlich gehandelt (§§ 280 I 2, 276 I 1).

Fraglich ist, ob als Anspruchsgrundlage §§ 280 I, III, 281 oder § 280 isoliert in Betracht kommt, also *M* dem *V* eine Nachfrist hätte setzen müssen. *M* macht Umzugskosten, Maklergebühren und die Mietzinsdifferenz geltend. Er begehrt also

[1] Hierfür etwa *Seier,* Der Kündigungsbetrug, 1989, 208 m. w. N.; dagegen OLG Hamm NJW 1984, 1044 (1045); vgl. auch *Huber,* Leistungsstörungen II, 1999, 570. Wie hier (bei unberechtigter Kündigung eines Darlehens) Staudinger/*Mülbert,* 2015, § 490 Rn. 228. Nach a. A. liegt hier eine Nebenpflichtverletzung vor, der Ersatzanspruch stützt sich auf §§ 280 I, 241 II. Der BGH geht von der Verletzung der Rücksichtnahmepflicht aus (BGH NJW 2009, 1262 [1263]; NJW 2011, 914), andere führen die Fürsorge-, Wahrheits- oder Leistungstreuepflicht an (eingehend Staudinger/*Sonnenschein,* 1997, § 564b a. F. Rn. 191 m. w. N.). Die Begründung einer Nebenpflicht, die Hauptpflicht, das Leistungsinteresse, nicht in Frage zu stellen, ist allerdings wenig überzeugend. Die Rücksichtnahmepflicht sollte auf den Schutz des Integritätsinteresses beschränkt bleiben (vgl. Staudinger/*Otto/Schwarze,* 2015, § 324 Rn. 51). Die Annahme einer Nebenpflichtverletzung müsste zudem konsequenterweise zur Anwendung des § 282 führen (s. MüKoBGB/*Häublein* § 573 Rn. 103 mit Fn. 539; Staudinger/*Olzen,* 2015, § 241 Rn. 157). Schließlich spricht systematisch § 281 II, der den Fall der Erfüllungsverweigerung ausdrücklich regelt, gegen die Einordnung als Nebenpflichtverletzung.

Schadensersatz für Schäden, die bei ordnungsgemäßer Erfüllung durch *V* nicht entstanden wären. Da es hier um Schadensersatz statt der Leistung geht, müssten eigentlich §§ 280, 281 Anwendung finden. Man ist sich jedoch darüber einig, dass § 281 dann unanwendbar ist, wenn das Setzen einer Nachfrist sinnlos ist, die eingetretenen Schäden mithin durch eine ordnungsgemäße Nacherfüllung nicht mehr beseitigt werden können.[2] Die von *M* geltend gemachten Schadensposten sind alle endgültig und durch eine Nacherfüllung nicht behebbar, eine Nachfrist ist daher sinnlos, § 280 I anwendbar.[3]

Das Handeln des *V* muss für die bei *M* eingetretenen Schäden adäquat kausal gewesen sein. Ohne die Kündigung wäre *M* nicht ausgezogen; die Kündigung ist also *condicio sine qua non.* Das Verhalten des *M* war für *V* auch voraussehbar. Der Umstand, dass sich *M* trotz seinen Zweifeln auf die unberechtigte und deshalb unwirksame Kündigung eingelassen hat, führt weder zu einer Unterbrechung des Kausal- noch des Zurechnungszusammenhangs. Dagegen ist eingewendet worden, der Mieter könne keinen Schadensersatz verlangen, wenn er es unterlassen habe, die Rechtmäßigkeit der Ausübung des Gestaltungsrechts nachprüfen zu lassen.[4] Habe sich der Mieter auf die Kündigung eingelassen, so könne er nicht nachträglich mit dem Argument gehört werden, diese sei ungerechtfertigt gewesen.[5] Die Unrichtigkeit dieser Auffassung wird deutlich, wenn man sich die Argumentation des Vermieters in einem Schadensersatzprozess vor Augen hält. Würde er sich darauf berufen, dass *M* die Unwirksamkeit der Kündigung hätte erkennen und es auf einen Räumungsprozess ankommen lassen können, würde er seinen eigenen Sittenverstoß anführen. Ein solches Argument wird nicht gehört: *nemo auditur turpitudinem suam allegans* (niemand wird vor Gericht gehört, der seine eigene Schandtat vorträgt). Allerdings ist anerkannt, dass *M* die Berechtigung der Kündigung ebenso wie die Möglichkeit eines Widerspruchs nach § 574 prüfen und sich rechtlich beraten lassen muss, ehe er die Wohnung widerspruchslos räumt.[6] *M* hat hier indessen widersprochen. Zudem hat ein Verstoß gegen die Prüfungs- und Widerspruchsobliegenheit des Mieters allenfalls die Folge, dass sein Anspruch nach § 254 zu beschränken ist.[7] Ein etwaiges Mitverschulden des *M* ist aber jedenfalls dann nicht zu berücksichtigen, wenn der Vermieter, wie hier, arglistig gehandelt hat.[8]

---

[2] Palandt/*Grüneberg* § 280 Rn. 18, § 281 Rn. 1; MüKoBGB/*Ernst* § 280 Rn. 69.

[3] Vgl. Palandt/*Weidenkaff* § 573 Rn. 58; Jauernig/*Teichmann* § 573 Rn. 5; Staudinger/*Rolfs*, 2018, § 573 Rn. 229; BGH NJW 2005, 2395 (2396); NJW 2009, 1262; NJW 2010, 1068. Wer in den Fällen einer unberechtigten Kündigung dagegen §§ 280, 281 anwendet, gelangt in aller Regel zu einer ernstlichen und endgültigen Erfüllungsverweigerung, so dass die Fristsetzung nach § 281 II entbehrlich ist.

[4] OLG Karlsruhe OLGZ 1977, 72 (74 f.).

[5] OLG Karlsruhe OLGZ 1977, 72 (75). Als weiteres Argument führt das OLG an (73), der Mieter habe durch seinen Auszug das in der unwirksamen Kündigung liegende Angebot auf einverständliche Vertragsbeendigung angenommen. Dagegen zu Recht BGHZ 89, 296 (303); *Seier*, Der Kündigungsbetrug, 1989, 166 ff.

[6] Vgl. Staudinger/*Rolfs*, 2018, § 573 Rn. 238. Auch ein Auszug ohne Räumungsurteil unterbricht den Kausalzusammenhang nicht, vgl. BGH NJW 2010, 1068. Das gilt selbst für einen Aufhebungsvertrag, wenn der Mieter ihn im Vertrauen auf die Rechtmäßigkeit der Kündigung abgeschlossen hat, vgl. BGH NJW 2009, 2059.

[7] Fällt dem Vermieter nur Fahrlässigkeit zur Last (er geht irrig von der Existenz eines Kündigungsgrunds aus, ohne sich über die Sach- oder Rechtslage zu erkundigen), so kann der Anspruch des Mieters wegen § 254 im Einzelfall ganz entfallen.

[8] Staudinger/*Rolfs*, 2018, § 573 Rn. 238. Hier schadet dem Mieter analog § 536b S. 1 nur positive Kenntnis vom fehlenden Kündigungsgrund; vgl. auch LG Mannheim WuM 1995, 711.

M erhält somit Ersatz der Umzugskosten und der Maklergebühren, insgesamt 3.500 €.[9] Zudem kann *M* die Differenz zwischen dem alten und neuen Mietzins verlangen, da die neue Wohnung mit der alten vergleichbar ist.[10] Allerdings besteht der Anspruch nur bis zu dem Zeitpunkt, zu dem *V* in hypothetischer Betrachtung den Mietzins für die bisherige Wohnung durch zulässige Mieterhöhungen nach Maßgabe der §§ 558 ff. demjenigen für die neue Wohnung hätte angleichen können[11] oder er das Mietverhältnis durch eine berechtigte Kündigung hätte beenden können (rechtmäßiges Alternativverhalten). Letzteres bedeutet freilich nicht nur, dass die Frist des § 573c einzuhalten ist, sondern auch, dass ein berechtigtes Interesse nach § 573 I bestehen muss.[12] Dafür ist jedoch bisher kein Anhaltspunkt ersichtlich. *V* hat also die Mietzinsdifferenz so lange zu zahlen, bis er den Mietzins um die 180 € zulässigerweise hätte erhöhen können.

b) Schadensersatz nach § 823 I

M kann nach § 823 I Schadensersatz verlangen, wenn der Mietbesitz ein „sonstiges Recht" ist. Richtiger Auffassung nach ist in § 823 I nicht der bloße Besitz als faktische Innehabung geschützt, sondern vielmehr das Recht zum Besitz.[13] Ein Mieter ist schuldrechtlich zum Besitz berechtigt, weshalb hier ein sonstiges Recht i. S. d. § 823 I verletzt worden ist. In der Kündigungserklärung ist die Verletzungshandlung zu sehen.[14] Die Schadensposten des *M* (oben I 1a) wurden adäquat kausal durch die Verletzung des Mietbesitzes verursacht. Trotzdem könnte man eine Haftung des Vermieters aus § 823 I leugnen, weil das Fehlverhalten bei der unberechtigten Kündigung in Wirklichkeit in dem Verstoß gegen § 573 liege und der vertragliche Schadensersatzanspruch Vorrang vor dem allgemeinen deliktischen habe.[15] Ein solcher Vorrang des einen Anspruchs vor dem anderen ist mit der herrschenden Lehre von der Anspruchs(normen)konkurrenz aber nicht vereinbar: Beide Haftungsgründe stehen gleichberechtigt nebeneinander.[16] Dabei schützt § 823 I nicht das Äquivalenzinteresse an der Vertragserfüllung, sondern das Integritätsinteresse am Besitzerhalt, die hier jedoch gleich zu beziffern sind. *V* haftet daher aus § 823 I.

c) Schadensersatz nach § 823 II

aa) *§ 823 II i. V. m. § 573.* Zu prüfen ist, ob § 573 ein Schutzgesetz i. S. d. § 823 II ist. Die Vorschrift bezweckt nicht den Schutz der Allgemeinheit, sondern gerade den des einzelnen Mieters. Von der wohl überwiegenden Meinung wird deshalb der Schutzcharakter des § 573 bejaht.[17] Die Gegenmeinung beschränkt den Schutzzweck

---

9 Zum Umfang des Schadensersatzes BGH NJW 2010, 1068; Staudinger/*Rolfs,* 2018, § 573 Rn. 234 ff.; dort auch Beispiele weiterer Schadensposten.

10 Vgl. BGH NJW 2010, 1068; Staudinger/*Rolfs,* 2018, § 573 Rn. 236; Palandt/*Weidenkaff* § 573 Rn. 56; *Kinne,* ZMR 2001, 317 (323). Zur Obliegenheit der Anmietung einer vergleichbaren Wohnung nach § 254 II 1 MüKoBGB/*Häublein* § 573 Rn. 111.

11 LG Darmstadt WuM 1995, 165 (167), will für den Anspruch auf die Differenz eine zeitliche Obergrenze von vier Jahren ansetzen.

12 Vgl. LG Köln WuM 1992, 14.

13 *Wieling* SachenR I § 3 III a, § 5 IV 6c; *Larenz/Canaris* SchuldR BT II § 76 II 4f; *Medicus/Lorenz* SchuldR BT Rn. 1302; *Medicus/Petersen* BürgerlR Rn. 607; *Looschelders* SchuldR BT Rn. 1217; anders RGZ 91, 60 (65 f.); BGHZ 62, 243 (248).

14 So auch BGH NJW 2009, 1262 (1263); *Seier,* Der Kündigungsbetrug, 1989, 223 f.

15 *Schwark* AcP 179 (1979), 57 (84) zum Verhältnis Kaufrecht-Deliktsrecht.

16 Richtig *Seier,* Der Kündigungsbetrug, 1989, 224 ff.

17 Staudinger/*Rolfs,* 2018, § 573 Rn. 233; Staudinger/*Hager,* 2009, § 823 Rn. G 41; *Seier,* Der Kündigungsbetrug, 1989, 207.

auf den Bestand des Mietverhältnisses: § 573 schütze den Mieter nur davor, die Mietwohnung räumen zu müssen, sie erstrecke sich nicht auf Schäden, die dem Mieter durch die Räumung entstehen. Es handele sich nur um eine Schranke der Dispositionsfreiheit des Vermieters, nicht um ein Schutzgesetz i. S. d. § 823 II.[18] Demgegenüber wird zutreffend geltend gemacht, dass Bestandsschutz und Schutz gegen Rechtsverletzungen durch eine unberechtigte Kündigung identisch sind.[19] Gleichwohl ist der Schutzgesetzcharakter zu verneinen; denn aufgrund der Relativität des Vertragsschuldverhältnisses können Normen aus dem Bereich des Vertragsrechts nicht Schutzgesetze i. S. d. Deliktsrechts sein.[20]

bb) *§ 823 II i. V. m. § 858 I.* Möglicherweise findet hier § 858 I als Schutzgesetz Anwendung. *V* könnte durch die unberechtigte Kündigung dem *M* (der insoweit sein „Werkzeug" war)[21] den Besitz an der Wohnung entzogen haben. Da *M* der Kündigung widersprochen hat, könnte man die Voraussetzung bejahen, dass ihm der Besitz ohne seinen Willen entzogen wurde. Man ist sich aber darin einig, dass zur Bejahung dieses Merkmals die Beeinflussung des Besitzers durch Täuschung nicht genügt.[22] Zudem schützt nach richtiger Ansicht § 858 keine Vermögensposition des Besitzers; daran muss ein Schadensersatzanspruch nach hier vertretener Auffassung jedenfalls scheitern.[23]

cc) *§ 823 II i. V. m. § 263 StGB.* Als Schutzgesetz kommt ferner der Betrugstatbestand des § 263 StGB in Betracht.[24] *V* hat *M* durch Vorspiegeln falscher Tatsachen (über das Bestehen des Eigenbedarfs) zum Auszug veranlasst. Die Vermögensverfügung ist in der Wohnungsaufgabe zu sehen, einem Handeln, das unmittelbar zu einer Vermögensminderung im wirtschaftlichen Sinn führt. Der subjektive Tatbestand des Betrugs setzt jedoch voraus, dass zwischen Vermögensschaden und Vermögensvorteil Stoffgleichheit besteht. Hieran könnte es fehlen, wenn dem Vorteil des *V* (Freiwerden der Wohnung) als Schaden die Kosten des *M* gegenüberstünden.[25] Der identische Vor- und Nachteil bei *V* und *M* ist jedoch in Wahrheit der Besitz an der Wohnung.[26] Dass *M* letztlich Ersatz für seine Aufwendungen verlangt, die nicht stoffgleich mit dem Vorteil des *V* sind, ist unschädlich: Für die Anwendung des § 823 II reicht es aus, dass der Tatbestand des § 263 StGB erfüllt ist; die durch die Schutzgesetzverletzung notwendig gewordenen Aufwendungen des *M* werden

---

[18] OLG Karlsruhe OLGZ 1977, 72 (74); OLG Hamm NJW 1984, 1044 (1047); *Schickedanz* ZMR 1975, 196 (197); Palandt/*Sprau* § 823 Rn. 65; *Sternel* MDR 1976, 265 (266).

[19] Staudinger/*Sonnenschein,* 12. Aufl. 1978, § 564b a. F. Rn. 136.

[20] Zust. *Seier,* Der Kündigungsbetrug, 1989, 230 f.; ebenso im Ergebnis *Spickhoff,* Gesetzesverstoß und Haftung, 1998, 145. Die Gegenmeinung führt zu einer unzulässigen Vermengung von Vertrags- und Deliktsrecht. Aus demselben Grund ist anerkannt, dass vertragliche Schutzpflichten von deliktischen Verkehrssicherungspflichten scharf zu trennen sind. Wer der im Text vertretenen Auffassung nicht folgen will, muss doch einräumen, dass privatrechtliche Vorschriften nur dann unter § 823 II fallen, wenn sie einen besonderen Schutz gegen Rechtsverletzungen bezwecken, nicht aber, wenn sie, was die Regel ist, nur den Rechts- und Pflichtenkreis des einzelnen bestimmen (vgl. dazu *Enneccerus/Lehmann* § 235 I 1b).

[21] Vgl. *Seier,* Der Kündigungsbetrug, 1989, 227.

[22] *Wieling* SachenR I § 5 II 1b m. w. N.; *Seier,* Der Kündigungsbetrug, 1989, 227 ff.

[23] *Wieling/Finkenauer* SachenR § 5 Rn. 25; MüKoBGB/*Wagner* § 823 Rn. 222; dagegen bejahen BGH NJW 2009, 2530; *Larenz/Canaris* SchuldR BT II § 77 III 1c, den Schutzgesetzcharakter des § 858.

[24] Vgl. dazu *Werle* NJW 1985, 2913; BayObLG NJW 1987, 1654.

[25] *Schickedanz* ZMR 1975, 196 (197).

[26] OLG Düsseldorf ZMR 1992, 350; BayObLG NJW 1987, 1654 (1656); *Sternel* MDR 1976, 265.

von dem haftungsausfüllenden Tatbestand erfasst.[27] *M* hat also einen Schadensersatzanspruch aus § 823 II i. V. m. § 263 StGB.

d) Schadensersatz gemäß § 826

In der bewusst wahrheitswidrigen Vorspiegelung eines Kündigungsgrunds liegt eine vorsätzliche, sittenwidrige Schädigung.[28] Der Vorsatz muss die Schadensfolgen umfassen. *V* wusste oder nahm zumindest billigend in Kauf, dass *M* durch die unberechtigte Kündigung ein Schaden entstehen würde. Auch nach § 826 kann *M* also Schadensersatz verlangen.

2. Ansprüche des M wegen der Deckenleuchte

a) Anspruch auf Aufwendungsersatz nach §§ 539 I, 683 bzw. §§ 539 I, 684

M kann wegen der Leuchte möglicherweise Aufwendungsersatz gemäß § 539 I verlangen. Unter einer Aufwendung versteht man alle der Erhaltung, Wiederherstellung oder Verbesserung der Mietsache dienenden freiwilligen Vermögensopfer des Mieters.[29] Bei der Installation einer Leuchte handelt es sich um eine sonstige Aufwendung i. S. d. § 539 I, da sie nicht im Wege der Ersatzvornahme gemäß § 536a II entstanden ist. § 539 I ist eine Rechtsgrundverweisung ins Recht der Geschäftsführung ohne Auftrag, §§ 677 ff. Hiernach kann ein Geschäftsführer Aufwendungsersatz nur verlangen, wenn er mit Fremdgeschäftsführungswillen gehandelt hat.[30] Entsprach die Übernahme dem Interesse und dem wirklichen oder mutmaßlichen Willen des Geschäftsherrn, besteht ein Anspruch aus § 683 S. 1; war dies nicht der Fall, kommen nur §§ 684, 812 in Betracht. Hier hat *M* die Art-déco-Leuchte im eigenen Interesse eingebaut; der Anspruch aus §§ 539 I, 683 bzw. §§ 539 I, 684 scheitert bereits am fehlenden Fremdgeschäftsführungswillen.[31]

b) Verwendungsersatzanspruch nach §§ 994, 996

Der Anspruch scheitert daran, dass *M* zur Zeit des Einbaus berechtigter Besitzer war und daher eine Vindikationslage nicht bestanden hat.

c) Vergütungsanspruch nach §§ 951 I 1, 812 I 1

§ 951 I setzt voraus, dass *M* durch die Verbindung der Leuchte mit der Wohnung nach § 946 Eigentum verloren hat. Das ist nur zu bejahen, wenn sie wesentlicher Bestandteil (§§ 93 f.) geworden ist. Eine Leuchte kann mit verhältnismäßig geringem Aufwand abgenommen (abgeschraubt) werden, ohne dass ein Eingriff in ihre Substanz oder in die der Wohnung notwendig wäre (§ 93);[32] sie wurde auch nicht „zur Herstellung" der Wohnung „eingefügt" (§ 94 II).[33] *M* hat trotz Installation sein

---

[27] Staudinger/*Hager*, 2009, § 823 Rn. H 23; Staudinger/*Rolfs*, 2018, § 573 Rn. 234 f.

[28] Vgl. Staudinger/*Rolfs*, 2018, § 573 Rn. 232; OLG Celle OLGZ 1979, 64.

[29] *Emmerich* NZM 1998, 49 (53); Palandt/*Weidenkaff* § 539 Rn. 5.

[30] Palandt/*Weidenkaff* § 539 Rn. 6; BT-Drs. 14/4553, 42.

[31] Vgl. auch OLG München ZMR 1997, 236 (238); *Emmerich* NZM 1998, 49 (53); BT-Drs. 14/4553, 42.

[32] Vgl. dazu *Wieling/Finkenauer* SachenR § 2 Rn. 29.

[33] Vgl. RG Warn. 1917, Nr. 264; RGZ 58, 338 (341) bejaht die Eigenschaft als wesentlichen Bestandteil, wenn es sich um die Installation einer elektrischen Beleuchtungs*anlage* handelt. Schon die römischen Juristen sehen in einer Lampe nur eine Zierde, keinen der *perfectio* (Herstellung) des Hauses dienenden Bestandteil, vgl. D. 50, 16, 245.

Eigentum an der Leuchte nicht verloren. Auch über § 951 I hat er also keinen Anspruch auf Vergütung in Geld.

d) Wegnahmerecht gemäß § 539 II

Nach § 539 II hat der Mieter, der die Wohnung mit einer Einrichtung versehen hat, das Recht, diese wegzunehmen. Einrichtung ist alles, was mit der Mietsache, wenn auch leicht wieder trennbar, verbunden wird und dem wirtschaftlichen Zweck der Mietsache zu dienen bestimmt ist.[34] Eine solche Verbindung wird etwa für Beleuchtungskörper oder Badeeinrichtungen bejaht, für Möbel verneint. Nicht notwendig ist es, dass durch die Verbindung die Sache wesentlicher Bestandteil der Mietsache wird.[35] Hiernach ist die Leuchte als Einrichtung zu qualifizieren.[36] § 539 II gibt keinen Herausgabeanspruch, sondern nur einen Anspruch auf Duldung der Wegnahme, die *M* auf eigene Kosten durchführen muss.

Der Anspruch auf Duldung der Wegnahme könnte jedoch gemäß § 548 II verjährt sein. Die kurze Verjährung des § 548 II von sechs Monaten beginnt mit der rechtlichen, nicht mit der tatsächlichen Beendigung des Mietverhältnisses. Der Mieter soll nämlich die Verjährung seiner Ansprüche nicht dadurch hinauszögern können, dass er über die Beendigung des Mietverhältnisses hinaus die Wohnung nicht räumt.[37] Da *V* dem *M* unberechtigt gekündigt hat, ist das Mietverhältnis zunächst rechtlich nicht beendet worden;[38] daran hat auch der Auszug des *M* nichts geändert. *M* hat hier jedoch bereits Schadensersatz verlangt. Sobald der Gläubiger Schadensersatz statt der Leistung begehrt, ist der Anspruch auf die (Primär-)Leistung ausgeschlossen, § 281 IV. Nichts anderes kann in Fällen wie dem vorliegenden gelten, wenn eine Fristsetzung nach § 281 entbehrlich ist und daher sogleich Schadensersatz nach § 280 I verlangt wird. Daher ist hier auf den Zeitpunkt des Verlangens nach Schadensersatz abzustellen; zu diesem Zeitpunkt war das Mietverhältnis beendet. Ein Jahr nach dem Auszug war die Sechsmonatsfrist des § 548 II jedenfalls abgelaufen. *V* beruft sich auf Verjährung, dem Anspruch des *M* steht daher die Verjährungseinrede entgegen, § 214 I.

e) Vindikation nach § 985

V ist (mittelbarer) Besitzer der Leuchte, *M* ist trotz Installation Eigentümer geblieben (oben I 2c). *V* dürfte kein Besitzrecht nach § 986 I an der Leuchte haben. Der Vermieter hat ein (besitzloses) Pfandrecht an den eingebrachten Sachen des Mieters, § 562 I 1. Zieht der Mieter mit diesen Sachen aus, kann der Vermieter sogar Herausgabe nach § 562b II verlangen. In jedem Fall erhält der Vermieter ein Besitzrecht, um die seinem Pfandrecht unterliegenden Sachen bei Fälligkeit seiner Forderungen zu verwerten.[39] Herausgabeanspruch und Besitzrecht dienen jedoch nur der Verwertung, nicht der Nutzung der Sache.[40] Hier möchte *V* jedoch die Leuchte gerade dauerhaft nutzen, sie nicht versteigern lassen. Ein dauerhaftes Besitzrecht zu diesem Zweck folgt aber aus dem Vermieterpfandrecht nicht.

---

34 S. etwa BGH NJW 1969, 40; BGHZ 101, 37 (41); BeckOK BGB/*Zehelein* § 539 Rn. 22.
35 Palandt/*Weidenkaff* § 539 Rn. 9.
36 Jauernig/*Teichmann* § 539 Rn. 3; Erman/*Lützenkirchen* § 539 Rn. 11.
37 BeckOK BGB/*Wiederhold* § 548 Rn. 28.
38 Vgl. BGHZ 89, 296 (302).
39 Palandt/*Weidenkaff* § 562 Rn. 19. – Zu den Forderungen des *V* gegen *M* s. nachfolgend II.
40 BeckOK BGB/*Wiederhold* § 562 Rn. 3; vgl. auch § 1231 S. 1. – Nach § 562c kann *M* freilich durch Sicherheitsleistung die Geltendmachung des Pfandrechts abwenden.

Möglicherweise folgt aber aus der eingetretenen Verjährung ein Besitzrecht. Die Rechtsprechung lässt die mit § 539 II konkurrierenden Ansprüche, auch den Herausgabeanspruch nach § 985, ebenfalls in der kurzen Frist des § 548 verjähren:[41] Würde die gemäß § 197 I Nr. 2 in dreißig Jahren verjährende Vindikation nach den Grundsätzen der Anspruchskonkurrenz unabhängig vom mietrechtlichen Wegnahmerecht verjähren, liefe die in § 548 II angeordnete kurze Frist in den Fällen faktisch leer, in denen der Mieter Eigentümer der Einrichtung geblieben ist. Ab Verjährungseintritt nach § 539 II hat der Vermieter daher ein dauerhaftes Besitzrecht gemäß § 986 I.[42] *M* kann nicht Herausgabe verlangen.

II. Ansprüche des V gegen M

1. Anspruch auf Ersatz für die beschädigte Badewanne

a) §§ 280 I, 281 I, 535

In Betracht kommt ein Anspruch aus §§ 280 I, 281 I.[43] Voraussetzung ist, dass *M* schuldhaft eine vertragliche Pflicht verletzt, eine vertragliche Leistung nicht erbracht hat. Der Mieter ist nach § 535 verpflichtet, die Sache nur dem Vertrage gemäß zu gebrauchen, sorgfältig zu behandeln und alles zu unterlassen, was Schäden an der Mietsache verursachen kann.[44] Es handelt sich dabei um eine leistungsbezogene Nebenpflicht, auf die § 281 anwendbar ist.[45] Der Mieter haftet für Substanzschäden aber nur, wenn sie über die vertraglich vorausgesetzte Abnutzung hinausgehen, vgl. § 538. Die Badewanne ist während der Mietzeit des *M* stark beschädigt worden; der gewöhnlichen Abnutzung entspricht dies nicht. *V* obliegt gemäß § 280 I 1 der Beweis, dass die Beschädigung auf einer (objektiven) Pflichtverletzung des *M* beruht. Hier hat aber die Rechtsprechung über die Grundsätze der Beweislastverteilung nach Gefahren- und Verantwortungsbereichen Abhilfe geschaffen,[46] so dass *M* darlegen muss, weshalb die Beschädigung nicht auf einer Pflichtverletzung beruht. Aufgrund der Umkehrung der Darlegungs- und Beweislast hinsichtlich des Verschul-

---

[41] Vgl. (zu §§ 547a, 558 I a. F.) BGHZ 81, 146 (151); BGH NJW 1987, 2861 (2862); LG Berlin Das Eigentum 2004, 627; krit. *Eckert* MDR 1989, 135 (Verletzung von Art. 14 GG).

[42] Vgl. zur Rechtsprechung die vorige Fn.; Staudinger/*Emmerich,* 2018, § 539 Rn. 34; *Wieling/Finkenauer* SachenR § 11 Rn. 10. Dieses dauerhafte Besitzrecht, aufgrund dessen die Rechtsprechung auch Schadensersatz- sowie Bereicherungsansprüche des Mieters gegen den Vermieter leugnet, muss, um eine dauerhafte und sinnlose Trennung von Eigentum und Besitz (ein sog. *dominium sine re*) zu verhindern, zu einem (außerordentlichen) Eigentumserwerb des besitzenden Vermieters führen, vgl. *Wieling/Finkenauer* SachenR § 11 Rn. 10.

[43] Das Mietrecht enthält keinen vertraglichen Anspruch auf Ersatz solcher Schäden, setzt ihn aber in § 548 I bei der Verjährung voraus. § 546 I normiert nur den Rückgabeanspruch des Vermieters; die Beschädigung als teilweise Unmöglichkeit der Rückgabe zu begreifen wäre lebensfremd.

[44] Palandt/*Weidenkaff* § 535 Rn. 81, 85.

[45] Die Frage ist streitig. Man kann die Pflicht des Mieters zur Rückgabe der Mietsache in ordnungsgemäßem Zustand auch auf § 546 stützen, vgl. Palandt/*Weidenkaff* § 546 Rn. 7; OLG Köln MDR 2016, 207; *Kandelhard* NJW 2003, 3291 (3292); a. A. (Anwendung des § 280 I wegen Verletzung der Obhutspflicht des Mieters) BGH NJW 2018, 1746; *Langenberg* NZM 2002, 972; *Gröschler* FS Konzen, 2006, 109 (111). Für die Anwendung des § 281 spricht, dass der Mieter mit der Nachfrist die Gelegenheit erhält, Reparaturen in eigener Regie durchzuführen, was für ihn in aller Regel günstiger ist als die Reparatur durch den Vermieter oder einen von diesem beauftragten Fachbetrieb; vgl. auch unten Fn. 53. Übrigens ändert sich im Ergebnis nichts, wenn man hier von der Verletzung einer Hauptleistungspflicht ausgeht, weil dies ebenfalls zur Anwendung des § 281 führt.

[46] *Gruber* WuM 2002, 252 (253).

dens in § 280 I 2 hat *M* zudem zu beweisen, dass er die Pflichtverletzung nicht zu vertreten hat (§§ 276, 278).[47] Hierfür bleibt *M* den Beweis schuldig.

V hat es versäumt, dem *M* nach § 281 I 1 eine Nachfrist zur Durchführung der Reparatur der Badewanne zu setzen. Die Nachfristsetzung könnte hier jedoch entbehrlich gewesen sein. *M* hat sich nach seinem Auszug ausdrücklich geweigert, die geschuldete Reparatur durchzuführen; darin liegt eine ernsthafte und endgültige Verweigerung der Leistung gemäß § 281 II. Daher kann *V* Schadensersatz verlangen, ohne dass eine Nachfrist erforderlich wäre.

Der Anspruch des *V* verjährt nach § 548 I innerhalb von sechs Monaten. Die Verjährung beginnt mit dem Zeitpunkt, in dem *V* die Mietsache zurückerhält, § 548 I 2.

b) Anspruch aus § 823 I

Der Anspruch aus § 823 I setzt voraus, dass *M* selbst die Verletzungshandlung begangen hat, was hier *prima facie* zu vermuten ist.[48] Die Badewanne stand zudem im Eigentum des *V*, weshalb eine Rechtsverletzung vorliegt. *M* müsste überdies schuldhaft gehandelt haben. Ein Anhaltspunkt für ein Verschulden ist dem Sachverhalt nicht zu entnehmen. Freilich greifen hier zugunsten des *V* die Grundsätze über den Anscheinsbeweis: Die Beschädigung einer Badewanne erfolgt regelmäßig schuldhaft; nur atypische Geschehensverläufe, die *M* vorzutragen hätte, könnten ihn entlasten.

Der konkurrierende Anspruch aus § 823 I verjährt nicht in der Dreijahresfrist der §§ 195, 199 I, sondern ebenfalls in der für den vertraglichen Anspruch geltenden Sechsmonatsfrist des § 548 I.[49]

c) Anspruch aus § 823 II i. V. m. § 303 StGB

Schutzgesetze i. S. d. § 823 II 1 sind vor allem Strafgesetze. Für den Verschuldensmaßstab ist der Tatbestand des Schutzgesetzes maßgebend. Sachbeschädigung ist nur in vorsätzlicher Begehungsform strafbar (vgl. §§ 303, 15 StGB). Eine Haftung aus § 823 II entfällt daher.[50]

d) Ergebnis

V hat einen Anspruch auf Ersatz für die beschädigte Badewanne aus §§ 280 I, 281 I, 535; 823 I. Fraglich ist, ob er gegenüber den Ansprüchen des *M* aus §§ 280 I; 823 I; 823 II; 826 aufrechnen kann, §§ 387 ff. Nach § 393 ist die Aufrechnung gegenüber einer Forderung aus einer vorsätzlich begangenen unerlaubten Handlung jedoch nicht zulässig; gegenüber den Ansprüchen aus §§ 823, 826 ist eine Aufrechnung daher unstatthaft. Das gilt auch hinsichtlich des Anspruchs aus § 280 I, da § 393 auch konkurrierende vertragliche Schadensersatzansprüche erfasst.[51]

---

[47] Vgl. BGH NJW 1968, 2240; VersR 1976, 1085.

[48] Der Sachverhalt sagt hierüber nichts aus. Im Unterschied zur vertraglichen Haftung kommt eine deliktische Haftung des *M* für seine Angehörigen oder Freunde nach § 831 nicht in Betracht.

[49] BGHZ 47, 53; BGH NJW 2006, 2399 ff.; Staudinger/*Emmerich*, 2018, § 548 Rn. 6; vgl. auch oben I 2e.

[50] Hier kann nicht mit § 823 II 2 argumentiert werden, der nur den Fall regelt, dass das Schutzgesetz kein Verschulden verlangt. Die deliktische Haftung setzt in diesem Fall zusätzlich Verschulden voraus; vgl. zum ganzen BGH NJW 1962, 910 m. Anm. *Katholnigg* NJW 1962, 1293; BGHZ 46, 17 (21).

[51] Staudinger/*Gursky*, 2016, § 393 Rn. 9.

2. Anspruch auf Kostenersatz wegen der Schönheitsreparaturen

Als Anspruchsgrundlage kommt §§ 280 I, III, 281 I 1 in Betracht. *M* müsste eine fällige Leistung nicht erbracht haben. Die Erhaltung der Mietsache in einem zum vertragsgemäßen Gebrauch geeigneten Zustand (Instandhaltungspflicht) obliegt nach § 535 I 2 dem Vermieter als Hauptpflicht. Die Instandhaltungspflicht umfasst auch die in der Regel alle fünf Jahre erforderlichen Schönheitsreparaturen. Darunter versteht man die Beseitigung solcher Mängel, die durch den vertragsgemäßen Gebrauch an der Mietsache entstehen, was vor allem etwa das Streichen und Tapezieren der Wände einschließt.[52] Die Pflicht zu Schönheitsreparaturen kann grundsätzlich auf den Mieter abgewälzt werden.[53] Allerdings könnte die von *V* verwendete AGB den *M* unangemessen benachteiligen und deshalb unwirksam sein, § 307 I 2, II Nr. 1. Gegen die (formularmäßige) Verlagerung der Verpflichtung zu Schönheitsreparaturen auf den Mieter ist jedenfalls dann nichts einzuwenden, wenn sich der Umfang der Schönheitsreparaturen nach dem Grad der Abnutzung richtet.[54] Nach der Rechtsprechung sind daher starre Fristenpläne, die eine turnusgemäße Verpflichtung des Mieters unabhängig von der tatsächlichen Renovierungsbedürftigkeit vorsehen, unwirksam. Für einen durchschnittlichen, verständigen Mieter muss die Klausel erkennbar so formuliert sein, dass sie nur den Charakter einer Richtlinie hat, von der je nach Erhaltungszustand im Einzelfall auch abgewichen werden kann. Enthält die Klausel z. B. eine Einschränkung, dass die Frist nur „im Regelfall" oder „im Allgemeinen" zu wahren sei, ist sie daher wirksam.[55] Da die von *V* verwendete Klausel die Fünfjahresfrist nur für den Regelfall enthält und damit für *M* erkennbar flexibel gestaltet ist, ist sie wirksam. Da die Wohnung tatsächlich renovierungsbedürftig ist, waren Schönheitsreparaturen auch fällig.

V hat dem *M* keine Nachfrist zur Durchführung der Schönheitsreparaturen gesetzt. Wegen der endgültigen Weigerung des *M* war eine solche Frist jedoch entbehrlich, § 281 II (oben II 1a).[56] Gemäß § 281 I 1 kann *V* unter den Voraussetzungen des § 280 I Schadensersatz verlangen. Das bedeutet, dass *M* die Pflichtverletzung zu vertreten haben muss. § 280 I 2 ist jedoch so formuliert, dass *M* sein Nichtvertretenmüssen darzulegen und zu beweisen hat. Es liegen hier aber keinerlei Anhaltspunkte

---

[52] Auch das Streichen von Türen, Heizkörpern und Fenstern (innen), vgl. Palandt/*Weidenkaff* § 535 Rn. 41.

[53] BGHZ 92, 363; 101, 253; Staudinger/*Emmerich*, 2018, § 535 Rn. 109 ff.; *Medicus/Lorenz* SchuldR BT Rn. 433. Damit wird die Pflicht zur Nebenleistungspflicht. In jedem Fall ist aber § 281 I anzuwenden; denn das Nachfristerfordernis schützt den Mieter, weil er die Schönheitsreparaturen selbst durchführen und so erfahrungsgemäß erhebliche Kosten sparen kann; wie hier BGH NJW 2010, 2877; *Emmerich* NZM 2002, 362 (366); MüKoBGB/*Ernst* § 281 Rn. 57; Palandt/*Weidenkaff* § 535 Rn. 50.

[54] BGH NJW 1998, 3114 (3115); Palandt/*Weidenkaff* § 535 Rn. 43; vgl. auch BGHZ 92, 363; 108, 1. Selbst die Verpflichtung des Mieters zu laufenden Schönheitsreparaturen ist wirksam, allerdings nicht die Klausel, dass sie nur durch Fachhandwerker ausgeführt werden dürfen; s. auch BGH NJW 2010, 2877. Zu den verschiedenen Klauseln *Herrler* Jura 2008, 248 (250 ff.); *Schrader* Jura 2010, 241 (245 ff.).

[55] BGH NJW 2005, 2116; NJW 2005, 3416; NJW 2006, 2113; NJW 2006, 2115; NJW 2006, 1728.

[56] Die Rechtsprechung tendiert dazu, bereits im Auszug des Mieters ohne Durchführung der Schönheitsreparaturen eine ernsthafte und endgültige Erfüllungsverweigerung zu sehen; vgl. BGHZ 104, 6 (14). Richtigerweise kann man die Endgültigkeit der Erfüllungsverweigerung nur bejahen, wenn der Mieter wie hier über den bloßen Auszug hinaus zu erkennen gibt, die Reparaturen nicht durchführen zu wollen (so MüKoBGB/*Ernst* § 281 Rn. 56 f.).

dafür vor, dass die Weigerung des *M* nicht nach § 276 schuldhaft gewesen sein könnte; ein etwaiger Rechtsirrtum geht zu seinen Lasten.[57]

V hat einen Anspruch aus §§ 280, 281 auf Ersatz der Kosten für die Schönheitsreparaturen. Der Anspruch verjährt nach § 548 I in sechs Monaten. *V* kann gegenüber den Ansprüchen des *M* wegen der unberechtigten Kündigung die Aufrechnung nicht erklären, § 393 (oben II 1d).

---

57 Wenn der Vermieter im Unterschied zum vorliegenden Fall selbst die Reparaturen vornimmt, bejaht OLG Koblenz NJW-RR 2000, 82, einen Anspruch aus §§ 684, 812 (zust. *Bergerhoff* ZMR 2001, 944 [948]): Der Vermieter besorge ein Geschäft für den Mieter, worin zumindest ein „auch-fremdes" Geschäft zu sehen sei, das für § 684 genüge. Der Vermieter könne so die Bereicherung des Mieters, der eigene Reparaturleistungen erspart habe, herausverlangen. Dem ist zu widersprechen: Das Recht der Geschäftsführung muss in solchen Fällen hinter dem allgemeinen Leistungsstörungsrecht zurücktreten, weil sonst dessen speziellere Voraussetzungen (etwa die Nachfristsetzung des § 281) unterlaufen würden. Wie hier *Wichert* ZMR 2000, 220 (221); *Langenberg* NZM 2002, 972 (973).

Fall 5. Die fehlerhafte EDV-Anlage

Leasing – Ausschluss der Gewährleistung – Rücktritt – Software-Kaufvertrag – Einwendungsdurchgriff

Sachverhalt

Die *A*-GmbH will eine neue EDV-Software für ihre Buchhaltung und Auftragsbearbeitung anschaffen. Sie tritt daher mit dem Computerfachhändler *C* in Verbindung. Dieser erklärt, er sei in der Lage, sowohl die für die Erfordernisse der *A*-GmbH geeignete Standardsoftware als auch die dazu notwendige Hardware zur Verfügung zu stellen. Der Geschäftsführer der *A*-GmbH weist *C* darauf hin, dass er Hard- und Software zusammen von demselben Händler erwerben wolle, um auf diese Weise eine reibungslos funktionierende Anlage zu erhalten. Da die Kosten beträchtlich sind, entschließt sich die *A*-GmbH, die Anlage zu leasen. Sie wendet sich daher an die Leasinggesellschaft *L*, welche in der Folge die Anlage nebst Software erwirbt und der *A*-GmbH im Rahmen eines Finanzierungsleasingvertrags zur Verfügung stellt. Im Formular des Leasingvertrags ist umfassend die Haftung der *L* für Sachmängel unter Abtretung ihrer Gewährleistungsrechte gegen *C* ausgeschlossen; nicht abbedungen sind Ansprüche wegen Körperschäden, die auf einer fahrlässigen Schlechtleistung der *L* beruhen, und wegen sonstiger Schäden, die auf einer grob fahrlässigen Schlechtleistung beruhen. In der Folgezeit gelingt es trotz wiederholter Rüge der *A*-GmbH und entsprechenden Nachbesserungsversuchen des *C* nicht, die Software auf der gelieferten Anlage, die mangelfrei ist, zum Laufen zu bringen. Die *A*-GmbH erklärt daher den Rücktritt vom Vertrag mit *C* und verweigert gegenüber *L* jede weitere Ratenzahlung. *L* vertritt dagegen die Auffassung, dass eine etwaige Mangelhaftigkeit der Anlage nicht zu ihren Lasten gehe. Sie besteht auf Einhaltung des Vertrags und Bezahlung der monatlichen Leasingraten. Die *A*-GmbH fordert zudem die drei bereits an *L* gezahlten Raten zurück.

Wie ist die Rechtslage?

Lösung

I. Anspruch auf Rückzahlung des Kaufpreises gemäß §§ 437 Nr. 2, 434 I 1, 323, 346 ff., 413

1. Anspruch der A-GmbH gegenüber C auf Zahlung an sich selbst
2. Anspruch der A-GmbH gegenüber C auf Zahlung an L

II. Anspruch der L gegen die A-GmbH auf künftige Zahlung der Leasingraten entsprechend § 535 II

1. Anwendbarkeit der mietrechtlichen Vorschriften
2. Wirksamkeit des Vertrages
3. Minderung analog § 536 I 1
4. Kündigung analog § 543 I 1
5. Kündigung nach § 314 I 1

6. Kündigung bzw. Rücktritt gemäß § 313 III (Wegfall der Geschäftsgrundlage)
7. Befreiung von der Gegenleistungspflicht nach § 326
8. Einrede des nichterfüllten Vertrages, § 320
9. Analoge Anwendung des Einwendungsdurchgriffs gemäß §§ 506 I, 359 I 1

III. Ansprüche der A-GmbH gegen L auf Rückzahlung der bereits geleisteten Raten
1. §§ 313 III 1, 346 I (Wegfall der Geschäftsgrundlage)
2. §§ 506, 358 IV, 357 I 1, 346 I
3. §§ 812 I 1 (1), 813 I 1 (condictio indebiti)

I. Anspruch auf Rückzahlung des Kaufpreises gemäß §§ 437 Nr. 2, 434 I 1, 323, 346 ff., 413

1. Anspruch der A-GmbH gegenüber C auf Zahlung an sich selbst

Die *A*-GmbH könnte gegen *C* aus abgetretenem Recht einen Anspruch auf Rückzahlung des von *L* an *C* gezahlten Kaufpreises haben. *L* hat ihre etwaigen Gewährleistungsrechte gegen *C* an die *A*-GmbH abgetreten, also insbesondere das Rücktrittsrecht gemäß §§ 437 Nr. 2, 434, 323. Eine solche Abtretung wird überwiegend als zulässig angesehen (§§ 413, 398).[1] Nach h. M. kann der Leasingnehmer freilich nach dem Rücktritt nur auf Rückzahlung des Kaufpreises an den Leasinggeber klagen, was auf eine Umdeutung der Abtretung in eine Art Einziehungsermächtigung hinausläuft.[2] Unabhängig von der dogmatischen Einordnung des Leasingvertrags[3] erscheint das sachgerecht, weil der Leasinggeber an den Leasingnehmer lediglich den Gebrauch der Sache weiterreicht, das Eigentum aber behält. Deshalb muss die Rückabwicklung des zwischen Leasinggeber und Händler geschlossenen Kaufvertrags auch in diesem Verhältnis stattfinden.[4] Die *A*-GmbH hat also selbst keinen Rückzahlungsanspruch, sondern kann nur Zahlung an *L* verlangen.

2. Anspruch der A-GmbH gegenüber C auf Zahlung an L

Die *A*-GmbH kann Rückzahlung des Kaufpreises an *L* verlangen, wenn sie wirksam den Rücktritt erklärt hat. Das setzt voraus, dass *L* ein Rücktrittsrecht hatte.

a) Die Software müsste fehlerhaft gewesen sein. Fraglich ist, ob hier Kauf- oder Werkvertragsrecht anwendbar ist. *C* sollte Standardsoftware liefern, er sollte das Programm also nicht für die individuellen Wünsche der *A*-GmbH schreiben; folglich scheidet ein Werkvertrag aus.[5] Das gilt auch für einen Sachkauf nach § 433 I, weil dieser nicht allein aus dem Umstand gefolgert werden kann, dass die Software auf einem Datenträger verkauft wird. Es handelt sich vielmehr um ein immaterielles Wirtschaftsgut, also um den Kauf eines „sonstigen Gegenstands"

---

1 MüKoBGB/*Ernst* § 323 Rn. 165; *Zahn* DB 2002, 986; *Beckmann* DB 2006, 320; im Ergebnis auch BGH NJW 2006, 1066 (1067 f.); s. dazu Fall 1 II 1.

2 BGHZ 81, 298 (310); Palandt/*Weidenkaff* Einf. v. § 535 Rn. 58; MüKoBGB/*Gaier* § 346 Rn. 30; a. A. *Canaris* NJW 1982, 305 (306): Der Rückzahlungsanspruch stehe dem Leasingnehmer zu. Im Ansatz anders *Oechsler* Rn. 727, der dem Leasingnehmer im Kaufvertrag zwischen Leasinggeber und Lieferanten nach § 328 Rechte einräumt (Anspruch auf Übergabe sowie die Rechte aus § 437).

3 Dazu unten II 1.

4 Anders oben Fall 1 II 1, in dem der Gebrauchtwagen weiterübereignet wird und daher auch die Rückabwicklung mit dem neuen Eigentümer stattfinden kann.

5 Palandt/*Sprau* Einf. v. § 631 Rn. 25.

gemäß § 453 I.[6] Die Regeln über den Sachkauf finden daher entsprechende Anwendung. Da die Software die vertraglich vereinbarten Funktionen im Betrieb der *A*-GmbH nicht erfüllt, ist sie nach § 434 I 1 fehlerhaft.

b) Zweifelhaft ist aber, ob der Mangel der Software die *L* auch zum Rücktritt hinsichtlich der funktionstauglichen Hardware berechtigt. Diese Frage wäre ohne weiteres zu bejahen, wenn man beides als einheitlichen Kaufgegenstand ansähe, was indessen nach der Verkehrsauffassung eher abzulehnen ist.[7] Liegt aber keine einheitliche Kaufsache vor, sondern nur der Kauf mehrerer Sachen, von denen eine fehlerhaft ist, ist es die Frage, ob ein Rücktritt hinsichtlich aller Sachen möglich ist (Problem der Teilschlechtleistung). Während § 469 S. 2 a. F. eine Wandelung (Rücktritt) hinsichtlich aller Sachen nur ermöglichte, wenn diese als zusammengehörig verkauft worden waren und nicht ohne Nachteil für den Käufer getrennt werden konnten, findet nach einer Auffassung in einem solchen Fall allein § 323 V 2 Anwendung.[8] Denn § 323 V 1, der immerhin auf das Interesse des Gläubigers abstellt und einen Rücktritt vom „ganzen Vertrag" ermöglicht, ist deshalb nicht anwendbar, weil die Regelung nur von der quantitativen Teilleistung, nicht aber von einer teilweisen Schlechtleistung ausgeht. Das ergibt sich aus § 323 V 2, der die „nicht vertragsgemäße" Leistung von der Teilleistung nach § 323 V 1 unterscheidet.[9] Wie aber § 323 V 1 zeigt, ist auch ein nur teilweiser Rücktritt möglich; bei der Lieferung mehrerer Sachen könnte der Käufer daher lediglich hinsichtlich der mangelhaften Sache zurücktreten. Ob beim Verkauf mehrerer Sachen ein solcher Teilrücktritt erforderlich oder ein Rücktritt vom „ganzen" Vertrag zulässig ist, soll sich nur danach bestimmen, ob im Einzelfall bei umfassender Interessenabwägung die Pflichtverletzung, bezogen auf den gesamten Vertrag (also hinsichtlich aller Sachen), gemäß § 323 V 2 erheblich ist oder nicht.[10] Das erscheint als Abgrenzungskriterium kaum tauglich: Die sich in der Mangelhaftigkeit der Software äußernde Pflichtverletzung ist zwar hinsichtlich der Software erheblich, weil diese nicht funktioniert. Da man das aber von der Hardware gerade nicht sagen kann, wäre hier für *L* nur ein Teilrücktritt möglich. Dieses Ergebnis entspricht hier aber nicht dem geäußerten Willen der Parteien. Es ist daher bei der Auslegung des Kriteriums der Erheblichkeit i. S. d. § 323 V 2 wie nach § 469 S. 2 a. F. darauf abzustellen, ob die Sachen als zusammengehörig verkauft worden sind und sich nicht ohne Nachteil für den Käufer trennen lassen. Das erste Erfordernis ist hier ohne weiteres anzunehmen. Auch das zweite wird man bejahen müssen, weil die anderweitige Beschaffung passender Software mit nicht unerheblichen Schwierigkeiten verbunden sein kann, zumal eine „Paketlösung" für einen Käufer in aller Regel vorteilhaft ist.[11] *L* hatte daher ein Rücktrittsrecht hinsichtlich des gesamten Vertrags.

---

6 Palandt/*Weidenkaff* § 453 Rn. 8; vgl. auch BT-Drs. 14/6040, 208, 242.

7 BGHZ 102, 135 (149 f.); OLG Düsseldorf NJW-RR 2000, 1223.

8 BT-Drs. 14/6040, 205; zu Recht kritisch der Bundesrat, vgl. BT-Drs. 14/6857, 29. S. zu einer weiteren Auffassung unten Fn. 11.

9 Vgl. BT-Drs. 14/6857, 29; Palandt/*Grüneberg* § 323 Rn. 24.

10 BT-Drs. 14/6857, 62. Zur Auslegung des Begriffs der Erheblichkeit MüKoBGB/*Ernst* § 323 Rn. 246 ff. Der BGH verneint im Übrigen die Unerheblichkeit eines Mangels, wenn der Mangelbeseitigungsaufwand einen Betrag von 5 % des Kaufpreises übersteigt, BGH NJW 2014, 3229.

11 BGHZ 102, 135 (151); 110, 130 (138); OLG Köln NJW-RR 1993, 1140 (1141); OLG Düsseldorf NJW-RR 2000, 1223. – Ein alternativer Begründungsweg ist die Kombination von § 323 V 2 und 1: Danach muss zunächst der Mangel für den betroffenen Teil erheblich gewesen sein (S. 2), und sodann muss das Vertragsinteresse auch noch nach einem Teilrücktritt verletzt sein, vgl. MüKoBGB/*Ernst* § 323 Rn. 267.

c) Gemäß § 323 I ist bei einer nicht vertragsgemäßen Leistung, also bei einer Schlechtleistung, zunächst Frist zur Nacherfüllung zu setzen.[12] Die *A*-GmbH hat hier für *L* von deren Wahlrecht gemäß §§ 437 Nr. 1, 439 I Gebrauch gemacht und zunächst Nachbesserung verlangt. Kraft § 440 S. 2 gilt eine Nachbesserung nach dem zweiten erfolglosen Versuch als fehlgeschlagen. Danach muss eine Frist zur Nacherfüllung nicht mehr gesetzt werden, und es kann direkt der Rücktritt erklärt werden.

d) Da es sich hier um einen beiderseitigen Handelskauf handelte (§ 343 HGB), musste *L* ihrer Rüge- und Untersuchungsobliegenheit nach § 377 HGB rechtzeitig nachkommen. Die *A*-GmbH hat als ihre Erfüllungsgehilfin die Rügeobliegenheit erfüllt.[13]

e) *Ergebnis: L* hatte ein Rücktrittsrecht, welches aufgrund der Abtretung der *A*-GmbH zustand. Mit Erklärung des Rücktritts (§ 349) entstand ein Rückgewährschuldverhältnis, das dazu führt, dass *C* den Kaufpreis an *L* zurückzuzahlen hat und diese ihm Zug um Zug das Eigentum an dem Leasinggut zurückübertragen muss, § 348.[14]

II. Anspruch der L gegen die A-GmbH auf künftige Zahlung der Leasingraten entsprechend § 535 II

Der Anspruch aus § 535 II setzt voraus, dass die monatlichen Leasingraten wie Mietzins („Miete") zu behandeln sind, der Leasingvertrag wirksam zustande gekommen, der Anspruch auf Ratenzahlung später nicht erloschen ist und ihm auch kein Leistungsverweigerungsrecht der *A*-GmbH entgegensteht.

1. Anwendbarkeit der mietrechtlichen Vorschriften

Die Anwendung mietrechtlicher Vorschriften auf den gesetzlich nicht geregelten Leasingvertrag setzt voraus, dass die Interessenlage der Vertragspartner mit derjenigen in einem Mietverhältnis vergleichbar ist. Unter Finanzierungsleasing versteht man einen Vertragstyp, der im US-amerikanischen Recht entwickelt wurde und seit Beginn der siebziger Jahre des 20. Jahrhunderts in Deutschland namentlich im Autohandel starke Verbreitung gefunden hat.[15] Dabei entsteht typischerweise ein Dreiecksverhältnis: Der Leasinggeber kauft die Sache vom Händler (Hersteller) und schuldet dem Leasingnehmer die Überlassung des Gebrauchs der geleasten Sache. Dafür übernimmt der Leasingnehmer mit der vereinbarten Ratenzahlung die volle Amortisation der Anschaffungs- und Finanzierungskosten einschließlich des Geschäftsgewinns des Leasinggebers.[16] Der Leasinggeber zeichnet sich von Gewährleistungsrechten des Leasingnehmers frei und tritt ihm dafür die Gewährleistungsrechte aus dem Kaufvertrag mit dem Händler ab (sog. Abtretungskonstruktion).[17]

---

[12] Dazu Fall 2 II und Fall 19 I 1.

[13] Vgl. Palandt/*Weidenkaff* Einf. v. § 535 Rn. 54; BGHZ 90, 302 (309); 110, 130 (142). Krit. zur Anwendbarkeit des § 377 HGB *Larenz/Canaris* SchuldR BT II § 66 IV 4; s. auch *Knops* JuS 1994, 106 (109 f.).

[14] Die Rückübereignung geschieht durch die *A*-GmbH.

[15] Vgl. zum Leasing allgemein: *Martinek,* Moderne Vertragstypen I: Leasing und Factoring, 1991, 33 ff., 41; *v. Westphalen,* Der Leasingvertrag, 7. Aufl. 2015; *Emmerich* JuS 1990, 1 ff.

[16] BGHZ 95, 39 (54); 111, 237 (242); BGH NJW 1996, 2860 (2861); NJW 1998, 1637 (1638 f.); Palandt/*Weidenkaff* Einf. v. § 535 Rn. 39; *Larenz/Canaris* SchuldR BT II § 66 I 1b.

[17] Zu dieser und zum Folgenden *Finkenauer/Brand* JZ 2013, 273 (274) m. w. N.

Hinsichtlich Rechtsnatur und dogmatischer Einordnung des Finanzierungsleasings werden unterschiedliche Meinungen vertreten.[18] Der BGH[19] und der wohl überwiegende Teil des Schrifttums[20] werten das Finanzierungsleasing wegen der geschuldeten Gebrauchsüberlassung und des beim Leasinggeber verbleibenden Eigentums als atypischen Mietvertrag. Insbesondere die unzweifelhaft bestehende und in § 506 anerkannte Finanzierungsfunktion des Leasings (der Leasinggeber „kreditiert" dem Leasingnehmer den Kaufpreis) hindert daran, einen reinen Mietvertrag anzunehmen.[21] Zudem verlagert der Leasinggeber gerade auch die gemäß § 535 I vom Vermieter zu tragende Gefahr eines nachträglichen Untergangs und einer Verschlechterung der geleasten Sache ebenso wie seine Einstandspflicht für anfängliche Mängel in aller Regel vertraglich auf den Leasingnehmer.[22] Aufgrund dieser dem mietvertraglichen Leitbild nicht entsprechenden Vereinbarungen ordnen manche den Leasingvertrag als Kaufvertrag ein[23] oder betonen die gemischte Vertragsstruktur und nehmen einen Mietkauf oder ein Geschäftsbesorgungs- bzw. Darlehensgeschäft an.[24] Zudem findet sich auch die wenig aussagekräftige Einordnung als Vertrag *sui generis.*[25] Sicher besteht ein Kaufelement darin, dass der Leasingnehmer stets die Gefahr trägt und für das Ende der Laufzeit oft eine Kaufoption hat. Die Finanzierungsfunktion rückt den Vertrag dagegen eher in die Nähe des Darlehens. Wenngleich also nach h. M. das Finanzierungsleasing wegen der Gebrauchsüberlassung in erster Linie nach Mietrecht zu beurteilen ist,[26] hat es wirtschaftlich doch eine gewisse Nähe zu Kauf und Darlehen. Daher darf man – etwa bei der Überprüfung der verwendeten AGB oder im Hinblick auf die Regelungen über die „sonstigen Finanzierungshilfen" in §§ 506 ff. – die kauf- und darlehensrechtlichen Elemente nicht aus den Augen verlieren. Im Ergebnis spricht aber nichts dagegen, auf die Gebrauchsüberlassung und die damit synallagmatisch verbundene Ratenzahlungspflicht § 535 entsprechend anzuwenden.[27]

---

[18] Vgl. dazu die Übersicht von *Martinek,* Moderne Vertragstypen I: Leasing und Factoring, 1991, 64 ff.; *Knebel* WM 1993, 1026.

[19] BGHZ 68, 118 (123); 71, 189 (194); 97, 135 (140); 111, 84 (94 f.); 112, 65; 178, 227 Rn. 31.

[20] Vgl. besonders *Flume* DB 1972, 1; *Reinicke/Tiedtke* Rn. 1684; *v. Westphalen,* in: v. Westphalen, Der Leasingvertrag, 7. Aufl. 2015, Kap. A Rn. 14 ff., 22.

[21] Das Finanzierungsleasing ist eine sonstige Finanzierungshilfe, s. MüKoBGB/*Schürnbrand* § 506 Rn. 2, 18, 31. § 500 a. F. besagte dies noch ausdrücklich. Zu den Problemen der Neuformulierung in § 506 II *Peters* WM 2011, 865 ff. – Die Anwendung einzelner darlehensrechtlicher Vorschriften präjudiziert freilich nicht die rechtliche Qualifikation insgesamt, zutr. MüKoBGB/*Koch* Finanzierungsleasing Rn. 29.

[22] *Martinek,* Moderne Vertragstypen I: Leasing und Factoring, 1991, 143; *Larenz/Canaris* SchuldR BT II § 66 I 1c.

[23] *Fikentscher/Heinemann* Rn. 1070 f.; dagegen zutreffend *Larenz/Canaris* SchuldR BT II § 66 II 3; MüKoBGB/*Koch* Finanzierungsleasing Rn. 29.

[24] *Kurstedt,* Finanzleasing beweglicher Güter, Diss. Hamburg, 1980, 93 ff.: Mietkauf, sofern die Parteien letztlich eine Übertragung des Eigentums vereinbaren. Dagegen weist nach anderer Ansicht das Finanzierungsleasing Parallelen zu Geschäftsbesorgung und Darlehen auf, s. *Canaris* ZIP 1993, 401 (405); *Larenz/Canaris* SchuldR BT II § 66 II; *Oetker/Maultzsch* § 16 Rn. 56 ff. (Kreditierung der Aufwendungen für die Anschaffung des Leasingguts; Amortisationsanspruch als Aufwendungsersatzanspruch gemäß §§ 675 I, 670). Gegen die Einordnung als (teilweise) Geschäftsbesorgung spricht, dass der Leasinggeber nur ein eigenes Geschäft führt, vgl. *Reinicke/Tiedtke* Rn. 1677, 1678, 1681. Für die Einordnung als gemischttypischen Vertrag aus Miet- und Kreditvertrag BeckOK BGB/*Möller* § 506 Rn. 15.

[25] MüKoBGB/*Koch* Finanzierungsleasing Rn. 32; *Martinek,* Moderne Vertragstypen I: Leasing und Factoring, 1991, 86 ff.; *Oechsler* Rn. 717.

[26] *Emmerich* JuS 1990, 1 (4); BT-Drs. 14/6040, 203.

[27] BeckOK BGB/*Zehelein* § 535 Rn. 68, 87. Wer dagegen die eigenständige oder gemischte Rechtsnatur des Vertrags betont, gelangt zur Zahlungspflicht des Leasingnehmers aus dem Vertrag, §§ 241 I, 311 I.

2. Wirksamkeit des Vertrages

Der Vertrag zwischen *L* und der *A*-GmbH ist wirksam zustande gekommen; selbst wenn einzelne AGB der *L* unwirksam wären, berührte dies die Wirksamkeit des Vertrags nicht, § 306 I.

3. Minderung analog § 536 I 1

Folgt man der mietrechtlichen Konzeption der überwiegenden Ansicht, könnte die *A*-GmbH von ihrer Ratenzahlungspflicht von vornherein analog § 536 I 1 befreit gewesen sein. Die mietrechtliche Minderung tritt ohne weitere Gestaltungserklärung *ipso iure* ein und führt bei vollständiger Beseitigung der Gebrauchsfähigkeit zu einer umfassenden Befreiung von der Pflicht zur Mietzinszahlung.[28] Aufgrund des Mangels der Anlage wäre die *A*-GmbH also umfassend von ihrer Ratenzahlungspflicht befreit.

L könnte jedoch die mietvertragliche Haftung in ihren AGB wirksam abbedungen haben. Das von ihr verwendete Vertragsformular stellt AGB i. S. d. § 305 I dar. Es sieht einen Ausschluss der Gewährleistung der *L* für Sachmängel sowie die Abtretung der Gewährleistungsansprüche vor, die *L* gegenüber *C* hat. Nach den Bestimmungen des BGB ist ein Gewährleistungsausschluss sowohl bei der Miete (§ 536d) als auch beim Kauf (§ 444) zulässig. Im vorliegenden Zusammenhang kommt es also nicht darauf an, ob der Vertrag mehr zur Miete oder mehr zum Kauf tendiert, weil beide Vertragstypen entsprechende Regelungen kennen. Auch wenn man die gemischte Vertragsstruktur betont, ist ein Haftungsausschluss für die verschuldensunabhängige Gewährleistung schon im Hinblick auf den allgemeinen Grundsatz des § 276 III (unwirksam ist nur der Ausschluss der Haftung für Vorsatz) nicht unzulässig. Enger sind die Grenzen des Haftungsausschlusses in AGB. Eine überraschende Klausel i. S. v. § 305c I ist nicht anzunehmen, weil die mietvertragliche Gewährleistung in Leasingverträgen geradezu typischerweise abbedungen wird.[29] Die Bestimmung des § 309 Nr. 8b aa verbietet den Ausschluss der Gewährleistung unter Verweisung auf Dritte. Indessen fehlt es beim Leasing als einem Gebrauchsüberlassungsvertrag an einer Lieferung oder Werkleistung im Sinne der Vorschrift.[30] Ein Verstoß gegen § 309 Nr. 7a, b liegt ebenfalls nicht vor, weil *L* für die dort genannten Fälle ihre Haftung nicht abbedungen hat.[31] Hingegen ist die Generalklausel des § 307 auch im kaufmännischen Verkehr – die *A*-GmbH ist nach § 13 III GmbHG, § 6 I HGB Kaufmann, und der Vertrag gehört zum Betrieb ihres Handelsgewerbes – anzuwenden, vgl. § 310 I 2. Nach § 307 I 1 sind Regelungen in AGB unwirksam, wenn sie den Vertragspartner entgegen Treu und Glauben unangemessen benachteiligen. Eine unangemessene Benachteiligung wird im Zweifel angenommen, wenn eine Bestimmung der AGB „mit wesentlichen Grundgedanken der gesetzlichen Regelung, von der abgewichen wird, nicht zu vereinbaren ist" (§ 307 II Nr. 1). Würde man sie bejahen, wäre der Ausschluss unwirksam, und die Haftung der *L* für Mängel würde sich nach §§ 536, 536a (bzw. § 437) beurteilen.

Auf die vertragliche Inhaltskontrolle kann sich die *A*-GmbH freilich nur dann berufen, wenn man das Leasinggeschäft einem Vertragstyp des BGB zuordnet. Denn nur unter dieser Voraussetzung kann eine unangemessene Abweichung von einem „gesetzlichen Leitbild" vorliegen, § 307 II Nr. 1. Die Diskussion im Schrifttum

---

[28] Vgl. Palandt/*Weidenkaff* § 536 Rn. 1, 33; *Ott* JA 2000, 655 (658).
[29] MüKoBGB/*Koch* Finanzierungsleasing Rn. 101.
[30] *Arnold* DStR 2002, 1049 m. w. N.; MüKoBGB/*Koch* Finanzierungsleasing Rn. 103.
[31] Vgl. *Arnold* DStR 2002, 1050.

zeigt, dass die Frage der Leitbildfunktion nicht nach einer mehr oder weniger einseitigen und schematischen Zuordnung zu einem der klassischen Vertragstypen des BGB beantwortet werden kann. Es wäre verfehlt, die AGB der Leasingunternehmen daran zu messen, ob sie den Grundgedanken und Wertungen des BGB z. B. in Bezug auf die Miete entsprechen. Auch nach der Judikatur des BGH ist der Ausschluss der mietrechtlichen Sachmängelhaftung nicht *per se* unwirksam. Obwohl Finanzierungsleasingverträge nach ständiger Rechtsprechung „in erster Linie nach Mietrecht zu beurteilen sind“, kann sich der Leasinggeber von der Haftung gemäß §§ 536, 536a in AGB freizeichnen, wenn er dem Leasingnehmer zugleich seine kaufrechtlichen Gewährleistungsansprüche gegen den Lieferanten endgültig, vorbehaltlos und unbedingt abtritt.[32] Auf diese Weise ersetzt die kaufrechtliche Gewährleistung die mietrechtliche, so dass der Ausschluss hinreichend kompensiert ist.[33] Diese Voraussetzungen sind hier erfüllt. Damit hat *L* die Haftung für Sachmängel rechtswirksam ausgeschlossen. Die Pflicht der *A*-GmbH zur Ratenzahlung ist folglich nicht *ipso iure* kraft Minderung analog § 536 I 1 entfallen.

4. Kündigung analog § 543 I 1

In der Erklärung der *A*-GmbH gegenüber *L*, keine Raten mehr zahlen zu wollen, könnte eine Kündigungserklärung zu sehen sein. Sie ist nur dann wirksam, wenn ein Kündigungsgrund besteht. Da es sich bei § 543 I 1 um eine außerordentliche Kündigung handelt, muss ein wichtiger Grund vorliegen. Ein solcher ist insbesondere dann anzunehmen, wenn dem Mieter (Leasingnehmer) der vertragsgemäße Gebrauch der Mietsache nicht rechtzeitig gewährt wird (§ 543 II 1 Nr. 1). Mit der Überlassung einer von Anfang an mangelhaften Mietsache verletzt der Vermieter seine Pflicht gemäß § 535 I 2. Aufgrund des Sachmangels bestand also ein wichtiger Grund.[34] Jedoch kann auch das außerordentliche Kündigungsrecht des Mieters bei Vorliegen eines wichtigen Grundes nach § 543 II 1 Nr. 1 wirksam nach § 536d ausgeschlossen werden, vgl. § 543 IV 1. Dies ist hier durch den umfassenden Ausschluss der Gewährleistung für Sachmängel geschehen (oben II 3); denn wenigstens insofern die außerordentliche Kündigung auf einen Sachmangel gestützt wird, erfasst der Gewährleistungsausschluss des Leasinggebers auch das Kündigungsrecht.[35] Die *A*-GmbH hat kein außerordentliches Kündigungsrecht analog § 543 I.

5. Kündigung nach § 314 I 1

Das außerordentliche, auf einen wichtigen Grund gestützte Kündigungsrecht gemäß § 543 ist bereits ausweislich seiner Entstehungsgeschichte *lex specialis* zu § 314 I,[36] der daher hier nicht anwendbar bzw. ebenfalls ausgeschlossen ist.[37]

---

32 BGHZ 68, 118 (123 f.); 81, 298 (302 f.); 94, 180 (187); BGH NJW 1987, 1072; NJW-RR 2003, 51; NJW 2006, 1066 (1067 f.); Palandt/*Weidenkaff* Einf. v. § 535 Rn. 53. Indem die Rechtsprechung die Abtretung in eine bloße Einziehungsermächtigung umdeutet (oben I 1), entwertet sie selbst diese Kompensation jedoch erheblich. – Für die Annahme selbstständiger Gewährleistungsrechte des Leasingnehmers gegen den Leasinggeber aber *Stagl* ZIP 2009, 846.

33 *Martinek*, Moderne Vertragstypen I: Leasing und Factoring, 1991, 146; *Reinicke/Tiedtke* Rn. 1694; *Ott* JA 2000, 655 (659 f.).

34 S. auch Palandt/*Weidenkaff* § 543 Rn. 18.

35 OLG München BeckRS 2007, 01077; BeckOK BGB/*Zehelein* § 535 Rn. 92; a. A. offenbar Jauernig/*Teichmann* Vor § 535 Rn. 7.

36 Vgl. *Hau*, in: Ehmann/Sutschet, 268 f. mit Fn. 9; s. auch MüKoBGB/*Gaier* § 314 Rn. 9.

37 Vgl. Palandt/*Grüneberg* § 314 Rn. 4.

6. Kündigung bzw. Rücktritt gemäß § 313 III (Wegfall der Geschäftsgrundlage)

a) Die *A*-GmbH könnte den Leasingvertrag möglicherweise wegen Wegfalls der Geschäftsgrundlage kündigen, § 313 I. Ist eine Anpassung des Vertrags nicht möglich, so hat der benachteiligte Teil ein (*ex tunc* wirkendes) Rücktrittsrecht (§ 313 III 1). Bei Dauerschuldverhältnissen, wie es der Leasingvertrag ist,[38] tritt nach der gesetzlichen Konzeption an die Stelle des Rücktritts die *ex nunc* wirkende Kündigung (§ 313 III 2). Allerdings soll hiervon in zweifelhafter Weise dann eine Ausnahme gemacht werden und auch bei Dauerschuldverhältnissen ein Rücktritt möglich sein, wenn die Interessenlage der Parteien dafür spricht, bereits erbrachte Leistungen rückgängig zu machen.[39]

Nach Rechtsprechung und h. L. erlangt der Leasingnehmer, wenn der Rücktritt vom Kaufvertrag mit dem Lieferanten erklärt ist und dieser ihn akzeptiert hat, Befreiung von seinen Verbindlichkeiten aus dem Leasingvertrag, weil durch den Rücktritt die Grundlage des Leasingvertrags als rückwirkend entfallen erachtet wird.[40] Aufgrund dieser Annahme erlischt nicht nur die Verpflichtung des Leasingnehmers, die künftigen Raten zu zahlen, sondern er erhält auch ein Rückforderungsrecht hinsichtlich der bereits gezahlten Raten.[41]

b) Unabhängig davon, ob man hier ein Kündigungs- oder Rücktrittsrecht gewähren kann, ist fraglich, ob die Grundsätze über den Wegfall der Geschäftsgrundlage überhaupt Anwendung finden können. Die Geschäftsgrundlagenlösung ist zu Recht auf starke Kritik gestoßen.[42] Gegen sie spricht nicht nur die Systematik des § 313 III (soeben a), sondern vor allem, dass die Gewährleistungsfrage deshalb nicht Geschäftsgrundlage sein kann, weil sie, wie der zwischen Leasinggeber und -nehmer vereinbarte Gewährleistungsausschluss zeigt, bereits *Inhalt* des Leasingvertrags ist.[43] Den Leasinggeber trifft vertraglich gerade nicht die Pflicht, für die Mangelfreiheit der Sache zu sorgen, ihm kann daher auch nicht über die Grundsätze des Wegfalls der Geschäftsgrundlage dieses Risiko zugewiesen werden. Zudem ist die Gegenauf-

---

[38] MüKoBGB/*Gaier* § 314 Rn. 6; Staudinger/*Stoffels,* 2018, Leasing Rn. 245.

[39] Vgl. BT-Drs. 14/6040, 177, 257, wo der Leasingvertrag ausdrücklich als ein Fall des § 314 behandelt wird; MüKoBGB/*Gaier* § 314 Rn. 3. Nach *Loyal* NJW 2013, 417 (421) ist § 313 III aufgrund verfehlter Dogmenbildung und eines Irrtums des Gesetzgebers zu starr geraten. Der Zweck des Rechtsinstituts gebiete es, eine Vertragsaufhebung ab dem Zeitpunkt zu ermöglichen, ab dem die Pflichten unzumutbar geworden seien.

[40] BGHZ 68, 118 (126); 81, 298 (307); 109, 139; 114, 57 (61); BGH BB 1997, 2023 (2024); NJW 2010, 2798 (2800); OLG Karlsruhe ZGS 2007, 277 (279); OLG Düsseldorf ZMR 2009, 24; OLG Frankfurt MDR 2009, 497; zust. etwa MüKoBGB/*Habersack* § 359 Rn. 12; MüKoBGB/*Koch* Finanzierungsleasing Rn. 110 f.; *Reinicke/Tiedtke* Rn. 1702; Palandt/*Weidenkaff* Einf. v. § 535 Rn. 58; MüKoBGB/*Gaier* Vor § 346 Rn. 33; *Looschelders* SchuldR BT Rn. 516; *v. Westphalen,* in: v. Westphalen, Der Leasingvertrag, 7. Aufl. 2015, Kap. I Rn. 183 ff., 196; *Reiner/Kinne* WM 2002, 2314 (2322): wenn kein Verbraucher-Leasingvertrag vorliegt.

[41] Akzeptiert der Lieferant den Rücktritt vom Kaufvertrag, darf der Leasingnehmer die Ratenzahlung einstellen. Akzeptiert er ihn nicht, so kann der Leasingnehmer die Zahlungen dann erst vorläufig, d. h. bis zur gerichtlichen Klärung seines Rücktrittsrechts, einstellen, wenn er aus dem erklärten Rücktritt klagweise gegen den Lieferanten vorgeht; vgl. BGH NJW 2010, 2798 (2800). Nach a. A. genügt zur vorläufigen Zahlungseinstellung nach § 320 bereits der Zugang der Rücktrittserklärung beim Lieferanten, s. *v. Westphalen* ZIP 2001, 2258 (2261); dazu unten 8.

[42] *Lieb* JZ 1982, 561; *Canaris* AcP 190 (1990), 410 (417); Staudinger/*Stoffels,* 2018, Leasing Rn. 249 ff.; *Arnold* DStR 2002, 1049 (1053); *Grunewald* JuS 2010, 93 (97); *Sittmann-Harry* JZ 2014, 798 (800); MüKoBGB/*Finkenauer* § 313 Rn. 264.

[43] *Larenz/Canaris* SchuldR BT II § 66 IV 2d.

fassung nicht mit der gesetzlichen Konzeption der §§ 506 I, 358 f. vereinbar. Zwar gelten diese Bestimmungen nur für das Verbraucher-Finanzierungsleasing.[44] Gedanklich sind sie jedoch heranzuziehen, um Wertungswidersprüche zum Unternehmer-Leasingvertrag zu vermeiden; denn der Unternehmer sollte jedenfalls nicht besser stehen als der Verbraucher:

§ 359 I 1 ermöglicht den sog. *Einwendungsdurchgriff* des Verbrauchers.[45] Er bewirkt, dass der Verbraucher die Zahlung der Darlehensraten gegenüber dem Darlehensgeber verweigern kann, soweit Einwendungen aus dem „verbundenen" Kaufvertrag etwa wegen eines Sachmangels ihn gegenüber dem Händler zur Verweigerung der Leistung berechtigen würden. Damit wird der Verbraucher so gestellt, als hätte er den finanzierten Teilzahlungskauf nur mit einer Vertragspartei abgeschlossen; die Aufspaltung auf zwei Vertragsparteien soll für ihn nicht zum Nachteil werden: Würde in einem bloßen Zweipersonenverhältnis (Teilzahlungskauf) der Kaufvertrag aufgrund eines Rücktritts rückabgewickelt, könnte der Händler Ratenzahlung nicht mehr verlangen. § 359 gewährt damit ein Leistungsverweigerungsrecht, eine Einrede.[46]

Die in § 506 I bestimmte entsprechende Anwendung des § 359 auf den Verbraucher-Finanzierungsleasingvertrag (Rechtsgrundverweisung) bereitet deshalb Schwierigkeiten, weil der Verbraucher von vornherein nur einen Vertrag, nämlich mit dem Leasinggeber, abschließt. Jedoch entsteht über die leasingtypische Abtretungskonstruktion (dazu oben I 1, II 3) ebenfalls ein für die Anwendung des § 359 genügendes Dreipersonenverhältnis.[47] Der Leasingnehmer wird zur Geltendmachung seiner Rechte an den Verkäufer verwiesen. Voraussetzung für den Einwendungsdurchgriff des Verbrauchers gegenüber dem Leasinggeber ist aber, dass beide Verträge – Leasing- und Kaufvertrag – nach § 358 III 1 eine wirtschaftliche Einheit bilden, „verbunden" sind.[48] Das Kriterium hierfür, insbesondere dass sich der Leasinggeber des Unternehmers (Verkäufers) bei Vorbereitung oder Abschluss des Leasingvertrags bedient (§ 358 III 2), liegt bei absatzförderndem oder lieferantennahem Leasing und beim sog. Eintrittsmodell vor, bei reinem Finanzierungsleasing, wie es *L* und die *A*-GmbH vereinbart haben, jedoch nicht.[49]

---

44 Umstritten ist, ob der Verweis in § 506 I auf § 359 auch für das Finanzierungsleasing gilt. Die gesetzliche Anordnung nehmen ernst: Soergel/*Pfeiffer* § 359 Rn. 13; Palandt/*Weidenkaff* § 506 Rn. 3; BeckOK BGB/*Möller* § 506 Rn. 14, 17; Jauernig/*Berger* § 506 Rn. 7; *Bartels* ZGS 2009, 544 (545); *Oxe*, Der Leasingnehmer als Verbraucher, 2010, 86; Staudinger/*Herresthal*, 2016, § 358 Rn. 66, 234, 238 ff., 241 ff.; *Finkenauer/Brand* JZ 2013, 273 (276); a. A. BGH NJW 2014, 1519; MüKoBGB/*Habersack* § 359 Rn. 10 ff. („unreflektiert erfolgte Übernahme des früheren § 3 II Nr. 1 VerbrKrG"); *Omlor* NJW 2010, 2694 (2696, 2699 f.).

45 Dazu und zum Folgenden *Finkenauer/Brand* JZ 2013, 273 (276 ff.).

46 Palandt/*Grüneberg* § 359 Rn. 4.

47 Vgl. *Arnold* DStR 2002, 1049 (1054 f.); *Bartels* ZGS 2009, 544 (545); *Finkenauer/Brand* JZ 2013, 273 (276); *Looschelders* SchuldR BT Rn. 515; ebenso wenigstens für das Eintrittsmodell (dazu Fn. 49) BeckOK BGB/*Möller* § 506 Rn. 17; BeckOGK BGB/*Rosenkranz* § 358 Rn. 111; Staudinger/*Herresthal*, 2016, § 358 Rn. 238 f.; *Canaris* ZIP 1993, 401 (407 f.); *Harriehausen* NJW 2014, 1519 (1520); für Hersteller- und Händlerleasing *Oetker/Maultzsch* § 16 Rn. 72; abl. dagegen (allg. und sogar für den Fall des Eintrittsmodells) BGH NJW 2014, 1519 (1520); *Bülow/Artz*, Verbraucherkreditrecht, 9. Aufl. 2016, § 506 Rn. 90; MüKoBGB/*Habersack* § 359 Rn. 11 ff.; *Tiedtke/Möllmann* DB 2004, 583 (585 f.).

48 Dazu *Bülow/Artz*, Verbraucherkreditrecht, 9. Aufl. 2016, § 506 Rn. 90; Palandt/*Grüneberg* § 358 Rn. 11 f.

49 Zu den Begriffen *Larenz/Canaris* SchuldR BT II § 66 I 3. Beim absatzfördernden oder lieferantennahen Finanzierungsleasing bedient sich der Leasinggeber des Händlers für den Vertragsabschluss (vor allem beim Kfz-Leasing). Beim Eintrittsmodell tritt der Leasinggeber

c) Wendet man mit der h. M. die Grundsätze über den Wegfall der Geschäftsgrundlage auf alle Leasingfälle an, koppelt man das Schicksal des Leasingvertrags stets an dasjenige des Kaufvertrags, und zwar auch dann, wenn, wie hier, das von § 358 geforderte „verbundene" Geschäft nicht besteht. Liegt ein „verbundenes" Geschäft nicht vor, verbietet es sich aber, die beiden Verträge in ihrem Schicksal stärker zu verbinden, als es §§ 506 I, 359 I 1 vorsehen: § 359 gewährt, wie gezeigt, nur eine Einrede, während die Geschäftsgrundlagenlösung zum Erlöschen der Forderung führt. Räumt man dem Leasingnehmer bei Mangelhaftigkeit der geleasten Sache über § 313 III eine zum Erlöschen des Anspruchs führende Kündigungsmöglichkeit ein, ist die Einrede gemäß § 359 I 1 für ihn nutzlos. Der Weg über § 359 ist jedoch, wie § 506 I zeigt, der speziellere und hat daher Vorrang vor den allgemeinen Vorschriften.[50] Bezogen auf das Verhältnis zwischen *L* und der *A*-GmbH kann man nicht einwenden, dass § 359 nur für einen Verbraucher-Leasingvertrag gilt, der hier nicht vorliegt. Denn es wäre nicht sachgerecht, Verbraucher weniger zu schützen als Unternehmer: Sonst behielte der Vertragspartner (Leasinggeber) eines Verbrauchers in Folge des § 359 I 1 die (einredebehaftete) Forderung, wohingegen die Forderung des Vertragspartners (Leasinggebers) eines Unternehmers unterginge. Daraus folgt, dass auch beim Leasing zwischen Unternehmern nicht von einem Untergang der Forderung des Leasinggebers ausgegangen werden darf. Eine Kündigung bzw. ein Rücktritt nach den Grundsätzen über den Wegfall der Geschäftsgrundlage muss daher aus Gründen der Stimmigkeit der Ergebnisse ausscheiden.[51]

d) Im Ergebnis widerspricht die Grundlagenlösung – unabhängig davon, ob man dem Leasinggeber ein Rücktritts- oder Kündigungsrecht gewährt – der Wertung der §§ 506 I, 359. Sie ist daher abzulehnen.

7. Befreiung von der Gegenleistungspflicht nach § 326

Nach teilweise vertretener Ansicht sind bei Mangelhaftigkeit der Leasingsache nicht die Grundsätze des Wegfalls der Geschäftsgrundlage anwendbar, sondern unmittelbar das allgemeine Leistungsstörungsrecht, § 326.[52] Nach § 326 I 1 entfällt die Gegenleistungspflicht *ipso iure,* wenn Unmöglichkeit der Leistung nach § 275 I eingetreten ist. Durch den Vollzug des Rücktritts ist es *L* nicht mehr möglich, der *A*-GmbH den Gebrauch der Sache zu überlassen. Die *A*-GmbH als Gläubigerin dürfte die Unmöglichkeit aber nicht zu vertreten haben, § 326 II 1. Das war hier jedoch der Fall: Sie hat den Rücktritt erklärt, durch den ihr der Gebrauch der Anlage entzogen wird.[53] Selbst wenn man annähme, *L* habe den Rücktritt zu verantworten,

---

anders als hier erst nachträglich in den Kaufvertrag zwischen dem Lieferanten und Leasingnehmer ein.

50 A. A. Staudinger/*Stoffels,* 2018, Leasing Rn. 272; richtig dagegen *Lieb* WM 1991, 1533 (1539); Staudinger/*Herresthal,* 2016, § 358 Rn. 243.

51 Ebenfalls für die Anwendung der Lehre vom Einwendungsdurchgriff statt des Wegfalls der Geschäftsgrundlage auf das Finanzierungsleasing *Medicus/Petersen* BürgerlR Rn. 776e f.; Jauernig/*Teichmann* Vor § 535 Rn. 8; Staudinger/*Herresthal,* 2016, § 358 Rn. 245; Staudinger/*Stoffels,* 2018, Leasing Rn. 265; *Larenz/Canaris* SchuldR BT II § 66 IV 3c, e; *Woitkowitsch,* in: v. Westphalen, Der Leasingvertrag, 7. Aufl. 2015, Kap. L Rn. 392; *Bartels* ZGS 2009, 544 (547). *Reiner/Kinne* WM 2002, 2314 (2322), sprechen sich für die Anwendung der §§ 506 I, 359 auf Verbraucher-Leasingverträge aus, befürworten aber für die übrigen Leasingverträge weiterhin die Geschäftsgrundlagenlösung.

52 *Emmerich* JuS 1990, 1 (7).

53 A. A. BeckOK BGB/*Ehlert* § 535 Rn. 72; *v. Westphalen,* in: v. Westphalen, Der Leasingvertrag, 7. Aufl. 2015, Kap. H Rn. 155.

würde man über § 326 stets auch die speziellere Regelung der §§ 506 I, 359 I 1 aushebeln; dies verbietet sich aber (soeben 6). Schließlich wird das allgemeine Leistungsstörungsrecht nach Gefahrübergang von den speziellen mietrechtlichen Regelungen, die hier hinsichtlich der Gebrauchsüberlassung Anwendung finden (oben II 1 a. E.), verdrängt. Die Zahlungspflicht ist daher nicht nach § 326 I 1 erloschen.

8. Einrede des nichterfüllten Vertrages, § 320

Fraglich ist, ob die *A*-GmbH der *L* die Einrede des nicht erfüllten Vertrags, § 320, entgegenhalten kann. Die Überlassung der Mietsache in mangelfreiem Zustand ist Hauptpflicht des Vermieters, weshalb der Mieter ein Zurückbehaltungsrecht am Mietzins nach § 320 hat, solange der Vermieter diese Pflicht nicht erfüllt und der Mieter selbst am Vertrag festhält.[54] Übertragen auf den Leasingvertrag bedeutet dies, dass dem Leasingnehmer das Leistungsverweigerungsrecht so lange zusteht, wie ihm der Leasinggeber die geleaste Sache noch nicht überlassen hat; denn die Gebrauchsüberlassung schuldet er wie ein Vermieter.[55] Mit der Überlassung jedoch erfüllt der Leasinggeber seine Pflichten; denn entsprechend der leasingtypischen Risikoverteilung zeichnet sich der Leasinggeber gerade von seiner Gewährleistungspflicht frei und wälzt die Gefahrtragung auf den Leasingnehmer ab (dazu oben II 1, 3). Zwar ist gemäß § 433 I 2 die Mangelfreiheit Erfüllungspflicht des Verkäufers; dies führt jedoch nicht dazu, eine solche Pflicht auch für den Leasinggeber anzunehmen. § 433 I 2 betrifft lediglich das Verhältnis zwischen dem Lieferanten und Leasinggeber und – über die Abtretungskonstruktion – dasjenige zwischen dem Lieferanten und Leasingnehmer, nicht aber das Verhältnis zwischen dem Leasingnehmer und -geber. Schließlich zeigen §§ 506 I, 359 I 3, dass der Verbraucher bei einem Sachmangel erst nach Fehlschlagen der Nacherfüllung die Leistung verweigern kann.[56] Die Einrede aus § 320 scheidet daher aus.

9. Analoge Anwendung des Einwendungsdurchgriffs gemäß §§ 506 I, 359 I 1

Die *A*-GmbH könnte dem Zahlungsanspruch der *L* möglicherweise in entsprechender Anwendung der §§ 506 I, 359 I 1 eine Einrede entgegensetzen (Einwendungsdurchgriff). „Einwendung" i. S. d. § 359 I 1 meint alle Einreden im weiteren Sinne, die der Verbraucher hat und auf die er sich gegenüber dem Unternehmer (Verkäufer) beruft. Der Begriff umfasst nach allgemeiner Ansicht auch die vom Verbraucher ausgeübten Gestaltungsrechte, also auch das von der *A*-GmbH ausgeübte Rücktrittsrecht.[57] Wie unter 6 ausgeführt, ist der Einwendungsdurchgriff das vom Gesetz für (absatzfördernde) Verbraucher-Leasingverträge vorgesehene Mittel für den Leasingnehmer, die Einwendungen aus dem Verhältnis zum Verkäufer gegenüber dem Leasinggeber geltend zu machen. Da das Gesetz aber weder das reine Finanzierungsleasing noch Leasing durch Unternehmer regelt, verbleibt insoweit eine Lücke. Die Interessenlage müsste zudem für eine Analogie bei (reinen) Unternehmer-Leasingverträgen mit derjenigen des § 359 I 1 vergleichbar sein. Der Einwendungsdurchgriff ist in Tatbestand und Rechtsfolge spezieller als die weiterreichenden Kündigungs-

---

[54] BGHZ 84, 42 (46) (für die Pacht); Palandt/*Weidenkaff* § 535 Rn. 48, § 536 Rn. 6.

[55] BGH NJW 1991, 2135 (2136): Einrede nach § 320 bei nur teilweiser Erfüllung durch den Leasinggeber; *v. Westphalen,* in: v. Westphalen, Der Leasingvertrag, 7. Aufl. 2015, Kap. G Rn. 25.

[56] Wie hier Palandt/*Weidenkaff* Einf. v. § 535 Rn. 58; *Oetker/Maultzsch* § 16 Rn. 65; *Gebler/Müller* ZBB 2002, 107 (114); *Reiner/Kinne* WM 2002, 2314 (2322); *Arnold* DStR 2002, 1049 (1052); abw. *v. Westphalen* ZIP 2002, 2258.

[57] *Füller* ZBB 2001, 157 (162 f.); Palandt/*Grüneberg* § 359 Rn. 3.

möglichkeiten in §§ 543, 313 III, die letztlich auf der Geschäftsgrundlagenlehre beruhen. Da jedoch sowohl die Grundsätze über den Wegfall der Geschäftsgrundlage als auch der Einwendungsdurchgriff (in unterschiedlichen Zusammenhängen) aus § 242 entwickelt worden sind,[58] ist es sachgerecht, diese für Verbraucher geltende Regelung analog auf Unternehmer-Leasingverträge anzuwenden.[59]

Problematisch ist allerdings, dass §§ 506 I, 359 gemäß § 358 III ein verbundenes Geschäft voraussetzen. Dieses liegt bei absatzförderndem oder lieferantennahem Finanzierungsleasing sicher vor, nicht aber bei reinem Finanzierungsleasing, bei dem der Leasinggeber vor Abschluss von Kauf- und Leasingvertrag mit dem Lieferanten keinerlei Kontakt hatte. Gleichwohl hat man den Einwendungsdurchgriff auch beim reinen Finanzierungsleasing anzuwenden,[60] weil er die Kehrseite der Abtretungskonstruktion ist: Nur wenn dem Leasingnehmer die Abtretung der Gewährleistungsrechte gegen den Lieferanten im Ergebnis nützt, ist der Ausschluss der mietrechtlichen Gewährleistung keine unangemessene Benachteiligung (oben II 3). Da aber nach h. M. die Ausübung des Rücktrittsrechts nur dazu führt, dass der Leasingnehmer Rückzahlung des Kaufpreises an den Leasinggeber verlangen kann (oben I 1), liefe es auf eine ungerechtfertigte Privilegierung des Leasinggebers hinaus, gewährte man diesem neben dem Kaufpreis einredefrei auch den Anspruch auf die künftigen Raten. Der gegenüber *C* erklärte Rücktritt verschafft damit der *A*-GmbH eine „Einwendung“ i. S. d. § 359 I 1 und so ein Leistungsverweigerungsrecht gegenüber *L*. *L* kann daher weitere Ratenzahlung nicht verlangen.

III. Ansprüche der A-GmbH gegen L auf Rückzahlung der bereits geleisteten Raten

1. §§ 313 III 1, 346 I (Wegfall der Geschäftsgrundlage)

Der *A*-GmbH könnte womöglich aufgrund der §§ 313 III 1, 346 I das Recht zustehen, die bereits gezahlten Raten von der *L* nach Erklärung des Rücktritts vom Leasingvertrag zurückzufordern. Nach der von der h. M. vertretenen Geschäftsgrundlagenlösung entfällt mit dem Rücktritt rückwirkend die Geschäftsgrundlage des Leasingvertrags (oben II 6a). Damit hätte die *A*-GmbH einen Rückforderungsanspruch, der sich aus §§ 346 ff. ergibt.[61] Dazu müsste man § 313 III 2 teleologisch reduzieren. Sieht man dagegen § 313 III 2 als abschließende Regelung an, gelangt man zu einer bloßen Kündigungsmöglichkeit, die *ex nunc* wirkt, also die bereits gezahlten Raten nicht erfasst.[62] Denn es handelt sich bei einem Leasingvertrag um ein Dauerschuldverhältnis,[63] für welches das Gesetz eine Rücktrittsmöglichkeit nicht vorsieht. Die folglich für eine Anwendung der §§ 346 ff. erforderliche teleologische

---

[58] Richtig Staudinger/*Stoffels,* 2018, Leasing Rn. 271; zum Einwendungsdurchgriff *Karollus,* JuS 1993, 820 (821); *Finkenauer/Brand* JZ 2013, 273 (276 ff.); zur Geschäftsgrundlage MüKoBGB/*Finkenauer* § 313 Rn. 23 f.

[59] So auch *Larenz/Canaris* SchuldR BT II § 66 IV 3e; Staudinger/*Herresthal,* 2016, § 358 Rn. 245; *Finkenauer/Brand* JZ 2013, 273 (277 f.), Staudinger/*Stoffels,* 2018, Leasing Rn. 271; a. A. MüKoBGB/*Habersack* § 359 Rn. 12.

[60] MüKoBGB/*Finkenauer* § 313 Rn. 264; a. A. *Canaris* ZIP 1993, 401 (409); *Larenz/Canaris* SchuldR BT II § 66 IV 3c, der den Einwendungsdurchgriff nur beim absatzfördernden Leasing gestattet, und BeckOK BGB/*Möller,* § 506 Rn. 17, die ihn auf das Eintrittsmodell (Fn. 49) beschränkt.

[61] OLG Frankfurt MDR 2009, 497; MüKoBGB/*Koch* Finanzierungsleasing Rn. 112; MüKoBGB/*Gaier* Vor § 346 Rn. 33.

[62] So etwa im Ergebnis Staudinger/*Stoffels,* 2018, Leasing Rn. 247, 251, 270.

[63] Vgl. oben Fn. 38.

Reduktion des § 313 III 2 kann angesichts der prinzipiellen Schwäche der Grundlagenlösung (oben II 6b, c) methodisch nicht überzeugen.

2. §§ 506, 358 IV 1, 355 III 1

Der *A*-GmbH könnte ein Rückforderungsrecht nach §§ 506, 358 IV 1, 355 III 1 zustehen. Dies könnte man annehmen, weil hier bereits ein Einwendungsdurchgriff entsprechend § 359 bejaht wurde. Dagegen spricht jedoch die folgende Überlegung: Die entsprechende Anwendung des § 359 ist für den Einwendungsdurchgriff sachgerecht, weil § 359 auch in seiner direkten Anwendung Einwendungen aller Art umfasst.[64] § 358 hingegen bezieht sich ausschließlich auf den Widerruf. Um einen Widerruf geht es in der Konstellation des Finanzierungsleasings aber nicht. Eine pauschale Analogie des § 358 IV 1 für die Rückerstattung von Zahlungen, die trotz einer Einwendung i. S. d. § 359 geleistet wurden, verbietet sich, da man die Rückabwicklung über §§ 812 I 1 (1), 813 I 1 methodisch sachgerecht und überzeugend bewerkstelligen kann.[65] Ist demzufolge § 358 IV 1 schon nicht im direkten Anwendungsbereich des § 359 einschlägig, so kann man auf ihn auch nicht überzeugend im Rahmen einer entsprechenden Anwendung des § 359 rekurrieren. Die Verweisung in § 506 auf die Vorschriften über die verbundenen Verträge bezweckt nämlich nicht, dem Leasingnehmer mehr Rechte einzuräumen als dem Verbraucher eines verbundenen Vertrags. Schließlich hat § 358 eine andere Grundkonstellation vor Augen: Sowohl der Darlehens- als auch der mit ihm verbundene Kaufvertrag wandeln sich infolge des Widerrufs eines der beiden Verträge in ein Rückabwicklungsschuldverhältnis. Dagegen schlägt der Rücktritt der *A*-GmbH gerade nicht auf den Leasingvertrag durch, so dass dieser fortbesteht. Hinzu kommt, dass § 346 nicht auf Dauerschuldverhältnisse zugeschnitten ist, wie sich eindeutig aus § 313 III 2 ergibt, der dafür die Kündigung vorsieht und gerade nicht den Rücktritt.

3. §§ 812 I 1 (1), 813 I 1 (condictio indebiti)

Die *A*-GmbH kann von *L* die gezahlten Raten möglicherweise gemäß § 812 I 1 (1) in entsprechender Anwendung des § 813 I 1 zurückverlangen. Dazu müsste dem Zahlungsanspruch der *L* dauerhaft eine Einrede entgegengestanden haben (peremptorische Einrede), und zwar *im Zeitpunkt der Leistung* der *A*-GmbH.[66] Zum Zeitpunkt der Zahlung hatte die *A*-GmbH den Rücktritt freilich noch nicht erklärt. Es hatte daher eine Einwendung, die sie der *L* entsprechend §§ 506 I, 359 hätte entgegensetzen können, noch nicht bestanden. Die Mängeleinrede vor Erklärung des Rücktritts hätte ebenso wie die Einrede aus §§ 320, 433 I 2 nur aufschiebende, dilatorische Wirkung; vor Erklärung des Rücktritts bestand daher keine peremptorische Einrede nach § 813 I 1. Es erscheint allerdings interessengerecht, § 813 I 1 bei Vorliegen von Sachmängeln entsprechend anzuwenden. Denn der Sachmangel war schon bei Gefahrübergang vorhanden (sonst lägen die Voraussetzungen des § 434 I 1 nicht vor), weshalb aus einer *ex-post*-Perspektive die Einwendung schon von Anfang an *begründet* war; dieser Fall ist daher mit dem in § 813 I 1 geregelten vergleichbar. Eine entsprechende Anwendung des § 813 I 1

---

64 Palandt/*Grüneberg* § 359 Rn. 3.
65 MüKoBGB/*Habersack* § 359 Rn. 55 m. w. N.; BeckOGK BGB/*Rosenkranz* § 359 Rn. 47; *Finkenauer/Brand* JZ 2013, 273 (278) m. w. N.
66 Vgl. *Reuter/Martinek* § 5 IV (173); *Wieling* BereicherungsR § 3 III 1b.

mit der Folge der Kondizierbarkeit der Raten nach § 812 I 1 (1) erscheint angebracht.[67]

Gegen die entsprechende Anwendung des § 813 I 1 könnte jedoch folgende Erwägung sprechen: Beim finanzierten Abzahlungskauf halten viele den in § 813 I 1 ermöglichten sog. *Rückforderungsdurchgriff* für nicht statthaft, weil es der Zweck des § 359 I 1 sei, den Nachteilen zu wehren, die sich für den Verbraucher aus der Aufspaltung des Geschäfts in zwei Verträge ergeben, und ihn gegenüber dem Darlehensgeber so zu stellen, als habe er mit nur einem Vertragspartner, dem Verkäufer, kontrahiert (vgl. oben II 6b). Der Darlehensnehmer habe aber das Risiko einer Insolvenz seines Vertragspartners, des Verkäufers, zu tragen; lasse man den Rückgriff gegenüber dem Darlehensgeber zu, werde das Risiko unzulässig auf diesen übergewälzt. § 813 I 1 müsse entsprechend teleologisch reduziert werden.[68] Diese Erwägung hat jedoch in Leasingfällen kein Gewicht.[69] Leasing unterscheidet sich bereits dadurch von anderen Finanzierungshilfen, dass der Verbraucher nur einen Vertrag abschließt, und zwar mit dem Leasinggeber. Wenn er sich also an den Leasinggeber wegen der Rückzahlung der Raten hält, so trägt dieser kein fremdes Insolvenzrisiko. Erhält der Leasinggeber den Kaufpreis deshalb nicht zurück, weil der Verkäufer unterdessen insolvent geworden ist,[70] geht das zwar zu seinen Lasten; das ist jedoch sachgerecht, weil der Verkäufer sein Vertragspartner ist.[71] Erhält der Leasinggeber aufgrund des Rücktritts den Kaufpreis aber zurück, wäre es ungerechtfertigt, wenn er zudem die erhaltenen Raten behalten dürfte; die Raten müssen an den Leasingnehmer zurückfließen.[72] Die von einem Teil der Lehre für den finanzierten Abzahlungskauf befürwortete teleologische Reduktion

---

[67] Vgl. *Finkenauer/Brand* JZ 2013, 273 (278 f.); *Emmerich,* in: Hadding/Hopt, Das neue Verbraucherkreditgesetz, 1991, 67 (82); *Michalski* Jura 1997, 169 (175); s. auch BGH MDR 1954, 286.

[68] So *Larenz/Canaris* SchuldR BT II § 68 I 5a; *Fuchs* AcP 199 (1999), 305 (334); *Füller* ZBB 2001, 157 (169); *Karollus* JuS 1993, 820 (821); *Dauner-Lieb* WM 1991, Beilage Nr. 6, 4 (22); OLG Stuttgart ZIP 2001, 692 (699); offen gelassen von BGH ZIP 2000, 1483 (1485). Vgl. aber BGH NJW 2003, 2821 (2823), wonach in anderem Zusammenhang ein Rückforderungsdurchgriff zugelassen wird, und zwar nach Maßgabe der für das finanzierte Vertragsverhältnis geltenden Regeln.

[69] *Finkenauer/Brand* JZ 2013, 273 (277 f.); a. A. *Canaris* AcP 190 (1990), 410 (427).

[70] Vgl. zur Abtretungskonstruktion oben I 1: Der Leasingnehmer erklärt den Rücktritt und verlangt Zahlung an den Leasinggeber.

[71] *Larenz/Canaris* SchuldR BT II § 66 IV 2d, wendet dagegen ein, dass der Leasinggeber als Financier mit dem Verkäufer regelmäßig nichts zu tun habe, er beim reinen (im Gegensatz zum absatzfördernden) Finanzierungsleasing sich diesen nicht einmal ausgesucht habe. Die Zuweisung des Insolvenzrisikos an den Leasinggeber bedeute, das Gerechtigkeitspostulat zu verletzen, dass Vorteil und Risiko bei derselben Person vereint sein müssten: Weil gerade unseriöse und bonitätsschwache Händler Waren oft zu besonders guten Konditionen anböten, habe der Leasingnehmer den Nutzen (der niedrige Kaufpreis wird den Leasingraten zugrunde gelegt); realisiere sich aufgrund der Insolvenz des Händlers jedoch das Risiko, müsse es der Leasinggeber tragen. Das übersieht, dass der Leasinggeber freiwillig in den Vertrag mit dem Händler eingetreten ist und aufgrund dieses Kaufs sein Geschäft mit dem Leasingnehmer machen wollte. Er hat also selbst den Nutzen aus dem Geschäft.

[72] Könnte der Leasinggeber im Verhältnis zum Leasingnehmer die gezahlten Raten behalten, müsste er sie freilich im Zuge der Rückabwicklung des Kaufvertrags als Nutzungen, die er aus der Kaufsache gezogen hat, an den Verkäufer herausgeben, § 346 I; hierzu *v. Westphalen,* in: v. Westphalen, Der Leasingvertrag, 7. Aufl. 2015, Kap. I Rn. 192 f. Dann aber erhielte der Verkäufer die mangelhafte Sache und die Leasingraten. Das erschiene jedoch ebenfalls unbillig angesichts des Umstands, dass die Kaufsache von Anfang an unbrauchbar war.

des § 813 I 1 ist daher beim Finanzierungsleasing kein Argument, das gegen die vorgeschlagene analoge Anwendung des § 813 I 1 auf die lediglich *begründete* Einrede nach § 359 spricht.[73] Die *A*-GmbH hat einen Rückzahlungsanspruch gegen *L* wegen der bereits gezahlten Raten aus § 812 I 1 (1) unter entsprechender Anwendung des § 813 I 1.

[73] A. A. *Canaris* ZIP 1993, 401 (411); *Larenz/Canaris* SchuldR BT II § 66 IV 3c, d.

Fall 6. Die eingestürzte Zimmerdecke

Bau- und Architektenvertrag – Sachmängelhaftung – Mangelfolgeschäden – AGB – Deliktsansprüche – Sekundärhaftung des Architekten – Gesamtschuld

Sachverhalt

X hatte den Architekten *A* mit der Errichtung eines Einfamilienhauses beauftragt. Neben der Bauplanung oblagen *A* auch die Bauleitung und die Bauaufsicht. Das von *A* verwendete Formular eines Architektenvertrags enthielt „Allgemeine Vertragsbestimmungen", in denen es u. a. heißt:

§ 9. Der Architekt haftet nur auf den Ersatz des unmittelbaren Schadens am Bauwerk.

§ 13. Die Ansprüche des Auftraggebers gegen den Architekten wegen nicht vertragsgemäßer Erfüllung sowie die Ansprüche auf Schadensersatz verjähren in zwei Jahren. Die Verjährung beginnt mit der Abnahme des Bauwerks.

Auf diese allgemeinen Vertragsbestimmungen hatte *A* besonders hingewiesen, *X* hatte sich mit ihnen einverstanden erklärt.

Mit der Bauausführung hatte *X* den Unternehmer *B* betraut; der zwischen ihnen in Textform geschlossene Vertrag enthält alle notwendigen Angaben und Belehrungen. Bei der Abnahme des Bauwerks waren *A*, *B* und *X* zugegen. *X* beanstandete Risse in der Wohnzimmerdecke. *A* und *B* erklärten jedoch übereinstimmend, es handele sich um gewöhnliche Setzrisse, wie sie bei jedem Neubau vorkämen. Zwei Jahre später fiel die Decke herab. Hierbei wurde *X* verletzt; am Mobiliar entstand erheblicher Sachschaden. Ein sogleich eingeholtes Sachverständigengutachten ergab, dass die Decke nur eine Druckfestigkeit von 50 kg/qcm statt, wie erforderlich, 225 kg/qcm aufgewiesen hatte. Der Mangel war auf ein Versehen des *B* zurückzuführen, der aus Zerstreutheit bei der Ausführung unrichtige Werte zugrunde gelegt hatte. *A* hatte diesen Fehler fahrlässig nicht bemerkt.

X verlangt Ersatz für das Einziehen einer neuen Decke und für die beschädigten Möbel, die Heilungskosten sowie Schmerzensgeld. Wie ist die Rechtslage?

Abwandlung:

A stellt bei einer zufälligen Durchsicht seiner Unterlagen vier Jahre nach Fertigstellung des Wohnhauses des *X* den Fehler fest, klärt *X* darüber aber nicht auf. Die Decke fällt sechs Jahre nach der Abnahme herunter. *X* erfährt durch das nun eingeholte Gutachten von den Fehlern des *A* und *B*. Diese berufen sich auf Verjährung.

Lösung

I. Ansprüche des X gegen B
- 1. Ersatz für die Zimmerdecke
  - a) Aufwendungsersatz nach §§ 634 Nr. 2, 637 I
  - b) Schadensersatz nach §§ 634 Nr. 4, 280 I, III, 281 I 1
  - c) Schadensersatz gemäß § 823 I
  - d) Schadensersatz nach § 823 II
- 2. Ansprüche auf Ersatz der Heilungskosten und des Mobiliars sowie auf Schmerzensgeld
  - a) Schadensersatz nach §§ 634 Nr. 4, 280 I
  - b) Schadensersatz gemäß § 823 I
  - c) Schadensersatz gemäß § 823 II
  - d) Schmerzensgeld gemäß § 253 II

II. Ansprüche X gegen A
- 1. Ersatz für die Zimmerdecke
  - a) Schadensersatz nach §§ 634 Nr. 4, 280 I, III, 283
  - b) Schadensersatz gemäß § 823 I
- 2. Ansprüche auf Ersatz der Heilungskosten und des Mobiliars sowie auf Schmerzensgeld
  - a) Schadensersatz gemäß §§ 634 Nr. 4, 280 I
  - b) Schadensersatz gemäß § 823 I
  - c) Schadensersatz gemäß § 823 II
  - d) Schmerzensgeld nach § 253 II

III. Regressansprüche
- 1. Ansprüche des A
  - a) § 426 I 1
  - b) § 426 II 1
- 2. Ansprüche des B

IV. Abwandlung
- 1. Ansprüche des X gegen B
  - a) Ersatz für die Zimmerdecke
  - b) Ansprüche auf Ersatz der Heilungskosten und des Mobiliars sowie auf Schmerzensgeld
- 2. Ansprüche des X gegen A
  - a) Ersatz für die Zimmerdecke
  - b) Ansprüche auf Ersatz der Heilungskosten und des Mobiliars sowie auf Schmerzensgeld
  - c) Schadensersatz gemäß § 280 I (Sekundärhaftung)
- 3. Regressansprüche
  - a) Ansprüche des A
  - b) Ansprüche des B

I. Ansprüche des X gegen B

1. Ersatz für die Zimmerdecke

a) Aufwendungsersatz nach §§ 634 Nr. 2, 637 I, 650a I, 650i

X und *B* müssten zunächst einen Bauvertrag abgeschlossen haben. Nach § 650a I 1 ist ein Bauvertrag u. a. zu bejahen, wenn wie hier ein Bauwerk hergestellt werden soll. Der Bauvertrag ist ein spezieller Werkvertrag, für den §§ 631 ff. gelten; ergänzend sind §§ 650a–h anzuwenden.[1] Da *X* gemäß § 13 Verbraucher ist und *B* Unternehmer gemäß § 14[2] und *B* ein neues Gebäude errichten soll, handelt es sich hier um einen Verbraucherbauvertrag, auf den gemäß § 650i III ergänzend §§ 650i–o anwendbar sind. Der Vertrag zwischen *X* und *B* war wirksam, weil er in Textform (§ 126b) abgeschlossen wurde, § 650i II; eventuell nach § 650j ff. erforderliche Angaben und Belehrungen waren gemacht.

Liegt ein Sachmangel vor, kann der Besteller im Wege der Selbstvornahme den Mangel beseitigen und vom Unternehmer Ersatz seiner Aufwendungen verlangen, § 637 I.[3] *B* hatte beim Einziehen der Decke falsche Zahlen zugrunde gelegt und damit eine ungenügende Druckfestigkeit verursacht; daher war bereits objektiv ein Sachmangel nach § 633 II 2 Nr. 2 zu bejahen. Voraussetzung des § 637 I ist weiter, dass der Besteller dem Unternehmer zuvor eine Nachfrist zur Mangelbeseitigung (Einziehen einer neuen Decke) erfolglos gesetzt hat. Das ist nicht geschehen. Zu prüfen ist aber, ob die Fristsetzung gemäß § 637 II 2 wegen Unzumutbarkeit entbehrlich war. Das ist der Fall, wenn objektive Umstände vorliegen, die das Vertrauen des Bestellers in die ordnungsgemäße Durchführung der Mangelbeseitigung erschüttert haben,[4] etwa wenn sich der Unternehmer als unzuverlässig erwiesen hat.[5] Wer aus Zerstreutheit falsche Werte beim Bau einer Decke zugrunde legt, handelt angesichts der Bedeutung der Einhaltung statischer Vorschriften grob fahrlässig; dieses Versehen des *B* ist derart schwerwiegend, dass es für die Annahme seiner Unzuverlässigkeit und damit der Unzumutbarkeit einer Nachbesserung ausreicht. Einer Fristsetzung bedurfte es deshalb nicht. *X* kann daher, ohne dem *B* Nachfrist setzen zu müssen, im Wege der Selbstvornahme einen anderen Bauunternehmer mit dem Einziehen einer neuen Decke beauftragen und dem *B* die entstandenen Kosten in Rechnung stellen.

Der Aufwendungsersatzanspruch gemäß § 634 Nr. 2 könnte indes aufgrund vorbehaltloser Abnahme des Werks gemäß § 640 III ausgeschlossen sein. Unter Abnahme versteht man die körperliche Hinnahme des Werks (im Rahmen der Besitzübertragung), die mit seiner Billigung als in der Hauptsache vertragsgemäße Leistung verbunden ist.[6] Bei der Abnahme waren *X* die Risse aufgefallen. Damit hatte er jedoch nicht die von § 640 III geforderte positive Kenntnis vom konkreten

---

[1] Vgl. zum Bauvertrag und zum Verbraucherbauvertrag *Looschelders* SchuldR BT Rn. 629.

[2] Das BGB kennt den Begriff des Unternehmers in zwei unterschiedlichen Bedeutungen: Der Werkunternehmer der §§ 631 ff. hat mit dem Unternehmer des § 14 nichts zu tun, man kann auch dann Werkunternehmer sein, wenn man kein Unternehmer i. S. d. § 14 ist! S. nur *Flume* ZIP 2000, 1427 (1428).

[3] Vor der Abnahme richten sich die Ansprüche des Bestellers im Grundsatz nach dem allgemeinen Leistungsstörungsrecht, vgl. Palandt/*Sprau* § 634 Rn. 5 f.

[4] Palandt/*Sprau* § 636 Rn. 16.

[5] Vgl. BGHZ 46, 242; 50, 160 (166); 92, 308.

[6] So der herrschende zweigliedrige Abnahmebegriff, vgl. etwa Palandt/*Sprau* § 640 Rn. 3. Nur auf die Abnahme als körperliche Hinnahme stellt z. B. ab *Heck,* Grundriß des Schuldrechts, 1929, 349 ff.; zum Ganzen *Oetker/Maultzsch* § 8 Rn. 62; *Looschelders* SchuldR BT Rn. 648.

Mangel; Kenntnis besteht nur, wenn der Besteller den Umfang des Mangels erkannt hat.[7] Aufgrund der Beschwichtigungsversuche von *A* und *B*, es handele sich um gewöhnliche Setzrisse, konnte *X* den Umfang des drohenden Schadens nicht ermessen. Er hat das Werk folglich nicht in Kenntnis des Mangels vorbehaltlos abgenommen.

Der Anspruch aus §§ 634 Nr. 2, 637 I auf Aufwendungsersatz besteht. Gemäß § 637 III kann *X* von *B* zudem Vorschuss verlangen.

b) Schadensersatz nach §§ 634 Nr. 4, 280 I, III, 281 I 1

X könnte von *B* Schadensersatz für eine neue Decke gemäß §§ 634 Nr. 4, 280 I, III, 281 I 1 verlangen. Bei der fehlerhaften bzw. zerstörten Zimmerdecke handelt es sich um einen Mangelschaden, d. h. um einen Schaden, der dadurch entstanden ist, dass der Besteller *X* ein Werk minderen Werts erhalten hat. *X* begehrt damit Schadensersatz statt der Leistung („Nichterfüllungsschaden"). Der Ersatz richtet sich daher nach §§ 634 Nr. 4, 280 I, III, 281 I 1.

B müsste zunächst seine Leistung nicht wie geschuldet erbracht haben. Nach § 633 I schuldet der Unternehmer die Verschaffung des Werks frei von Sach- und Rechtsmängeln, was bei dem Werk des *B*, wie gesehen, nicht der Fall war. Die Pflichtverletzung war zudem grob fahrlässig, §§ 280 I 2, 276 I 1 (vgl. oben a). Gemäß § 281 I 1 ist jedoch Frist zur Nacherfüllung zu setzen. Hier war es *X* allerdings, wie dargelegt, unzumutbar, den *B* erneut mit der Ausführung zu beauftragen, § 636. *X* kann von *B* auch ohne Nachfristsetzung Schadensersatz verlangen. Mit der Geltendmachung des Ersatzanspruchs nach §§ 634, 280, 281 erlischt das Selbstvornahmerecht und der auf diesem beruhende Aufwendungsersatzanspruch nach § 637 I (oben a).[8] Der Anspruch verjährt gemäß § 634a I Nr. 2, II objektiv in fünf Jahren von der Abnahme an.

c) Schadensersatz gemäß § 823 I

Voraussetzung des Ersatzanspruchs ist, dass *B* durch schuldhafte Pflichtverletzung ein Rechtsgut oder Recht des *X* verletzt hat. *B* hat grob fahrlässig die Regeln der Baukunst verletzt und dadurch eine einsturzgefährdete Decke hergestellt. Fraglich ist aber, ob er damit das Eigentum des *X* verletzt hat. *B* hat nicht schon vorhandenes Eigentum des *X* beschädigt, sondern ihm von vornherein nur mangelhaftes Eigentum verschafft. Die mangelhafte Errichtung eines Bauwerks ohne Beschädigung bereits vorhandener Substanz ist keine Eigentumsverletzung.[9] Es fehlt also bereits am objektiven Tatbestand des § 823 I.

---

[7] Palandt/*Sprau* § 640 Rn. 20; Palandt/*Weidenkaff* § 442 Rn. 7; Staudinger/*Peters/Jacoby*, 2014, § 640 Rn. 58.

[8] Palandt/*Sprau* § 634 Rn. 16; *Derleder* NJW 2003, 998 (1003).

[9] So BGHZ 39, 366 (367); 96, 221 (228 f.); BGH DB 1979, 1078; NJW 2001, 1346 (1348); JZ 2005, 1167 (1169 f.); *Fikentscher/Heinemann* Rn. 1564; Staudinger/*Peters/Jacoby*, 2014, § 634 Rn. 168; Palandt/*Sprau* § 634 Rn. 43. A. A. *Freund/Barthelmess* NJW 1975, 281; 1977, 438; *Grunewald* JZ 1987, 1098 (1100), die auf die fehlende Nutzbarkeit der Sache abstellen; kritisch zur Rechtsprechung *Gsell* JZ 2005, 1171. Die Rechtsprechung ist aber uneinheitlich, im Kaufrecht nimmt man den sog. weiterfressenden Schaden an, bei dem sich freilich eine Eigentumsverletzung ebenso wenig wie im Werkvertragsrecht schlüssig begründen lässt, vgl. Fall 19 I 4.

d) Schadensersatz nach § 823 II

§ 303 StGB ist ein Schutzgesetz i. S. d. § 823 II. Strafbar ist jedoch nur vorsätzliche Sachbeschädigung (§§ 303, 15 StGB). Fahrlässigkeit (auch grobe) reicht nicht aus.[10] Auch § 319 StGB (Baugefährdung) ist zwar ein Schutzgesetz i. S. d. § 823 II, jedoch nur im Hinblick auf Schäden an Leben und Gesundheit, nicht am Vermögen.[11] Ein Anspruch aus § 823 II kommt daher nicht in Betracht.

2. Ansprüche auf Ersatz der Heilungskosten und des Mobiliars sowie auf Schmerzensgeld

a) Schadensersatz nach §§ 634 Nr. 4, 280 I

X könnte einen Anspruch aus §§ 634 Nr. 4, 280 I haben.[12] Ihm sind durch die schuldhafte Pflichtverletzung des *B* (grob fahrlässige Schlechterfüllung des Werkvertrags) sog. Mangelfolgeschäden an anderen Rechtsgütern entstanden; sein Interesse an der Integrität von Körper und Gesundheit sowie von in seinem Eigentum stehenden Sachen (Mobiliar) wurde verletzt. § 634 Nr. 4 verweist umfassend – hinsichtlich des Ersatzes von Mangel- sowie Mangelfolgeschäden – auf den allgemeinen Schadensersatzanspruch nach § 280. Fraglich ist, ob hier §§ 634 Nr. 4, 280 I, III, 281 I 1 oder §§ 634 Nr. 4, 280 I anwendbar sind. Der von §§ 280 III, 281 I 1 vorausgesetzte „Schadensersatz statt der Leistung" stellt den Geschädigten so, als wäre ordnungsgemäß erfüllt worden. Dies würde aber auch Mangelfolgeschäden umfassen, die auf der Mangelhaftigkeit des Werks beruhen: Hätte *B* ordnungsgemäß geleistet, wäre die Decke nicht eingestürzt, *X* nicht verletzt und das Mobiliar nicht beschädigt worden. Da sich § 281 von § 280 jedoch nur durch das Erfordernis der Nachfristsetzung unterscheidet und eine Nachfrist bei den genannten Mangelfolgeschäden sinnlos ist, ist in solchen Fällen § 280 I isoliert zur Anwendung zu bringen; der Umweg über §§ 280 I, III, 281 I 1 ist entbehrlich.[13] *X* hat den Anspruch auf Schadensersatz nach §§ 634 Nr. 4, 280 I.

b) Schadensersatz gemäß § 823 I

Anders als bei der beschädigten Decke sind auch Rechtsgüter und Rechte des *X* verletzt worden, nämlich seine Gesundheit und sein Eigentum. Dass *B* schuldhaft gehandelt hat, wurde bereits dargelegt (oben I 1a). *B* hat danach Schadensersatz zu leisten. Der Anspruch verjährt nach §§ 195, 199, d. h. gemäß § 199 I ab dem Schluss des Jahres, in dem der Schadensersatzanspruch entstanden ist und *X* von den anspruchsbegründenden Tatsachen erfahren hat.[14] Ein Schadensersatzanspruch entsteht erst mit Eintritt der ersten Schadensfolge, hier also frühestens ab dem Zeit-

---

[10] Dasselbe gilt für § 305 StGB (Zerstörung oder Beschädigung von Bauwerken), der ein Qualifikationstatbestand zu § 303 StGB ist.

[11] Palandt/*Sprau* § 823 Rn. 70.

[12] Nach § 634 Nr. 4 ist i. V. m. §§ 280 I, III, 281 I Ersatz für den eigentlichen Mangelschaden (dazu soeben I 1a) wie auch i. V. m. § 280 I Ersatz für Integritätsschäden an anderen Rechtsgütern (Mangelfolgeschäden) zu leisten. In beiden Fällen verjährt der Anspruch nach § 634a. Isoliert ist § 280 I mit der Folge der andersartigen Verjährung der §§ 195, 199 nur anwendbar, wenn sich die Pflichtverletzung nicht auf einen Mangel bezieht, sondern in einer Neben- oder Schutzpflichtverletzung besteht (vgl. *Finkenauer,* in: Ehmann/Sutschet, 310 f. mit Fn. 130; *Arnold* ZGS 2002, 438 [440]; Staudinger/*Peters/Jacoby,* 2014, § 634 Rn. 119 f.; a. A. *Brüggemeier* WM 2002, 1382).

[13] *Faust,* in: Huber/Faust, § 3 Rn. 181; Staudinger/*Peters/Jacoby,* 2014, § 634 Rn. 120; kritisch zum Weg direkt über § 280 *Recker* NJW 2002, 1247 (1248).

[14] Dazu Palandt/*Ellenberger* § 199 Rn. 28.

punkt, in dem die Decke herabgefallen ist; zudem beginnt die Verjährung nicht, bevor *X* Kenntnis von der mangelhaften Statik und damit von der Pflichtverletzung des *B* hat.[15]

c) Schadensersatz gemäß § 823 II

Wegen der Verletzung des *X* haftet *B* auch aus § 823 II; als Schutzgesetze kommen hier § 229 sowie § 319 StGB in Betracht. *B* hat fahrlässig eine Körperverletzung des *X* herbeigeführt und ist daher nach § 229 StGB strafbar. Zudem haftet er nach § 319 I, III StGB: *B* hat bei der Ausführung des Baus anerkannte Regeln der Technik verletzt und so fahrlässig die Gesundheit des *X* gefährdet. Der Anspruch aus § 823 II verjährt nach §§ 195, 199 (oben I 2b).

d) Schmerzensgeld gemäß § 253 II

Der Verletzte hat aus allen drei Anspruchsgrundlagen einen Anspruch auf ein angemessenes Schmerzensgeld gemäß § 253 II („billige Entschädigung in Geld"). Dabei spielt es keine Rolle, ob sich der Schadensersatzanspruch auf Vertrag oder ein gesetzliches Schuldverhältnis (Geschäftsführung ohne Auftrag, Delikt, Gefährdungshaftung) stützt. *X* kann also ein angemessenes Schmerzensgeld verlangen.[16]

II. Ansprüche X gegen A

1. Ersatz für die Zimmerdecke

a) Schadensersatz nach §§ 634 Nr. 4, 280 I, III, 283

Voraussetzung des Anspruchs aus §§ 634 Nr. 4, 280 I, III, 283 ist das Vorliegen eines Werkvertrags zwischen *A* und *X*. Der Architektenvertrag ist, wie sich aus §§ 634a I Nr. 2, 650p I ergibt, ein Werkvertrag.[17] Alle Einzelleistungen des *A* sind auf einen bestimmten Erfolg gerichtet, nämlich die Erstellung eines mangelfreien Bauwerks. Auf den Architektenvertrag finden ergänzend die Vorschriften der §§ 650p–t Anwendung sowie nach § 650q I die §§ 631–650.

§ 634 setzt voraus, dass das Werk einen Mangel hat. Das ist zu bejahen, wenn es nicht die vereinbarte oder vertraglich vorausgesetzte Beschaffenheit aufweist, § 633 II. Vertraglich vorausgesetzt ist eine Bauaufsicht, die Baumängel verhindert; beruhen Baumängel auf der fehlerhaften Erfüllung der Bauaufsicht, ist das Werk des Architekten mangelhaft.[18]

X macht im Hinblick auf die Decke Schadensersatz statt der Leistung wegen eines Mangelschadens geltend; daher sind §§ 280 I, III, 283 anwendbar, nicht § 280 I isoliert (oben I 1b). Eine Fristsetzung zur Nacherfüllung ist hier entbehrlich, weil dem *A* die Mangelbeseitigung unmöglich ist (§ 275 I); denn die versäumte Bauaufsicht kann nicht nachgeholt werden.[19] Hätte *A* zudem die erforderliche Sorgfalt beobachtet, wäre ihm die mangelnde Druckfestigkeit der Decke bei der Überwachung des *B* nicht entgangen, er hat den Mangel also schuldhaft verursacht,

---

[15] Zu den in § 199 II, III angeordneten Maximalfristen der Verjährung von Schadensersatzansprüchen vgl. *Finkenauer*, in: Ehmann/Sutschet, 297 f.

[16] Zur Verjährung s. unten in Fn. 34; zum Schmerzensgeldanspruch *Looschelders* SchuldR AT § 48 Rn. 3 ff.

[17] Selbst wenn der Architekt nur die Bauleitung schuldet, handelt es sich um einen Werkvertrag, nicht um einen Dienstvertrag (BGHZ 62, 204). Vgl. auch BGHZ 82, 100.

[18] Palandt/*Sprau* § 633 Rn. 13 f.; BGHZ 42, 16; OLG Düsseldorf NZBau 2004, 454.

[19] Vgl. BGHZ (GS) 43, 227 (232).

§§ 280 I 2, 276 I 1. Der Anspruch aus §§ 634 Nr. 4, 280 I, III, 283 ist demnach begründet.

Dem Anspruch könnte die Einrede der Verjährung entgegenstehen. § 13 S. 1 der von *A* verwendeten AGB verkürzt die Verjährungsfrist auf zwei Jahre; die AGB sind auch wirksam in den Vertrag einbezogen worden, § 305 II. Eine Verkürzung der Gewährleistungsfrist ist jedoch gemäß § 309 Nr. 8b ff sowie nach § 309 Nr. 7[20] unwirksam. *A* kann sich also nicht auf Verjährung berufen; es gilt die Fünfjahresfrist des § 634a I Nr. 2.

Möglicherweise kann *A* die Leistung aber deshalb verweigern, weil auch der ausführende Bauunternehmer, also *B*, für den gleichen Mangel haftet, § 650t;[21] der Überwachungsfehler des *A* war jedenfalls für den Baumangel mit ursächlich. Vorausgesetzt wird zudem, dass der Besteller dem Bauunternehmer noch nicht erfolglos eine Frist zur Nacherfüllung gesetzt hat. Der erfolglosen Fristsetzung ist der hier maßgebliche Fall einer unzumutbaren Nacherfüllung durch den Bauunternehmer gleichzusetzen (oben I 1a).[22] *A* hat daher die Einrede aus § 650t nicht.

b) Schadensersatz gemäß § 823 I

Die Verletzung der Aufsichtspflicht stellt gleichzeitig eine Verletzung der Verkehrssicherungspflicht dar, die *A* gegenüber der Allgemeinheit trifft.[23] Wie bereits dargelegt, scheitert der Anspruch jedoch daran, dass *X* zu keiner Zeit mangelfreies Eigentum hatte (oben I 1c).

2. Ansprüche auf Ersatz der Heilungskosten und des Mobiliars sowie auf Schmerzensgeld

a) Schadensersatz gemäß §§ 634 Nr. 4, 280 I

X macht Mangelfolgeschäden geltend; für diese verweist § 634 Nr. 4 direkt auf § 280 I, eine Fristsetzung nach § 281 I 1 ist nicht notwendig (oben I 2a). In der mangelhaften Bauaufsicht liegt eine Pflichtverletzung (vgl. § 633 I), die *A* auch verschuldet hat. In § 9 seiner AGB hat *A* indes die Haftung für mittelbare Schäden ausgeschlossen. Nach § 309 Nr. 7a ist eine Haftungsbeschränkung jedoch unwirksam, wenn es um den Ersatz von Schäden aus Verletzungen des Körpers oder der Gesundheit geht. § 9 der AGB schließt die Haftung für mittelbare Schäden generell aus, also auch für die genannten Schäden. Zudem bedingt die Klausel entgegen § 309 Nr. 7b auch die Haftung für sonstige mittelbar verursachte Schäden ab; *A* hätte aber im Hinblick auf Vermögensschäden (hier das Mobiliar) mindestens eine Haftung für grobe Fahrlässigkeit vorsehen müssen.[24] Selbst wenn *A* seine Pflichten nur mit leichter Fahrlässigkeit verletzt hätte, läge ein Verstoß gegen § 309 Nr. 7b vor; denn eine geltungserhaltende Reduktion ist nach ganz h. M. im Recht der AGB nicht möglich. *X* hat also gegen *A* einen Anspruch aus §§ 634 Nr. 4, 280 I. Zur Einrede aus § 650t oben II 1a.

---

[20] Vgl. LG Düsseldorf NJW-RR 1995, 440 (441) (zu § 11 Nr. 7 AGBG).

[21] § 650t etabliert keine Gesamtschuld zwischen Architekt und Bauunternehmer, wie die Überschrift vermuten lassen könnte, sondern setzt sie voraus, vgl. BT-Drs. 18/8486 S. 70.

[22] *Deckers* ZfBR 2017, 523 (544), BeckOGK BGB/*Kober* § 650t Rn. 96: Entbehrlichkeit der Fristsetzung in den Fällen der §§ 637 II und 323 II.

[23] Vgl. dazu Palandt/*Sprau* § 823 Rn. 188.

[24] Staudinger/*Peters*/*Jacoby*, 2014, Anh. II zu § 638 Rn. 60.

b) Schadensersatz gemäß § 823 I

A hat seine Verkehrssicherungspflicht verletzt (oben II 1b). Adäquat kausale Folge dieser Verletzung ist die Verletzung der Gesundheit und des Eigentums des *X*.

X hat also einen Schadensersatzanspruch auf Ersatz der Heilungskosten und der Kosten für das Mobiliar; die Freizeichnung in § 9 der AGB des *A* ist unwirksam (oben II 2a). *A* haftet daher in vollem Umfang auf Schadensersatz. Zur Einrede aus § 650t oben II 1a.

c) Schadensersatz gemäß § 823 II

Zu § 229 StGB kann auf das oben Gesagte (I 2c) verwiesen werden. Auch § 319 I, III StGB hat *A* durch die mangelhafte Bauleitung verletzt (oben I 2c).

d) Schmerzensgeld nach § 253 II

Nach § 253 II hat *X* bei allen drei Anspruchsgrundlagen Anspruch auf ein angemessenes Schmerzensgeld.

III. Regressansprüche

1. Ansprüche des A

a) § 426 I 1

A kann von *B* Freistellung von seiner Schuld gegenüber *X* in der Höhe verlangen, in der *B* im Innenverhältnis zu *A* haftet.[25] Zwar sind Architekt und Bauunternehmer keine Gesamtschuldner hinsichtlich der Errichtung eines Bauwerks,[26] wohl aber hinsichtlich der von ihnen gemeinsam zu verantwortenden Baumängel.[27] Es bleibt die Frage, wer im Innenverhältnis den Schaden letztlich zu tragen hat. Nach § 426 I 1 sind Gesamtschuldner im Innenverhältnis zu gleichen Anteilen verpflichtet, soweit nicht ein anderes bestimmt ist. § 254 ist eine solche andere Bestimmung.[28] Wägt man die Verursachungsbeiträge von *A* und *B* entsprechend § 254 I ab, ergibt sich, dass *B* den Schaden allein zu tragen hat:[29] Da der Mangel durch ein grobes Verschulden des *B* verursacht worden ist, *A* lediglich seine Aufsichtspflicht verletzt hat und keine besonderen Umstände für eine andere Verteilung sprechen, fällt das Verschulden des *B* schwerer ins Gewicht; er ist „näher dran", den Schaden im Innenverhältnis zu tragen. *A* kann Befreiung in voller Höhe verlangen.

b) § 426 II 1

A kann, wenn er *X* befriedigt hat, die auf ihn übergegangene Forderung des *X* gegen *B* gemäß § 426 II 1 geltend machen, und zwar in voller Höhe (oben III 1a).

---

25 § 426 I 1 gewährt bereits einen Freistellungsanspruch, bevor der ausgleichsberechtigte Gesamtschuldner selbst geleistet hat, vgl. Palandt/*Grüneberg* § 426 Rn. 4 f.

26 BGHZ 39, 261 (264).

27 BGHZ 43 (GS), 227; 51, 275; Palandt/*Grüneberg* § 421 Rn. 11; Erman/*Böttcher* § 421 Rn. 22; MüKoBGB/*Busche* § 634 Rn. 138. Vgl. zur Bedeutung des § 650t oben Fn. 21.

28 So schon RGZ 84, 430 f.; ausführlich Palandt/*Grüneberg* § 426 Rn. 14.

29 Vgl. auch BGHZ (GS) 43, 227 (231).

2. Ansprüche des B

Da *B* im Innenverhältnis zu *A* den Schaden allein zu tragen hat, hat er keine Ausgleichsansprüche nach § 426 gegen *A,* wenn er *X* befriedigt.

IV. Abwandlung

1. Ansprüche des X gegen B

a) Ersatz für die Zimmerdecke

Wie oben gesehen, hat *X* hinsichtlich des Mangelschadens (Deckeneinsturz) einen Anspruch gegen *B* aus §§ 634 Nr. 4, 280 I, III, 281 I 1. Der Anspruch verjährt gemäß § 634a I Nr. 2 in fünf Jahren, gerechnet von der Abnahme, § 634a II. Insoweit kann sich *B* daher auf Verjährung berufen.

b) Ansprüche auf Ersatz der Heilungskosten und des Mobiliars sowie auf Schmerzensgeld

Der Anspruch des *X* gegen *B* auf Ersatz der Mangelfolgeschäden aus §§ 634 Nr. 4, 280 I ist nach sechs Jahren ebenfalls verjährt, § 634a I Nr. 2.[30] Anders könnte es sich mit den Ansprüchen aus § 823 I, II verhalten: Die Dreijahresfrist des § 195 beginnt erst mit der Kenntnis des Geschädigten von dem Anspruchsgegner und von den Umständen, die seinen Anspruch begründen, § 199 I. Erst durch das Gutachten erfährt *X* von der mangelhaften Bauausführung. Der Anspruch wäre daher noch nicht verjährt. Es ist jedoch sehr zweifelhaft, ob man bei einer solchen Konkurrenz von vertraglichem und deliktischem Anspruch jeweils eigenständig verjährende Ansprüche annehmen soll, wie es die Rechtsprechung tut. Die subjektive dreijährige Verjährung des Deliktsanspruchs nach §§ 195, 199 I kann (wie hier) sehr viel länger währen als die objektive vertragliche Verjährung von fünf Jahren in § 634a I Nr. 2 von der Abnahme an. Gegen die Annahme einer Anspruchskonkurrenz ist erstens einzuwenden, dass die vertragliche Frist von fünf Jahren dann ihre Bedeutung verliert, wenn der Schaden nach mehr als zwei Jahren eintritt (vgl. § 199 I). Entspringt aus einem einheitlichen Lebenssachverhalt stets und notwendig sowohl ein vertraglicher als auch ein deliktischer Anspruch, wie dies in den Fällen der vorliegenden Art geschieht, so müssen beide Ansprüche in der kürzeren vertraglichen Frist verjähren, wenn diese nicht unterlaufen werden soll.[31] Zweitens erkennt auch die Rechtsprechung an, dass es „Wechselwirkungen" zwischen dem konkurrierenden werkvertraglichen und deliktischen Schadensersatzanspruch gibt, und verneint im Rahmen des § 823 I die Ersatzfähigkeit von Aufwendungen des Bestellers für Arbeiten, die der Werkunternehmer im Zuge einer Nachbesserung selbst hätte durchführen können: Erkenne man einen deliktischen Ersatzanspruch zu, werde die speziellere vertragliche Regelung (hier das vorrangige Nachbesserungsrecht) ausgehöhlt.[32] Es ist nicht einzusehen, warum dieses Prinzip im Hinblick auf die Verjährung keine

---

[30] Zur isolierten Anwendung des § 280 I mit einer Verjährung nach §§ 195, 199 oben Fn. 12.

[31] Die Rechtsprechung nimmt demgegenüber Anspruchskonkurrenz an, vgl. RGZ 88, 433 (435); BGHZ 55, 392 (397); 61, 203; zust. Palandt/*Sprau* § 634a Rn. 5; Staudinger/*Peters/Jacoby,* 2008, § 634 Rn. 172. Dies steht im Gegensatz zur Rechtsprechung zu Miete und Leihe (§§ 548, 606; dazu etwa BGHZ 47, 53). Die Versuche von BGHZ 66, 315 (319 f.), die Differenzierung zu begründen, vermögen nicht zu überzeugen. Wie hier *Ganten* NJW 1971, 1804; vgl. auch *Schlechtriem* NJW 1972, 1554; s. den Überblick bei *Siegburg,* Verjährung im Baurecht, 1993, Rn. 319 ff.; gleichsinnig auch *Mansel* NJW 2002, 89 (95 f., 99).

[32] BGHZ 96, 221 (229); bereits grundlegend BGHZ 46, 313 (316).

Anwendung finden sollte. Die Ansprüche aus § 823 I, II sind daher zusammen mit dem vertraglichen Anspruch verjährt.

2. Ansprüche des X gegen A

a) Ersatz für die Zimmerdecke

Der Anspruch aus §§ 634 Nr. 4, 280 I, III, 283 ist sechs Jahre nach der Abnahme verjährt, vgl. § 634a I Nr. 2, II. Die längere Frist des § 634a III 1 ist hier nicht einschlägig, weil *A* dazu den Mangel dem *X* spätestens im Zeitpunkt der Abnahme arglistig verschwiegen haben müsste,[33] was nicht der Fall war.

b) Ansprüche auf Ersatz der Heilungskosten und des Mobiliars sowie auf Schmerzensgeld

Der Anspruch aus §§ 634 Nr. 4, 280 I ist verjährt, § 634a I Nr. 2, II. Das gilt auch für die Ansprüche aus § 823 I, II (vgl. soeben IV 1b). Auch der Anspruch auf Schmerzensgeld, § 253 II, verjährt zusammen mit dem ihn begründenden Schadensersatzanspruch.[34]

c) Schadensersatz gemäß § 280 I (Sekundärhaftung)

X könnte gegen *A* wegen der eingetretenen Schäden einen Ersatzanspruch gemäß § 280 I aus einer eigenständigen Pflichtverletzung haben. Der Architekt hat den Bauherrn unaufgefordert über seine eigenen Fehler bei der Bauplanung oder Bauaufsicht und über die sich daraus ergebende Rechtslage aufzuklären (sog. Fehleroffenbarungspflicht). Diese Pflicht besteht nach Beendigung des Vertrags fort.[35] Die selbstständige Aufklärungspflicht wird nicht nur mit der Vertrauensstellung des Architekten begründet, sondern auch damit, dass der Architekt gerade zur Beratung des in der Regel fachunkundigen Bauherrn beauftragt worden und diesem eine Kontrolle regelmäßig unmöglich sei.[36] Positivrechtlich kann sie auf die Auskunftspflicht des Beauftragten gemäß § 666 gestützt werden. Man spricht von der sog. Sekundärhaftung des Architekten, aufgrund derer dem Bauherrn ein mit dem ursprünglichen Werkvertragsanspruch inhaltsgleicher weiterer Anspruch gewährt wird, der aber nicht nach § 634a, sondern nach den allgemeinen Regeln in §§ 195, 199 verjährt. Zu fordern ist allerdings stets, dass der Geschädigte überhaupt schutzbedürftig ist; dies ist hier deshalb der Fall, weil *X* gegen *A* und *B* keine unverjährten

---

[33] Vgl. dazu Palandt/*Sprau* § 634a Rn. 15.

[34] Der Anspruch auf Schmerzensgeld verjährt nicht unabhängig vom Schuldgrund: Kann der Geschädigte z. B. nur aufgrund eines vertraglichen Ersatzanspruchs Schadensersatz verlangen, bestimmt sich die Verjährung nach der spezielleren vertraglichen Regelung, nicht nach §§ 195, 199; ebenso BeckOK BGB/*Spindler* § 253 Rn. 76; a. A. Palandt/*Grüneberg* § 253 Rn. 22.

[35] Vgl. BGHZ 71, 144 (148 f.); 92, 251 (258 f.); NJW 2002, 288; NZBau 2004, 396; OLG Hamm NZBau 2006, 324; zust. *Taupitz,* Die zivilrechtliche Pflicht zur unaufgeforderten Offenbarung eigenen Fehlverhaltens, 1989, 14 f., 82, 105; *Siegburg,* Verjährung im Baurecht, 1993, Rn. 262. Kritisch zur Rechtsprechung des BGH das OLG Düsseldorf NZBau 2004, 454 (456 f.) („gekünstelt"), das im Zusammenhang mit der Überwachungsleistung eines Architekten auf den abschließenden Charakter des § 634a I Nr. 2 abstellt, die auch nachvertraglich bestehende Mängelfeststellungspflicht als Hauptpflicht qualifiziert und so die Sekundärhaftung aus prinzipiellen Erwägungen ablehnt; in der Tendenz ebenso Palandt/*Ellenberger* Überbl. v. § 194 Rn. 23.

[36] Vgl. auch *Taupitz,* Die zivilrechtliche Pflicht zur unaufgeforderten Offenbarung eigenen Fehlverhaltens, 1989, 77 mit Fn. 155, 81, 104.

Ansprüche hat (oben IV 1a, b, 2a, b).[37] *A* hat seinen Fehler vier Jahre nach der Abnahme bemerkt und *X* vorsätzlich nicht darüber informiert. Ab diesem Zeitpunkt kann man ihm hinsichtlich der Nichtaufklärung des *X* einen Schuldvorwurf machen, §§ 280 I 2, 276 I 1; auf einen etwaigen Rechtsirrtum kann er sich nicht berufen. Da der Schaden sechs Jahre nach der Abnahme aufgetreten ist und *X* erst zu diesem Zeitpunkt von der Pflichtverletzung des *A* erfuhr, ist die dreijährige Verjährungsfrist der §§ 195, 199 I noch nicht abgelaufen, der Anspruch ist nicht verjährt.

3. Regressansprüche

a) Ansprüche des A

aa) *§ 426 I 1: A* kann von *B* Freistellung in der Höhe verlangen, in der dieser im Innenverhältnis haftet. Zunächst muss zwischen beiden ein Gesamtschuldverhältnis bestehen. Das könnte hier deshalb fraglich sein, weil *X* seinen Anspruch gegen *A* auf die sog. Sekundärhaftung stützt. Jedoch ist der Schuldgrund bei Schadensersatzansprüchen gleichgültig, wenn nur beide Schuldner auf dasselbe Interesse des Gläubigers haften.[38] Da der Sekundäranspruch gegen den Architekten mit dem gegen ihn gerichteten Primäranspruch inhaltsgleich ist, ist das zu bejahen. Die Annahme einer Gesamtschuld wird auch nicht dadurch gehindert, dass die Ansprüche gegen *B* bereits verjährt sind; denn die Verpflichtung des *B* besteht, wenn auch einredebehaftet, fort.[39] Nach h. M. steht dem Ausgleichsanspruch des einen Gesamtschuldners gemäß § 426 I 1 die Verjährung des Anspruchs gegen den anderen Gesamtschuldner nicht entgegen.[40] Der Anspruch besteht daher; fraglich ist nur, in welcher Höhe. *A* ist hier vorsätzlich seiner Aufklärungspflicht nicht nachgekommen. Hätte er *X* aufgeklärt, hätte dieser seine noch unverjährten Schadensersatzansprüche gegen *B* gemäß §§ 634 Nr. 4, 280, 281 geltend machen können. In der Regel schließt die vorsätzliche Mitverursachung einen Regress wegen § 254 aus. Ausnahmsweise ist aber auch der fahrlässige Mitverursacher regresspflichtig.[41] Die 2. BGB-Kommission hat eine entsprechende Vorschrift bezüglich des Regressausschlusses bei vorsätzlicher Verursachung gestrichen; es ist daher angebracht, danach zu differenzieren, ob der Vorsatz sich (wie hier) nur auf die Pflichtverletzung bezieht oder auch auf den Schaden. Zudem ist zu berücksichtigen, ob dem Mitverursacher wie hier grobe Fahrlässigkeit vorzuwerfen ist. Unter Beachtung dieser Aspekte erscheint die vorsätzliche Pflichtverletzung des *A* nicht als so schwerwiegend, dass man ihn den Schaden im Innenverhältnis ganz tragen lassen sollte. Es ist folglich von einer Schadensteilung zwischen *A* und *B* auszugehen.[42] *A* kann zur Hälfte Freistellung verlangen.

bb) *§ 426 II 1: A* könnte, wenn er *X* befriedigt, die auf ihn übergegangene Forderung des *X* gegen *B* gemäß § 426 II 1 geltend machen. Nach h. M. wird aber der

---

37 Selbst wenn man mit der Rechtsprechung Anspruchskonkurrenz zwischen dem deliktischen und vertraglichen Anspruch annimmt (oben IV 1b), entfällt doch ein Anspruch auf Ersatz des Mangelschadens; *X* wäre wenigstens in dieser Hinsicht schutzbedürftig.

38 Palandt/*Grüneberg* § 421 Rn. 11.

39 Aus § 425 II, I folgt, dass die Verjährung des Anspruchs gegen den einen Gesamtschuldner keine (Gesamt-)Wirkung hat im Hinblick auf die Verjährung des gegen den anderen Gesamtschuldner gerichteten Anspruchs.

40 BGHZ 58, 216 (218 f.); BGH WM 1971, 101 (102).

41 Vgl. zum folgenden Erman/*Ehmann,* 12. Aufl. 2008, § 426 Rn. 56.

42 Vgl. auch Erman/*Ehmann,* 12. Aufl. 2008, § 426 Rn. 56.

Zessionsregress durch die Verjährung der gegen den anderen Gesamtschuldner gerichteten Ansprüche gehindert.[43] § 426 II 1 findet keine Anwendung.

b) Ansprüche des B

Wie gesehen, beruft sich *B* gegenüber *X* zu Recht auf Verjährung. Da er nicht von *X* in Anspruch genommen werden kann, entfällt die Frage eines Regresses gegenüber *A*.

[43] Erman/*Böttcher* § 426 Rn. 53.

Fall 7. Der unmotorisierte Oldtimer

Bürgschaft – Form – Sittenwidrigkeit – Einreden gegen die Bürgschaft – Werkvertrag – Mitwirkungsobliegenheit des Gläubigers – Teilvergütungsanspruch

Sachverhalt

A sammelt Oldtimer, mit denen er auch an Oldtimerrennen teilnimmt. Ende 2017 entdeckt er einen gebrauchten Triumph Gloria, der allerdings in schlechtem Zustand ist: Die Karosserie ist in Teilen durchrostet, der Motor kaputt. *A* bringt den Wagen deshalb am 28.12.2017 in die auf Oldtimer spezialisierte Werkstatt des *W*. *W* soll ihn komplett zerlegen und die Einzelteile instandsetzen und lackieren. Danach soll er das Auto wieder zusammensetzen und dabei einen neuen Motor einbauen, den *A* selbst beschaffen will. Außerdem muss das Lenkrad ersetzt werden, weil das vorhandene kein Originalteil ist. *W* rät dem noch unschlüssigen *A* dringend zum Kauf eines in einer Kleinanzeige inserierten Triumph-Lenkrads, das *A* für 800 € ersteht und dem *W* zum Einbau übergibt. Schließlich soll *W* an dem am Heck befestigten Reserverad den Schriftzug des Reisebüros „Kuntz Individual-Luxusreisen" aufsprühen. Es handelt sich dabei um die Firma des eingetragenen Einzelkaufmanns *B*, des Bruders von *A*.

A und *W* vereinbaren, dass der Triumph bis zum 1.3.2018 soweit fertiggestellt ist, dass *W* anschließend mit dem Einbau des Motors beginnen kann, den *A* bis zu diesem Zeitpunkt *W* zur Verfügung stellen soll. Die Vergütung des *W* soll sich nach einem Stundenzettel und den tatsächlichen Aufwendungen errechnen; er kalkuliert mit einem Gesamtbetrag zwischen 20.000 und 25.000 €; Zahlung soll wegen finanzieller Schwierigkeiten des *A* aber erst zum 1.1.2019 erfolgen. *W* besteht deshalb auf einer Sicherheit, bevor er mit den Arbeiten beginnt. *A* wendet sich daraufhin an seinen Bruder *B*. *A* und *B* hatten bereits vereinbart, dass das Unternehmen des *B* den *A* bei dessen Hobby finanziell unterstützt und als Gegenleistung des *A* Werbung am Oldtimer angebracht wird. *B* erklärt sich nun auch damit einverstanden, für *A* gegenüber *W* zu bürgen. Er sendet dem *W* am 4.1.2018 eine E-Mail, in der er sich für alle Forderungen des *W* gegen *A* aus dem Vertrag vom 28.12.2017 bis zu einer Höhe von 25.000 € verbürgt. Absender der E-Mail ist „Kuntz Individual-Luxusreisen". Die Erklärung schließt mit einer qualifizierten elektronischen Signatur des *B*. *W* druckt die E-Mail aus und heftet sie ab.

W beginnt sogleich mit den Arbeiten am Oldtimer. Wider Erwarten passt das von ihm empfohlene Lenkrad nicht; es ist nur für ältere Modelle zugelassen. Das passende Lenkrad muss *A* für 900 € kaufen, das andere Lenkrad kann er nur noch für 500 € weiterverkaufen. *W* stellt den Oldtimer bis auf den Motor bis zum 1.3.2018 fertig und fordert den *A* per E-Mail auf, ihm nun auch den Motor zu liefern. *A* hat jedoch unterdessen so große finanzielle Sorgen, dass er zum Kauf eines Motors nicht in der Lage ist, weshalb er auch zwei weitere Aufforderungen des *W* ignoriert. Am 25.4.2018 sendet *W* ein letztes Schreiben an *A*, worin er die Lieferung eines Motors bis spätestens 31.5.2018 verlangt; anderenfalls sei der Vertrag für ihn ab diesem Zeitpunkt gegenstandslos. Auch diese Frist verstreicht.

W verlangt daher Anfang Juli 2018 von *B* die für die bisherigen Arbeiten am Triumph angefallene Vergütung von 22.000 €, die dem Wert seiner Arbeiten entspricht. Darüber hinaus fordert *W* seine auf die nicht geleisteten Arbeitsstunden entfallende Gewinnmarge in Höhe von weiteren 500 €, so als hätte er auch den Motor eingebaut. *B* meint, er habe sich vor allem wegen seiner engen persönlichen Beziehung zu *A* zur Bürgschaft gedrängt gefühlt; nie hätte er gedacht, dass sein Bruder ein so schlechter Schuldner sei, das sei ganz untypisch für ihn. Zudem solle sich *W* doch zunächst mit allen Mitteln, auch im Wege der Zwangsvollstreckung, an seinen Bruder halten. Die Forderung bestehe auch deshalb nicht, weil *W* die Arbeiten am Oldtimer noch gar nicht abgeschlossen und *A* sie noch nicht abgenommen habe. *A* habe auch sicher nicht zwei Lenkräder bezahlen wollen.

Kann *W* von *B* die Zahlung von 22.500 € verlangen?

Lösung

I. Bürgschaftsvertrag gemäß § 765 I
- 1. Einigung
  - a) Angebot
  - b) Annahme
- 2. Sittenwidrigkeit
- 3. Anfechtung wegen Irrtums

II. Bestehen der Hauptforderung
- 1. Anspruch aus § 631 I
  - a) Werkvertrag
  - b) Kündigung nach §§ 643, 642 I
- 2. Anspruch aus §§ 645 I, 643, 642 I
- 3. Anspruch aus § 280 I

III. Einreden des B
- 1. Eigene Einreden des Bürgen
- 2. Einreden und Gestaltungsrechte des Hauptschuldners
  - a) Einrede der Stundung gemäß § 768 I
  - b) Aufrechenbarkeit gemäß § 770 II

IV. Ergebnis

Voraussetzung für einen Anspruch des *W* gegen *B* aus § 765 I ist zunächst ein wirksamer Bürgschaftsvertrag zwischen ihnen.[1]

I. Bürgschaftsvertrag gemäß § 765 I

1. Einigung

a) Angebot

Ein Angebot liegt in der E-Mail des *B* an *W*. Diese lässt den Verbürgungswillen des *B* eindeutig erkennen. Die Erklärung des *B* nennt die Person des *W* als Gläubiger und die des *A* als Hauptschuldner. Auch die gesicherte Hauptschuld ist hinreichend bestimmt. Insoweit genügt es nämlich, wenn sie nach Art und Umfang bestimmbar

[1] Zur Struktur des Bürgschaftsvertrags *Looschelders* SchuldR BT Rn. 934.

ist.[2] Die Formulierung „alle Forderungen aus dem Vertrag vom 28.12.2017" wird diesen Anforderungen gerecht. Dass es sich bei der Hauptforderung im Zeitpunkt der Bürgschaftserklärung erst um eine künftige Verbindlichkeit handelte, ist nach § 765 II unerheblich.

aa) *Formerfordernis nach § 766 S. 1:* Möglicherweise ist das Rechtsgeschäft, das Angebot des *B*, nach § 125 S. 1 nichtig, weil die gesetzlich vorgeschriebene Form nicht eingehalten wurde. § 766 S. 1 verlangt, dass die Bürgschaftserklärung (nicht der Bürgschaftsvertrag!) schriftlich abgegeben wird. Schriftform heißt nach § 126 I, dass eine Urkunde vorliegt, die vom Aussteller eigenhändig unterschrieben wurde. Eine E-Mail genügt dieser Form nicht. Selbst wenn sie ausgedruckt wird, fehlt es doch an der eigenhändigen Unterschrift des Ausstellers auf dem Ausdruck.

Nach § 126 III kann die Schriftform jedoch durch die elektronische Form ersetzt werden. Die elektronische Form erfordert nach § 126a I, dass anstelle der Unterschrift eine qualifizierte elektronische Signatur nach dem Signaturgesetz vorliegt. Die E-Mail des *B* war mit einer solchen Signatur versehen. Allerdings kann eine elektronische Signatur die Schriftform nur dann ersetzen, wenn sich aus dem Gesetz nichts anderes ergibt, vgl. § 126 III. § 766 S. 2 schließt jedoch die elektronische Form für die Bürgschaftserklärung aus. Folglich wurde trotz elektronischer Signatur die Form des § 766 S. 1 nicht gewahrt.

bb) *Entbehrlichkeit der Form nach § 350 HGB:* Allerdings könnte die Einhaltung der Schriftform nach § 350 HGB entbehrlich sein. Nach dieser Vorschrift findet § 766 S. 1 keine Anwendung, wenn die Bürgschaft auf der Seite des Bürgen ein Handelsgeschäft ist. Handelsgeschäfte sind nach § 343 I HGB alle Geschäfte eines Kaufmanns, die zum Betrieb seines Handelsgewerbes gehören. Damit die Bürgschaftserklärung formlos wirksam ist, muss *B* also Kaufmann sein und die Bürgschaft zu seinem Handelsgewerbe gehören.

Kaufmann ist nach § 1 I HGB, wer ein Handelsgewerbe betreibt. Das Unternehmen von *B* ist ein Gewerbe, da es sich bei einem Reisebüro um eine erkennbar planmäßige, auf Dauer angelegte, selbstständige, auf Gewinnerzielung ausgerichtete Tätigkeit am Markt handelt.[3] Als Handelsgewerbe gilt ein gewerbliches Unternehmen jedenfalls dann, wenn seine Firma in das Handelsregister eingetragen ist, § 2 S. 1 HGB. *B* ist Kaufmann.

Zum Betrieb des Handelsgewerbes eines Kaufmanns gehören alle Geschäfte, die dem Interesse des Handelsgewerbes dienen sollen. Das können auch Hilfs- und Nebengeschäfte sein.[4] Nach § 344 I HGB gelten im Zweifel die von einem Kaufmann vorgenommenen Rechtsgeschäfte als zum Betrieb seines Handelsgewerbes gehörig. *B* hat die Bürgschaftserklärung unter seiner Firmen-E-Mail-Adresse „Kuntz Individual-Luxusreisen" abgegeben. Zudem ist er auch Sponsor des *A*, und die Abgabe der Bürgschaft erfolgte als zusätzliche Leistung im Rahmen des Sponsorings. Das Sponsoring ist eine unmittelbar auf das Unternehmen bezogene Marketingmaßnahme und dient damit dem Interesse des Handelsgewerbes. Daher ist auch die Bürgschaft des *B* als Handelsgeschäft anzusehen. Der Form des § 766 S. 1 bedurfte es daher nach § 350 HGB nicht. Die Erklärung des *B* ist deshalb nicht wegen Formmangels nach § 125 S. 1 unwirksam.

---

2 Jauernig/*Stadler* § 765 Rn. 18.
3 Zu diesen Voraussetzungen Baumbach/*Hopt*, HGB, 37. Aufl. 2016, § 1 Rn. 12 ff.
4 MüKoHGB/*Schmidt*, 3. Aufl. 2013, § 343 Rn. 14.

b) Annahme

Das Angebot seitens *B* wurde von *W* auch angenommen. Indem er die Erklärung ausdruckte und abheftete und zudem mit den Arbeiten am Auto begann, die er von der Sicherheitsleistung abhängig gemacht hatte, hat *W* seinen Annahmewillen konkludent zum Ausdruck gebracht.[5] Ein Zugang der Annahmeerklärung ist bei einer Bürgschaft gemäß § 151 S. 1 nach der Verkehrssitte entbehrlich, da es sich dabei um ein für den Antragsempfänger lediglich vorteilhaftes Geschäft handelt.[6] Ein Bürgschaftsvertrag liegt damit vor.

2. Sittenwidrigkeit

Fraglich ist, ob die Bürgschaft nach § 138 I sittenwidrig und deshalb unwirksam ist. Daran kann man deshalb denken, weil es sich bei dem Bürgen *B* um den Bruder des Hauptschuldners *A* handelt, der sich diesem eng verbunden fühlt.

Eine Bürgschaft verstößt dann gegen die guten Sitten, wenn sich ein naher Angehöriger (Partner, Kind etc.) verbürgt, ohne selbst ein eigenes wirtschaftliches Interesse an der Bürgschaftsübernahme zu haben, und er mit der Bürgschaft finanziell krass überfordert ist, also in absehbarer Zeit keine nennenswerten Tilgungsleistungen erbringen oder nicht einmal die laufenden Zinsen bezahlen kann.[7] In einem solchen Fall nimmt die Rechtsprechung an, dass die Entscheidungsfreiheit des Bürgen wegen seiner engen persönlichen, emotionalen Beziehung zum Hauptschuldner unzulässig beeinflusst wird oder eingeschränkt ist, und vermutet daher wie beim wucherähnlichen Rechtsgeschäft (widerleglich) die subjektive Sittenwidrigkeit.[8] Diese Rechtsprechung ist vor dem Inkrafttreten der Restschuldbefreiung nach §§ 286 ff. InsO entwickelt worden; völlig zu Recht ist darauf hingewiesen worden, dass die finanzielle Belastung des Bürgen sittlich indifferent ist und daher an sich kein Problem des materiellen Rechts.[9] Auch ein naher Angehöriger kann eine ihn überfordernde Bürgschaft aus freien Stücken übernehmen. Materiellrechtlich entscheidend muss sein, ob der Gläubiger auf die Willensbildung und Entscheidungsfreiheit des Bürgen unzulässig eingewirkt hat. Entscheidend ist dafür einerseits § 123 II 1; andererseits können bei der Sicherung eines Verbraucherdarlehens zum Schutz des Bürgen Aufklärungspflichten seitens des Gläubigers angenommen werden, denen der Gläubiger dadurch nachkommen kann, dass er die Angaben in die nach § 766 S. 1 vom Bürgen zu erteilende Bürgschaftsurkunde aufnimmt.[10] Für § 138 I bleibt daneben wenig Raum.

Zwar kann auch unter Geschwistern im Einzelfall ein vergleichbares emotionales Näheverhältnis bestehen wie zwischen Partnern oder Eltern und Kind.[11] Es ist aber nichts dafür ersichtlich, dass *B's* Entscheidungsfreiheit beeinflusst oder eingeschränkt war und er sich allein aufgrund seiner Angehörigeneigenschaft zur Abgabe der Bürgschaft veranlasst sah. Er ist selbst ein Geschäftsmann, der sich der Risiken

---

5 BGH NJW 1997, 2233.

6 BGH NJW 1997, 2233; BGHZ 158, 286 Rn. 21; MüKoBGB/*Habersack* § 765 Rn. 9; *Looschelders* SchuldR BT Rn. 957 ff.

7 BVerfG NJW 1994, 36, NJW 1994, 2749; BGHZ 125, 206 (209 ff.); 238, 230 (232); NJW 1996, 1274; Staudinger/*Horn*, 2012, § 765 Rn. 177, 188, 194; MüKoBGB/*Habersack* § 765 Rn. 15, 18.

8 Staudinger/*Horn*, 2012, § 765 Rn. 204.

9 MüKoBGB/*Habersack* § 765 Rn. 20.

10 MüKoBGB/*Habersack* § 765 Rn. 21; § 766 Rn. 19: Es geht um die Angaben gemäß §§ 492 II, 507 II 1; Art. 247 § 6 ff. EGBGB.

11 BGHZ 137, 329 (334 f.).

einer Bürgschaft wohlbewusst war.[12] Er verbürgte sich vielmehr auch im eigenen wirtschaftlichen Interesse, nämlich im Rahmen des Sponsorings des *A*, der als Gegenleistung Werbung für sein Unternehmen machen sollte. Vor allem aber fehlt es bei *B* an einer finanziellen Überforderung. Dem Sachverhalt sind keine Anzeichen dafür zu entnehmen, dass *B* nicht in der Lage wäre, die maximale Bürgschaftssumme von 25.000 € aufzubringen. Die Bürgschaft ist daher nicht wegen Sittenwidrigkeit nach § 138 I unwirksam.

3. Anfechtung wegen Irrtums

Wegen des Irrtums des *B* über die Zahlungsfähigkeit seines Bruders *A* könnte man an eine Anfechtung des Bürgschaftsvertrags nach § 119 II denken. Die dafür vorausgesetzte verkehrswesentliche Eigenschaft einer Person ist nur in erster Linie, aber nicht ausschließlich eine Eigenschaft des Vertragspartners; vielmehr kann sie auch die Eigenschaft eines Dritten sein, wenn sie für das Geschäft bedeutsam ist.[13] Auch sind Solvenz und Zahlungswilligkeit eines Schuldners im Verkehr wesentliche Eigenschaften seiner Person.[14] Jedoch ist es gerade Wesensmerkmal der Bürgschaft, dass der Bürge für die Bonität des Hauptschuldners gegenüber dem Gläubiger einsteht. Da die Vermögenslage des Hauptschuldners zur Risikosphäre des Bürgen gehört, ist eine Anfechtung wegen Eigenschaftsirrtums (oder die Berufung auf den Wegfall der Geschäftsgrundlage) ausgeschlossen.[15]

II. Bestehen der Hauptforderung

Wegen des Charakters der Bürgschaft als einer akzessorischen Sicherheit setzt ihre Wirksamkeit weiter das Bestehen einer gesicherten Forderung („Hauptforderung") voraus. Als Hauptforderung kommen gemäß dem Bürgschaftsvertrag alle Forderungen in Betracht, die *W* gegen *A* aufgrund des Vertrages vom 28.12.2017 zustehen. Zu prüfen ist daher, ob *W* aufgrund dieses Vertrages von *A* die geforderten 22.500 € verlangen kann.

1. Anspruch aus § 631 I

a) Werkvertrag

Bei dem Vertrag über die Instandsetzung des Oldtimers handelt es sich um einen Werkvertrag, da ein bestimmter Arbeitserfolg geschuldet wird. Bei einem Werkvertrag ist der Besteller nach § 631 I zur Entrichtung der vereinbarten Vergütung verpflichtet.

b) Kündigung nach §§ 643, 642 I

Der Anspruch könnte wegen einer Kündigung des *W* gemäß § 643 erloschen sein. Nach § 643 S. 1 kann der Unternehmer dem Besteller eine angemessene Frist zur Nachholung einer unterlassenen Mitwirkung setzen, verbunden mit der Erklärung, dass er bei ergebnislosem Fristablauf den Vertrag kündige. Nach § 643 S. 2 gilt der

---

12 Die geschäftliche Gewandtheit des Bürgen lässt allerdings die Sittenwidrigkeit im Ausnahmefall dann nicht entfallen, wenn für ihn die emotionale Nähe zum Schuldner bestimmend war; vgl. Staudinger/*Horn*, 2012, § 765 Rn. 200.

13 *Medicus/Petersen* BürgerlR Rn. 137.

14 Staudinger/*Singer*, 2017, § 119 Rn. 92.

15 RGZ 134, 126 (129); BGH NJW 1988, 3205; MüKoBGB/*Habersack* § 765 Rn. 37; MüKoBGB/*Finkenauer* § 313 Rn. 73, 226; anders RGZ 158, 166 (170).

Vertrag als aufgehoben, wenn die Nachholung nicht bis zum Ablauf der Frist erfolgt. Voraussetzung ist jedoch, dass ein Fall des § 642 vorliegt, der Besteller sich also durch Unterlassen einer notwendigen Mitwirkungshandlung im Annahmeverzug befindet.

aa) *Annahmeverzug des A nach § 642 I:* Die Lieferung des Motors war eine Voraussetzung dafür, dass *W* die Instandsetzung des Oldtimers vollenden konnte. Sie ist also eine zur (weiteren) Herstellung des vereinbarten Werkes notwendige Mitwirkung des *A*. Ohne die Lieferung kann *W* seine weiteren vertraglichen Pflichten nicht erfüllen.

Annahmeverzug ist nach § 293 gegeben, wenn der Gläubiger die ihm angebotene Leistung nicht annimmt. Der Schuldner muss zum fraglichen Zeitpunkt leisten dürfen und dazu bereit und imstande sein; außerdem muss er die Leistung, so wie geschuldet, anbieten. *W* war ab dem 1.3.2018 dazu berechtigt, den Einbau des Motors und die darauf folgende restliche Instandsetzung des Oldtimers als Leistung anzubieten. Er war dazu auch bereit und wäre dazu imstande gewesen, wenn *A* ihm einen Motor gebracht hätte. Ein wörtliches Angebot des Schuldners genügt nach § 295 S. 1, wenn der Gläubiger eine Mitwirkungshandlung zu erbringen hat. Hier war ein Angebot nach § 296 S. 1 wegen des Termins sogar entbehrlich, erfolgte aber trotzdem. Indem *A* einen Motor nicht zur Verfügung stellte, hat er eine notwendige Mitwirkungshandlung unterlassen und die weiteren, von *W* angebotenen Leistungen, die dieser dadurch nicht vornehmen konnte, nicht angenommen.

Ein Verschulden des Gläubigers ist nicht Voraussetzung des Annahmeverzugs. Eine Ausnahme davon macht lediglich § 299. Diese Regelung ist hier jedoch nicht einschlägig, da im Vertrag für den Einbau des Motors eine Leistungszeit bestimmt ist, nämlich der 1.3.2018.

bb) *Aufhebung des Vertrages nach § 643:* *W* muss dem *A* zunächst eine angemessene Frist zur Vornahme der erforderlichen Mitwirkungshandlung gesetzt haben. Eine Frist von einem Monat, um einen Motor zur Verfügung zu stellen, ist als angemessen anzusehen, zumal *W* den *A* schon vorher mehrfach dazu aufgefordert hatte. Der Besteller muss ferner erklären, dass er den Vertrag kündigen werde, wenn die Handlung nicht bis zum Fristablauf vorgenommen werde. Auch eine solche Erklärung hat *W* abgegeben, indem er eindeutig zum Ausdruck brachte, dass der Vertrag in diesem Fall für ihn gegenstandslos sei, § 133; die Erklärung gemäß § 643 S. 1 ist eine Willenserklärung.[16]

A hat die erforderliche Handlung nicht innerhalb der Frist vorgenommen. Die Voraussetzungen des § 643 S. 1 liegen vor. Der Vertrag gilt also nach § 643 S. 2 mit *ex-nunc*-Wirkung als aufgehoben. Der vertragliche Vergütungsanspruch aus § 631 besteht nicht.

2. Anspruch aus §§ 645 I, 643, 642 I

W kann einen Anspruch auf Zahlung von 22.500 € haben. Gemäß § 645 I 2 könnte er Zahlung des der geleisteten Arbeit entsprechenden Teils der Vergütung verlangen. Dazu muss der Vertrag nach § 643 S. 2 aufgehoben worden sein. Dies ist hier geschehen. Der geleisteten Arbeit entspricht hier die geltend gemachte Vergütung in Höhe von 22.000 €.

Es lässt sich aber zunächst fragen, ob der Vergütungsanspruch aus § 645 I überhaupt eine geeignete Hauptforderung i. S. d. § 765 I ist. Die Auslegung eines Bürgschafts-

[16] BeckOGK BGB/*Kögl* § 643 Rn. 9.

vertrags ergibt jedoch regelmäßig, dass bei Unwirksamkeit der Hauptschuld die Bürgschaft auch auf etwaige Bereicherungs- und Schadensersatzansprüche erstreckt.[17] Erst recht muss dieser Gedanke gelten, wenn an die Stelle des ursprünglichen Erfüllungsanspruchs ein Anspruch auf (Teil-)Vergütung tritt; dieser ist ein echter Erfüllungsanspruch, weshalb Sicherheiten ohne weiteres bestehen bleiben.[18]

Zweifelhaft ist schließlich, ob *W* Anspruch auf die von ihm geltend gemachte *volle* Vergütung abzüglich der ersparten Aufwendungen und eines anderweitigen Erwerbs hat. Diese Rechtsfolge kennt nur § 648 S. 2, wenn der Vertrag durch den Besteller gekündigt wurde, nicht jedoch der hier einschlägige § 645 I. *W* macht nicht die Vergütung für die Arbeitszeit und sonstigen Aufwendungen geltend, die auf den Einbau des Motors entfallen wären, sondern verlangt nur seinen entgangenen Gewinn in Höhe von 500 €. Das entspricht der Rechtsfolge des § 648 S. 2. Nach einer Auffassung soll § 645 I 2 korrigierend ausgelegt bzw. § 648 S. 2 analog angewendet werden, so dass der Unternehmer im Falle des Annahmeverzugs tatsächlich die volle Vergütung nach § 648 S. 2 erhält.[19] Es bestehe nämlich ein Wertungswiderspruch zwischen der Kündigung durch den Unternehmer gemäß § 643 und der Kündigung durch den Besteller nach § 648 S. 2. Denn bei jener erhalte der Unternehmer verschuldensunabhängig nur eine Teilvergütung, bei dieser dagegen die volle Vergütung. Die Teilvergütung ist für den Unternehmer – namentlich in einem frühen Stadium des Werks – regelmäßig ungünstiger als der Anspruch auf die volle vereinbarte Vergütung unter Abzug der ersparten Aufwendungen und eines anderweitigen Erwerbs gemäß § 648. Tatsächlich liegt häufig zwischen einer Unternehmerkündigung wegen einer Mitwirkungsverweigerung des Bestellers und einer Bestellerkündigung nur ein schmaler Grat, zumal wenn der Besteller bei der Mitwirkungsverweigerung nicht einfach passiv bleibt und seinen Erklärungen zugleich auch eine Kündigung entnommen werden kann. Nach anderer, vorzugswürdiger Auffassung ist dagegen am Wortlaut des § 645 I festzuhalten:[20] Denn § 645 ist ein Kompromiss zwischen einer allzu rigiden Gefahrzuweisung an den Unternehmer – er trägt bis zur Abnahme die Vergütungsgefahr – und voller Gefahrüberwälzung an den Besteller.[21] Eine Regelungslücke, Voraussetzung für eine Analogie, besteht gleichfalls nicht; der Gesetzgeber hat in §§ 645, 648, 648a die Ansprüche auf eine volle oder eine Teilvergütung fein austariert. Zudem ordnet das Gesetz in § 645 II ausdrücklich eine weitergehende Haftung des Bestellers nur im Falle seines Verschuldens an. Es kommt daher hier nur eine Teilvergütung nach § 645 I in Betracht.

W kann daher nur einer Teilvergütung in Höhe von 22.000 € gemäß § 645 I verlangen.

3. Anspruch aus § 280 I

Gemäß § 645 II ist eine weitergehende Haftung des Bestellers wegen Verschuldens möglich. Voraussetzung für einen Anspruch aus § 280 I ist die schuldhafte Verletzung einer Pflicht aus dem Schuldverhältnis, hier einer vertraglichen Nebenpflicht des *A*. Bei der Pflicht zur erforderlichen Mitwirkung an der Herstellung eines

---

[17] Vgl. MüKoBGB/*Habersack* § 765 Rn. 62, 78.

[18] Staudinger/*Peters/Jacoby*, 2014, § 649 a. F. Rn. 30.

[19] Staudinger/*Peters/Jacoby*, 2014, § 642 Rn. 18f.; *Looschelders* SchuldR BT Rn. 651; s. ausf. *Armbrüster/Bickert* NZBau 2006, 153 (155f., 160).

[20] MüKoBGB/*Busche* § 642 Rn. 19.

[21] So deutlich die 1. BGB-Kommission bei *Jakobs/Schubert*, Recht der Schuldverhältnisse, Bd. II, 1980, 902; *Harke* SchuldR BT Rn. 105.

Werkes handelt es sich jedoch regelmäßig nur um eine Gläubigerobliegenheit.[22] Dennoch wird diese z. T. als Verbindlichkeit aus dem zugrundeliegenden Schuldverhältnis eingeordnet, jedenfalls dann, wenn ihre Nichterfüllung den Vertragszweck gefährdet.[23]

Diese Sicht ist jedoch widersprüchlich, da von „Obliegenheit" nur dann die Rede sein kann, wenn ihre Verletzung gerade keinen Schadensersatzanspruch nach sich ziehen soll. Von einer echten Pflicht des Bestellers, deren Verletzung einen Schadensersatzanspruch erzeugt, kann nur die Rede sein, wenn sie besonders vereinbart ist und ein entsprechendes Interesse des Werkunternehmers an der Vollendung des Werks besteht.[24] Man könnte sich zudem mit einer allgemeinen Schutzpflicht behelfen, die den Parteien ein vertragszweckgefährdendes Verhalten verbietet. Grundsätzlich spricht aber gegen einen Schadensersatzanspruch, dass dieser nicht auf die Höhe der vereinbarten Vergütung beschränkt wäre, sondern unbeschränkt alle Schadensposten erfassen würde, was jedoch der Wertung des § 648 widerspricht, der dem Unternehmer bei einer (jederzeit möglichen) Kündigung des Bestellers höchstens einen solchen beschränkten Anspruch gewährt. Eine unterschiedliche Behandlung von Kündigung und Mitwirkungsverweigerung ist aber kaum sachlich zu rechtfertigen; denn statt die Mitwirkung zu verweigern, könnte der Besteller jederzeit auch (rechtmäßig) kündigen.[25] Oftmals wird die Mitwirkungsverweigerung sogar als konkludente Kündigung anzusehen sein. Man könnte zwar die Höhe des Schadensersatzes auf das Maß des § 648 beschränken, doch bliebe dann der Widerspruch, dass die Kündigung rechtmäßig und die Mitwirkungsverweigerung pflichtwidrig sein soll, um einen Schadensersatzanspruch zu begründen. Ein Schadensersatzanspruch hat daher auszuscheiden. Eine berichtigende Auslegung des § 645 I 2 genügt zum Schutz des Unternehmers (s. soeben II 2).

III. Einreden des B

Dem Anspruch dürfen keine Einreden des *B* entgegenstehen. Dem Bürgen können zwei Arten von Einreden zustehen: zum einen diejenigen, die er selbst wegen des Bürgschaftsvertrags hat; zum anderen nach § 768 wegen der dem Hauptschuldner gegen die Hauptforderung zustehenden Einreden bzw. nach § 770 wegen noch nicht ausgeübter Gestaltungsrechte.

1. Eigene Einreden des Bürgen

B könnte die Einrede der Vorausklage nach § 771 erheben. Danach kann der Bürge die Befriedigung des Gläubigers verweigern, wenn dieser nicht vorher erfolglos die Zwangsvollstreckung gegen den Hauptschuldner versucht hat. Die Einrede der Vorausklage kann jedoch ausgeschlossen sein. Dies gilt zum einen nach § 773 dann,

---

22 Vgl. Staudinger/*Peters/Jacoby*, 2014, § 642 Rn. 17.

23 BGHZ 11, 80 (86): „Zur Erfüllung einer Vertragsverbindlichkeit gehört alles, was aus dem Vertrage vom Vertragsschuldner verlangt werden kann [...]. In diesem weiten Sinn umfaßt die Verbindlichkeit nicht nur alle Haupt- und Nebenpflichten [...], sondern auch die sog. reinen „Gläubigerobliegenheiten", zu denen z. B. beim Werkvertrag die zur Herstellung des Werkes erforderlichen Handlungen des Gläubigers (§ 642 BGB) zu zählen sind; derartige Handlungen sind „Sache des Gläubigers", ohne daß jedoch insoweit eine echte „Verpflichtung" entsteht. Jede schuldhafte Leistungsstörung, die durch eine Verletzung dieser im weitesten Sinne aufzufassenden „Vertragspflichten" den Vertragsgegner schädigt, begründet eine Verpflichtung zum Schadensersatz"; gleichsinnig BGHZ 50, 175.

24 Staudinger/*Peters/Jacoby*, 2014, § 642 Rn. 20.

25 BeckOK BGB/*Voit* § 642 Rn. 7 ff.

wenn einer der dort genannten Fälle vorliegt, etwa der Bürge eine selbstschuldnerische Bürgschaft übernommen hat (Nr. 1). Zum anderen steht dem Bürgen die Einrede der Vorausklage auch dann nicht zu, wenn die Bürgschaft für ihn ein Handelsgeschäft ist, § 349 S. 1 HGB. Letzteres ist hier der Fall (I 1a bb). Die Einrede steht dem *B* nicht zu.

2. Einreden und Gestaltungsrechte des Hauptschuldners

a) Einrede der Stundung gemäß § 768 I

Nach § 768 S. 1 kann der Bürge die dem Hauptschuldner zustehenden dilatorischen und peremptorischen Einreden geltend machen. *A* und *W* haben eine Fälligkeit des Werklohns zum 1.1.2019 vereinbart, § 271 II. Obwohl der Vertrag zwischen *A* und *W* aufgehoben ist, ist für die Fälligkeit des Vergütungsanspruchs nach wie vor die getroffene Stundungsabrede entscheidend. Denn wenn *W* anstelle des Werklohnanspruchs gemäß § 645 I 2 Anspruch auf einen Vergütungsteil hat und *W* damit einverstanden war, dass er Werklohn erst zum 1.1.2019 fordern darf, so ist im Wege der ergänzenden Auslegung auch der an die Stelle des Werklohnanspruchs tretende Vergütungsanspruch von dieser Vereinbarung erfasst.

§ 271a I 1 ist hier nicht anwendbar, obwohl ein Zahlungsziel von mehr als 60 Tagen nach Erbringung der Gegenleistung des *W* vereinbart wurde. Denn nach § 271a V Nr. 2 findet die Bestimmung keine Anwendung, wenn ein Verbraucher eine Entgeltforderung zu erfüllen hat. Als eine natürliche Person hat *A* den Werkvertrag nur wegen seines Hobbies abgeschlossen; er ist damit Verbraucher nach § 13.

Folglich kann sich *B* auf die noch ausstehende Fälligkeit der Forderung gegen *A* bis zum 1.1.2019 nach § 768 S. 1 berufen.[26]

b) Aufrechenbarkeit gemäß § 770 II

Insoweit *W* gegenüber *A* aufrechnen und sich also befriedigen kann, hat *B* gemäß § 770 II das Recht, die Leistung nach § 770 I zu verweigern.[27] Eine Aufrechnung setzt zunächst die Fälligkeit einer Gegenforderung des Hauptschuldners *A* gegen *W* voraus, § 770 II. § 770 II ist damit strenger als § 387, der nur verlangt, dass die Gegenforderung des Schuldners erfüllbar ist. Hier ist an einen Anspruch des *A* wegen der falschen Kaufempfehlung des *W* aus § 280 I zu denken; möglich ist aber auch, dass es sich um einen unverbindlichen Ratschlag nach § 675 II handelte. Neben seinen unmittelbaren Hauptpflichten aus dem Werkvertrag trifft *W* jedoch einerseits die Neben- oder Schutzpflicht, auf die (Vermögens-)Interessen seines Vertragspartners gemäß § 241 II Rücksicht zu nehmen. Weil der Kauf eines Lenkrads aber auch Voraussetzung für den werkvertraglich geschuldeten Einbau durch *W* ist, kann man dessen Pflicht auch als leistungssichernde Nebenpflicht einordnen.[28] *W* hatte dem-

---

[26] Vgl. nur BGH ZIP 1998, 2145; NJW 2001, 2327 (2329); MüKoBGB/*Habersack* § 768 Rn. 6.

[27] Dazu *Looschelders* SchuldR BT Rn. 973.

[28] Zur häufig schwierigen Abgrenzung der Leistungspflichten (und leistungssichernden Nebenpflichten) von den Schutzpflichten vgl. *Binder* AcP 211 (2011), 587 (603 ff.); *Grigoleit* FS Canaris, 2007, 275 (288 ff.); *Looschelders* SchuldR AT § 1 Rn. 19 ff., 24 f. Ob die leistungssichernde Nebenpflicht unter § 241 II oder unter § 241 I einzuordnen ist, ist umstritten, s. einerseits MüKoBGB/*Bachmann* § 241 Rn. 55, andererseits *Grigoleit* FS Canaris, 2007, 275 (279). Ein Unterschied ergibt sich in Bezug auf das Fristsetzungserfordernis der §§ 281, 323. Eine Fristsetzung wäre hier aber wegen des fehlerhaften Ratschlags nicht mehr zielführend und ist daher entbehrlich, so dass kein Unterschied zwischen den Auffassungen besteht; s. auch Fall 4 I 1a.

nach als Vertragspartner des *A* die Pflicht, nicht durch einen falschen Ratschlag einen Vermögensschaden des *A* zu verursachen; andererseits musste er auch eine richtige Kaufempfehlung zur Sicherung des eigenen werkvertraglichen Erfolgs geben. Es handelt sich hier um eine doppeltrelevante Pflicht. Als ein auf Oldtimer spezialisierter Inhaber einer Werkstatt hatte *W* die notwendige Fachkenntnis zu einer solchen Kaufberatung. Von einem Experten ist zudem zu erwarten, dass er sich kundig macht, sollte er es nicht sein. Ein Verschulden des *W* ist zu bejahen. Auch die Kausalität zwischen der Empfehlung und dem eingetretenen Schaden von 300 € ist zu bejahen; ein entsprechender fälliger Ersatzanspruch des *A* aus § 280 I besteht.

Zudem muss *W* als Gläubiger aufrechnungsbefugt sein. Die Hauptforderung muss gleichfalls fällig und einredefrei sein, §§ 387, 390. Das ist bei dem Vergütungsanspruch der Fall (oben II 2). Beide Forderungen sind auch wechselseitig und gleichartig, Aufrechnungsausschlüsse nicht ersichtlich.

In Höhe von 300 € kann *B* daher gegenüber *W* die Leistung verweigern, § 770 I, II.

IV. Ergebnis

W hat einen Anspruch gegen *B* auf Zahlung von 22.500 €; *B* kann bis zum 1.1.2019 die Befriedigung des *W* in voller Höhe und von da an in Höhe von 300 € verweigern.

Fall 8. Das Kartenspiel auf Kredit

Darlehen zu Spielzwecken – Kondiktionsausschluss wegen Sittenverstoßes

Sachverhalt

Wirtin *W* betreibt den Gasthof „Zum Goldenen Hirschen", in dem bekanntermaßen jeden Freitag bis in die Nacht hinein bei allgemeiner Hochstimmung Skat gespielt wird. Als sie den Kellner *K* einstellt, teilt sie ihm mit, dass sie nichts dagegen habe, wenn er einem der Skatspieler hin und wieder mit etwas Geld aus der Kasse aushelfe; das sei dem Ruf ihrer Gastwirtschaft zuträglich. Die Spieler seien ihr alle gut bekannt und würden ihre Schulden stets zurückzahlen. Wenn nur noch wenige Gäste da seien, dürfe auch er, *K*, mitspielen.

Eines Freitag abends sind nur drei Skatspieler übrig geblieben, die Gäste *X* und *A* sowie *K*. Als *A* sein ganzes Bargeld verspielt hat und nach Hause gehen möchte, fordert *K* ihn eindringlich auf, noch ein paar Runden weiterzuspielen. *A* weigert sich zunächst. Um ihn doch zum Weiterspielen zu bewegen, bietet ihm *K* aus der Kasse der *W* 50 € als zinsloses Darlehen an; *W* habe wie üblich nichts dagegen. *A* kann der Versuchung nicht widerstehen und lässt sich den Betrag auszahlen. Er hat jedoch kein Glück. Als er im Morgengrauen den „Goldenen Hirschen" verlässt, hat er die 50 € wieder an *K* verloren.

Wie ist die Rechtslage?

Lösung

I. Anspruch des A gegen K aus § 812 I 1 (1)
II. Ansprüche der W gegen A
1. Rückzahlungsanspruch aus Darlehen, § 488 I 2
2. § 812 I 1 (1), condictio indebiti

III. Ansprüche der W gegen K
1. Darlehensanspruch gemäß § 488 I 2
2. Schadensersatz gemäß §§ 280 I, 241 II, 611
3. Herausgabeanspruch gemäß § 667
4. Geschäftsführung ohne Auftrag, §§ 681 S. 2, 667
5. Eingriffskondiktion, § 816 I 1
6. Schadensersatz gemäß § 823 II

I. Anspruch des A gegen K aus § 812 I 1 (1)

A könnte gegen *K* einen Anspruch auf Rückzahlung der 50 € aus ungerechtfertigter Bereicherung haben, § 812 I 1 (1) (Leistungskondiktion). *A* hat die 50 € in Erfüllung seiner Spielschuld an *K* geleistet. Durch Spiel wird eine Verbindlichkeit nicht begründet, § 762 I 1. Was aber aufgrund eines Spiels geleistet ist, kann nicht wegen Fehlens einer Verbindlichkeit zurückgefordert werden, § 762 I 2; das Spiel begründet lediglich eine nicht klagbare, aber erfüllbare Naturalobligation.[1] Zu prüfen ist jedoch, ob der Spielvertrag gegen ein gesetzliches Verbot (§ 134) verstoßen hat und deshalb nichtig ist. In diesem Falle stünde § 762 I 2 der Kondiktion nicht entgegen.[2] Würde es sich beim Skat um ein verbotenes öffentliches Glücksspiel i. S. d. § 284 StGB handeln, wäre die durch das Spiel eingegangene Verpflichtung nach § 134 nichtig. Skat ist indessen kein Glücksspiel, sondern ein nicht unter § 284 StGB fallendes Unterhaltungsspiel,[3] § 134 ist nicht einschlägig. Eine Unwirksamkeit gemäß § 138 kommt ebenfalls nicht in Betracht, da die Leistung des *A* auf seine Spielschuld nicht sittenwidrig ist. *A* kann nicht kondizieren.

II. Ansprüche der W gegen A

1. Rückzahlungsanspruch aus Darlehen, § 488 I 2

a) *W* könnte gegen *A* einen Anspruch auf Rückzahlung des Darlehens von 50 € haben (§ 488 I 2). Ein wirksamer Darlehensvertrag zwischen *A* und *W* setzt zunächst voraus, dass *W* durch das Handeln des *K* berechtigt und verpflichtet worden ist (§ 164 I 1). Dem Umstand, dass *K* das Geld der Kasse der *W* entnommen und dabei hinzugefügt hat, *W* habe wie üblich nichts dagegen, ist zu entnehmen, dass er im Namen der *W* gehandelt hat (§ 164 I 2). *K* war zu gelegentlichen Kreditgeschäften dieser Art auch bevollmächtigt und handelte daher innerhalb seiner Vertretungsmacht. Zwischen *A* und *W* ist also ein Darlehensvertrag zustande gekommen. Fraglich ist, ob die besonderen Wirksamkeitsvoraussetzungen der §§ 491 ff. für Verbraucherdarlehensverträge einschlägig sind. *W* betreibt mit ihrem Gasthof ein Gewerbe. Selbst wenn man die Vergabe von Darlehen ihrer gewerblichen Tätigkeit nach § 14 I zurechnen wollte, hat sie das Darlehen unentgeltlich gegeben; schon deshalb liegt ein Verbraucherdarlehen nicht vor, § 491 II 1.

b) Der Darlehensvertrag ist nicht gemäß § 134 nichtig. Zwar ist ein zum Glücksspiel gegebenes Darlehen wegen § 284 StGB i. V. m. § 134 nichtig,[4] beim Skatspiel handelt es sich jedoch nicht um ein solches verbotenes Glücksspiel (oben I).

c) Möglicherweise ist der Darlehensvertrag jedoch gemäß § 138 I sittenwidrig. Die h. M. bejaht die Sittenwidrigkeit eines zu Spielzwecken gegebenen Darlehens, wenn, wie hier, ein nicht ganz unbedeutender Betrag von einem Mitspieler oder (beispielsweise beim Roulette) vom Bankhalter gegeben worden ist und der Geber aus Gewinnsucht gehandelt hat. In einem solchen Fall wendet sie die Vorschrift des § 762 nicht an, obwohl sie grundsätzlich anerkennt, dass ein zu Zwecken des Spiels gegebenes Darlehen entsprechend § 762 II zu behandeln ist.[5]

Fraglich ist hier jedoch, ob nicht § 762 entgegen der h. M. als die passendere, weil speziellere Vorschrift gegenüber § 138 anzusehen ist. Nach § 762 II, I besteht allerdings nur eine Naturalobligation, wenn der verlierende Teil gegenüber dem

---

[1] Vgl. zur Rechtsnatur der Naturalobligation nach § 762 *Fuchs* FS Medicus, 1999, 123 (140): unvollkommene Verbindlichkeit; *Henssler,* Risiko als Vertragsgegenstand, 1994, 434: keine Verbindlichkeit; *Schulze,* Die Naturalobligation, 2008, 239 f.: einseitig nicht durchsetzbares Leistungspflichtverhältnis.

[2] BGHZ 37, 363 (366 f.); *Fikentscher/Heinemann* Rn. 1346.

[3] Dazu *Fischer,* StGB, 65. Aufl. 2018, § 284 Rn. 3.

[4] Vgl. Staudinger/*Sack/Seibl,* 2017, § 134 Rn. 295; Palandt/*Sprau* § 762 Rn. 8.

[5] Palandt/*Sprau* § 762 Rn. 8; MüKoBGB/*Habersack* § 762 Rn. 36; Erman/*Müller* § 762 Rn. 4; *Henssler,* Risiko als Vertragsgegenstand, 1994, 503 f.; AG Rendsburg NJW 1990, 916.

gewinnenden Teil eine Verbindlichkeit zum Zwecke der *Erfüllung* einer Spielschuld eingeht. § 762 II ist daher zunächst aus zwei Gründen nicht anwendbar: *A* ist die Darlehensverbindlichkeit eingegangen, als noch gar keine Spielschuld bestand, und die Verpflichtung ist nicht gegenüber dem obsiegenden Mitspieler *K*, sondern gegenüber *W* begründet worden.

Die Unverbindlichkeit der Darlehensverpflichtung könnte aber aus einer Analogie zu § 762 I 1, II hergeleitet werden.[6] Beide Vorschriften schützen den Spieler wegen der Gefährlichkeit des Spiels vor Verlusten; dies allerdings nur dann und so lange, als er nicht bezahlt hat (§ 762 I 2). Nach der *ratio legis* soll niemand durch ein Spiel auf Kredit Verluste über das hinaus erleiden, was er bei sich hat, oder sich gar ruinieren. Dadurch soll verhindert werden, dass jemand in der Hoffnung weiterspielt, doch noch zu gewinnen, und dabei Schulden macht. Daher ist es schwer einzusehen, dass danach zu unterscheiden sein soll, ob jemand den Einsatz schuldig bleibt oder mit geliehenem Geld weiterspielt. Die Gleichheit der Interessenlage besteht allerdings nur, wenn das Darlehen von einem Mitspieler gegeben wird oder vom Bankhalter, also von einer Person, die daraus gewinnen kann und will.[7] Nur dann ist die notwendige Fallähnlichkeit zu § 762 II zu bejahen.

Wenn der BGH die Heranziehung des § 762 ohne Begründung mit der schlichten Feststellung ablehnt, es handele sich nicht um eine Spiel-, sondern um eine Darlehensschuld,[8] so spricht er sich implizit für eine strikte Auslegung der Vorschrift aus. Indessen bedürfte ein solches „Analogieverbot“ einer Begründung, die ihrerseits nur aus der *ratio legis* gewonnen werden könnte. Solche Gründe lassen sich aber nicht anführen.[9] Die Voraussetzungen, die die h. M. für § 138 aufstellt, sind mit denjenigen identisch, die für eine Analogie zu § 762 II, I 2 erforderlich sind. Der hier vorgeschlagene Weg verdient jedoch den Vorzug, da § 762 die speziellere, dem Fall angemessenere Norm ist. Die für eine entsprechende Anwendung des § 762 auf Darlehen erforderliche Regelungslücke hat der Gesetzgeber selbst gesehen und die Rechtsprechung bewusst auf eine solche Möglichkeit verwiesen.[10] § 762 ist also entsprechend anzuwenden, wenn einem Mitspieler ein Darlehen gegeben wird, um ihm das Weiterspielen zu ermöglichen; entsprechend § 762 I 1 wird daher eine Verbindlichkeit nicht begründet.

Fraglich ist allerdings, ob eine analoge Anwendung des § 762 in unserem Fall bejaht werden kann. Darlehensgeber ist nicht der Mitspieler *K*, sondern die Wirtin *W*. Gibt ein unbeteiligter Dritter das Darlehen, so kommt weder eine Analogie zu § 762 II noch Sittenwidrigkeit nach § 138 in Betracht.[11] Gerade im Hinblick darauf haben die

---

6 Dazu *Honsell*, Die Rückabwicklung sittenwidriger oder verbotener Geschäfte, 1974, 146 f.; Staudinger/*Engel*, 2015, § 762 Rn. 40 (direkte Anwendung).

7 Vgl. *Honsell*, Die Rückabwicklung sittenwidriger oder verbotener Geschäfte, 1974, 146.

8 BGH LM § 762 Nr. 1; LM § 762 Nr. 3, beide unter irriger Berufung auf RGZ 67, 355; 70, 1 (2). In der ersten Entscheidung des RG lag der Fall anders (vgl. Fn. 11), in der zweiten hat das RG die Frage der Anwendung des § 762 offen gelassen.

9 Die 2. BGB-Kommission hat nur deshalb von einer Erstreckung des § 762 I auf Spieldarlehen abgesehen, weil es hier, anders als beim Spiel, auf die Umstände des Einzelfalls ankommt und sich eine zweifelsfreie Abgrenzung derjenigen Darlehensfälle, für die eine Gleichstellung mit der Spielschuld gerechtfertigt ist, nicht finden ließ. Es wird aber betont, dass es der Rechtsprechung unbenommen bleibe, die Vorschrift auf gewisse Fälle des Darlehens anzuwenden (Protokolle bei *Mugdan* II, 1008 f.).

10 S. soeben in Fn. 9.

11 Vgl. dazu den Fall RGZ 67, 355: Ein junger Mann hatte in Monte Carlo einen namhaften Betrag verloren. Ein Zufallsbekannter aus dem Hotel hatte ihm Geld geliehen. Da hier § 762 ohnehin nicht zur Diskussion stand, hat das RG lediglich § 138 geprüft, eine Sittenwidrigkeit aber verneint (RGZ 67, 361).

Verfasser des BGB eine allgemeine Gleichstellung von Spiel- und Darlehensschuld abgelehnt.[12] Hier ist jedoch fraglich, ob die Wirtin *W* als unbeteiligte Dritte anzusehen ist. Sie wurde von dem Mitspieler *K*, auf den die Voraussetzungen zutreffen, vertreten. Es stellt sich daher die Frage, ob ihr auch diejenigen subjektiv-konkreten Umstände zuzurechnen sind, die zur Unverbindlichkeit des Darlehens führen. Als Zurechnungsnorm kommt § 166 I in Betracht. Nach dieser Vorschrift ist für Willensmängel, Kenntnis oder Kennenmüssen auf die Person des Vertreters, nicht des Vertretenen, abzustellen. *K* hat gewusst, dass das Darlehen zum Weiterspielen gegeben wurde, insofern kommt § 166 I unmittelbar zur Anwendung. Das Gewinnmotiv des *K* lässt sich indes weder als Willensmangel noch als Kenntnis oder als Unkenntnis qualifizieren, es handelt sich aber um ein vergleichbares subjektives Tatbestandselement; § 166 I ist insoweit analog anzuwenden. *W* muss sich folglich Kenntnis und Gewinnstreben des *K* zurechnen lassen, dem Rückzahlungsanspruch steht § 762 I 1 entgegen. Dieses Ergebnis ist auch deshalb sachgerecht, weil *W* sich von der Förderung des Kartenspiels Vorteile für ihren Gasthof versprochen hat. Sie war zudem ausdrücklich damit einverstanden, dass *K* sich am Spiel beteiligt, und hat damit das Risiko in Kauf genommen, die Darlehenssumme wegen § 762 bzw. § 138 nicht auf rechtlicher Grundlage zurückfordern zu können („Spielschulden sind Ehrenschulden“); denn nur die Beteiligung ihres Vertreters *K* am Spiel gibt dem Darlehen das Gepräge eines Spieldarlehens bzw. des Sittenwidrigen. Sollte sie die Rechtsfolgen einer Beteiligung des *K* nicht gekannt haben, wäre dies ein unbeachtlicher Rechtsfolgenirrtum, da die Rechtsfolge des § 762 nicht selbst Inhalt der Bevollmächtigung war, sondern *ex lege* bei der Vergabe eines Spieldarlehens durch den mitspielenden Vertreter eintritt.[13]

W hat nach keiner Auffassung Anspruch auf Rückzahlung des Darlehens gemäß § 488 I 2.

2. § 812 I 1 (1), condictio indebiti

Ein Rückforderungsanspruch der *W* gegen *A* könnte sich aus § 812 I 1 (1) ergeben. *W* müsste dazu auf eine Nichtschuld geleistet haben. Nach hier vertretener Auffassung war der zum Zwecke des Spiels eingegangene Darlehensvertrag indes nicht gemäß § 138 unwirksam, sondern nur unverbindlich i. S. d. § 762 I 1. Das bedeutet, dass *W* keinen Rückforderungsanspruch hat; sie kann also das Geleistete nicht wegen ursprünglichen Fehlens des Rechtsgrunds nach § 812 I 1 (1) zurückfordern.

Anders muss man entscheiden, wenn man der h. M. folgt (oben II 1c). Der Darlehensvertrag ist danach sittenwidrig, die Kondiktion besteht. Sie ist hier jedoch wegen § 817 S. 2 ausgeschlossen.[14] Nach h. M. gilt § 817 S. 2 nämlich nicht nur, wenn der Tatbestand des § 817 S. 1 verwirklicht ist, sondern auch für die Leistungskondiktion des § 812 I, also für Fälle, in denen lediglich dem Leistenden ein Verstoß gegen die guten Sitten oder Gesetze zur Last fällt; das „gleichfalls“ in § 817 S. 2 ist gedanklich zu streichen.[15] Anderes soll nur gelten, wenn das Spieldarlehen noch nicht verspielt ist oder der Darlehensnehmer einen Gewinn gemacht hat: Hier müsse das Darlehen zurückgezahlt werden; sei der Darlehensnehmer aber infolge Spielverlusts entrei-

---

[12] Vgl. oben Fn. 9.

[13] Vgl. *Flume*, Allgemeiner Teil des Bürgerlichen Rechts, Das Rechtsgeschäft, 4. Aufl. 1992, § 23, 4d; MüKoBGB/*Armbrüster* § 119 Rn. 84.

[14] S. etwa RGZ 70, 1 (4); BGH LM § 762 Nr. 1; Palandt/*Sprau* § 817 Rn. 21.

[15] Vgl. *Wieling* BereicherungsR § 3 III 6 pr., b.

chert, sei die Kondiktion ausgeschlossen.[16] Nach h. M. ist das Ergebnis also das Gleiche wie das hier entwickelte: *W* kann von *A* die 50 € nicht kondizieren.

III. Ansprüche der W gegen K

1. Darlehensanspruch gemäß § 488 I 2

W könnte gegen *K* einen Anspruch auf Rückzahlung der 50 € aus Darlehen haben. Sie war damit einverstanden, dass *K* Gästen gelegentlich „aushilft", wenn diese beim Spiel in Geldnöte geraten. Ihre Äußerungen gegenüber *K* zeigen aber deutlich, dass sie die ihr bekannten ständigen Gäste als Schuldner des Rückzahlungsanspruchs ansah, nicht den *K*. *W* hat nicht etwa *K* ein Darlehen gewährt, damit dieser den Gästen ein solches gewähre. Ein vertraglicher Rückzahlungsanspruch scheidet folglich aus.

2. Schadensersatz gemäß §§ 280 I, 241 II, 611

Ein Kellner ist aufgrund seines Arbeitsvertrags regelmäßig nicht berechtigt, der Kasse Geld zu Spielzwecken zu entnehmen. Hier hatte sich *W* jedoch mit einem solchen Vorgehen einverstanden erklärt. Es mangelt hier mithin bereits an einer objektiven Pflichtverletzung i. S. d. § 280 I 1; der Anspruch scheidet aus.

3. Herausgabeanspruch gemäß § 667

Der Beauftragte ist verpflichtet, dem Auftraggeber alles herauszugeben, was er aus der Geschäftsbesorgung erhält; das könnte hier auch den Gewinn des *K* aus dem Spiel umfassen.[17] *W* müsste dem *K* aber einen entsprechenden Auftrag erteilt haben. Sie hat dem *K* jedoch lediglich erklärt, sie habe nichts dagegen, wenn dieser ein Darlehen gewähre. Sie hat ihm folglich nicht den Auftrag erteilt, solche Darlehen zu vergeben,[18] und ihn nicht für sich spielen lassen.[19] Zudem hat *K* die 50 € nicht aus dem Darlehen erlangt, sondern aus dem Spiel. § 667 scheidet als Anspruchsgrundlage aus.

4. Geschäftsführung ohne Auftrag, §§ 681 S. 2, 667

K könnte Geschäftsführer der *W* ohne Auftrag gewesen sein und deshalb nach §§ 681, 667 zur Herausgabe des Gewinns verpflichtet sein. Stellt man auf die Darlehensgewährung ab, steht dem Anspruch entgegen, dass *K* den Gewinn nicht aus dem Darlehen, sondern aus dem Spiel erlangt hat. Stellt man dagegen auf das Spiel selbst ab, so müsste *K* mit Fremdgeschäftsführungswillen gehandelt haben; dieser kann hier, da das Spiel kein objektiv fremdes Geschäft war, nicht vermutet werden.[20] *K*

---

[16] BGH NJW 1995, 1152 (1153). – Übrigens unterscheidet sich diese Rechtsprechung nicht unerheblich von derjenigen zum Wucherdarlehen: Nach RGZ (GS) 161, 52 (56) darf der Wucherer kondizieren, jedoch erst bei Fälligkeit der Rückzahlung; der Termin wird dem nichtigen Darlehensvertrag entnommen (vgl. dazu *Wieling* BereicherungsR § 3 III 6h). Auch hieran zeigt sich, dass es besser ist, die vom BGB vorgesehene Spezialregelung anzuwenden und nicht die allgemeinere Bestimmung des § 138. Nicht überzeugend ist der Rechtfertigungsversuch für die Differenzierung durch das OLG Nürnberg MDR 1978, 669.

[17] Vgl. zum Umfang der Herausgabepflicht Erman/*Berger* § 667 Rn. 9: Der Geschäftsbesorger muss nicht herausgeben, was er lediglich bei Gelegenheit der Besorgung vermittels Eigengeschäfts für sich erworben hat, die bloße Kausalität reicht nicht.

[18] Die Annahme von Vertretungsmacht (oben II 1a) steht dem nicht entgegen; vgl. nur BeckOK BGB/*Schäfer* § 167 Rn. 2.

[19] Vgl. dazu Palandt/*Sprau* § 762 Rn. 8.

[20] Dazu unten Fall 10 II 2a.

hat nicht mitgespielt, um ein Geschäft der *W* zu führen, sondern aus eigenem Spieltrieb und um womöglich Gewinne zu machen. Mangels Fremdgeschäftsführungswillens scheitert der Anspruch aus §§ 681, 667.

5. Eingriffskondiktion, § 816 I 1

Durch die Übereignung der 50 € an *A* wurde dieser Eigentümer; *K* war dazu aber gemäß § 185 I ermächtigt und damit Berechtigter. Ein Anspruch aus § 816 I 1 besteht mithin nicht.

6. Schadensersatz gemäß § 823 II

In Betracht kommt ein Anspruch aus § 823 II i. V. m. § 246 StGB bzw. § 266 StGB, die Schutzgesetze sind. Das Geld war eine fremde, bewegliche Sache i. S. d. § 246 StGB. *W* hat jedoch eingewilligt, weshalb *K* nicht rechtswidrig gehandelt hat. Die Einwilligung lässt auch den Missbrauchstatbestand bzw. die Pflichtverletzung hinsichtlich des Treubruchtatbestands nach § 266 StGB entfallen. *W* kann keinen Schadensersatz nach § 823 II verlangen.

K kann das gewonnene Geld behalten.

Fall 9. Das Porträt des Urgroßvaters

Stellvertretendes commodum – Schadensersatzansprüche – Schadensprobleme

Sachverhalt

A besitzt zwei alte Familienporträts, die seinen Urgroßvater und seine Urgroßmutter darstellen. Das Bild des Urgroßvaters ist etwas dunkel geworden. *A* bringt es deshalb zum Restaurieren zu *R*, der eine Werkstatt und einen Kunsthandel betreibt. *R*, der in ständiger Geldverlegenheit ist, beschließt, das Bild zu veräußern. Zu diesem Zweck lässt er von Professor *P* eine Expertise anfertigen, aus der sich ergibt, dass das Bild von dem berühmten Porträtisten und bayerischen Hofmaler *Josef Stieler* (1781–1858) gemalt ist. *P* schätzt den Wert des Bildes auf 60.000 €. *R* bezahlt für die Expertise 2.000 € und veräußert das Bild zum Preis von 70.000 € an den Porträtsammler *S*, der schon lange einen echten *Stieler* sucht. *S* hält den *R* leicht fahrlässig für verfügungsbefugt.

S weigert sich, das Bild herauszugeben; auch zu einem Verkauf des Bildes ist er nicht bereit. Kann *A* von *S* Herausgabe des Bildes verlangen? Kann er von *R* 70.000 € fordern? *R* wendet ein, das Bild sei nur 60.000 € wert; jedenfalls müsse er die 2.000 € bekommen, die er für die Expertise aufgewendet habe.

Abwandlung:

S bezahlt nur 60.000 €. Kann *A* von *R* 70.000 € Schadensersatz verlangen, wenn

a) er an dem Bild, das seinen Urgroßvater darstellt, ein besonderes ideelles Interesse hat,
b) die Bilder zwar je für sich nur 60.000 €, zusammen aber 130.000 € wert sind,
c) er das Bild zum Preis von 70.000 € von *S* zurückgekauft hat?

Lösung

I. Ausgangsfall
1. Anspruch des A gegen S auf Herausgabe des Bildes
   a) Analog §§ 695, 691, 546 II, 604 IV
   b) § 985
   c) § 823 I (Naturalrestitution)
2. Ansprüche des A gegen R
   a) Stellvertretendes commodum, §§ 285 I, 631
   b) Schadensersatz gemäß §§ 280 I, III, 283, 631
   c) §§ 687 II, 681 S. 2, 667 (angemaßte Eigengeschäftsführung)
   d) Deliktische Schadensersatzansprüche
   e) Erlösherausgabe gemäß § 816 I 1
3. Gegenanspruch des R auf Erstattung der Expertisekosten

II. Abwandlung
1. Schadensersatzansprüche des A gegen R
   a) §§ 280 I, III, 283 S. 1, 631
   b) §§ 687 II, 677, 678
   c) §§ 823 I, II; 826
2. Höhe des Schadensersatzanspruchs

I. Ausgangsfall

1. Anspruch des A gegen S auf Herausgabe des Bildes

a) Analog §§ 695, 691, 546 II, 604 IV

A könnte von *S* möglicherweise Herausgabe des Bildes analog §§ 546 II, 604 IV verlangen. *A* und *R* haben einen Werkvertrag abgeschlossen; auf diesen sind, wenn der Werkunternehmer wie hier die Sache in seinem Besitz hat, ergänzend die Regelungen über den Verwahrungsvertrag anwendbar.[1] Das Verwahrungsrecht kennt gemäß § 695 S. 1 ein jederzeitiges Rückforderungsrecht gegenüber dem Verwahrer, nicht jedoch gegenüber Unter- oder Ersatzverwahrern, denen der Verwahrer (befugt oder unbefugt) die Sache überlassen hat. Insoweit fehlt in § 695 ein Rückforderungsrecht gegenüber dem Dritten, wie es §§ 546 II, 604 IV bei Miete und Leihe vorsehen. Man ist sich aber darüber einig, dass diese Bestimmungen insofern entsprechend auf die Verwahrung angewendet werden.[2] *R* hat dem *S* aber nicht lediglich den Gebrauch des Bildes überlassen bzw. eine Ersatz- oder Unterverwahrung mit *S* vereinbart, sondern es ihm übereignet. Damit scheidet eine entsprechende Anwendung der §§ 546 II, 604 IV aus.[3]

b) § 985

Der Anspruch setzt das Bestehen einer Vindikationslage voraus: *A* müsste Eigentümer, *S* nichtberechtigter Besitzer sein. *A* war Eigentümer, er könnte sein Eigentum jedoch durch gutgläubigen Erwerb des *S* nach §§ 932, 929 verloren haben. *R* betrieb auch einen Kunsthandel, *S* konnte deshalb davon ausgehen, dass *R* zumindest Verfügungsbefugnis besaß (§ 366 I HGB). *S* hat nur leicht fahrlässig gehandelt; nach § 932 II schadet aber lediglich grobe Fahrlässigkeit. Das Bild ist auch nicht abhandengekommen (§ 935), denn *R* war nicht Besitzdiener des *A*, sondern besaß aufgrund seines Pfandrechts (§ 647) als Fremdbesitzer.[4] *S* wurde folglich Eigentümer. *A* kann das Bild nicht zurückfordern.

---

[1] Palandt/*Sprau* § 688 Rn. 6.
[2] Erman/*Zetzsche* § 691 Rn. 6; Staudinger/*Reuter,* 2006, § 691 Rn. 6, 11.
[3] Vgl. Staudinger/*Reuter,* 2006, § 691 Rn. 11. Man könnte den Herausgabeanspruch bejahen, wenn die Übereignung an *S* unwirksam wäre, vgl. sogleich b.
[4] Zum Abhandenkommen durch einen Besitzdiener vgl. *Wieling/Finkenauer* SachenR § 10 Rn. 33: Nur wenn sich die Sache noch im räumlichen Herrschaftsbereich des Eigentümers befindet und vom Besitzdiener daraus entfernt wird, ist ein Abhandenkommen anzunehmen, nicht aber, wenn der Besitzdiener die Sache außerhalb dieses Bereichs in Gewahrsam hat (str.).

c) § 823 I (Naturalrestitution)

A könnte im Wege der Naturalrestitution einen Schadensersatzanspruch gegen *S* auf Rückübereignung des Bildes haben. *S* hat durch den gutgläubigen Eigentumserwerb das Eigentum des *A* an seinem Bild gemäß § 823 I verletzt. Er hat leicht fahrlässig gehandelt, was zur Anwendung des § 823 I genügt, § 276 I 1. Gleichwohl kann in solchen Fällen § 823 I keine Anwendung finden: § 932 II privilegiert den Erwerber, nur grobe Fahrlässigkeit soll ihm schaden. Würde man den leicht fahrlässigen Erwerber über § 823 I auf Naturalrestitution haften lassen, würde diese Regelung unterlaufen. Die nach § 932 II erlaubte Rechtswirkung schließt daher die Rechtswidrigkeit des Eingriffs des *S* aus.[5]

2. Ansprüche des A gegen R

a) Stellvertretendes commodum, §§ 285 I, 631

Als Anspruchsgrundlage wegen der Herausgabe des erlangten Kaufpreises kommt § 285 I i. V. m. § 631 in Betracht.[6] Voraussetzung hierfür ist das Bestehen eines Werkvertrags und die Unmöglichkeit der Leistung.[7] *A* und *R* haben einen Werkvertrag geschlossen. Der Unternehmer ist verpflichtet, die Sache dem Besteller zurückzugeben.[8] Diese Leistung ist dem *R* durch die Veräußerung unmöglich geworden; *S* ist zudem nicht bereit, das Bild wieder zu verkaufen. Es handelt sich damit um einen Fall nachträglichen Unvermögens, § 275 I.

Der Schuldner muss den Ersatz erlangt haben „infolge des Umstands, aufgrund dessen er die Leistung … nicht zu erbringen braucht“. Die Leistung wurde durch die Veräußerung des Bildes unmöglich. Den Kaufpreis hingegen hat *R* aus dem Kaufvertrag erlangt; indessen genügt die wirtschaftliche Verknüpfung beider Verträge.[9] Unter den Ersatz i. S. d. § 285 I fällt auch der durch Rechtsgeschäft erzielte Erlös, und zwar ohne Rücksicht auf seine Höhe *(commodum ex negotiatione).*[10] *R* hat also das stellvertretende *commodum* in Höhe von 70.000 € herauszugeben und kann sich nicht darauf berufen, dass das Bild nur 60.000 € wert ist.[11] Es kommt auch nicht

---

5 BGH JZ 1956, 490; Palandt/*Herrler* § 932 Rn. 16; *Wieling/Finkenauer* SachenR § 10 Rn. 38.

6 Ein Anspruch auf Ersatz des stellvertretenden *commodum* nach § 285 I wegen Verlusts der Vindikation scheitert schon daran, dass zwischen *A* und *R* keine Vindikationslage bestand, *R* war rechtmäßiger Besitzer. Eine Mindermeinung will allerdings ein Eigentümer-Besitzer-Verhältnis von dem Moment an bejahen, in dem sich der berechtigte Fremdbesitzer zum unrechtmäßigen Eigenbesitzer „aufschwingt“ (so BGHZ 31, 129 [133] in einem nicht verallgemeinerungsfähigen Sonderfall). Die Figur des „Nicht-so-Berechtigten“ ist mit der h. M. jedoch abzulehnen: Auch der sich zum Eigenbesitzer Aufwerfende hat trotz allem ein Besitzrecht, vgl. *Baur/Stürner* § 11 Rn. 27; *Wieling/Finkenauer* SachenR § 12 Rn. 19. Im Übrigen ist § 285 I richtiger Ansicht nach nicht auf die Vindikation anwendbar, da §§ 989, 990 für die schuldrechtlichen Folgen der Unmöglichkeit der Herausgabe eine Sonderregelung enthalten; vgl. RGZ 115, 31 (32); 157, 40 (44); *Wieling/Finkenauer* SachenR § 1 Rn. 4; Westermann/*Gursky* § 30 Rn. 15 f., § 31 Rn. 4; Erman/*Westermann* § 285 Rn. 2, sowie Fall 12 II 1; a. A. *Harder* JuS 1972, 395 (397) m. w. N.

7 Die Formulierung in § 285 I („nicht zu erbringen braucht“) bezieht sich insbesondere auf den Fall der Unmöglichkeit nach § 275 I.

8 Das ist eine Neben-, keine Hauptpflicht des Unternehmers; sie ist nicht synallagmatisch, vgl. § 631 I.

9 RGZ 105, 84 (89); 138, 45 (48) (Altargemälde); BeckOK BGB/*Unberath* § 285 Rn. 10.

10 Palandt/*Grüneberg* § 285 Rn. 7.

11 S. etwa *Harder* JuS 1972, 395 (397) m. w. N.; Palandt/*Grüneberg* § 285 Rn. 9; a. A. Staudinger/*Caspers*, 2014, § 285 Rn. 41, 48; *Stoll* FS Schlechtriem, 2003, 677 (694).

darauf an, ob *A* selbst diesen Preis hätte erzielen können.[12] Fraglich ist, ob von dem Erlangten die Aufwendungen abzuziehen sind, die *R* für die Expertise gemacht hat. Das wird in der Literatur teilweise bejaht, lässt sich indes aus § 285 nicht herleiten und ist daher abzulehnen.[13] *A* kann von *R* 70.000 € fordern.

b) Schadensersatz gemäß §§ 280 I, III, 283, 631

R war aufgrund des Werkvertrags zur Rückgabe der Sache verpflichtet. Diese Leistung ist ihm nach § 275 I unmöglich geworden (vgl. soeben I 2a), er braucht also nicht zu leisten. § 283 setzt im Gegensatz zu § 285 Verschulden voraus, vgl. §§ 283 S. 1, 280 I 2. *R* hat vorsätzlich gehandelt. *A* kann daher sein Leistungsinteresse ersetzt verlangen, also den objektiven Wert des Bildes (60.000 €). Zwar umfasst der Schadensersatz nach § 252 S. 1 auch den entgangenen Gewinn; das meint aber lediglich den Gewinn, den *A* aller Wahrscheinlichkeit nach gemacht hätte. Da *A* nicht vorhatte, das Bild zu veräußern, hätte er den Gewinn aus dem Geschäft mit *S* nicht gemacht.

c) §§ 687 II, 681 S. 2, 667 (angemaßte Eigengeschäftsführung)

Als weitere Anspruchsgrundlage kommt § 687 II 1 in Betracht. Die Veräußerung ist Sache des Eigentümers. *R* hat ein objektiv fremdes Geschäft als eigenes geführt, obwohl er wusste, dass er hierzu nicht berechtigt war. *A* kann folglich nach §§ 681 S. 2, 667 Herausgabe des Erlangten (70.000 €) verlangen.[14]

d) Deliktische Schadensersatzansprüche

aa) *A* hat gegen *R* einen Anspruch aus § 823 I. Aufgrund des Eigentumserwerbs des *S* ist das Eigentum des *A* verletzt worden. Die Verletzungshandlung liegt in der Veräußerung.

§ 823 I gewährt dem *A* Anspruch auf Ersatz seines Schadens nach der Differenzhypothese. Da das Bild 60.000 € wert ist, kann er auch nur in dieser Höhe Ersatz verlangen. Fraglich ist, ob *R* die Kosten für die Expertise nach den Grundsätzen der Vorteilsausgleichung geltend machen kann. Dann müsste in der Expertise ein Vorteil für den Geschädigten *(A)* liegen, der durch den ersatzbegründenden Umstand verursacht worden ist. Das kann man hier jedoch nicht annehmen: Die Veräußerung wurde zwar durch das Gutachten begünstigt oder gar erst ermöglicht, aber die Kosten für dieses wurden nicht durch die Veräußerung verursacht. *R* schuldet demnach 60.000 €.

bb) *A* hat zudem einen Anspruch nach § 823 II i. V. m. § 246 StGB: Die Handlung des *R* erfüllt den Tatbestand der Unterschlagung nach § 246 StGB. Die Vorschrift ist ein Schutzgesetz i. S. d. § 823 II. Auch dieser Anspruch ist auf 60.000 € begrenzt.

cc) § 826 erfordert eine vorsätzliche Schadenszufügung. Nicht erforderlich ist dagegen das Bewusstsein der Sittenwidrigkeit. Die bloße Nichterfüllung von Vertragspflichten reicht für den Tatbestand des § 826 nicht aus; es müssen vielmehr besondere Umstände hinzutreten, die dem Handeln des Schädigers das Gepräge des Sittenwidrigen geben. Das ist bei einer Unterschlagung der Fall; der mit ihr verbundene

---

[12] RGZ 138, 45 (47).

[13] BGH VIZ 1997, 297. Für den Abzug der Aufwendungen Erman/*Westermann* § 285 Rn. 10; dagegen zu Recht *Harder* JuS 1972, 395 (397). Zum Gegenanspruch aus §§ 687 II, 684 S. 1, 812 ff. s. unten I 3.

[14] Daneben besteht der Schadensersatzanspruch aus §§ 687 II, 677, 678 in Höhe von 60.000 €.

Vertrauensbruch stellt einen Verstoß gegen die guten Sitten dar. Der Anspruch besteht in Höhe von 60.000 €.

e) Erlösherausgabe gemäß § 816 I 1

R hat nach § 816 I 1 das Erlangte herauszugeben, wenn er als Nichtberechtigter verfügt hat und die Verfügung dem *A* gegenüber wirksam ist. *R* war nicht Eigentümer des Bildes und zur Verfügung auch nicht ermächtigt (§ 185 I). *S* hat jedoch nach §§ 932, 929 gutgläubig Eigentum erworben (oben I 1b); die Verfügung war also *A* gegenüber wirksam. Umstritten ist, ob nach § 816 I 1 auch der den objektiven Wert der Sache übersteigende Gewinn herauszugeben ist. Nach zutreffender Meinung ist das Erlangte in voller Höhe herauszugeben, nicht lediglich der objektive Wert der Sache: § 816 I 1 spricht von dem „Erlangten", nicht vom Sachwert; das schließt den etwaigen Gewinn aus dem Geschäft mit ein.[15] Die Gegenmeinung kann nicht überzeugen; denn das Bereicherungsrecht hat die Funktion, eine eingetretene Bereicherung abzuschöpfen, und zwar zur Gänze.[16] Ein Nichtberechtigter soll nicht Geschäfte auf Kosten des Eigentümers machen können; nur dem Eigentümer ist das Recht zugewiesen, gute Geschäfte mit seiner Sache zu machen.[17] Die Geschäftstüchtigkeit des Nichtberechtigten gilt es jedenfalls nicht zu belohnen. Der Gewinn von 20.000 € muss mit herausgegeben werden.

R könnte allerdings um den Betrag seiner Aufwendung entreichert sein (§ 818 III). Da indes wegen der Bösgläubigkeit des *R* § 819 I einschlägig ist, scheidet gemäß § 818 IV die Anwendung des § 818 III aus. Der Anspruch nach § 816 I 1 besteht auf 70.000 €.

3. Gegenanspruch des R auf Erstattung der Expertisekosten

Als Anspruchsgrundlage kommt § 687 II 2 i. V. m. §§ 684 S. 1, 812 ff. in Betracht. Verlangt der Geschäftsherr bei der angemaßten Eigengeschäftsführung Herausgabe des Erlangten, so ist er dem Geschäftsführer nach Maßgabe des § 684 S. 1 verpflichtet (§ 687 II 2). § 684 S. 1 bestimmt, dass der Geschäftsherr dem Geschäftsführer alles, was er durch die Geschäftsführung erlangt hat, nach den Vorschriften der ungerechtfertigten Bereicherung herauszugeben hat. Hielte man sich streng an den Wortlaut des § 684 S. 1, so wäre die Verweisung in § 687 II 2 sinnlos, weil der Geschäftsherr gerade das, was er vom Geschäftsführer nach § 687 II 1 verlangen kann, über § 687 II 2 und dessen Verweisung wieder herausgeben müsste. Bei wörtlicher Auslegung würde also der Zweck des § 687 II durch § 684 S. 1 wieder

---

[15] So die h. M., vgl. BGHZ 29, 157; BGH WM 1975, 1179; Palandt/*Sprau* § 816 Rn. 10; *Wieling* BereicherungsR § 4 III 1d aa; *Looschelders* SchuldR BT Rn. 1084; differenzierend Staudinger/*Lorenz*, 2007, § 816 Rn. 23 ff.; *Brox/Walker* SchuldR BT § 42 Rn. 22; *Koppensteiner/Kramer* 121 ff.; *Esser/Weyers* SchuldR BT II § 50 II 2c; *Wandt* Gesetzl. Schuldverhältnisse § 11 Rn. 27; weitere Literatur bei *Gursky* BereicherungsR, Problem 12 III.

[16] Nach der Gegenmeinung widerspricht es dem das Bereicherungsrecht beherrschenden Prinzip des Vermögensausgleichs, wenn der Bereicherungsschuldner auch einen Gewinn herausgeben müsse, den er nur aufgrund seiner besonderen Tüchtigkeit habe erzielen können; so *Medicus/Petersen* BürgerlR Rn. 720–726; *Harke* SchuldR BT Rn. 506; *Fikentscher/Heinemann* Rn. 1510; weitere Literatur bei *Gursky* BereicherungsR, Problem 12 I; differenzierend *Larenz/Canaris* SchuldR BT II § 72 I 2b. S. zur Frage der Gewinnherausgabe auch *Jakobs*, Lucrum ex negotiatione, 1993, 101–135 (gegen die Position von Larenz), sowie Fall 12 II 2a.

[17] Möglich ist es etwa, dass der Eigentümer zu einem späteren Zeitpunkt in ebenso geschäftstüchtiger Weise wie der Nichtberechtigte einen weit über dem objektiven Wert liegenden Verkaufspreis hätte aushandeln können.

aufgehoben.[18] Man ist sich deshalb einig, dass die §§ 687 II 2, 684 S. 1 berichtigend dahin auszulegen sind, dass der Gegenanspruch des Geschäftsführers lediglich auf die Aufwendungen beschränkt bleibt, die dieser nach den Grundsätzen der ungerechtfertigten Bereicherung zurückfordern kann.[19] Zu prüfen ist daher, ob *A* durch die Aufwendung des *R* bereichert ist. Die Bereicherung des *A* steckt in dem ihm gebührenden Erlös von 70.000 €. Es kann davon ausgegangen werden, dass dieser Kaufpreis ohne die Expertise nicht hätte erzielt werden können. *R* hat also einen Anspruch auf Zahlung von 2.000 €.

Fraglich ist indessen, ob *R* mit diesem Anspruch gegen die Ansprüche des *A* aus §§ 285 I, 631; §§ 280, 283, 631; §§ 687 II 1, 681 S. 2, 667; §§ 823 I, II, 826; § 816 I 1 aufrechnen kann. Dem könnte § 393 entgegenstehen, der die Aufrechnung gegen eine Forderung aus einer vorsätzlichen unerlaubten Handlung ausschließt. Die Ansprüche des *A* aus §§ 823 I, II, 826 beruhen auf einer solchen unerlaubten Handlung, *R* kann daher mit seinem Anspruch gegen die deliktischen Ansprüche nicht aufrechnen. Der Anspruch auf Herausgabe des stellvertretenden *commodum* beruht zwar nicht auf einer vorsätzlichen unerlaubten Handlung. Das Aufrechnungsverbot erfasst jedoch auch andere Ansprüche, sofern nur zugleich der Tatbestand einer vorsätzlichen unerlaubten Handlung verwirklicht ist; denn mit der Tilgung des Anspruchs würde zugleich auch der Schadensersatzanspruch mit getilgt werden.[20] *R* kann also mit seiner Gegenforderung gegenüber dem Anspruch aus § 285 I nicht aufrechnen. Dasselbe muss für die Ansprüche aus §§ 687 II, 816 I 1 gelten.[21] Allenfalls könnte hier fraglich sein, ob *R* gegen die Ansprüche aufrechnen kann, die die Schadensersatzansprüche im Umfang übersteigen, und zwar maximal in Höhe der Differenz, also in Höhe von 20.000 €. Man könnte argumentieren, dass § 393 nur eine Aufrechnung insoweit verhindern soll, als ein deliktischer Schadensersatzanspruch gegeben ist. Das erscheint aber zweifelhaft: *R* hat in das dem *A* zugewiesene Recht eingegriffen, und die Eingriffskondiktion nach § 816 I 1 konkurriert mit dem Schadensersatzanspruch, lediglich der Anspruchsumfang ist unterschiedlich. Es erscheint daher folgerichtig, *R* darauf zu verweisen, eine eigenständige Klage zu erheben, und ihm die Aufrechnung zu versagen.

R hat gegenüber *A* auch kein Zurückbehaltungsrecht wegen der Expertisekosten, § 273 II;[22] denn § 273 II enthält für das Zurückbehaltungsrecht dieselbe Regelung wie § 393 für die Aufrechnung.

II. Abwandlung

1. Schadensersatzansprüche des A gegen R

R war aufgrund des Werkvertrags zur Rückgabe der Sache verpflichtet. Diese Leistung ist ihm nach § 275 I unmöglich geworden (vgl. oben I 2a), *R* braucht also nicht

---

[18] Darauf hat bereits *Schulz* AcP 105 (1909), 1 (469 f.), hingewiesen.

[19] *Looschelders* SchuldR BT Rn. 884; *Kunkel* JW 1933, 42 (44).

[20] Vgl. BGH NJW 1967, 2012 (2013); NJW 1975, 1119 (1120); NJW 1999, 714; Palandt/*Grüneberg* § 393 Rn. 3; Staudinger/*Gursky*, 2016, § 393 Rn. 9, 10.

[21] Vgl. Staudinger/*Gursky*, 2016, § 393 Rn. 10; *Finkenauer* JuS 1998, 986 (989).

[22] Die Anwendung des § 273 auf *gleichartige* Ansprüche – *A* hat gegen *R* ebenso wie *R* gegen *A* einen Geldanspruch – ist umstritten. Nach zutreffender Ansicht kann auch hier ein Zurückbehaltungsrecht geltend gemacht werden, es muss nicht die Aufrechnung erklärt werden (so aber *Medicus/Lorenz* SchuldR AT Rn. 228, 295). Denn es ist kein Grund dafür ersichtlich, dem Forderungsinhaber die Geltendmachung des Zurückbehaltungsrechts zu verwehren; es ist vielmehr sein gutes Recht, sich darauf zu beschränken und die Forderung wirtschaftlich anders, etwa durch Abtretung, zu verwerten (so zu Recht Staudinger/*Bittner*, 2014, § 273 Rn. 106).

zu leisten. *R* hat zudem vorsätzlich gehandelt, §§ 276 I 1, 280 I 2. *A* hat also einen Schadensersatzanspruch aus §§ 280 I, III, 283 S. 1 (zur Höhe des Schadens unten II 2). Wie bereits dargelegt, handelt es sich auch um einen Fall unerlaubter Eigengeschäftsführung.[23] *A* kann deshalb gemäß §§ 687 II 1, 677, 678 Schadensersatz verlangen.[24] Darüber hinaus haftet *R*, wie gezeigt, dem *A* auch gemäß §§ 823 I, II; 826 auf Schadensersatz.

2. Höhe des Schadensersatzanspruchs

a) Der Wert des Bildes beträgt 60.000 €. Ein besonderes ideelles Interesse des *A* kann nach § 253 I nicht berücksichtigt werden. Zum immateriellen Interesse, bei dem der Geldersatz ausgeschlossen ist, gehört auch der Affektionswert, also die besondere Vorliebe oder Beziehung zu einer Sache. Der Ersatz des Affektionsinteresses bei Entziehung oder Zerstörung einer Sache ist ausgeschlossen.[25] Das gilt selbst dann, wenn ein solcher Affektionswert allgemein anerkannt ist, was für alten Familienbesitz, insbesondere Porträts von Vorfahren, zutrifft. Für die Ermittlung des Werts kommt nur der Preis in Betracht, den ein Gut im Verkehr im Allgemeinen hat. Dadurch ist freilich die Berücksichtigung eines höheren Preises, den der Geschädigte selbst bezahlt hat, nicht ausgeschlossen. Das ist indes hier nicht der Fall.[26]

b) Nach der Differenzhypothese des § 249 I ist nicht auf den entzogenen Gegenstand, sondern auf die Auswirkung der Schädigung im Vermögen des *A* abzustellen. Der höhere Wert, der sich aus der Zusammengehörigkeit der Bilder ergibt, ist deshalb zu berücksichtigen. Sind beide Bilder je für sich nur 60.000 €, zusammen aber 130.000 € wert, so ist durch den Entzug eines Bildes das Vermögen des *A* um 70.000 € vermindert.[27]

c) Der Schadensersatz statt der Leistung ist regelmäßig auf Geldersatz (§ 251 I) gerichtet, nicht auf Naturalrestitution.[28] In diesem Rahmen kann *A* jedoch, obwohl er auf einen Geldanspruch verwiesen ist und insbesondere § 249 II nicht eingreift,

---

[23] Vgl. oben I 2c.

[24] Die h. M. unterteilt das Recht der Geschäftsführung in eine berechtigte (§ 683) und eine unberechtigte (§ 684) und wendet § 677 nur auf die berechtigte Geschäftsführung, § 678 auf die unberechtigte an. Das Gesetz kennt die Unterscheidung nicht, § 678 sollte nur eine Haftungsverschärfung zu § 677 sein, woran nach a. A. festzuhalten ist. Die Ergebnisse sind allerdings dieselben (vgl. Fall 10 III 1a, b).

[25] Palandt/*Grüneberg* § 251 Rn. 10; *Esser/Schmidt* SchuldR AT II § 30 II 3a; *Lange/Schiemann* § 2 I 2a.

[26] Zum Rückkauf zu höherem Preis s. unten II 2c.

[27] Diese Konstellation kann sich bei Zwillingsstücken ergeben, aber auch sonst bei zusammengehörigen Gegenständen, z. B. bei Schmuckstücken oder bei Sammlungen; so ist es etwa ein großer Unterschied, ob ein Band einer kompletten Entscheidungssammlung des Reichsgerichts verlorengeht oder ein nicht zu einer Sammlung gehörender Einzelband. Das Bewertungsproblem bei zusammengehörigen Gegenständen haben schon die Römer gesehen: Paulus D. 9, 2, 22, 1: „Ebenso werden Umstände, die mit dem Sklaven oder dem Tier zusammenhängen, bei der Schätzung veranschlagt. Hat jemand ein männliches oder weibliches Mitglied einer Schauspieltruppe oder eines Orchesters oder von Zwillingen den einen oder von einem Viergespann oder einem Maultierpaar ein Tier getötet, so ist nicht nur der getötete Sklave oder das getötete Tier zu schätzen, sondern es muss auch berücksichtigt werden, um wieviel die übrig Gebliebenen an Wert verloren haben" (vgl. die Übersetzung in: *Behrends/Knütel/Kupisch/Seiler,* Corpus Iuris Civilis II, 1995).

[28] Vgl. etwa RGZ 107, 15 (17 f.); Staudinger/*Schwarze,* 2014, § 283 Rn. 51; *Esser/Schmidt* SchuldR AT II § 28 II 3; MüKoBGB/*Emmerich* Vor § 281 Rn. 2, 7; *Canaris* JZ 2001, 499 (512).

im Wege der konkreten Schadensberechnung Ersatz der Wiederbeschaffungskosten verlangen (Deckungskauf), auch wenn diese den Wert des Bildes übersteigen. Die Opfergrenze für den Schädiger beurteilt sich nach § 275 II.[29] Der von *S* geforderte Preis von 70.000 € übersteigt den Wert von 60.000 € um ca. 17 %. Diese Mehraufwendung ist dem *R* ohne weiteres zuzumuten.

R schuldet hiernach 70.000 €.

---

[29] § 251 II kann jedenfalls nicht unmittelbar herangezogen werden, da diese Vorschrift nur die Naturalrestitution betrifft; vgl. auch *Medicus* JuS 1969, 449.

Fall 10. Die unerwünschte Nachbarhilfe

Fremdes Geschäft – berechtigte Geschäftsführung – aufgedrängte Bereicherung – Haftung des Geschäftsführers – Rechtsfolgen berechtigter Geschäftsführung

Sachverhalt

A und *B* sind Nachbarn, sie haben jeweils ein Grundstück mit Garten und Haus. Als *A* stirbt, befindet sich sein Sohn *S*, der allgemein als Alleinerbe angesehen wird, auf einer größeren Reise. Am Haus des *A*, einem kleinen, älteren Gebäude (Wert ca. 100.000 €), drohen größere Schäden zu entstehen, falls es nicht sofort instand gesetzt wird. *S* hat gegenüber dem *B* häufig die Absicht geäußert, er werde nach dem Tod seines Vaters das alte Haus reparieren lassen und darin wohnen. Um größere Schäden zu vermeiden, gibt daher *B* dem Unternehmer *U* ordnungsgemäß den Auftrag, das Haus für 10.000 € zu reparieren, was geschieht. Nach der Rückkehr des *S* findet sich für alle völlig überraschend ein Testament, worin *S* enterbt und *F*, ein Freund des *A*, zum Alleinerben eingesetzt ist. *F* hatte sich häufig dahin geäußert, er habe die Absicht, einen großen Garten anzulegen; er werde das nächste Grundstück, das er erwerbe, dazu verwenden. *F*, der wohlhabend ist und schon andere Häuser besitzt, lässt das Haus des *A* abreißen und auf dem Grundstück einen Park anlegen.

1. Welche Ansprüche hat *U* wegen der durchgeführten Arbeiten?

2. Welche Ansprüche hat *B*?

Abwandlung:

Auf dem Grundstück des *A* stand noch aus älterer Zeit eine ca. zwei Meter hohe Mauer, der Rest einer alten, im Übrigen längst zerfallenen Scheune. Als *U* zum Reparieren des Hauses kommt, gibt *B* dem *U* gleich noch den Auftrag, die Mauer abzureißen und den Schutt zu entfernen, da er weiß, dass die Mauer dem *S* im Wege war. Zudem veräußert *B* die Apfelernte aus dem Garten des *A* an *X*, weil er mit gutem Grund befürchtet, dass das Obst bis zur Rückkehr des *S* verfault sein werde. Dabei teilt er dem *X* die Umstände mit, die ihn zur Veräußerung veranlassen. *F* ist der Ansicht, dass die Mauer als romantische Ruine sehr gut in seinen Garten gepasst hätte; er verlangt Schadensersatz von *U* und *B*. Was das Obst betrifft, so meint *F*, es sei zwar das einzig Vernünftige gewesen, es zu verkaufen, da er selbst – wie bekannt sei – kein Obst esse. Er ärgere sich aber über die Eigenmächtigkeit des *B*. Daher fordert er von *X* das Obst heraus bzw. Wertersatz, soweit es schon verbraucht sei.

3. Welche Ansprüche hat *F* wegen der abgerissenen Mauer?

4. Welche Ansprüche hat *F* wegen des veräußerten Obstes?

Lösung

I. Ansprüche des U wegen der durchgeführten Arbeiten
1. Anspruch des U gegen B
2. Ansprüche des U gegen S
   a) §§ 683, 670, Aufwendungsersatz aus Geschäftsführung ohne Auftrag
   b) § 812, wegen Bereicherung
3. Ansprüche des U gegen F
   a) §§ 683, 670, Aufwendungsersatz wegen Geschäftsführung ohne Auftrag
   b) Anspruch des U gegen F aus § 812

II. Ansprüche des B
1. Anspruch gegen S
   a) §§ 683, 670, Aufwendungsersatz aus Geschäftsführung ohne Auftrag
   b) Anspruch aus § 812
2. Anspruch des B gegen F
   a) §§ 683, 670
   b) Anspruch des B gegen F aus §§ 812, 684 S. 1

III. Ansprüche des F auf Schadensersatz wegen der abgerissenen Mauer
1. Ansprüche gegen B auf Schadensersatz
   a) Anspruch aus § 677 (i. V. m. § 280)
   b) Anspruch aus §§ 677, 678 bzw. aus § 678
   c) Anspruch aus § 823 I
2. Ansprüche gegen U
   a) Anspruch aus § 677 (i. V. m. § 280 I)
   b) Anspruch aus §§ 677, 678 bzw. § 678
   c) Anspruch aus § 687 II i. V. m. § 677 bzw. § 678
   d) Anspruch aus § 823 I

IV. Ansprüche des F wegen des veräußerten Obstes
1. Anspruch gegen den Erwerber X aus § 985
2. Anspruch gegen B aus §§ 681, 667

I. Ansprüche des U wegen der durchgeführten Arbeiten

1. Anspruch des U gegen B

U und *B* haben einen Werkvertrag in der Form eines (Verbraucher-)Bauvertrags abgeschlossen, weil sein Gegenstand die Instandhaltung eines Bauwerks war und das Werk von wesentlicher Bedeutung für den Bestand des Hauses war, § 650a II. Der ordnungsgemäße Abschluss des Vertrags nach § 650i II unter Einhaltung der notwendigen Angaben (§§ 650j ff.) darf angenommen werden (dazu auch oben Fall 6 I 1a). *U* hat gegen *B* einen Anspruch auf Zahlung des Werklohnes, § 631 I.

2. Ansprüche des U gegen S

a) §§ 683, 670, Aufwendungsersatz aus Geschäftsführung ohne Auftrag

Zwar hat *U* geglaubt, für *S* tätig zu werden und dessen Haus zu reparieren; da das Haus in Wirklichkeit aber dem *F* gehörte, *U* also allenfalls dessen Geschäfte führte, kommt gemäß § 686 ein Anspruch aus Geschäftsführung ohne Auftrag gegen *S* nicht in Betracht.

b) § 812, wegen Bereicherung

Da dem *S* das reparierte Haus nicht gehört, scheidet eine Bereicherung des *S* aus.

3. Ansprüche des U gegen F

a) §§ 683, 670, Aufwendungsersatz wegen Geschäftsführung ohne Auftrag

U hat das Haus des *F* repariert, er könnte somit ein fremdes Geschäft, ein Geschäft des *F* ausgeführt haben. Dass er den *S* für den Eigentümer hielt, steht gemäß § 686 nicht entgegen. Fraglich ist aber, ob *U* wirklich ein fremdes Geschäft geführt hat und ob die Geschäftsführung ohne Auftrag erfolgt ist.

Das Tatbestandsmerkmal „ohne Auftrag" (vgl. § 677) besagt, dass der Geschäftsführer *(U)* dem Geschäftsherrn *(F)* gegenüber zur Geschäftsführung weder berechtigt noch verpflichtet ist. Diese Situation ist hier gegeben, da der Auftrag des *B* an *U* keine Rechtsbeziehungen zu *F* begründet. *U* hat das Geschäft gegenüber *F* ohne Auftrag geführt. Hat *U* aber ein fremdes Geschäft geführt? Das Reparieren eines fremden Hauses ist an sich ein objektiv fremdes Geschäft.[1] Etwas anderes könnte sich aber daraus ergeben, dass *U* dem *B* gegenüber zur Geschäftsführung verpflichtet war. *U* hat mit der Reparatur eine Verpflichtung gegenüber *B* erfüllt und somit ein eigenes Geschäft besorgt. Ob in solchen Fällen auch das Führen eines fremden Geschäfts („auch-fremdes Geschäft") anzunehmen ist, ist streitig. Der Wortsinn des „fremden Geschäfts" kann hier keine Auskunft mehr geben, da man die Reparatur sowohl als eigenes als auch als fremdes Geschäft des *U* bezeichnen kann. Auch die Willensrichtung – ob *U* das Geschäft als eigenes oder fremdes führen wollte – hilft hier nicht weiter: Denn welchen Willen *U* hatte, ist nicht sicher feststellbar.[2] Damit bleibt als letzte Auskunft, den Begriff des „fremden Geschäfts" als normatives Tatbestandsmerkmal aufzufassen. Ein „fremdes Geschäft" ist nur dann und immer dann anzunehmen, wenn dies zu Ergebnissen führt, die mit den Wertungen der gesamten Rechtsordnung übereinstimmen.[3]

---

[1] Man unterscheidet das objektiv und das subjektiv fremde Geschäft. Objektiv fremd ist ein Geschäft, wenn es objektiv – also abgesehen vom Willen des Geschäftsführers – in eine fremde Zuständigkeit fällt: Verkauf und Veräußerung fremder Sachen, Ausnutzung fremder Patente usw., Zahlung fremder Schulden, Annahme von Sendungen, die an einen Dritten (Nachbarn usw.) gerichtet sind. Neutrale Geschäfte, die nicht schon an sich (objektiv) fremd sind, können nur durch die äußerlich erkennbare Willensrichtung des Geschäftsführers zum (subjektiv) fremden Geschäft werden: *K* kauft etwa im eigenen Namen eine seltene Briefmarke mit der geäußerten Absicht, sie dem *S* für seine Sammlung zukommen zu lassen. *S* kann von *K* nur dann gemäß §§ 681, 667 Herausgabe verlangen, wenn der Wille des *K*, mit dem Kauf ein Geschäft des *S* zu führen, erkennbar hervorgetreten ist; vgl. BGH NJW-RR 2004, 81 (82 f.); *Wandt* Gesetzl. Schuldverhältnisse § 4 Rn. 6; *Berg* JuS 1975, 681.

[2] Zu vermuten ist freilich, dass *U* kein Geschäft des *F* führen, sondern seine vertraglichen Pflichten gegenüber *B* erfüllen wollte.

[3] Näher zum Begriff der Fremdgeschäftsführung *Loyal*, Die „entgeltliche" Geschäftsführung ohne Auftrag, 2011, 19 ff.; *Wollschläger,* Die Geschäftsführung ohne Auftrag, 1976, 55 und insbesondere die Entscheidung BGH JZ 2000, 521 ff. (Erbensucherfall, mit Anm. *G. Schulze*), in welcher das Gericht zutreffend die Anwendbarkeit der §§ 677 ff. auf Aufwendungen verneint, die im Hinblick auf einen vergeblich erhofften Vertragsabschluss gemacht wurden. Solche Aufwendungen sind nicht zu ersetzen, wenn der erhoffte Abschluss ausbleibt, auch nicht auf dem Umweg über die Geschäftsführung ohne Auftrag. Zur Erbensucher-Ent-

Würde man bei der Beauftragung durch Dritte ein fremdes Geschäft annehmen, so käme man bei Vorliegen der übrigen Tatbestandsmerkmale (Wille und Interesse des Geschäftsherrn) zu Ergebnissen, welche den Wertungen des Bereicherungsrechts widersprächen:[4] Man käme zu einem Durchgriff, der gerade vermieden werden soll.[5] Um einen solchen Widerspruch zu vermeiden, muss man ein fremdes Geschäft des Geschäftsführers grundsätzlich verneinen, wenn dieser eine Verpflichtung gegenüber Dritten erfüllt.[6]

Nur ganz ausnahmsweise ist trotz Verpflichtung gegenüber einem Dritten eine Fremdgeschäftsführung dann zu bejahen, wenn der Schuldner mit nachweisbarem Fremdgeschäftsführungswillen handelt, also nicht zur Erfüllung seiner vertraglichen Verpflichtung, so dass diese auch nicht erfüllt wird. Leistet er nicht zur Erfüllung, sondern um sich den anderen zur Vergütung im Rahmen einer Geschäftsführung ohne Auftrag zu verpflichten (*obligandi causa,* vgl. unten Fall 15 I 1), so sind die §§ 677 ff. anzuwenden.[7] Eine solche Fremdgeschäftsführung wird aber nur selten nachzuweisen sein, da davon auszugehen ist, dass der Schuldner in erster Linie seine

---

scheidung vgl. auch Erman/*Ehmann,* 12. Aufl. 2008, § 683 Rn. 7; *Loyal,* Die „entgeltliche" Geschäftsführung ohne Auftrag, 2011, 278 ff.

4 Beispiel: *E* beauftragt den Unternehmer *U,* auf seinem (des *E*) Grundstück ein Gebäude zu errichten. *U* beauftragt den *X* im eigenen Namen mit der Erstellung des Rohbaus. Als *X* den Rohbau erstellt hat, wird *U* insolvent. *X* fordert von *E* Wertersatz nach §§ 683, 670. – Das Erstellen des Rohbaus lag im Interesse des *E* und entsprach seinem Willen. Nähme man an, *X* habe ein fremdes Geschäft geführt, ein Geschäft nämlich des *E,* so müsste *E* an *X* zahlen. Das würde einen Durchgriff bedeuten, der nach dem Bereicherungsrecht mit der Subsidiaritätsregel ausgeschlossen wird, vgl. unten Fall 16 Fn. 4. Denn *X* hat an *U* geleistet, *U* an *E. X* kann sich also nur an *U* halten und muss das übernommene Insolvenzrisiko für *U* tragen. Er hätte sich absichern können.

5 Vgl. dazu unten Fall 15 nach Fn. 12 und Fall 16 bei Fn. 4. Das Gleiche muss natürlich auch dann gelten, wenn der Vertrag mit dem Dritten unwirksam ist, der Handelnde also nur glaubt, dem Dritten zur Geschäftsführung verpflichtet zu sein. Gerade für diese Fälle gilt das Durchgriffsverbot des Bereicherungsrechts. – Auch in Zweipersonenverhältnissen, mag zwischen den Parteien ein wirksamer Vertrag bestehen oder nicht, können die Regeln der Geschäftsführung ohne Auftrag nicht angewendet werden, vgl. Jauernig/*Mansel* § 677 Rn. 6; *Fikentscher/Heinemann* Rn. 1265; *Medicus/Petersen* BürgerlR Rn. 412; *Looschelders* SchuldR BT Rn. 852; Erman/*Dornis* § 677 Rn. 46 ff., 51; *Canaris* NJW 1985, 2404; *Schubert* AcP 178 (1978), 425 (451); *Gursky* AcP 185 (1985), 31; *Wollschläger,* Die Geschäftsführung ohne Auftrag, 1976, 207 ff.; *Helm,* Geschäftsführung ohne Auftrag, in: Gutachten und Vorschläge zur Überarbeitung des Schuldrechts III, 1983, 335 (393); *Pesch* Jura 1995, 361 (364); *Einsele* JuS 1998, 401 ff.; *Weishaupt* NJW 2000, 1002 f.; *Martinek/Theobald* JuS 1997, 992 f. – A. A. BGHZ 37, 262; 39, 90; 101, 299; BGH NJW-RR 1989, 970; NJW 1993, 3196; WM 2000, 973; OLG Frankfurt MDR 1987, 233 f.; OLG Hamm NJW-RR 1991, 1303; *Wittmann,* Begriff und Funktionen der Geschäftsführung ohne Auftrag, 1981, 119; *Berg* JuS 1972, 193 (195); *Loyal,* Die „entgeltliche" Geschäftsführung ohne Auftrag, 2011, 287 ff.

6 So zu Recht OLG Koblenz NJW 1992, 2367; OLG Hamm NJW 1974, 951; LG Landau NJW 2000, 1046; *Falk* JuS 2003, 833 ff.; *Stamm* Jura 2002, 730; *Gursky* AcP 185 (1985), 31 (36 ff.); *Helm,* Geschäftsführung ohne Auftrag, in: Gutachten und Vorschläge zur Überarbeitung des Schuldrechts III, 1983, 335 (394); *Schwerdtner* Jura 1982, 597 ff.; *Enneccerus/Lehmann* § 165 III 3; *Esser/Weyers* SchuldR BT II § 46 II 2d (2); *Harke* SchuldR BT Rn. 444 f.; BeckOK BGB/*Gehrlein* § 677 Rn. 16; *Medicus* Gesetzl. Schuldverhältnisse, 175; *Schubert* AcP 178 (1978), 437 (443); *Beuthien* JuS 1987, 847 f.; stark einschränkend auch *Thole* NJW 2010, 1243 (1247 f.). – A. A. BGHZ 61, 363; BGH LM § 677 Nr. 2; NJW-RR 1989, 970; *Larenz* SchuldR BT § 57 I a; *Fikentscher/Heinemann* Rn. 1265; Palandt/*Sprau* § 677 Rn. 7; Jauernig/*Mansel* § 677 Rn. 7; Staudinger/*Bergmann,* 2015, Vorb. § 677 Rn. 320 ff.; diese Ansicht führt jedoch zu Widersprüchen.

7 Vgl. *M. Wolf* FS O. Mühl, 1981, 703 ff.

Schuld erfüllen will. Jedenfalls kann er nicht durch dieselbe Leistung sowohl seine Pflicht gegenüber dem Gläubiger erfüllen als auch als Geschäftsführer sich den Geschäftsherrn verpflichten. Die Lehre vom „auch-fremden Geschäft" ist abzulehnen.

Dasselbe gilt auch dann, wenn eine Behörde mit der angeblichen „Geschäftsführung ohne Auftrag" lediglich einer öffentlich-rechtlichen Pflicht nachkommt, etwa eine Gefahr beseitigt, die ein Privater verursacht hat.[8] Auch hier liegt das Problem der Anwendung der §§ 677 ff. darin, dass man nicht zu Ergebnissen kommen darf, die im Widerspruch stehen zu anderen Regelungen der Rechtsordnung. Wird eine Behörde in ihrem Zuständigkeitsbereich tätig, so regelt sich die Frage der Kostenerstattung nach öffentlichem Recht, diese Regelungen dürfen durch eine Anwendung der Geschäftsführung ohne Auftrag nicht umgangen werden.[9] Eine Geschäftsführung ohne Auftrag ist in diesen Fällen also nicht anzunehmen, weil kein fremdes Geschäft des Handelnden vorliegt. Denn bei öffentlich-rechtlichen Verpflichtungen ist eine Geschäftsführung ohne Auftrag durch die Behörde ausgeschlossen, da nicht denkbar ist, dass die Behörde durch ihr Handeln nicht ihrer Pflicht nachkommen wollte.

In unserem Fall hat *U* das Dach des *A* repariert, um seiner Verpflichtung gegenüber *B* nachzukommen, er hat somit mit der Reparatur ein eigenes Geschäft geführt, kein Geschäft des *F*. *U* hat keinen Anspruch aus §§ 683, 670 gegen *F*.

b) Anspruch des U gegen F aus § 812

F könnte durch die Reparatur auf Kosten des *U* bereichert sein, § 812 bzw. §§ 951, 812. *U* wollte mit der Reparatur seine Verpflichtung gegenüber *B* erfüllen, hat also an *B* geleistet, nicht an *F*. Es kommt also nur eine Nichtleistungskondiktion in Betracht. Dagegen hat *B* an *F* geleistet,[10] *obligandi causa*,[11] um sich seine Auslagen später bei *F* zurückzuholen. Da also *F* die Reparatur durch eine Leistung des *B* erlangt hat, haftet er dem *U* nicht mit der Nichtleistungskondiktion, gemäß dem Subsidiaritätsprinzip.[12] Der Durchgriff des *U* gegen *F* ist ausgeschlossen.

---

[8] Eine verbreitete Meinung bejaht auch hier das Vorliegen einer Geschäftsführung ohne Auftrag, indem sie annimmt, der Geschäftsführer habe ein „auch-fremdes Geschäft" geführt, vgl. Palandt/*Sprau* § 677 Rn. 6; Jauernig/*Mansel* § 677 Rn. 3; MüKoBGB/*Schäfer* § 677 Rn. 38; BGHZ 40, 28 (Feuerwehr löscht Brand, Regress gegen Verursacher nach Geschäftsführung ohne Auftrag); BGHZ 63, 167 (Hilfeleistung der Feuerwehr bei Straßenunfall, Erstattung der Kosten gemäß Geschäftsführung ohne Auftrag); BGHZ 65, 354 (Straßenbaubehörde beseitigt gefährliche Straßenverschmutzung, Ersatz vom Verursacher nach Geschäftsführung ohne Auftrag); LG München NJW 1967, 898 (Polizei lässt verkehrswidrig geparkten Pkw abschleppen, Kostenersatz nach Geschäftsführung ohne Auftrag).

[9] So zu Recht *BSG* NJW-RR 2001, 1282; *Larenz* SchuldR BT § 57 I a; *Medicus* Gesetzl. Schuldverhältnisse, 175 ff.; *Esser/Weyers* SchuldR BT II § 46 II 2d (1); MüKoBGB/*Schäfer* § 677 Rn. 100; *Fikentscher/Heinemann* Rn. 1264; *Looschelders* SchuldR BT Rn. 850; *Helm*, Geschäftsführung ohne Auftrag, in: Gutachten und Vorschläge zur Überarbeitung des Schuldrechts III, 1983, 335 (395); *Schubert* NJW 1978, 688; *Schwerdtner* Jura 1982, 596; *Schoch* Jura 1994, 241 (245); *Pesch* Jura 1995, 361 (364 ff.); *Giesen* Jura 1996, 225 (234 f.); *Martinek/Theobald* JuS 1997, 992 (997 f.); *Lorenz* NJW 1996, 883 und in Abkehr von der bisherigen Rechtsprechung BGHZ 109, 354 ff.

[10] *B* wollte zwar an *S* leisten, jedoch gilt dies gemäß § 686 als Leistung an *F*.

[11] Vgl. unten Fall 15 I 1.

[12] Vgl. unten Fall 16 I 3.

II. Ansprüche des B

1. Anspruch gegen S

a) §§ 683, 670, Aufwendungsersatz aus Geschäftsführung ohne Auftrag

B wollte mit der Reparatur ein Geschäft des *S* führen, er hat jedoch gemäß § 686 ein Geschäft des *F* geführt, da dieser der Geschäftsherr war. Der Anspruch entfällt.

b) Anspruch aus § 812

Da *S* durch die Tätigkeit des *B* nicht bereichert ist, entfällt auch dieser Anspruch.

2. Anspruch des B gegen F

a) §§ 683, 670

Indem *B* durch *U* das Haus des *F* reparieren ließ, hat er ein objektiv fremdes Geschäft geführt, ein Geschäft des *F. B* hatte auch den Willen, ein fremdes Geschäft zu führen, er wollte kein eigenes Geschäft führen.[13] Die Übernahme des Geschäfts muss zunächst dem objektiven Interesse des Geschäftsherrn entsprechen.[14] Geschäftsherr war *F,* auch wenn *B* sich den *S* als Geschäftsherrn vorstellte, § 686. Das Interesse ist aus den gesamten erkennbaren Umständen zu ermitteln. *F* hatte, wie sich aus seinen Äußerungen ergibt, ein Interesse daran, einen Park anzulegen. Rein wirtschaftlich wäre es allerdings günstiger gewesen, wenn *F* dazu nicht ein bebautes Grundstück genommen hätte. Das Abreißen des Hauses war – rein wirtschaftlich gesehen – unvorteilhaft. Man könnte daher denken, dass das Reparieren des Hauses sehr wohl im objektiven Interesse des *F* lag.

Eine solche Entscheidung wäre aber ein zu weitgehender Eingriff in die Dispositionsfreiheit des *F.* Es kann nicht zugelassen werden, dass ein Dritter unter Berufung auf die objektiven Interessen des Geschäftsherrn dessen Dispositionen umstößt.[15] Nach h. M. kommt daher dem Tatbestandsmerkmal „Interesse" in § 683 neben dem wirklichen oder mutmaßlichen Willen keine Bedeutung zu.[16] Immerhin entspricht das nicht dem Wortlaut des Gesetzes, da das Interesse als selbstständiges Tatbestandsmerkmal neben dem Willen genannt wird. Geht man von der Formulierung des Gesetzes aus, so ist jedenfalls der Umfang des wohlverstandenen Interesses des

---

[13] Bei objektiv fremden Geschäften kann nach h. M. der Fremdgeschäftsführungswille vermutet werden, wenn sich nicht besondere Anzeichen dafür ergeben, dass der Geschäftsführer des fremden Geschäfts dieses als eigenes (vgl. § 687) führen wollte. Dagegen muss bei neutralen Geschäften der Fremdgeschäftsführungswille nachgewiesen werden; vgl. *Larenz* SchuldR BT § 57 I a; Palandt/*Sprau* § 677 Rn. 5; BGH NJW-RR 2004, 81 ff. Unter den Vertretern der Lehre vom „auch-fremden Geschäft" ist streitig, ob der Fremdgeschäftsführungswille zu vermuten sei oder nicht, vgl. etwa BGHZ 98, 23 ff.; Palandt/*Sprau* § 677 Rn. 6; *Fikentscher/Heinemann* Rn. 1265. Gegen jede Willensvermutung und für das Erfordernis eines konkreten Nachweises des Fremdgeschäftsführungswillens in jedem einzelnen Fall sprechen sich zu Recht *Pesch* Jura 1995, 361; *Loyal,* Die „entgeltliche" Geschäftsführung ohne Auftrag, 2011, 48; *Thole* NJW 2010, 1243 (1247) aus.

[14] Zum objektiven Interesse vgl. *Janssen* NJW 1995, 624.

[15] Etwa: Ein Freund verkauft die Briefmarken eines Sammlers, weil er meint, Briefmarkensammeln sei – objektiv und wirtschaftlich gesehen – Unsinn; vgl. *Medicus* Gesetzl. Schuldverhältnisse, 170 f.

[16] Vgl. *Brox/Walker* SchuldR BT § 36 Rn. 22–28; *Medicus/Petersen* BürgerlR Rn. 422; *Fikentscher/Heinemann* Rn. 1267; *Harke* SchuldR BT Rn. 448; BeckOK BGB/*Thole* § 683 Rn. 25; *Esser/Weyers* SchuldR BT II § 46 II 3a: Man dürfe niemand gegen seinen Willen glücklich machen.

Geschäftsherrn weit zu ziehen, so dass er auch Liebhabereien und Hobbys als interessengerecht deckt; das Interesse des Geschäftsherrn wird daher weitgehend mit seinem Willen übereinstimmen. Ein Verstoß gegen das Interesse könnte nur bei ganz unvernünftigen, wirtschaftlich in hohem Maße schädlichen Vorhaben anerkannt werden, wenn etwa ein Sammler unter Verschwendung seines Vermögens aus Sammelleidenschaft weit überhöhte Preise zahlt.[17] Im vorliegenden Fall widerspricht das Abreißen des Gebäudes nicht den Interessen des *F.* Die Reparatur lag daher nicht in seinem Interesse. Darüber hinaus widersprach die Reparatur des Hauses auch dem wirklichen Willen des *F. F* wollte auf dem nächsten Grundstück, das er erwarb, einen Garten anlegen, aber kein Haus unterhalten. Dass *B* diesen Willen weder kannte noch kennen konnte, spielt keine Rolle. Entscheidend ist, dass der Wille erkennbar vorhanden war, wenn auch nicht für *B* erkennbar. Das ergibt sich aus § 678, der deutlich zwischen dem objektiv erkennbaren Willen und der Erkennbarkeit für den Geschäftsführer unterscheidet. Da ein wirklicher Wille des *F* – keine Reparatur – vorhanden war, kommt ein mutmaßlicher Wille nicht mehr in Betracht. Die Voraussetzungen des § 683 liegen somit nicht vor, *B* hat keinen Anspruch aus §§ 683, 670 gegen *F.*

b) Anspruch des B gegen F aus §§ 812, 684 S. 1

Der Anspruch aus §§ 812, 684 ist ein Anwendungsfall der in § 812 I 2 (2) geregelten *condictio ob rem,* welche dann eingreift, wenn jemand mit einer ungeschuldeten Leistung einen Erfolg bezweckt, der dann aber nicht eintritt. § 684 stellt klar, was auch ohne diese Vorschrift gelten würde: Die *condictio ob rem* aus § 812 I 2 (2) greift auch ein, wenn jemand als Geschäftsführer ohne Auftrag eine Leistung an den Geschäftsherrn erbringt in der Erwartung, einen Anspruch auf Aufwendungsersatz nach § 683 zu erlangen, diese Erwartung aber nicht erfüllt wird, weil die Geschäftsführung nicht im Interesse oder Willen des Geschäftsherrn lag.[18] Wenn man in § 684 überhaupt eine Verweisung sehen will, so handelt es sich um eine Rechtsgrundverweisung,[19] anwendbar ist § 812 I 2 (2), aber auch z. B. §§ 815, 817.

F hat die Reparatur seines Hauses erlangt, und zwar durch eine Leistung des *B. B* wollte sich seine Auslagen vom Geschäftsherrn gemäß §§ 683, 670 ersetzen lassen, hat also *obligandi causa* (um sich den Geschäftsherrn zu verpflichten) bzw. *negotii gerendi causa* (um als Geschäftsführer ohne Auftrag ein fremdes Geschäft zu führen) an *F* geleistet.[20] Dieser Leistungszweck, den *B* gesetzt hat, ist nicht erreicht worden, denn *B* hat keinen Aufwendungsersatzanspruch aus §§ 683, 670 gegen *F* erlangt (vgl.

---

[17] So *Larenz* SchuldR BT § 57 I a; ein Dritter, der für den Sammler in einem solchen Fall ein Sammelobjekt zu erhöhten Preisen erwürbe, könnte nicht nach §§ 683, 670 Aufwendungsersatz verlangen, auch wenn der Ankauf im Willen des Sammlers lag.

[18] Vgl. *Wieling* BereicherungsR § 3 I 2a unter 2a und unten Fall 15 I 1 sowie ausf. *Loyal* JZ 2012, 1102.

[19] So zutreffend *Fikentscher/Heinemann* Rn. 1487; BeckOK BGB/*Thole* § 684 Rn. 6; *Harke* SchuldR BT Rn. 449; *Gursky* AcP 185 (1985), 31 (40); *Henssler* JuS 1991, 924 (927 f.); *Loyal* JZ 2012, 1102. Zwar lassen sich die Anspruchsvoraussetzungen der *condictio ob rem* auch aus § 684 i. V. m. § 683 herauslesen, doch würde die Ansicht, es liege hier eine Rechtsfolgenverweisung vor, zur Unanwendbarkeit der §§ 815, 817 führen, was unangemessen wäre und vom Gesetzgeber auch nicht gewollt ist. Für eine Rechtsfolgenverweisung aber BGH WM 1976, 1060; OLG Hamm NJW-RR 1991, 1303; Jauernig/*Mansel* § 684 Rn. 1; Palandt/*Sprau* § 684 Rn. 1; MüKoBGB/*Schäfer* § 684 Rn. 6.

[20] Nicht etwa *donandi causa* (zum Zwecke einer Schenkung) i. S. v. § 685. Vgl. zu den genannten Zwecken *Wieling* BereicherungsR § 3 I 2 und auch unten Fall 15 I 1.

oben a). *B* hat somit ohne rechtlichen Grund an *F* geleistet. Die Voraussetzungen des § 812 I 2 (2) (Leistungskondiktion als *condictio ob rem*) liegen vor.

Da die Reparaturleistung nicht herausgegeben werden kann, ist gemäß § 818 II ihr Wert zu ersetzen. Der Anspruch könnte jedoch gemäß § 814 ausgeschlossen sein, weil *B* bei der Leistung wusste, dass er dem Geschäftsherrn nicht zur Leistung verpflichtet war. Das trifft jedoch nicht zu, weil § 814 nach seinem eindeutigen Wortlaut nur die Fälle der Leistung *solvendi causa* betrifft, also eine Leistung, um eine Schuld zu tilgen, und daher nur auf die *condictio indebiti* nach § 812 I 1 (1) anwendbar ist. Wer im Bewusstsein, nichts zu schulden, zur Erfüllung einer Verbindlichkeit leistet, kann nicht kondizieren, ein Rückgabeverlangen würde ein *venire contra factum proprium* darstellen.[21] Bei der Leistung *negotii gerendi causa* dagegen weiß der Leistende immer, dass er nichts schuldet, das Verlangen nach Aufwendungsersatz ist auch kein *venire contra factum proprium.*[22]

Fraglich bleibt, wie der Wert der Reparatur des Hauses einzuschätzen ist, was *F* also im Endergebnis dem *B* schuldet. Man könnte vom objektiven Wert der Reparatur ausgehen, etwa von der Wertsteigerung des Grundstücks, die *F* durch Verkauf realisieren könnte. Indessen will *F* das Grundstück nicht verkaufen, und das reparierte Haus hat er abgerissen, so dass er von der Reparatur keinen Vorteil hat. Es geht hier um das Problem der „aufgedrängten Bereicherung", die der Bereicherte weder wollte noch wirtschaftlich verwerten will. Es wäre unbillig, hier vom objektiven Wert der Reparatur auszugehen, da dieser Wert dem *F* nicht zugutegekommen ist. *F* hätte den Wert zwar realisieren können, etwa durch Verkauf, doch kann niemand den *F* zu Vermögensdispositionen zwingen, die *F* nicht will. Zu befriedigenden Ergebnissen kommt man nur, wenn man den Wert der Leistung nicht objektiv berechnet, sondern subjektiv nach den Vermögensverhältnissen des Bereicherten. Es ist also zu fragen, wieviel die Leistung dem Bereicherten gemäß § 818 III wert ist entsprechend seiner Vermögenslage und seinen Vermögensdispositionen.[23] *F* wollte auf dem Grundstück einen Garten anlegen, das alte Wohngebäude abreißen. Nach seinen Vermögensdispositionen war also die Reparatur für ihn völlig wertlos. Da *F* durch die Leistung des *B* nicht bereichert ist, haftet er dem *B* nicht.

III. Ansprüche des F auf Schadensersatz wegen der abgerissenen Mauer

1. Ansprüche gegen B auf Schadensersatz

a) Anspruch aus § 677 (i. V. m. § 280 I)[24]

Welche Voraussetzungen vorliegen müssen, damit § 677 angewendet werden kann, ist streitig. Die ganz h. M. teilt die Geschäftsführung ohne Auftrag auf in eine

---

[21] Der Grund für den Ausschluss der Kondiktion gemäß § 814 ist aber nicht in § 242 zu suchen, sondern darin, dass der Leistende mit der bewussten Leistung auf eine Nichtschuld eine rechtsgeschäftliche Behaltenscausa setzt, vgl. *Wieling* BereicherungsR § 3 III 1c aa Fn. 15.

[22] So zu Recht BGH JZ 1976, 23; *Medicus/Petersen* BürgerlR Rn. 952; *Koppensteiner/Kramer* 166 ff.

[23] So z. B. *Esser/Weyers* SchuldR BT II § 51 I 4e; *Fikentscher/Heinemann* Rn. 1521; *Koppensteiner/Kramer* 166 ff. Jedoch sind im Rahmen des § 242 auch die Interessen des Verwendenden zu berücksichtigen, vgl. *Wieling* SachenR I § 12 V 4b aa, bb, was hier aber zu keinem anderen Ergebnis führt.

[24] Man kann als Anspruchsgrundlage neben § 677 auch § 280 I nennen, doch ist das überflüssig. Die zweite Kommission (Protokolle 3028, *Mugdan* II, 1193) hielt es für vorzugswürdig, in § 677 nicht die aus der Verletzung der Pflichten sich ergebende Schadensersatzpflicht auszusprechen, wie es noch § 749 des ersten Entwurfes getan hatte, sondern nur den

berechtigte und eine unberechtigte Geschäftsführung. Eine berechtigte Geschäftsführung soll vorliegen, wenn die Voraussetzungen des § 683 gegeben sind, wenn also die Übernahme der Geschäftsführung dem Interesse und dem wirklichen oder mutmaßlichen Willen des Geschäftsherrn entsprach; nur in diesem Fall soll das Rechtsverhältnis „Geschäftsführung ohne Auftrag" zwischen den Beteiligten entstehen. Liegen die Voraussetzungen des § 683 nicht vor („unberechtigte Geschäftsführung ohne Auftrag"), so soll das gesetzliche Schuldverhältnis „Geschäftsführung ohne Auftrag" nicht entstehen.[25] Danach soll § 677 nur bei der berechtigten Geschäftsführung ohne Auftrag anwendbar sein,[26] nicht aber bei der unberechtigten. Das führt zu dem eigenartigen Ergebnis, dass der berechtigte Geschäftsführer der Haftung des § 677 unterliegt, der unberechtigte dagegen nicht. Eine andere Ansicht will § 677 auch bei der unberechtigten Geschäftsführung ohne Auftrag anwenden mit dem Argument, dass der unberechtigte Geschäftsführer nicht besserstehen soll als der berechtigte.[27]

Die Einteilung in berechtigte und unberechtigte Geschäftsführung ohne Auftrag ist abzulehnen, sie widerspricht dem Gesetz und liest völlig überflüssige Komplikationen in die einfache gesetzliche Regelung. Allein die Vorstellung, dass der Gesetzgeber erst gegen Ende der Regelung (in § 683) die Voraussetzungen für das Zustandekommen des Schuldverhältnisses nennen soll, hätte ausreichen können, um das Entstehen dieser Ansicht zu verhindern. Die Materialien lassen den Willen des Gesetzgebers klar hervortreten: § 677 regelt das Entstehen des Rechtsverhältnisses „Geschäftsführung ohne Auftrag" (Besorgung eines Geschäfts für einen anderen ohne Auftrag) als Voraussetzung sowohl der Ansprüche des Geschäftsführers wie des Geschäftsherrn.[28] Die Ansprüche des Geschäftsführers unterliegen den weiteren Voraussetzungen des § 683: Das *negotium gestum,* das geführte Geschäft, muss in diesem Fall ein *negotium utiliter gestum*[29] sein, damit der Geschäftsherr vor Schäden durch das unerbetene Eingreifen in seine Belange geschützt wird.[30]

aa) Geht man von der gesetzlichen Regelung aus, so ist § 677 anwendbar, denn *B* wollte mit dem Auftrag an *U,* die Mauer abzureißen, ohne Auftrag ein fremdes Geschäft führen. Das entsprach weder dem Interesse noch dem Willen des Geschäftsherrn *F.* Aber *B* wusste das nicht und konnte es auch nicht wissen, ihm fällt kein Verschulden i. S. d. § 276 zur Last. Eine Haftung des *B* aus § 677 scheidet also aus.

Inhalt der Verpflichtung des Geschäftsführers zu bestimmen. Sie ging dabei von der richtigen und damals allgemein anerkannten Voraussetzung aus, dass die schuldhafte Verletzung einer Pflicht stets zum Schadensersatz führe. Auf den Anspruch aus § 677 ist auch die Beweislastregelung des § 280 I 2 anzuwenden: Der Schuldner trägt die Beweislast dafür, dass ihn kein Verschulden an dem schädigenden Ereignis trifft.

25 So etwa *Enneccerus/Lehmann* § 165 II; *Fikentscher/Heinemann* Rn. 1260; Jauernig/*Mansel* Vor § 677 Rn. 5; *Medicus/Petersen* BürgerlR Rn. 422; *Larenz* SchuldR BT § 57 pr. mit Lit. in Fn. 3; *Wandt* Gesetzl. Schuldverhältnisse § 2 Rn. 10 f.

26 Vgl. *Fikentscher/Heinemann* Rn. 1281; Jauernig/*Mansel* Vor § 677 Rn. 5; *Larenz* SchuldR BT § 57 II a; *Medicus/Petersen* BürgerlR Rn. 432.

27 Palandt/*Sprau* Einf. v. § 677 Rn. 5; *Looschelders* SchuldR BT Rn. 877.

28 Motive II, 855 f. Zutreffend *Helm,* Geschäftsführung ohne Auftrag, in: Gutachten und Vorschläge zur Überarbeitung des Schuldrechts III, 1983, 335 (365 f.); *Wollschläger,* Die Geschäftsführung ohne Auftrag, 1976, 45 ff., 274; MüKoBGB/*Seiler,* 6. Aufl. 2012, Vor § 677 Rn. 2, 8 und 12; BeckOK BGB/*Thole* § 677 Rn. 77, 148; *Pesch* Jura 1995, 361 (363); *Loyal* AcP 212 (2012), 364.

29 Ein nützlich, d. h. zum Vorteil des Geschäftsherrn geführtes Geschäft.

30 Motive II, 860 f.; Protokolle 3035 ff. (*Mugdan* II, 480 f., 1195).

bb) Geht man von der h. M. aus, so ist zwischen berechtigter und unberechtigter Geschäftsführung ohne Auftrag zu unterscheiden. Die Ansicht, welche auch bei unberechtigter Geschäftsführung ohne Auftrag den § 677 anwenden will, käme zum gleichen Ergebnis wie unter aa. Für die Ansicht, nach welcher § 677 nur bei berechtigter Geschäftsführung anzuwenden ist, wäre noch deren Vorliegen zu prüfen.

Mit dem Auftrag an *U*, die Mauer abzureißen, wollte *B* ein fremdes Geschäft führen. Damit man eine berechtigte Geschäftsführung ohne Auftrag gemäß § 683 bejahen könnte, müsste *B* im Interesse und mit dem wirklichen oder mutmaßlichen Willen des *F* gehandelt haben. *F* wollte auf dem Grundstück einen Garten errichten. Ein Interesse des *F* am Abtragen der Mauer kann in diesem Fall nicht bejaht werden. Auch ein wirklicher Wille des *F*, *B* möge die Mauer abtragen lassen, ist nicht feststellbar. Ebenso ergeben sich für einen dahingehenden mutmaßlichen Willen des *F* keine Anzeichen. Eine berechtigte Geschäftsführung ohne Auftrag durch *B* ist also zu verneinen. Damit scheidet auch nach dieser Meinung für *F* ein Anspruch aus § 677 gegen *B* aus.

b) Anspruch aus §§ 677, 678 bzw. aus § 678

§ 678 begründet nach dem Willen des Gesetzgebers keine Anspruchsgrundlage, sondern stellt eine Haftungsverschärfung für die Verpflichtung aus § 677 dar, wie auch eine unbefangene Lektüre dieser Vorschriften zeigt. Die h. M. mit ihrer Unterteilung berechtigte – unberechtigte Geschäftsführung ohne Auftrag nimmt § 678 als Haftungsnorm für den unberechtigten Geschäftsführer, während sie § 677 nur auf den berechtigten Geschäftsführer anwenden will. In beiden Fällen sind die Ergebnisse gleich. Der Geschäftsführer ist dem Geschäftsherrn aus §§ 677, 678 bzw. § 678 zum Schadensersatz verpflichtet, wenn er wissen musste, dass das übernommene Geschäft im Widerspruch zu dessen wirklichem oder mutmaßlichem Willen stand. Gemäß der gesetzlichen Definition des „Kennenmüssens" in § 122 II schadet dem Geschäftsführer somit jede Fahrlässigkeit.

B hielt den *S* für den Geschäftsherrn, er musste ihn auch dafür halten. *B* wusste nicht und konnte auch nicht wissen, dass *F* Erbe und somit Geschäftsherr war. *B* konnte also auch nicht wissen, dass der Wille des Geschäftsherrn *F* dem Abtragen der Mauer entgegenstand. Da dem *B* insofern keine Fahrlässigkeit zur Last fällt, haftet er nicht nach § 678.

c) Anspruch aus § 823 I

B hat durch *U* (als Werkzeug) das Eigentum des *F* verletzt, indem er den Auftrag zum Abbruch der Mauer gab. Als Rechtfertigungsgrund für diese Rechtsverletzung kommt allenfalls eine Geschäftsführung ohne Auftrag in Betracht: Der Abbruch stellt keine rechtswidrige Eigentumsverletzung dar, wenn es sich bei der Geschäftsführung des *B* um ein *negotium utiliter gestum*, eine dem Geschäftsherrn nützliche Geschäftsführung, gemäß § 683 handelte, wenn also *B* im Sinne der h. M. als berechtigter Geschäftsführer handelte.[31] Diese Voraussetzungen liegen indessen nicht vor (vgl. oben a bb). Die Rechtsverletzung war also rechtswidrig. Fraglich ist das Verschulden des *B*. *B* musste den *S* für den Geschäftsherrn halten und auch annehmen, dass der Abbruch der Mauer im Sinne des *S* lag. Von *F* und seinen Plänen konnte er nichts wissen. *B* hat damit nicht fahrlässig gehandelt, er haftet dem *F* nicht.

---

[31] Vgl. nur *Larenz* SchuldR BT § 57 I b bei Fn. 44; Palandt/*Sprau* Einf. v. § 677 Rn. 11.

2. Ansprüche gegen U

a) Anspruch aus § 677 (i. V. m. § 280 I)

Es müsste eine Geschäftsführung des *U* für *F* vorliegen, bei dessen Durchführung *U* den *B* schuldhaft geschädigt hat. Schon oben unter I 3a ist jedoch festgestellt, dass eine Geschäftsführung ohne Auftrag nicht vorliegen kann, wenn der Geschäftsherr von einem Dritten *(B)* beauftragt ist. Eine Haftung aus § 677 entfällt somit.

b) Anspruch aus §§ 677, 678 bzw. § 678

§ 678 setzt Verschulden bei der Übernahme des Geschäfts voraus. *U* konnte aber ebenso wenig wie *B* wissen, dass Geschäftsherr nicht der *S*, sondern *F* war und dass *F* mit dem Abbruch der Ruine nicht einverstanden war. Eine Haftung des *U* aus § 678 entfällt somit.

c) Anspruch aus § 687 II i. V. m. § 677 bzw. § 678

Der Anspruch kann nur gegeben sein, wenn *U* bewusst ein fremdes Geschäft als eigenes führte. Ob *U* überhaupt ein fremdes Geschäft geführt hat, ist zweifelhaft.[32] Zwar hat er einerseits eine Mauer des *F* abgetragen, also ein Geschäft geführt, das objektiv in die Zuständigkeit des *F* fällt; andererseits wollte er mit dem Abbruch seiner Verpflichtung gegenüber *B* nachkommen und somit ein eigenes Geschäft führen. Auch hier ist der Begriff des fremden Geschäfts normativ zu fassen: § 687 II will den Berechtigten vor bewussten Eingriffen in seinen Rechtskreis schützen. Ein solcher Schutz ist aber auch dann erforderlich, wenn der Eingreifende von einem Dritten beauftragt ist; auch dann muss zum Schutz des Berechtigten das Führen eines fremden Geschäfts bejaht werden. *U* hat also im Sinne des § 687 II ein fremdes Geschäft geführt.[33] Ein Anspruch aus § 687 II setzt aber voraus, dass er dieses fremde Geschäft bewusst als eigenes geführt hat. Nicht jeder, der in fremde Geschäfte eingreift, führt sie als eigene. Er muss das fremde Geschäft zum eigenen Vorteil führen, nur dann ist § 687 II gegeben.[34] Hier hat aber *U* mit dem Abreißen der Mauer lediglich seinen Vertrag mit *B* erfüllt, einen darüber hinausgehenden Vorteil hat er nicht gehabt; *U* hat also das Geschäft nicht als eigenes geführt.

d) Anspruch aus § 823 I

U hat mit dem Abreißen der Mauer das Eigentum des *F* verletzt. Die Rechtsverletzung ist rechtmäßig, wenn die Voraussetzungen des § 683 vorliegen (ein *negotium utiliter gestum*), wenn also *U* im Sinne der h. M. als berechtigter Geschäftsführer gehandelt hat. Denn eine solche Geschäftsführung ohne Auftrag stellt einen Rechtfertigungsgrund dar. Es lag beim Abreißen der Mauer aber für *U* kein *negotium utiliter gestum* vor (vgl. oben 1a bb). Rechtswidrigkeit ist somit gegeben. Fraglich bleibt das Ver-

---

[32] Vgl. oben I 3a.

[33] Die Auslegung des Begriffs „fremdes Geschäft" kommt hier zu einem anderen Ergebnis als oben I 3a. Dort ging es um die Frage, ob bei einem Drittauftrag der Beauftragte ein fremdes Geschäft führt: ob der von *B* beauftragte *U* ein Geschäft des *F* führt. Um den Durchgriff gegen *F* zu vermeiden, wurde das Vorliegen eines fremden Geschäfts für *U* verneint. Hier nun geht es um die gleiche Frage: ob das Abreißen der Mauer im Auftrag des *B* für *U* ein fremdes Geschäft war. Es geht aber um ein anderes Problem: nicht um die Frage, ob eine Geschäftsführung ohne Auftrag zustande gekommen ist, sondern um Schadensersatz nach § 687 II. Zum Schutz des Berechtigten *F* muss § 687 II auch bei einem Drittauftrag anwendbar sein, ein fremdes Geschäft ist also zu bejahen.

[34] Vgl. *Larenz* SchuldR BT § 57 II b; *Brox/Walker* SchuldR BT § 38 Rn. 4 ff.

schulden des *U*. Wenn *U* weder wusste noch wissen musste, dass die Mauer nicht dem Auftraggeber *B* gehörte, so liegt kein Verschulden vor. Aber selbst wenn *U* wusste, dass *B* ein fremdes Geschäft führen wollte, ist Verschulden nicht ohne weiteres zu bejahen. Erforderlich für ein Verschulden des *U* wäre es, dass er wissen musste, dass die Geschäftsführung des *B* unberechtigt war; denn das Verschulden muss auch die Rechtswidrigkeit erfassen. Da aber selbst *B* davon ausgehen musste, dass *S* Erbe sei und dass das Abreißen der Mauer in seinem Interesse erfolge, konnte *U* von der Rechtswidrigkeit des Abbruchs nichts wissen. *U* haftet dem *F* nicht.

IV. Ansprüche des F wegen des veräußerten Obstes

1. Anspruch gegen den Erwerber X aus § 985

X ist Besitzer des Obstes. *F* ist mit der Trennung gemäß § 953 Eigentümer geworden. Er könnte sein Eigentum infolge der Veräußerung durch *B* an *X* verloren haben. *B* hat als Nichtberechtigter verfügt; ein gutgläubiger Erwerb durch *X* gemäß § 932 scheidet aber schon deshalb aus, weil *X* durch die Mitteilung des *B* weiß, dass dieser nicht Eigentümer ist. Die Verfügung durch *B* kann nur dann wirksam sein, wenn *B* die Veräußerung als ein *negotium utiliter gestum* gemäß § 683 für *F* vorgenommen hat und wenn eine solche Geschäftsführung ohne Auftrag dem Geschäftsführer eine Verfügungsermächtigung i. S. v. § 185 I gibt.

Die Veräußerung des Obstes war für *B* ein fremdes Geschäft; sie lag auch im Interesse des *F*, wie *F* selbst einräumt. Zur Zeit der Veräußerung entsprach die Veräußerung auch dem mutmaßlichen Willen des *F*; auch das räumt *F* ein, und es ändert nichts, wenn *F* nachher aus Ärger über die Eigenmächtigkeiten des *B* seinen Willen ändert. Entscheidend ist der Wille zur Zeit der Geschäftsführung. Damit liegen die Voraussetzungen des § 683 vor.

Fraglich ist, ob eine solche berechtigte Geschäftsführung dem Geschäftsführer eine Vertretungs- oder Verfügungsmacht gibt. Die h. M. lehnt das ab.[35] Dem Geschäftsführer soll nach dieser Ansicht nicht einmal ein Anspruch auf Genehmigung des Geschäfts gegen den Geschäftsherrn zustehen.[36] Nach dieser Ansicht könnte *F* von *X* vindizieren, *X* hätte einen Schadensersatzanspruch gegen *B*, *B* könnte von *F* Freistellung von diesem Anspruch des *X* fordern.[37] *F* bekäme also das Obst, müsste dagegen dessen Wert im Endergebnis an *X* zahlen. Der ganze Vorgang wäre wirtschaftlich sinnlos, da *F* sich die Ware zum gleichen Preis auch auf dem Markt besorgen kann.

Nach einer von *Baur*[38] vertretenen Ansicht beseitigt eine Geschäftsführung unter der Voraussetzung des § 683 nicht nur die Rechtswidrigkeit, sondern gibt dem Geschäftsführer auch eine Vertretungs- bzw. Verfügungsmacht, soweit das für die ordnungsgemäße Geschäftsführung i. S. d. § 677 erforderlich ist. *Baur* geht von dem einleuchtenden Gedanken aus, dass derjenige, der zu etwas verpflichtet ist, auch die Rechtsmacht haben muss, dieser Verpflichtung nachzukommen. *Baur* belegt das mit einer Reihe gesetzlicher Vorschriften.[39] Aus §§ 677 ff. ergibt sich, dass sich der

---

[35] Vgl. etwa BGH NJW 1951, 398; BGHZ 17, 188; LM § 683 Nr. 2; *Larenz* SchuldR BT § 57 I b; *Esser/Weyers* SchuldR BT II § 46 II 4a; *Wandt* Gesetzl. Schuldverhältnisse § 8 Rn. 7; BeckOK BGB/*Thole* § 677 Rn. 53.

[36] BGH NJW 1951, 398; ihm folgend Jauernig/*Mansel* Vor § 677 Rn. 4.

[37] So BGH NJW 1951, 398.

[38] *Baur* JZ 1952, 328 ff.

[39] Z. B.: § 966, Finder als Geschäftsführer; ist Verderb der Ware zu besorgen und eine Veräußerung erforderlich, so hat der Finder die Rechtsmacht, das Eigentum durch öffentliche Versteigerung zu übertragen. Vgl. weiter etwa §§ 379 II, 388 II, 391 HGB.

Geschäftsführer um die Angelegenheiten des Geschäftsherrn kümmern darf, aber er muss dies, um ihm nicht auf Schadensersatz zu haften, auch ordentlich tun. Wenn hier *B* sich um das Obst des *F* besorgt hat und infolge der Geschäftsübernahme gemäß § 677 zur Veräußerung verpflichtet war, muss er auch Verfügungsmacht haben. Die Rechtsordnung kann ihm keine Verpflichtung zu einer rechtswidrigen Handlung auferlegen. Ist aber *B* zur Veräußerung verpflichtet, ohne eine entsprechende Verfügungsmacht zu haben, so verletzt *B* zwangsläufig die Rechte des Käufers, handelt bewusst rechtswidrig und macht sich schadenersatzpflichtig.

Die h. M. bringt also einen Widerspruch in die Rechtsordnung, indem sie eine Pflicht zu rechtswidrigem Handeln annimmt. Die Ansicht von *Baur* vermeidet das und ist vorzuziehen, auch deshalb, weil sie praktisch zu befriedigenderen und einfacheren Ergebnissen führt als die h. M. Da *X* also gemäß §§ 929, 185 I Eigentümer geworden ist, haftet er dem *F* nicht.

2. Anspruch gegen B aus §§ 681, 667

F kann von *B* gemäß §§ 681, 667 Herausgabe des von *X* erlangten Kaufpreises verlangen.

Fall 11. Die folgenschwere Pkw-Fahrt

Notgeschäftsführung – Selbstgefährdung im Straßenverkehr – Begriff der Aufwendung und des Geschäfts

Sachverhalt

A und *B* feiern mit reichlich Alkohol das Bestehen ihrer Meisterprüfung. Als sie nach Hause aufbrechen wollen, ist *A* völlig betrunken (2,24‰). Trotzdem setzt sich *A* an das Steuer seines Wagens. *B*, der weniger getrunken hat (1,5‰), beredet zunächst den *A*, den Wagen stehen zu lassen, ohne allen Erfolg; *A* lässt den Motor an. Darauf drängt *B* den *A* auf den Beifahrersitz und setzt sich selbst ans Steuer, was *A* widerwillig zulässt. Auf der Fahrt wird *B* infolge seiner Trunkenheit durch ein Reh, das die Straße überquert, so erschreckt, dass er plötzlich auf die linke Fahrbahn gerät. Dort kommt ihm *L* mit seinem Lkw entgegen. Um einen Zusammenstoß zu vermeiden, der für die Pkw-Insassen tödlich, für *L* jedoch ungefährlich gewesen wäre, muss *L* nach rechts über den Straßenrand fahren; der Lkw stürzt eine kleine Böschung hinab und wird total zerstört; *L* wird verletzt. Dem *B* gelingt es trotz alledem nicht, die Gewalt über den Pkw zurückzuerlangen; auch er stürzt die Böschung hinab, wobei *A* getötet wird. *B* wird verletzt, der Pkw zerstört. Kurze Zeit später passiert der Arzt *D*, der auf Krankenbesuch ist, die Unfallstelle. Er verbindet den bewusstlosen *L*. Da ihm das Verbandsmaterial ausgegangen ist, fordert er von dem inzwischen hinzugekommenen Pkw-Fahrer *X* dessen „Notapotheke" und verbindet mit dem Verbandszeug des *X* den ebenfalls bewusstlosen *B*.

1. *E*, der Erbe des *A*, fordert von *B* Ersatz für den zerstörten Pkw.
2. *L* fordert von *B* und *E* Ersatz für den Lkw sowie Ersatz der Kosten, die ihm aus seiner Verletzung entstanden sind.
3. *B* fordert von *E* Ersatz seiner Schäden.
4. *D* fordert ein ärztliches Honorar.
5. *X* fordert Ersatz für das Verbandsmaterial.

Lösung

I. Anspruch des E gegen B auf Ersatz für den zerstörten Pkw
1. Anspruch aus §§ 677, 1922 (i. V. m. § 280 I)
2. Anspruch aus §§ 677, 678 bzw. § 678
3. Anspruch aus § 823 I

II. Ansprüche des L
1. Anspruch des L gegen B auf Ersatz für den zerstörten Lkw
   a) Anspruch aus § 823 I
   b) Anspruch aus § 7 III StVG

c) Anspruch aus § 18 I StVG
d) Anspruch aus §§ 683, 670
2. Anspruch des L gegen B wegen seiner Verletzung
a) Anspruch auf Kostenersatz wegen der Verletzung
b) Anspruch auf Schmerzensgeld
3. Anspruch des L gegen E auf Ersatz für den Lkw
a) Anspruch aus §§ 823 I, 1922
b) Ansprüche aus §§ 7 I StVG, 1922
c) Anspruch aus §§ 683, 670, 1922
4. Anspruch des L gegen E wegen der Verletzung

III. Ansprüche des B gegen E auf Ersatz seiner Schäden
1. Schäden aus der Körperverletzung
a) Anspruch aus §§ 683, 670, 1922
b) Anspruch aus §§ 823 I, 1922
2. Anspruch des B gegen E auf Freistellung von der Haftung des B gegenüber L
a) Anspruch aus §§ 823 I, 1922
b) Anspruch aus §§ 7 I StVG, 1922
c) Anspruch aus § 426 I

IV. Anspruch des D auf ärztliches Honorar
1. Anspruch gegen L, §§ 683, 670
2. Anspruch gegen B, §§ 683, 670
3. Anspruch gegen E und B wegen der ärztlichen Versorgung des L, §§ 683, 670

V. Anspruch des X auf Ersatz des Verbandsmaterials
1. Ansprüche gegen D
a) Anspruch aus Kaufvertrag
b) Anspruch aus § 812
2. Anspruch gegen B aus §§ 683, 670

I. Anspruch des E gegen B auf Ersatz für den zerstörten Pkw

1. Anspruch aus §§ 677, 1922 (i. V. m. § 280 I)

a) Der Anspruch setzt gemäß der gesetzlichen Regelung nur voraus, dass *B* ein Geschäft des *A* für diesen führen wollte.[1] *B* wollte den *A* in dessen Pkw nach Hause fahren, d. h. für ihn ein Geschäft besorgen, das objektiv in die Zuständigkeit des *A* fiel. Er hat seine damit übernommene Geschäftsführungspflicht dadurch verletzt, dass er den Pkw in den Graben gelenkt und ihn dadurch zerstört hat. Diese Pflichtverletzung könnte schuldhaft gewesen sein. *B* hat den Wagen gefahren, obwohl er wusste, dass er fahruntüchtig war; wäre er nüchtern gewesen, hätte er laut Sachverhalt den Unfall nicht verursacht. *B* hat schuldhaft gehandelt.

Es könnte aber die Haftungsbeschränkung des § 680 eingreifen. Das Gesetz lässt bei der „Notgeschäftsführung", d. h. wenn der Geschäftsführer zur Abwendung einer dem Geschäftsherrn drohenden dringenden Gefahr handelt, den Geschäftsführer nur für grobe Fahrlässigkeit haften. Dadurch soll verhindert werden, dass jemand von Hilfeleistungen abgeschreckt wird. Es bestand hier die Gefahr, dass der völlig betrunkene *A* den Wagen fuhr und sich und andere Verkehrsteilnehmer

[1] Anders die h. M., die hier eine berechtigte Geschäftsführung voraussetzt, vgl. oben Fall 10 III 1a pr. Zur Haftung bei Gefälligkeitsfahrten vgl. *Hirte/Heber* JuS 2002, 241.

gefährdete.[2] Diese Gefahr war auch dringend, da jeder Aufschub zu einer Schädigung führen konnte. *B* hat gehandelt, um diese Gefahr abzuwenden. *B* haftet also nur für grobe Fahrlässigkeit bei der Durchführung seiner übernommenen Pflichten.

Grob fahrlässig handelt, wer die im Verkehr erforderliche Sorgfalt in ungewöhnlich großem Maße verletzt. Grundsätzlich wird man grobe Fahrlässigkeit bejahen müssen, wenn sich ein Fahrer mit 1,5 ‰ Blutalkohol ans Steuer setzt. *B* könnte also grob fahrlässig gehandelt haben. Indessen richtet sich das Maß der erforderlichen Sorgfalt auch nach der jeweiligen Situation: In ungewöhnlichen Situationen kann u. U. nicht die gleiche Sorgfalt erwartet und verlangt werden wie im Normalfall.[3] Hier war für *B* eine besondere, ungewöhnliche Situation gegeben: Einmal musste er den *A* vor Schaden bewahren, und zwar gegen dessen Willen; zum anderen musste die Hilfe sofort, ohne jede Überlegungsfrist erfolgen, da *A* den Motor schon angelassen hatte. Zwar hätte *B* der Gefahr auch auf andere Weise begegnen können, etwa durch Wegnahme des Autoschlüssels,[4] da aber *B* sofort handeln musste, kann es ihm nicht als grobe Fahrlässigkeit angelastet werden, dass er das weniger geeignete Mittel ergriff und sich selbst ans Steuer setzte.[5] *B* hat also nicht grob fahrlässig i. S. v. §§ 677, 680 gehandelt, sondern nur leicht fahrlässig.

Fraglich ist aber, ob *B* mit dieser Entscheidung nicht über Gebühr begünstigt wird, indem die Gefahrensituation, in welcher er sich befand, zweimal zu seinen Gunsten berücksichtigt wird: Einmal um die Haftung gemäß § 680 auf grobe Fahrlässigkeit zu beschränken; dann, um grobe Fahrlässigkeit zu verneinen. Die Tatsache, dass *B* wegen der dringenden Gefahr spontan handeln musste, kommt ihm so doppelt zugute. Der BGH glaubt, eine solche doppelte Begünstigung widerspreche dem Sinn und Zweck des § 680 und sei unzulässig.[6] Dem ist zu widersprechen.[7] Es ist gerade diese Doppelbegünstigung der Zweck des Gesetzes: § 680 soll zur Hilfeleistung bei Gefahr anregen. Berücksichtigt man bei der Beurteilung des Verschuldens die Gefahrensituation nicht mehr, so kommt man fast immer zur groben Fahrlässigkeit und zu einer Haftung des Helfers. Es ist auch völlig anerkannt, dass bei der Beurteilung des Verschuldens die jeweilige Situation zu berücksichtigen ist.[8] Gegen eine doppelte Berücksichtigung der Gefahrensituation ist daher nichts einzuwenden. Der BGH kann ein unbilliges Ergebnis nur dadurch vermeiden, dass er ohne jede Begründung behauptet, es liege hier ein Sachverhalt vor, der über das hinausgehe, was das Gesetz in § 680 im Auge gehabt habe; das müsse auch bei der Festsetzung des Verschuldens berücksichtigt werden.

b) Geht man von der h. M. aus, welche die Geschäftsführung ohne Auftrag in berechtigte und unberechtigte trennt und § 677 nur bei der berechtigten anwendet

---

[2] § 680 fordert aber nicht eine wirkliche Gefahr. Es reicht aus, dass der Geschäftsführer die Gefahr (ohne grobe Fahrlässigkeit) annimmt und handelt, um sie abzuwenden, vgl. OLG Hamm Schaden-Praxis 2000, 367 f.; Palandt/*Sprau* § 680 Rn. 2; Jauernig/*Mansel* § 680 Rn. 2; *Wandt* Gesetzl. Schuldverhältnisse § 5 Rn. 69; BeckOK BGB/*Thole* § 680 Rn. 10 f.; *Looschelders* SchuldR BT Rn. 875; a. A. MüKoBGB/*Schäfer* § 680 Rn. 7; Staudinger/*Bergmann*, 2015, § 680 Rn. 13. Der Wortlaut des § 680 zeigt weiter, dass nicht gefordert wird, dass bei tatsächlich bestehender Gefahr die Hilfeleistung die Gefahr beseitigen muss. § 680 ist zu Gunsten des Helfers auch dann anwendbar, wenn die Hilfe nichts nützt, vgl. BGHZ 43, 192.

[3] Vgl. *Larenz* SchuldR AT § 20 III; BeckOK BGB/*Thole* § 680 Rn. 14.

[4] Wohl kaum noch durch Herbeirufen der Polizei, wie der BGH meint (JZ 1972, 164).

[5] Vgl. BGH JZ 1972, 164; zustimmend *Gursky* JuS 1972, 637 (639); *Berg* JuS 1975, 681 (687).

[6] BGH JZ 1972, 164; ihm folgend Palandt/*Sprau* § 680 Rn. 3.

[7] Vgl. *Gursky* JuS 1972, 637 (640); *Dietrich* JZ 1974, 535 (536 f.).

[8] Vgl. oben bei Fn. 3.

(vgl. oben Fall 10 III 1a), so ist zu prüfen, ob die Geschäftsführung des *B* gemäß § 683 dem Interesse und Willen des *A* entsprach.

B wollte den *A* in dessen Pkw nach Hause fahren, d. h. ein Geschäft besorgen, das objektiv in die Zuständigkeit des *A* fiel. *B* müsste dieses objektiv fremde Geschäft im Interesse des *A* und mit dessen Willen übernommen haben. *B* hat *A* gegen dessen Willen vom Steuer verdrängt, er könnte also gegen den wirklichen Willen des *A* gehandelt haben. Indessen war *A* infolge seiner Trunkenheit nicht mehr fähig, einen vernünftigen und rechtlich relevanten Willen zu bilden. *B* hat aber gegen das Interesse und den mutmaßlichen Willen des *A* gehandelt. Es lag keineswegs im Interesse des *A,* von einem Fahrer mit 1,5 ‰ Blutalkohol gefahren zu werden; auch der zu mutmaßende Wille des *A* steht dem entgegen. Damit liegt keine berechtigte Geschäftsübernahme durch *B* vor, §§ 677, 683 greifen nicht ein.

2. Anspruch aus §§ 677, 678 bzw. § 678

Nach der gesetzlichen Regelung ist § 678 nur eine Haftungsverschärfung für den Anspruch aus § 677, für die h. M. stellt § 678 eine Anspruchsgrundlage dar für den Fall der unberechtigten Geschäftsführung ohne Auftrag.[9]

B müsste gewusst haben oder schuldhaft verkannt haben, dass die Geschäftsübernahme dem mutmaßlichen Willen des *A* widersprach. *B* wusste, dass er selbst stark alkoholisiert war. Er musste erkennen, dass es nicht im mutmaßlichen Willen des *A* lag, von ihm in diesem Zustand gefahren zu werden. Die Voraussetzungen des § 678 liegen daher vor.

Es greift aber wiederum das Haftungsprivileg des § 680 ein, so dass *B* nur haftet, wenn er aus grober Fahrlässigkeit verkannte, dass seiner Geschäftsführung der mutmaßliche Wille des *A* entgegenstand.[10] Aus den oben unter 1a genannten Gründen war es aber keine grobe Fahrlässigkeit, dass *B* den mutmaßlichen Willen des *A* verkannte, *B* haftet gemäß § 680 nicht nach § 678.

3. Anspruch aus § 823 I

B hat das Eigentum des *A* am Pkw verletzt. Diese Rechtsverletzung ist gerechtfertigt, wenn ein *negotium utiliter gestum*, eine dem Geschäftsherrn nützliche Geschäftsführung i. S. v. § 683 vorgelegen hat.[11] Das ist jedoch nicht der Fall, vgl. oben 1b. *B* hat somit rechtswidrig gehandelt.

B hat sich trotz absoluter Fahruntüchtigkeit (1,5 ‰ Blutalkohol) ans Steuer gesetzt. Durch dieses schuldhafte Verhalten hat *B* die Zerstörung des Pkw verursacht: Durch das Auftauchen des Rehs hat er die Kontrolle über den Pkw verloren, was laut Sachverhalt nicht geschehen wäre, wenn *B* nüchtern gewesen wäre. Die Voraussetzungen des § 823 I sind somit gegeben.

Es könnte aber auch hier die Haftungsbeschränkung des § 680 eingreifen. § 680 ist auch im Deliktsrecht anzuwenden.[12] Die Tatsache, dass *B* mit seiner Handlung einer dringenden Gefahr begegnen wollte, ist bei allen gegen ihn gerichteten Ansprüchen

---

9 Vgl. oben Fall 10 III 1b.

10 § 680 gilt nicht nur für das Durchführungsverschulden des § 677, sondern auch für das Übernahmeverschulden des § 678, vgl. BGHZ 43, 193; OLG Hamburg VersR 1984, 753; *Larenz* SchuldR BT § 57 II a; *Wandt* Gesetzl. Schuldverhältnisse § 5 Rn. 71; Palandt/*Sprau* § 680 Rn. 1.

11 Vgl. oben Fall 10 III 1c.

12 Vgl. etwa BGH JZ 1972, 163; OLG Hamburg VersR 1984, 759; *Medicus* Gesetzl. Schuldverhältnisse, 8; *Wandt* Gesetzl. Schuldverhältnisse § 5 Rn. 71; Palandt/*Sprau* § 680 Rn. 1.

zu berücksichtigen. *B* haftet also auch im Rahmen des § 823 I nur für grobe Fahrlässigkeit.

Wer trotz absoluter Fahruntüchtigkeit einen Pkw fährt, weil er glaubt, er sei noch fahrtüchtig, handelt in der Regel grob fahrlässig. Indessen ist auch hier wieder die besondere Situation zu berücksichtigen, dass *B* einer dringenden Gefahr begegnen wollte, als er sich ans Steuer setzte. *B* hatte keinerlei Zeit zu einer ruhigen Überlegung und Entscheidung. Wenn *B* sich noch für fahrtüchtig hielt und glaubte, mit dem Lenken des Pkw eine durch *A* drohende Gefahr beseitigen zu können, so mag das zwar fahrlässig gewesen sein; den Vorwurf grober Fahrlässigkeit kann man indessen dem *B* in Anbetracht seiner schwierigen Situation nicht machen. *B* haftet dem *E* daher nicht für den zerstörten Pkw.

II. Ansprüche des L

1. Anspruch des L gegen B auf Ersatz für den zerstörten Lkw

a) Anspruch aus § 823 I

B hat durch seine Handlung – Wechseln auf die linke Fahrbahn – die Zerstörung des Lkw verursacht: Sein Fehlverhalten kann nicht weggedacht werden, ohne dass der Erfolg (Zerstörung des Lkw) entfiele; es ist eine *condicio sine qua non.* Die Verursachung ist auch adäquat, es ist eine durchaus zu erwartende Reaktion, dass der Entgegenkommende die Fahrbahn verlässt, um einen Zusammenstoß zu vermeiden. Ein Rechtfertigungsgrund liegt nicht vor. *B* hat auch schuldhaft gehandelt, da er mit 1,5 ‰ Blutalkohol die Fahrt unternommen hat (vgl. oben I 3).

Fraglich ist, ob *B* sich auch gegenüber *L* auf die Haftungsminderung aus § 680 berufen kann. § 680 gilt nur für das Verhältnis zwischen Notgeschäftsführer und Geschäftsherrn. Würde man ihn aber auf dieses Verhältnis beschränken, ihn also nicht auch gegenüber Dritten anwenden, so könnte der Zweck der Vorschrift – nicht von Hilfeleistungen abzuschrecken – nicht erreicht werden. Das verkennt der BGH, wenn er meint, gegenüber dritten Verkehrsteilnehmern *(L)* sei die Vorschrift nicht anwendbar.[13] Es ist zu klären, wessen Geschäfte *B* geführt hat. *B* hat zunächst die Geschäfte des *A* geführt, um ihn vor Schaden zu bewahren. *B* hat aber auch gehandelt, um andere Verkehrsteilnehmer vor Schäden zu bewahren,[14] er hat also auch deren Geschäft geführt. Geschäftsherr ist somit auch *L. B* hat sich ans Steuer gesetzt, um alle sonst gefährdeten Verkehrsteilnehmer, also auch *L,* vor einer dringenden Gefahr zu schützen. Dass die Gefahr durch die Handlung nicht gebannt wurde, sondern durch das Verhalten des *B* sich gerade für *L* zum Schaden konkretisiert hat, steht der Anwendung des § 680 nicht entgegen.[15] *B* hat somit nur grobe Fahrlässigkeit zu vertreten. Bereits oben ist gezeigt, dass sein Verhalten – Teilnahme am Verkehr mit 1,5 ‰ Blutalkohol – nicht als grobe Fahrlässigkeit gewertet werden kann.[16] *B* haftet dem *L* nicht nach § 823 I.

b) Anspruch aus § 7 III StVG

Da *A* und nicht *B* Halter des Pkw war, kommt § 7 I StVG nicht in Betracht. Für die Anwendung von § 7 III StVG wäre es erforderlich, dass *B* ohne Wissen und Willen des *A* fuhr (Schwarzfahrer). Das ist hier nicht gegeben, da *A* wusste und sich auch

---

[13] BGH JZ 1972, 164; Palandt/*Sprau* § 680 Rn. 1; Staudinger/*Bergmann*, 2015, § 680 Rn. 24.
[14] Vgl. BGHZ 43, 188 ff.
[15] Vgl. oben Fn. 2.
[16] Vgl. I 3.

damit abfand, dass *B* seinen Wagen fuhr. *A* hat dem *B* den Wagen somit überlassen, § 7 III 2 StVG; eine Haftung des *B* aus § 7 StVG entfällt.

c) Anspruch aus § 18 I StVG

B haftet gemäß § 18 I StVG als Führer des Pkw, wenn er schuldhaft einen Schaden verursacht hat. Das Verschulden wird vermutet. *B* hat leicht fahrlässig die Zerstörung des Lkw verursacht (vgl. oben a). Da er aber gemäß § 680 dem *L* gegenüber nur grobe Fahrlässigkeit zu vertreten hat, haftet er nicht aus § 18 I StVG.

d) Anspruch aus §§ 683, 670

L ist von der Fahrbahn abgewichen, um im Interesse der Insassen des Pkw einen Zusammenstoß zu vermeiden. Er wollte somit ein objektiv fremdes Geschäft führen.[17] Dass dies auch im Interesse und mit dem wirklichen oder mutmaßlichen Willen des *B* geschah, ist nicht zu bezweifeln, da *B* andernfalls mit großer Wahrscheinlichkeit zumindest schwer verletzt worden wäre. Die Voraussetzungen für ein *negotium utiliter gestum* i. S. v. § 683 liegen vor. Allerdings kann man dem *L* dann keinen Ersatz für die Schäden aus dem Ausweichmanöver zusprechen, wenn sich *L* bei dessen Unterlassen und beim Zusammenstoß haftbar gemacht hätte. Dann wäre *L* gegenüber *B* verpflichtet gewesen auszuweichen; Ersatz könnte er dafür von *B* nicht verlangen.

War *L* gegenüber *B* zum Ausweichen verpflichtet; hätte er sich haftbar gemacht, wenn er nicht in den Graben gefahren wäre? Eine Haftung gegenüber *B* hätte sich aus § 823 I ergeben können. Fraglich ist hier nur das Verschulden des *L*. *L* ist korrekt gefahren, ein Verschulden fällt ihm nicht zur Last; auch ein Bremsen war nicht mehr möglich. Wäre *L* einfach weitergefahren, so hätte ihn kein Verschulden an den Schäden getroffen, die *B* erlitten hatte. *L* hätte dem *B* nicht aus § 823 I gehaftet. Eine Pflicht des *L* zum Ausweichen war also nicht gegeben.

Eine Haftung des *L* könnte sich aber weiter aus § 7 I StVG ergeben, wenn nämlich *L* dem *B* bei einem Zusammenstoß nach dieser Vorschrift gehaftet hätte. Ein Verschulden des *L* ist hier nicht erforderlich. *L* war Halter des Lkw. Wäre es zu einem Unfall gekommen, so hätte *L* dem *B* nach § 7 I StVG gehaftet, es sei denn, dass § 7 II StVG eingegriffen hätte: wenn der Unfall durch höhere Gewalt verursacht worden wäre, also dass es eines von „außen" einwirkenden, außergewöhnlichen und nicht abwendbaren Ereignisses bedarf.[18] Das Fehlverhalten anderer Verkehrsteilnehmer wird gemeinhin nicht als betriebsfremd, von außen kommend erachtet.[19] § 7 II StVG wurde allerdings 2002 geändert, zuvor schloss schon ein nur „unabwendbares Ereignis" die Haftung aus, das gemäß § 7 II 2 a. F. StVG insbesondere zu bejahen war, wenn es auf das Verhalten des Verletzten oder eines nicht bei dem Betrieb beschäftigten Dritten oder eines Tieres zurückzuführen ist und sowohl der Halter als der Führer des Fahrzeugs jede nach den Umständen des Falles gebotene Sorgfalt beobachtet hat. Ziel der Gesetzesverschärfung war es, die Vorschrift dem § 828 II

---

[17] Vgl. BGHZ 38, 275; *Medicus* Gesetzl. Schuldverhältnisse, 177 f.; *Deutsch* AcP 165 (1965), 193 (211); *Berg* JuS 1975, 681 (685).

[18] *Burmann,* in: Burmann u. a., Straßenverkehrsrecht, 25. Aufl. 2018, § 7 Rn. 19. Vgl. zur Gesetzesänderung BT-Drs. 14/7752, 30; *Däubler* JuS 2002, 628; *Wagner* NJW 2002, 2061; *Staudinger/Schmidt-Bendun* Jura 2003, 443; *Huber,* Das neue Schadensersatzrecht, 2003, § 4 Rn. 9 ff.; *Coester-Waltjen* Jura 2004, 173 (175).

[19] OLG Oldenburg MDR 2005, 631; *Burmann,* in: Burmann u. a., Straßenverkehrsrecht, 25. Aufl. 2018, § 7 Rn. 19.

anzupassen, nach welchem 7- bis 10-Jährige nicht für von ihnen verursachte Verkehrsunfälle haften. Durch die Neufassung des § 7 II StVG soll ihnen zusätzlich in weitem Umfang ein Anspruch nach § 7 I StVG gewährt werden. Im Unterschied zu § 828 gilt aber die Haftungsverschärfung für Kfz-Halter gegenüber allen.

Hätte also der Unfall einen Fall höherer Gewalt für *L* dargestellt? Die Haftungsverschärfung, nach welcher nur noch die Bejahung einer höheren Gewalt den Pkw-Halter befreit, sollte Kinder zwischen 7 und 10 Jahren vor den finanziellen Folgen eines Verkehrsunfalls schützen. Gedacht war dabei insbesondere an die Fälle, in welchen Kinder für den Fahrer völlig unvorhersehbar aus einer verdeckten Position plötzlich auf die Straße laufen. Da Kinder hier nicht beteiligt waren, stellt sich die Frage nach der Bestimmung des Begriffes der höheren Gewalt. So muss man, um einer Selbstaufopferung im Straßenverkehr von vornherein nicht jeden Anreiz zu nehmen, die „höhere Gewalt" in § 7 II StVG ohne Beteiligung eines Minderjährigen weiterhin allgemein als ein haftungsausschließendes unabwendbares Ereignis definieren, das unter keinem Gesichtspunkt dem Schuldner zugerechnet werden kann. Vergleicht man hier die Mitwirkung des *B* und des *L* am Zustandekommen des Unfalls, so muss man zu dem Ergebnis kommen, dass die Verantwortung dafür nicht bei *L* liegt. Der Unfall, der ohne das Manöver des *L* geschehen wäre, wäre nicht auf die Betriebsgefahr des Lkw oder auf einen Mangel am Lkw zurückzuführen gewesen. Auch auf das Verhalten des *L* wäre er nicht zurückzuführen. *L* hat die gebotene Sorgfalt beachtet und ist völlig korrekt gefahren. Ein Bremsen oder Ausweichen auf der Straße war nicht mehr möglich. Der Unfall wäre vielmehr auf das schuldhafte Verhalten des *B* selbst zurückzuführen gewesen. Für *L* wäre somit der Unfall durch höhere Gewalt i. S. v. § 7 II StVG verursacht gewesen. Er hätte dem *B* nicht gehaftet, war also auch nicht zum Ausweichen und zur Selbstgefährdung verpflichtet.[20]

Fraglich ist aber, ob der Begriff der höheren Gewalt im Verhältnis *B–L* überhaupt relevant ist. Sind an einem Unfall nämlich zwei Pkw beteiligt, wie hier, so greift für das Innenverhältnis der beteiligten Kfz-Halter § 17 StVG ein: Die Vorschrift verteilt in Absatz 1 die Schadenshaftung danach, wieweit der Schaden vorwiegend von den Beteiligten verursacht worden ist, und schließt in Absatz 3 die Haftung eines Beteiligten ganz aus, wenn der Unfall durch ein unabwendbares Ereignis verursacht wurde.[21] Ein solches für *L* unabwendbares Ereignis lag hier vor, denn sein Fahrzeug war mangelfrei, und er selbst hat auch nicht die gebotene Sorgfalt verletzt. Allerdings war *B* nicht Halter des Fahrzeugs, sondern nur Fahrer, er haftet gemäß § 18 StVG, doch ist auch in diesem Fall § 17 StVG anzuwenden, vgl. § 18 III StVG.[22] *L* würde nicht haften, wenn es zu einem Unfall gekommen wäre, er war nicht zu seinem Ausweichmanöver verpflichtet. Er hat damit ein Geschäft zugunsten des *B* geführt, die Anwendung der §§ 683, 670 ist in diesem Falle möglich.[23]

Möglicherweise können das Ausweichmanöver und die daraus resultierende Zerstörung des Lkw als Aufwendung i. S. v. § 670 aufgefasst werden. Nach h. M. sind Aufwendungen freiwillige Vermögensopfer. Als *L* seinen Lkw in die Böschung

---

20 Wie hier auch für die Rechtslage seit 2002 BeckOGK BGB/*Thole* § 677 Rn. 132; *Huber,* Das neue Schadensersatzrecht, 2003, § 3 Rn. 85 f.; anders aber *Friedrich* NZV 2004, 227 (229).

21 Vgl. LG Itzehoe NJW-RR 2003, 1465 ff.

22 Vgl. *Hentschel,* Kommentar zum Straßenverkehrsrecht, 44. Aufl. 2017, § 18 Rn. 6.

23 So die h. M. vor 2002: BGHZ 38, 275; *Larenz* SchuldR BT § 57 I b; *Esser/Weyers* SchuldR BT II § 46 II 2d (4); *Fikentscher/Heinemann* Rn. 1278; *Martinek/Theobald* JuS 1997, 805 (807 f.); *Giesen* Jura 1996, 225 (232 f.) (anders aber *Frank* JZ 1982, 737); ebenso auch für die Rechtslage seit 2002: *Medicus* Gesetzl. Schuldverhältnisse, 178; Palandt/*Sprau* § 677 Rn. 6; *Rebler* MDR 2013, 254 (257) und die Nachw. in Fn. 20.

lenkte, war es sicher nicht seine Absicht und sein Wille, dass sein Lkw zerstört werde. Er wusste aber, dass sein Handeln diesen Erfolg haben konnte, er hat den Erfolg bewusst in Kauf genommen, so dass man von einem freiwilligen Vermögensopfer sprechen kann. Die Zerstörung des Lkw kann also i. S. v. § 670 als Aufwendung bezeichnet werden.[24]

Damit sind die Voraussetzungen der §§ 683, 670 gegeben. *L* kann von *B* Wertersatz für den Lkw verlangen; der Anspruch übernimmt hier die Funktion eines Schadensersatzanspruchs. Zu prüfen bleibt, ob *L* Wertersatz in voller Höhe verlangen kann. Dem *L* könnte ein Teil seines Schadens zuzurechnen sein aufgrund der Betriebsgefahr seines Lkw.[25] Indessen ist bereits oben dargelegt, dass ein Zusammenstoß für *L* ein Fall höherer Gewalt gewesen wäre, der also dem *L* nicht gemäß § 7 II StVG zugerechnet werden kann.[26] Würde man dem *L* nur Teilersatz zusprechen, so würde man ihn für sein altruistisches Verhalten bestrafen. *B* muss also vollen Wertersatz leisten.[27] Daran ändert es nichts, dass *B* am Ende doch zu Schaden gekommen ist. Einmal setzt § 670 nicht voraus, dass die Aufwendungen auch wirklich Erfolg haben,[28] zum anderen hat die Hilfsaktion des *L* wirklich Erfolg gehabt, da der Zusammenstoß vermieden wurde. Der spätere Unfall des *B* hat mit *L* nichts mehr zu tun.

2. Anspruch des L gegen B wegen seiner Verletzung

a) Anspruch auf Kostenersatz wegen der Verletzung

Zu § 823, §§ 7, 18 StVG gilt das oben (zu 1) Gesagte: *L* hat keinen Anspruch. Auch für den Anspruch aus §§ 683, 670 kann auf das oben zu 1 Ausgeführte verwiesen werden, problematisch ist auch hier die Frage der Aufwendung: Ist die von *L* in Kauf genommene Verletzung ein freiwilliges Vermögensopfer? *L* verlangt Ersatz der Vermögensschäden, die ihm aus der Verletzung entstanden sind, so dass man auch hier von einem Vermögensopfer des *L* sprechen kann.[29] *L* kann nach §§ 683, 670 auch Ersatz dieser Schäden verlangen.[30]

---

[24] Nach h. M. fallen unter die Aufwendungen auch Schäden aus solchen Gefahren, die mit der Geschäftsführung ihrer Art nach typischerweise verbunden sind (risikotypische Schäden), wenn etwa der Helfer beim Löschen eines Brandes durch das Feuer Sach- oder Körperschäden erleidet; vgl. *Medicus* Gesetzl. Schuldverhältnisse, 178 f.; *Brox/Walker* SchuldR BT § 36 Rn. 56; *Fikentscher/Heinemann* Rn. 1273; *Looschelders* SchuldR BT Rn. 812; das entspricht auch der gesetzlichen Regelung in § 110 I HGB. Ein solcher Schaden ist auch hier für *L* gegeben.

[25] In entsprechender Anwendung des § 254 auf § 670, so BGHZ 38, 278; *Larenz* SchuldR BT § 57 I b; Palandt/*Sprau* § 670 Rn. 9.

[26] So zu Recht anders als BGHZ 38, 278: BGHZ 20, 261; *Belemann* MDR 1963, 185 (186 f.); *Canaris* JZ 1963, 655 (662); *Frank* JZ 1982, 737 (741 f.); vgl. auch *Otto* JuS 1984, 684 (687 f.).

[27] Zu beachten ist, dass *L* unfallversichert ist, da er durch sein Ausweichmanöver dem B in einem Notfall zu Hilfe gekommen ist, § 2 I Nr. 13 SGB VII; jurisPK-SGB VII/*Bieresborn*, 2. Aufl. 2014, § 2 SGB VII Rn. 159 ff., 263. An der Problematik des Falles ändert sich dadurch nichts.

[28] Vgl. *Esser/Weyers* SchuldR BT II § 46 II 4c; Palandt/*Sprau* § 683 Rn. 3; *Deutsch* AcP 165 (1965), 193 (200).

[29] Es ist aber auch denkbar, dass ein Geschäftsführer im Fall der Selbstgefährdung Ersatz für Nichtvermögensschäden verlangt, etwa Kosten für eine kosmetische Operation gemäß § 249 II 1. Das zeigt, dass die Beschränkung der Aufwendung auf Vermögensopfer nicht angebracht ist, vgl. *Deutsch* AcP 165 (1965), 193 (214). Vermögensopfer sind nur die typische Art von Aufwendungen, nicht die allein möglichen.

[30] Vgl. dazu oben Fn. 27.

b) Anspruch auf Schmerzensgeld

Die von § 253 II vorausgesetzte Körperverletzung ist zu bejahen; fraglich ist aber, ob *L* ein Schmerzensgeld verlangen kann, obwohl der Anspruch aus §§ 683, 670 kein Schadensersatzanspruch ist, sondern ein Anspruch auf Verwendungsersatz. Es ist aber anerkannt, dass der Geschäftsführer die bei der Geschäftsführung erlittenen Schäden nach § 670 geltend machen kann. Hinzu kommt, dass die Regelung des § 253 II den Willen des Gesetzgebers erkennen lässt, den Anspruch in allen Fällen der Haftung wegen zugefügter Körperverletzungen u. s. w. zu geben. Dem *L* steht somit gegen *B* wegen seiner Verletzungen auch ein Anspruch auf Schmerzensgeld zu.

3. Anspruch des L gegen E auf Ersatz für den Lkw

a) Anspruch aus §§ 823 I, 1922

A wollte im Zustand völliger Fahruntüchtigkeit mit seinem Pkw nach Hause fahren. Durch dieses Verhalten hat er den *B* zu seiner Hilfsmaßnahme veranlasst, durch welche der Schaden des *L* verursacht wurde. Das Verhalten des *A* ist *condicio sine qua non* für den Schaden des *L*. Es lag auch nicht außerhalb jeder Wahrscheinlichkeit, dass der weniger alkoholisierte, aber auch fahruntüchtige *B* die Fahrt übernehmen und einen Unfall verursachen würde. Adäquanz ist damit gegeben. Das Verhalten des *A* hat also adäquat eine rechtswidrige Beschädigung des Eigentums des *L* verursacht.

A wusste, dass er und auch *B* fahruntüchtig waren, trotzdem hat er den *B* durch sein Verhalten veranlasst zu fahren. Dadurch hat *A* die Sorgfalt, die er gegenüber den anderen Verkehrsteilnehmern wahren musste, gröblich verletzt.[31] Da diese Sorgfaltsverletzung den Schaden des *L* verursacht hat, ist auch ein Verschulden des *A* gegeben. Die Voraussetzungen des § 823 I liegen vor. *E* ist damit gemäß §§ 823 I, 1922 dem *L* zum Schadensersatz verpflichtet. Eine Haftungsminderung nach § 254 kommt nicht in Betracht, die Betriebsgefahr des Lkw ist dem *L* nicht zuzurechnen, da der drohende Unfall für *L* ein Fall höherer Gewalt i. S. v. § 7 II StVG war.[32]

b) Ansprüche aus §§ 7 I StVG, 1922

A war Halter des Pkw, er trug die Betriebsgefahr. Durch den Betrieb des Pkw ist dem *L* ein Schaden entstanden, wobei es keine Rolle spielt, dass *A* den Wagen nicht selbst gefahren hat. Der drohende Unfall war auch kein Fall höherer Gewalt für *A*, § 7 II StVG, da weder *A* selbst noch der Fahrer *B* die gebotene Sorgfalt beachtet haben. *E* haftet dem *L* somit nach §§ 7 StVG, 1922. Eine Haftungsminderung gemäß § 17 StVG wegen der Betriebsgefahr des Lkw kommt nicht in Betracht, da für *L* ein Fall höherer Gewalt i. S. v. § 7 II StVG vorlag.

c) Anspruch aus §§ 683, 670, 1922

Fraglich ist, ob die Zerstörung des Lkw noch als Aufwendung des *L* bezeichnet werden kann, wenn sie bereits als Deliktshandlung des *A* qualifiziert wurde. Die Frage ist zu bejahen, eine Aufwendung durch Selbstgefährdung ist als adäquate Folge einer Deliktshandlung durchaus denkbar. Zu den Voraussetzungen der §§ 683,

---

[31] Sollte *A* bereits deliktsunfähig i. S. v. § 827 S. 1 gewesen sein, so haftet er gemäß § 827 S. 2, da er nicht ohne Verschulden in den Zustand der Deliktsunfähigkeit geraten ist.

[32] Vgl. oben bei Fn. 26.

670 kann auf das oben (II 1d) Ausgeführte verwiesen werden. *E* haftet dem *L* auch nach §§ 683, 670, 1922.

4. Anspruch des L gegen E wegen der Verletzung

Wegen der Heilungskosten des *L* kann auf das oben zu 3a–c Gesagte verwiesen werden. *E* haftet dem *L* auch für diese Schäden. Daneben steht dem *L* auch ein Anspruch auf Schmerzensgeld zu, §§ 823 I, 253 II; §§ 683, 670, 253 II; §§ 7 I StVG i. V. m. § 253 II.

III. Ansprüche des B gegen E auf Ersatz seiner Schäden

1. Schäden aus der Körperverletzung

a) Anspruch aus §§ 683, 670, 1922

Mit dem Fahren des Pkw hat *B* ein Geschäft des *A* geführt, um diesen vor Schäden zu bewahren (vgl. oben I 1). *B* hat geglaubt, seine Hilfe liege im Interesse des *A* und geschehe mit dessen mutmaßlichem Willen. Dabei verkannte er, dass es geeignetere Maßnahmen der Gefahrenabwehr gab. Dies beruhte aber auf leichter Fahrlässigkeit des *B* (vgl. oben I 1a), *B* haftet dem *A* gegenüber jedoch nur für grobe Fahrlässigkeit, § 680. Fraglich ist, ob § 680 auch im Rahmen des § 683 anzuwenden ist. Die h. M. bejaht dies.[33] § 680 wolle den Notgeschäftsführer nicht nur weitgehend vor Schadensersatzansprüchen bewahren, sondern solle ihn auch vor eigenen Verlusten bei Hilfeleistungen schützen. Wer sich in einer Notsituation leicht fahrlässig über Interesse und Wille des Geschäftsherrn irre, solle dennoch den Aufwendungsersatzanspruch nach §§ 683, 670 haben.

§ 680 bezieht sich seiner systematischen Stellung nach nur auf die Ansprüche des Geschäftsherrn gegen den Geschäftsführer,[34] nicht auf die Gegenklage des Geschäftsführers gegen den Geschäftsherrn aus § 683.[35] Das ist kein Zufall, sondern vom Gesetzgeber bewusst so geregelt. Die Gegenklage des Geschäftsführers sollte an besonders scharfe Bedingungen geknüpft werden, damit der Geschäftsherr vor willkürlichen Einmischungen Dritter geschützt werde: Während der Geschäftsführer nach § 677 für unverschuldete Schäden nicht hafte, setze ein Anspruch gegen den Geschäftsherrn mehr voraus als nur mangelndes Verschulden des Geschäftsführers. Voraussetzung sei, dass die Geschäftsführung dem Interesse und Willen des Geschäftsherrn entspreche. Selbst ein völlig unverschuldeter Irrtum des Geschäftsführers in dieser Hinsicht führe zum Ausschluss eines Anspruchs gegen den Geschäftsherrn.[36] Das müsse selbst für die Fälle der Notgeschäftsführung i. S. v. § 680 gelten.[37]

---

[33] So BGH DB 1972, 721; *Medicus/Petersen* BürgerlR Rn. 427; *Larenz* SchuldR BT § 57 I b; BeckOGK BGB/*Thole* § 680 Rn. 24; Staudinger/*Bergmann*, 2015, § 680 Rn. 19 aber auch 22; ebenso im Ergebnis *Dietrich* JZ 1974, 535 (538 f.), der zwar bei einer Geschäftsführung, die den Voraussetzungen des § 683 nicht entspricht, eine berechtigte Geschäftsführung ohne Auftrag ablehnt, dem Geschäftsführer aber dennoch den Anspruch auf Ersatz der Aufwendungen gemäß § 683 geben will. A. A. *Esser/Weyers* SchuldR BT II § 46 II 3.

[34] Die *actio negotiorum gestorum directa* des römischen und gemeinen Rechts.

[35] Die *actio negotiorum gestorum contraria.*

[36] Vgl. Motive II, 861.

[37] Vgl. Motive II, 862: „Es stände mit den allgemeinen Grundsätzen nicht im Einklang, wollte man … dem Geschäftsherrn die Folgen der von ihm nicht veranlassten Handlungsweise des Geschäftsführers zur Last legen. Zu einer Abweichung von den allgemeinen Grundsätzen fehlt es an Gründen des Bedürfnisses oder der Zweckmäßigkeit. Insbesondere wird eine solche Abweichung nicht durch die Besorgnis gerechtfertigt, dass bei dem Mangel einer den Geschäftsführer schützenden Vorschrift viele erwünschte Geschäftsführungen unterbleiben

Dieser aus dem Gesetz zu entnehmende Wille des Gesetzgebers bei der Anwendung des § 683 entspricht heute allgemeiner Ansicht. Eine berechtigte Geschäftsführung, die dem Geschäftsführer die Ansprüche aus § 683 gibt, liegt nur vor, wenn sie im objektiven Interesse und mit Willen des Geschäftsherrn geschieht. Ein noch so unverschuldeter Irrtum des Geschäftsführers schließt die Anwendbarkeit des § 683 aus.[38] Wenn es aber auf ein Verschulden des Geschäftsführers gar nicht ankommt, kann § 680 im Rahmen des § 683 keine Funktion haben: Wenn das Verschulden irrelevant ist, ist es gleichgültig, ob der Geschäftsführer nur für grobe Fahrlässigkeit haftet oder für jede.

§ 680 ist also auf § 683 nicht anzuwenden, das zeigt der Wille des Gesetzgebers, der in der Stellung des § 680 deutlich Ausdruck gefunden hat. Das Argument der h. M., man müsse dem Notgeschäftsführer entgegenkommen und dürfe ein spontanes, helfendes Eingreifen nicht durch den Ausschluss der Ansprüche aus § 683 bestrafen, ist vom Gesetzgeber ausdrücklich verworfen worden.[39] Da das Eingreifen des *B* nicht im objektiven Interesse des *A* lag und nicht mit seinem mutmaßlichen Willen geschah, liegen die Voraussetzungen der §§ 683, 670 nicht vor, ein Anspruch des *B* entfällt insoweit.

b) Anspruch aus §§ 823 I, 1922

A hat durch sein Verhalten adäquat den Unfall verursacht (vgl. oben II 3a). Dadurch hat *B* eine Körperverletzung erlitten. *A* hat auch fahrlässig gehandelt (oben II 3a). Die Voraussetzungen des § 823 I sind damit gegeben. *E* hat dem *B* Ersatz für seine Schäden aus der Verletzung zu leisten. Ein Mitverschulden des *B* gemäß § 254 kommt nicht in Betracht, da *B* nur leicht fahrlässig gehandelt hat und dafür gemäß § 680 dem *E* gegenüber nicht haftet (oben I 1). Der Verursachungsbeitrag des *B* ist im Gegensatz zur groben Fahrlässigkeit des *A* ohne Bedeutung. Neben dem Ersatz der materiellen Schäden kann *B* von *E* auch Schmerzensgeld gemäß § 253 II verlangen.

2. Anspruch des B gegen E auf Freistellung von der Haftung des B gegenüber L

a) Anspruch aus §§ 823 I, 1922

B hat den Unfall des *L* adäquat verursacht (vgl. oben II 1a). Er haftet gemäß §§ 683, 670 für die dem *L* daraus entstandenen Schäden (oben II 1d, II 2). Ohne das Verhalten des *A* hätte *B* den Unfall nicht verursacht, das schuldhafte Verhalten des *A* ist adäquate Ursache des Unfalls des *L* (oben II 3a, II 4). *A* hat also den Schaden verursacht, den *B* durch die Haftung gegenüber *L* erlitten hat. Es handelt sich aber um einen allgemeinen Vermögensschaden des *B*, der nicht dadurch entstanden ist, dass *A* eines der in § 823 I geschützten Rechtsgüter verletzt hat. § 823 I scheidet aus.

---

würden und darunter das allgemeine Beste leiden müsste. Es bleibt immer eine ernste Sache, sich unberufen in die Geschäfte eines anderen zu mischen. Wer sich dazu versteht, mag sich vorsehen und alle Eventualitäten berechnen. Der Gesetzgeber hat erfahrungsgemäß keinen Anlass, zu Einmischungen in fremde Geschäfte zu ermuntern … Nicht einmal für Fälle, wenn zur Abwendung eines Nachteiles oder einer dringenden Gefahr von dem Geschäftsführer eingegriffen wurde, ist eine besondere Ausnahme zu statuieren".

[38] Vgl. nur Palandt/*Sprau* § 683 Rn. 3.

[39] Vgl. oben Fn. 37.

b) Anspruch aus §§ 7 I StVG, 1922

Ebenso scheidet § 7 I StVG aus, da es sich nicht um einen Schaden handelt, der durch eine Verletzung des *B* oder einer Sache des *B* entstanden ist.

c) Anspruch aus § 426 I

Sowohl *B* als auch *E* haften dem *L* für die ihm entstandenen Schäden (oben II). Gemäß § 421 sind sie Gesamtschuldner. Gemäß § 426 I steht jedem Gesamtschuldner ein Freistellungsanspruch gegen den anderen zu, soweit seine Haftung gegenüber dem Gläubiger *(L)* seine Haftung im Innenverhältnis der Gesamtschuldner übersteigt.[40] Es kommt also darauf an, wieweit *B* im Innenverhältnis gegenüber *E* zur Befriedigung des Gläubigers *L* beitragen muss.

Grundsätzlich haften die Gesamtschuldner nach § 426 I zu gleichen Teilen; das gilt jedoch nur, soweit sich aus dem Innenverhältnis *E–B* nichts anderes ergibt. *A* hat den Schaden des *L* grob fahrlässig verursacht (oben II 3a); dagegen hat *B* nur leicht fahrlässig gehandelt, was er gemäß § 680 gegenüber *E* nicht zu vertreten hat (oben II 1a). Unter diesen Umständen ist es angemessen, den *E* im Innenverhältnis allein haften zu lassen. *B* hat damit aus § 426 I einen Freistellungsanspruch gegenüber *E*.

IV. Anspruch des D auf ärztliches Honorar

1. Anspruch gegen L, §§ 683, 670

Ein Anspruch aus Vertrag kommt nicht in Betracht, da ein Vertrag aufgrund der Bewusstlosigkeit des *L* nicht zustande gekommen ist. Als Anspruchsgrundlage kommen §§ 683, 670 in Betracht. *D* hat mit der ärztlichen Versorgung des *L* ein Geschäft des *L* geführt. Die Geschäftsbesorgung lag auch im Interesse und mutmaßlichen Willen des *L*, so dass die Voraussetzungen des § 683 gegeben sind.

Gemäß § 670 kann *D* für das ihm gehörige, für *L* benutzte Material Ersatz verlangen. Fraglich ist, ob er auch Ersatz für seine Dienstleistung verlangen kann. Nach h. M. kann der Geschäftsführer für seinen Arbeitseinsatz keine Vergütung verlangen; nur wenn die Tätigkeit zum Beruf oder Gewerbe des Geschäftsführers gehört, soll er in entsprechender Anwendung des § 1835 III die übliche Vergütung verlangen können.[41] Da hier die ärztliche Versorgung des *L* zu den Tätigkeiten im Beruf des *D* gehört, kann *D* von *L* das übliche Entgelt verlangen.[42]

Der Anspruch aus §§ 683, 670 könnte aber wegen § 241a I entfallen, weil *D* gegenüber *L* eine unbestellte ärztliche Leistung erbracht hat. Das setzt voraus, dass *D* Unternehmer und *L* Verbraucher ist. *L* ist Verbraucher nach § 13 („jede natürliche Person"), da er weder gewerblich noch selbstständig-beruflich tätig geworden ist; *L* ist überhaupt nicht tätig geworden. *D* ist gemäß § 14 Unternehmer, da er bei der Versorgung des *L* als natürliche Person in Ausübung seiner selbstständigen Tätigkeit handelte. Zwar haben *D* und *L* kein Rechtsgeschäft abgeschlossen, doch ist allgemein

---

[40] Vgl. Palandt/*Grüneberg* § 426 Rn. 5.

[41] Vgl. etwa BGHZ 65, 390; BGH WM 1989, 801; Palandt/*Sprau* § 683 Rn. 8; *Medicus* Gesetzl. Schuldverhältnisse, 179 f.; *Brox/Walker* SchuldR BT § 36 Rn. 54 f.; *Giesen* Jura 1994, 352 (357 f.); weitergehend *Fikentscher/Heinemann* Rn. 1273; Erman/*Dornis* § 683 Rn. 13 ff.; *Köhler* JZ 1985, 359 ff. (Entgelt bei allen Tätigkeiten, die üblicherweise bezahlt werden müssen); ausf. *Loyal*, Die „entgeltliche" Geschäftsführung ohne Auftrag, 2011, passim. Nach *Esser/Weyers* SchuldR BT II § 46 II 4c, ist immer die übliche Belohnung zu zahlen; dass war entgegen *Seiler* FS H. Hübner, 1985, 239 ff. vom Gesetzgeber nicht gewollt, vgl. *Loyal* 68 ff.

[42] *L* kann für diesen Betrag bei *E* oder *B* Regress nehmen (vgl. oben II 2, II 4).

anerkannt, dass die Beschränkung der §§ 13, 14 auf den Abschluss von Rechtsgeschäften deren Anwendbarkeit zu sehr einengt; beide Vorschriften müssen nach h. M. immer dann angewendet werden, wenn bei einem Geschäftsabschluss dieser Parteien ein Unternehmer- bzw. Verbrauchergeschäft vorliegen würde.[43] Damit liegen die Voraussetzungen des § 241a I vor, so dass nach dem Gesetzeswortlaut ein Anspruch des *D* gegen *B* ausgeschlossen wäre. Das wäre jedoch eine offenbar unbillige Entscheidung, und eine solche wollte auch der Gesetzgeber nicht; er war lediglich unfähig, seinen Willen in passende Worte zu fassen. Entsprechend der Fernabsatz-RL sollte daher § 241a einschränkend ausgelegt und nur dann angewendet werden, wenn der Unternehmer zum Zweck der Anbahnung eines Vertrages tätig wurde.[44] Da dies bei *D* in unserem Fall nicht zutraf, ist sein Anspruch aus §§ 683, 670 nicht durch § 241a I ausgeschlossen.

2. Anspruch gegen B, §§ 683, 670

Da *D* auch den *B* ärztlich versorgt hat, kann er auch von ihm gemäß §§ 683, 670 Vergütung für seine Tätigkeit verlangen, nicht aber für das Verbandsmaterial, da dieses von *X* zur Verfügung gestellt wurde.

3. Anspruch gegen E und B wegen der ärztlichen Versorgung des L, §§ 683, 670

D kann mit der Versorgung auch ein Geschäft des *B* und des *E* geführt haben, wenn diese verpflichtet waren, dem Verletzten *L* zu Hilfe zu kommen. *A* und *B* haben die Verletzung des *L* rechtswidrig verursacht. *A* hat dabei auch schuldhaft gehandelt, so dass er dem *L* wegen der Körperverletzung gemäß § 823 I, § 7 StVG zum Schadensersatz verpflichtet war (vgl. oben II 3a, b i. V. m. II 4). Dem *B* ist die rechtswidrige Schädigung des *L* zwar weder nach den Regeln der Verschuldenshaftung zuzurechnen noch nach denen der Gefährdungshaftung, er haftet dem *L* aber nach §§ 683, 670 (vgl. oben II 2). Zum Schadensersatz gehörte zunächst die Versorgung des *L* nach seinem Unfall, sie war also ein Geschäft des *A* und *B*. *D* hat also auch ein Geschäft des *E* und *B* geführt, als er sich des *L* annahm.[45] Das lag auch im Interesse und geschah mit dem mutmaßlichen Willen des *E* und *B*. *D* hat somit neben dem Anspruch gegen *L* selbst auch einen Anspruch gegen *E* und *B* auf die übliche Vergütung wegen der Versorgung des *L*, §§ 683, 670.

L, *E* und *B* sind gemäß § 421 Gesamtschuldner des *D*. Im Innenverhältnis kann *L* von *E* und *B* Freistellung nach §§ 683, 670 verlangen, da beide ihm auf Ersatz wegen der Verletzung haften (vgl. oben II 2, II 4). Im Innenverhältnis zwischen *E* und *B* haftet nur *E* (vgl. oben III 2c).

V. Anspruch des X auf Ersatz des Verbandsmaterials

1. Ansprüche gegen D

a) Anspruch aus Kaufvertrag

X könnte gegen *D* einen Anspruch aus § 433 II haben, es könnte ein Kaufvertrag zwischen *X* und *D* über das Verbandsmaterial abgeschlossen worden sein. Erkennbar wollte aber *D* keine Verpflichtungen eingehen, als er dem *B* zu Hilfe kam. Ein Kaufvertrag oder ein sonstiger Vertrag mit *D* scheidet aus.

---

[43] Vgl. nur Palandt/*Ellenberger* § 13 Rn. 6 und § 14 Rn. 4, und die Lit. bei *Hau* NJW 2001, 2863 f.

[44] Vgl. *Hau* NJW 2001, 2863 (2865); MüKoBGB/*Finkenauer* § 241a Rn. 30.

[45] Vgl. Palandt/*Sprau* § 677 Rn. 6.

b) Anspruch aus § 812

In Betracht kommt weiter ein Bereicherungsanspruch des *X* gegen *D*. *X* wollte das Material nicht für *D* zur Verfügung stellen, sondern für den Verletzten *B*. Eine Leistungskondiktion entfällt damit. Da *D* auch nicht unberechtigt in Rechtsgüter des *X* eingegriffen hat – *X* hat konkludent zugestimmt –, kommt eine Eingriffskondiktion ebenfalls nicht in Betracht. *X* hat keinen Anspruch gegen *D*.

2. Anspruch gegen B aus §§ 683, 670

Indem *X* sein Verbandsmaterial dem bewusstlosen *B* zur Verfügung stellte, hat er ein Geschäft des *B* geführt. Es lag auch im Interesse und geschah mit dem mutmaßlichen Willen des *B*. Die Voraussetzungen der §§ 683, 670 liegen damit vor. *X* kann von *B* Ersatz für seine Aufwendungen verlangen: Wertersatz für das zur Verfügung gestellte Verbandsmaterial.

Fraglich könnte nur sein, ob das bloße Geben des Materials noch unter den Begriff der Geschäftsführung, der Besorgung eines fremden Geschäfts fällt. Das wird vereinzelt verneint,[46] der Gebende soll auf Bereicherungsansprüche angewiesen sein. Der Gesetzgeber hat den Begriff der Geschäftsführung bewusst nicht näher umschrieben, allgemein wird heute betont, dass der Begriff weit zu fassen sei.[47] Es ist nicht einzusehen, warum unter die Geschäftsbesorgung nicht auch das Überlassen von Gegenständen fallen soll, zumal in solchen Fällen die Anwendung der §§ 670 ff. angemessener ist als die des Bereicherungsrechts.[48] Es bleibt somit beim Anspruch des *X* gegen *B* aus §§ 683, 670.

---

[46] *Giesen,* Jura 1994, 352 (355 f.) (bloßes Geben, Dulden und Gebrauchsüberlassung sind keine Geschäftsführung). Richtig dagegen Jauernig/*Mansel* § 677 Rn. 2.

[47] Vgl. nur Palandt/*Sprau* § 677 Rn. 2.

[48] Bei der Anwendung des § 812 könnte der Geschäftsherr sich auf Entreicherung berufen, § 818 III; es wäre aber ungerecht, wenn derjenige, der die Sache zur Verfügung stellt, diese Gefahr tragen sollte.

Fall 12. Der enttäuschte Dieb

Verwendungen – bewusstes Führen eines fremden Geschäfts als eigenes – Abgrenzung Bereicherungsrecht/Eigentümer-Besitzer-Verhältnis – Geschäftsführung/Eigentümer-Besitzer-Verhältnis

Sachverhalt

D stiehlt den Pkw des *E*, Wert 4.500 €; er muss aber alsbald feststellen, dass er einen schlechten Griff getan hat: Der Motor und die Bremsen sind defekt, die Lackierung ist nicht mehr in bestem Zustand, die Reifen sind völlig abgefahren. *D* lässt zunächst für 400 € vier neue Reifen montieren, danach fährt er zur Werkstatt und lässt für 500 € Motor und Bremsen reparieren; der Wagen ist jetzt 5.400 € wert. Anschließend bastelt *D* aus eigenem Material eine Heckscheiben-Wischanlage und baut sie fest ein, so dass sie ohne Zerstörung nicht ausgebaut werden könnte; das führt zu einer Wertsteigerung von 100 €. Schließlich lässt *D* den Wagen für 500 € in seiner Lieblingsfarbe orange neu lackieren; Wertsteigerung 200 €. Auf der Rückfahrt von der Werkstatt parkt *D* den Wagen kurze Zeit, um Zigaretten zu kaufen. Bei der Rückkehr muss er feststellen, dass ein anderer den Wagen am Kotflügel gestreift und einen Blechschaden von 200 € verursacht hat. *D* gewinnt die Überzeugung, dass der Wagen ihn mehr Geld und Nerven koste, als er Nutzen bringe. Er veräußert ihn daher für 6.000 € (Wert: 5.500 €) an einen durchreisenden Japaner, der nicht mehr zu ermitteln ist. Nachdem die Polizei den Diebstahl aufgeklärt hat, möchte *E* wissen, was er von *D* verlangen kann und welche Gegenrechte *D* möglicherweise hat.

Lösung

I. Ansprüche des E auf Schadensersatz
1. Anspruch aus §§ 990, 989
2. Anspruch auf Schadensersatz aus §§ 992, 823 I
3. Anspruch auf Schadensersatz nach §§ 687 II, 677, 678

II. Ansprüche des E auf Gewinnherausgabe
1. Anspruch aus §§ 985, 285
2. Anspruch auf Herausgabe des Erlangten, § 816 I 1
3. Anspruch auf Gewinnherausgabe, §§ 687 II 1, 681, 667

I. Ansprüche des E auf Schadensersatz

1. Anspruch aus §§ 990, 989

a) § 990 setzt zunächst voraus, dass zwischen *E* und *D* eine Vindikationslage bestand, solange *D* den Pkw besaß. *D* war unrechtmäßiger Besitzer, *E* Eigentümer des

Pkw, die Voraussetzungen des § 985 sind damit gegeben. Zu prüfen bleibt, ob sich das Eigentum des *E* auch auf die von *D* montierten Reifen und die Wischanlage erstreckte. *E* könnte das Eigentum daran gemäß § 947 II durch Verbindung gewonnen haben. Das würde gemäß § 947 I voraussetzen, dass Reifen und Wischanlage wesentliche Bestandteile des Pkw wurden. Wesentliche Bestandteile sind sie gemäß § 93 dann, wenn sie nicht abgetrennt werden können, ohne dass sie oder der restliche Pkw zerstört oder in der Brauchbarkeit beeinträchtigt („im Wesen verändert") würden. Die Wischanlage ist von *D* speziell für diesen Pkw gebastelt und fest eingebaut worden. Die Abtrennung würde dazu führen, dass sie unbrauchbar würde. Sie ist also wesentlicher Bestandteil des Pkw und damit ins Eigentum des *E* übergegangen. Der Schadensersatzanspruch des *E* erstreckt sich auch hierauf. Dagegen sind die Reifen eines Pkw keine wesentlichen Bestandteile,[1] sie können abgenommen werden, ohne dass ihr Wert oder der Wert des restlichen Pkw beeinträchtigt würde. *E* ist nicht Eigentümer der Reifen geworden, seine Ansprüche können sich nicht darauf erstrecken.

Dem *D* ist die Herausgabe des Pkw nicht mehr möglich. *D* wusste beim Besitzerwerb, dass er kein Recht zum Besitz hatte, er war also bösgläubig i. S. v. §§ 990 I, 932 II. *D* wusste auch, dass er dem *E* den Pkw zurückgeben musste und dass er sich dies durch die Veräußerung unmöglich machte. *D* hat somit schuldhaft die Unmöglichkeit herbeigeführt. Damit liegen die Voraussetzungen der §§ 990, 989 vor, *D* muss Schadensersatz leisten. Der Wert des Pkw (abzüglich der Reifen) betrug vor der Beschädigung 4.500 € + 500 € + 100 € + 200 € = 5.300 €, nach der Beschädigung 5.100 €. Für den Wertverlust von 200 € durch den Blechschaden haftet *D* gemäß § 990 nicht, da ihn hieran kein Verschulden trifft. Er muss also 5.100 € an *E* zahlen.

b) *D* könnte ein Gegenrecht aus § 255 haben. *D* ist dem *E* zum Schadensersatz für den Pkw verpflichtet. Gemäß § 255 kann er jedoch so lange die Leistung verweigern, bis ihm *E* Zug um Zug seine Ansprüche aus dem Eigentum abtritt. Als Recht aus dem Eigentum kommt nur die Vindikation des *E* gegen den jetzigen Besitzer in Betracht. Diesen Anspruch muss *E* an *D* abtreten. Dadurch geht gemäß § 931 das Eigentum auf *D* über. Infolgedessen wird die Verfügung, die *D* als Nichtberechtigter getroffen hatte und die gemäß §§ 929, 932, 935 bisher unwirksam war, gemäß § 185 II 1 wirksam. Der Käufer wird Eigentümer.

c) *D* könnte Gegenrechte wegen seiner Verwendungen haben, §§ 994 ff. Zunächst ist zu prüfen, ob *D* gemäß den §§ 999–1001 überhaupt Gegenrechte wegen der Verwendungen haben kann. Das Zurückbehaltungsrecht des § 1000 scheidet von vornherein aus, weil *D* den Pkw nicht mehr hat; das Zurückbehaltungsrecht hätte ihm aber gemäß § 1000 S. 2 ohnehin nicht zugestanden, da er den Pkw durch eine vorsätzliche unerlaubte Handlung erlangt hat. In Betracht kommen also nur Ansprüche auf Verwendungsersatz. Sie setzen gemäß § 1001 voraus, dass der Eigentümer die Verwendung genehmigt hat oder dass er die Sache wiedererlangt hat. Beides liegt hier nicht vor. Die Regelung der §§ 994 ff. beruht auf dem Gedanken, dass der Eigentümer sich nicht zu Lasten des Besitzers um die Verwendungen bereichern soll. § 1001 geht davon aus, dass eine Verwendung für den Eigentümer erst dann nutzbringend ist, wenn er die Sache zurückerlangt hat, erst von diesem Augenblick an soll er daher auf Verwendungsersatz haften. Entsprechend dem Sinn dieser Regelung muss in analoger Anwendung des § 1001 der Verwendungsersatzanspruch auch dann gewährt werden, wenn der Eigentümer zwar nicht die Sache, wohl aber den

[1] Vgl. nur *Wieling/Finkenauer* SachenR § 2 Rn. 27; *Wolf/Neuner* BGB AT § 25 Rn. 25.

Substanzwert der Sache erlangt.[2] Mit der Schadensersatzleistung durch *D* erhält *E* den Substanzwert der Sache; danach kann *D* seine (eventuellen) Verwendungsersatzansprüche geltend machen. Wegen seiner eventuellen Gegenansprüche aus den §§ 994 ff. hat *D* also gegenüber *E* kein Leistungsverweigerungsrecht, wie auch der Rechtsgedanke des § 1000 S. 2 zeigt: *D* muss zuerst an *E* zahlen, Zug um Zug gegen Abtretung des Anspruchs aus § 985 (vgl. oben b). Erst danach kann *D* seine Ansprüche wegen Verwendungen geltend machen.

Diesem Ergebnis, wonach *D* grundsätzlich berechtigt ist, Verwendungsersatzansprüche geltend zu machen, könnte § 999 I entgegenstehen. Nach dieser Vorschrift gehen die Verwendungsersatzansprüche auf den neuen Besitzer über. Der Grund der Regelung liegt darin, dass man dem Erwerber zumindest die Rechte aus den §§ 994 ff. geben wollte, wenn er schon nicht das Eigentum erwarb. Danach wäre nur der jetzige Besitzer berechtigt, die Ansprüche geltend zu machen. Die Vorschrift ist missglückt und entsprechend ihrem Sinn (Schutz des Erwerbers) einzuschränken: Bekommt der Eigentümer vom Veräußerer *(D)* Ersatz für die Sache, so muss er gemäß § 255 das Eigentum übertragen, wodurch der Erwerber selbst Eigentümer wird (§ 185 II 1). Der Erwerber ist in diesen Fällen nicht schutzbedürftig, da er vom früheren Eigentümer nicht in Anspruch genommen werden kann. Dagegen ist der Veräußerer *(D)* schutzbedürftig, da er die Verwendungen auf eigene Kosten vorgenommen hat. Dafür ist er zwar durch den Kaufpreis, den der Erwerber zahlt, entschädigt, doch fällt dieser Ausgleich wieder fort, wenn der Eigentümer den Veräußerer in Anspruch nimmt. § 999 I ist also dahin zu verstehen, dass der Erwerber die Ansprüche eines früheren Besitzers dann gegen den Eigentümer geltend machen kann, wenn er von diesem in Anspruch genommen wird. Hält der Eigentümer sich an den Veräußerer, so muss dieser berechtigt sein, die Ansprüche wegen Verwendungen geltend zu machen.[3] Damit steht fest, dass *D* eventuelle Ansprüche aus §§ 994 ff. gegen *E* geltend machen kann.

Als Anspruchsgrundlage kommt § 994 II in Betracht: *D* wusste schon beim Besitzerwerb, dass er kein Recht zum Besitz hatte, war also bösgläubig i. S. v. § 990 I. Er kann daher gemäß § 994 II notwendige Verwendungen geltend machen. Wegen nützlicher Verwendungen steht ihm dagegen gemäß § 996 („… nur insoweit …") kein Anspruch auf Verwendungsersatz zu. Verwendungen sind Aufwendungen auf eine Sache, also freiwillige Vermögensopfer, die einer Sache zugutekommen. Ob das Hinzufügen von Sachteilen eine Verwendung darstellt, wenn die zugefügten Teile nicht wesentliche Bestandteile werden, ist streitig. Man kann eine Verwendung nicht mit einer verbreiteten Lehre[4] schon deswegen verneinen, weil rechtlich zwei getrennte Sachen mit getrenntem Eigentum bestehen bleiben, so dass der Verwendende Eigentümer seiner Sache bleibt. Denn es ist denkbar, dass die für die Verwendung vorgesehene Sache für den Besitzer nutzlos ist, weil er sie ohne die Hauptsache nicht verwerten kann.[5] Ein häufig genanntes Beispiel ist die für ein

---

[2] Vgl. *Wieling* SachenR I § 12 V 8d aa bei Fn. 195; *Finkenauer* Jura 2001, 606 (610). Staudinger/*Gursky,* 2012, § 1001 Rn. 5 wendet ein, der Besitzer könne seine Verwendungen als Entreicherung in Ansatz bringen, wenn der Eigentümer gemäß § 816 I 1 den Veräußerungserlös herausverlange. Da es aber hier nicht um einen Bereicherungsanspruch geht und gegen den Schadensersatzanspruch aus §§ 990, 989 eine Entreicherung nicht geltend gemacht werden kann, hilft das nicht weiter. Eine Entreicherung kann *D* auch deswegen nicht geltend machen, weil er bösgläubig ist. Wie *Gursky* auch MüKoBGB/*Raff* § 1001 Rn. 5. Die Gegenmeinung verweist den Besitzer nach § 999 II an den neuen Eigentümer.

[3] Vgl. *Wieling* SachenR I § 12 V 7a.

[4] Vgl. z. B. Palandt/*Herrler* § 994 Rn. 2 f.

[5] Vgl. *Wieling* SachenR I § 12 V 3b und die dort genannte Lit.

später evinziertes Tier gekaufte Medizin.[6] Darüber ist nach der Lage des Einzelfalles zu entscheiden. Da aber im vorliegenden Fall der Wert der vier Reifen dem Vermögen des *E* nicht zugutegekommen ist, kann er ihretwegen auch nicht auf Verwendungsersatz haften. Das Montieren der vier Reifen war also keine Verwendung i. S. v. § 994.

Verwendungen waren die Reparatur von Motor und Bremsen, das Lackieren und die Montage der Wischanlage. Verwendungen sind notwendig, wenn sie zur Erhaltung der Sache oder zur ordnungsgemäßen Bewirtschaftung erforderlich sind. Notwendige Verwendung war daher die Reparatur von Motor und Bremsen; nicht notwendig waren dagegen das Lackieren und der Einbau der Wischanlage; dabei handelte es sich um nützliche Verwendungen. Ihretwegen steht dem *D* gemäß §§ 994 II, 996 kein Anspruch gegen *E* zu.

Wegen der Reparatur von Motor und Bremsen kann *D* gemäß § 994 II Ersatz verlangen nach den Vorschriften der Geschäftsführung ohne Auftrag (§§ 677 ff.). Gemäß § 683 kann *D* von *E* seine Verwendung als Aufwendung ersetzt verlangen, falls sie im Interesse des *E* lag und mit seinem Willen geschah. Es lag sicherlich im Interesse des *E,* dass sein Wagen repariert wurde; die Reparatur entsprach auch dem mutmaßlichen Willen des *E;* die Voraussetzungen der §§ 994 II, 683, 670 sind somit gegeben. Die Anwendung des § 683 würde aber zu einem Wertungswiderspruch im Gesetz führen gegenüber § 687 II 2: Diese Vorschrift zeigt, dass nach dem Willen des Gesetzes derjenige, der bewusst fremde Geschäfte im eigenen Interesse führt, wegen Aufwendungen nur einen Bereicherungsanspruch haben soll, §§ 687 II 2, 684, 812, nicht aber den Anspruch auf Aufwendungsersatz nach § 683.[7] Jeder, der unberechtigt eine fremde Sache besitzt und nutzt, führt damit i. S. d. § 687 ein objektiv fremdes Geschäft als eigenes. Ist er gutgläubig i. S. v. § 990 I, so greift § 687 I ein: Es gelten die allgemeinen Vorschriften der §§ 812, 823, 987 ff.; der Besitzer kann nach §§ 994 I, 996 Verwendungsersatz verlangen. War der Besitzer beim Besitzerwerb grob fahrlässig, so gilt weiter § 687 I, sein Recht auf Verwendungsersatz ist aber gemäß § 994 II beschränkt. Hat der Besitzer gewusst, dass er kein Recht zum Besitz hatte, gilt ebenfalls § 994 II, daneben aber auch § 687 II; der Anspruch auf Verwendungsersatz aus § 994 II ist weiter eingeschränkt auf einen Bereicherungsanspruch, §§ 994 II, 687 II 2, 684, 812.

D kann also gemäß §§ 994 II, 687 II 2, 684, 812 Ersatz für die Reparatur des Motors und der Bremsen verlangen, soweit *E* dadurch bereichert ist. Durch die Reparatur, die 500 € gekostet hat, ist der Wert des Wagens um 500 € gestiegen. Das ist dem *E* zugutegekommen, weil er einen entsprechend größeren Anspruch auf Schadensersatz hat. *D* kann somit 500 € von *E* verlangen, sobald er selbst an *E* den Wert des Pkw (5.100 €) ausgezahlt hat.

d) Gemäß §§ 994 I, 996 kann *D* als bösgläubiger Besitzer für die bloß nützlichen Verwendungen (Lackieren, Einbau der Wischanlage) keinen Ersatz verlangen. Möglicherweise kann aber ein Ausgleich über § 812 bzw. §§ 951, 812 erfolgen, da diese Verwendungen den Wert des Pkw erhöht haben, was dem *E* bei der Berechnung des Schadensersatzes zugutegekommen ist; *E* könnte also auf Kosten des *D* bereichert sein. Ob das Bereicherungsrecht neben den §§ 994 ff. anwendbar ist, ist umstritten.

---

6 Vgl. Staudinger/*Gursky,* 2012, § 994 Rn. 17; *Schmidt* JuS 1988, 292.

7 Der Unterschied zwischen beiden Ansprüchen (der sich für den vorliegenden Fall nicht auswirkt) liegt darin, dass nach § 683 auch Ersatz solcher Aufwendungen verlangt werden kann, die nicht zum Erfolg geführt haben, etwa wenn eine Mauer trotz Abstützung einstürzt; der Bereicherungsanspruch entfällt in solchen Fällen, da der Geschäftsherr nicht bereichert ist.

Eine verbreitete Meinung[8] bejaht dies mit der Begründung, der Eigentümer dürfe sich nicht auf Kosten des Besitzers bereichern. Gäbe man dem Besitzer nicht auch die Ansprüche aus Bereicherung neben denen aus §§ 994 ff., so stünde der Besitzer schlechter als der Nichtbesitzer, eine solche Ungleichbehandlung sei nicht vertretbar. Diese Argumente können indessen nicht überzeugen.

Der Vergleich des bösgläubigen Besitzers, der Verwendungen macht, mit dem Nichtbesitzer ist verfehlt. Der Nichtbesitzer steht nach der gesetzlichen Regelung keineswegs generell besser als der Besitzer: Der gutgläubige Besitzer ist vielmehr bessergestellt als der Nichtbesitzer. Während dieser wegen Verwendungen nur Bereicherungsansprüche hat, hat der gutgläubige Besitzer wegen notwendiger Verwendungen den vorteilhafteren Anspruch aus § 994 I. Dagegen stellt das Gesetz den bösgläubigen Besitzer in der Tat schlechter als den Nichtbesitzer. Dass die Bösgläubigkeit des Besitzers aber sehr wohl ein sachliches Kriterium für seine Schlechterstellung ist, wird von der oben genannten Ansicht zu Unrecht bestritten. Auch das Argument, der Eigentümer dürfe sich nicht auf Kosten des bösgläubigen Besitzers bereichern, schlägt nicht durch. Das Argument wurde vom Gesetzgeber ausdrücklich verworfen:[9] Wer wissentlich Aufwendungen auf eine fremde Sache mache, könne von vornherein nicht mit einem Ersatz rechnen; er kalkuliere das Risiko ein, die Verwendungen zu verlieren. Daher müsse dem bösgläubigen Besitzer kein Anspruch auf Verwendungsersatz gegeben werden. Nur aus Billigkeitsgründen solle er bei notwendigen Verwendungen gemäß § 994 II Ersatz bekommen. Der Gesetzgeber hat das Bereicherungsargument also gesehen und zurückgewiesen. Sein Wille ist in §§ 994 II, 996 eindeutig festgelegt. Es bedeutet einen Gesetzesverstoß, dem bösgläubigen Besitzer mit dem Bereicherungsrecht trotzdem Ansprüche auf Ersatz nützlicher Verwendungen zu geben.[10]

e) Wegen der eingebauten Wischanlage hat *D* zwar keinen Anspruch auf Verwendungsersatz, wohl aber gemäß § 997 I ein Wegnahme- und Aneignungsrecht. Gemäß § 258 muss er aber den Pkw in den vorigen Zustand versetzen.

Ergebnis: D muss an *E* 5.100 € zahlen Zug um Zug gegen Übertragung des Eigentums am Pkw. Nach der Zahlung hat *D* einen Anspruch über 500 € gegen *E.* Wegen der Wischanlage hat *D* ein Wegnahmerecht.

2. Anspruch auf Schadensersatz aus §§ 992, 823 I

a) *D* hat den Besitz am Pkw durch eine strafbare Handlung (Diebstahl) erlangt; darin liegt zugleich eine verbotene Eigenmacht gegenüber *E*, § 858 I. Damit liegen die Voraussetzungen des § 992 vor, die §§ 823 ff. sind anwendbar. *D* hat durch den Diebstahl und durch die Veräußerung des Pkw das Eigentum des *E* vorsätzlich verletzt, er hat daher gemäß § 823 I Schadensersatz zu leisten. Der Wert des Pkw bei der Veräußerung betrug 5.100 €, diesen Betrag muss *D* zunächst ersetzen. Bezüglich der Beschädigung des Pkw in Höhe von 200 € trifft den *D* kein Verschulden. Da er sich aber durch unerlaubte Handlung in den Besitz des Pkw gesetzt hat, muss *D*

---

[8] Vgl. z. B. *Brox/Walker* SchuldR BT § 42 Rn. 14; *Medicus* Gesetzl. Schuldverhältnisse, 138; *Looschelders* SchuldR BT Rn. 1097; *Reeb* 87 ff.; *Esser/Weyers* SchuldR BT II § 52 I 4c; *Jakobs* AcP 167 (1967), 370 ff. und die bei *Gursky,* Das Eigentümer-Besitzer-Verhältnis (20 Probleme aus dem BGB), 9. Aufl. 2015, 17. Problem unter IV Genannten.

[9] *Mugdan* III, 681 (Protokolle der 2. Kommission 3989 f.).

[10] So richtig die h. M., vgl. z. B. BGHZ 39, 189; 41, 158; BGH DB 1986, 1565; NJW 1996, 52; *Fikentscher/Heinemann* Rn. 1493; *Baur/Stürner* § 11 Rn. 55; *Prütting* SachenR Rn. 567; *Reuter/Martinek* II § 11 II 3c (528 ff.); Jauernig/*Berger* Vor §§ 994–1003 Rn. 7; *Wieling* SachenR I § 12 V 6 und die dort in Fn. 121 Genannten.

gemäß § 848 auch für zufällige Schäden einstehen. *D* muss also auch den Wertverlust über 200 € ersetzen, er muss insgesamt 5.300 € zahlen.

b) *D* kann diese Leistung gemäß § 255 verweigern, bis ihm *E* Zug um Zug das Eigentum überträgt (vgl. oben 1b).

c) Auch nach Deliktsrecht kann *D* gemäß § 850 Verwendungsersatzansprüche nach §§ 994 ff. geltend machen. Es kann auf das oben (1c, d) Gesagte verwiesen werden: *D* kann 500 € als Verwendungsersatz verlangen.

Ergebnis: *E* kann 5.300 € verlangen Zug um Zug gegen Übereignung des Pkw. *D* kann 500 € Verwendungsersatz verlangen.

3. Anspruch auf Schadensersatz nach §§ 687 II, 677, 678

a) Mit der Inbesitznahme und Veräußerung des Pkw hat *D* ein Geschäft des *E* geführt, aber nicht in fremdem Interesse, sondern im eigenen, da er die Vorteile für sich behalten wollte; es fehlt am Fremdgeschäftsführungswillen. In solchen Fällen liegt eine Geschäftsführung i. S. v. § 677 nicht vor, die Regeln über die Geschäftsführung ohne Auftrag sind nicht anwendbar. Da aber *D* bewusst ein fremdes Geschäft im eigenen Interesse geführt hat, greift § 687 II ein: *E* kann die Ansprüche aus §§ 677, 678, 681, 682 geltend machen, als ob *D* das Geschäft für ihn geführt hätte.

Gemäß § 677 haftet *D* dem *E* für jeden schuldhaft verursachten Schaden. *D* wusste, dass er den Pkw an *E* herausgeben musste, durch die Veräußerung hat er sich diese Pflicht bewusst unmöglich gemacht und *E* geschädigt: *D* haftet daher aus § 677 auf Wertersatz für den Pkw: 5.100 €. Für die Beschädigung in Höhe von 200 €, die ohne Verschulden des *D* eingetreten ist, haftet *D* gemäß § 677 nicht.

D wusste jedoch, dass seine „Geschäftsführung“, d. h. Inbesitznahme und Veräußerung des Pkw, im Widerspruch zum wirklichen Willen des *E* stand. Gemäß § 678 hat *D* daher auch zufällige Schäden zu ersetzen. Er muss daher auch den Blechschaden in Höhe von 200 € ersetzen und somit 5.300 € an *E* zahlen.[11]

b) Gegen diesen Anspruch hat *D* das Leistungsverweigerungsrecht aus § 255, *E* muss Zug um Zug das Eigentum auf *D* übertragen (vgl. oben 1b).

c) *D* könnte Gegenansprüche aus §§ 687 II 2, 684, 812 haben. Der Wert des Pkw zur Zeit der Veräußerung betrug 5.100 €. Darin sind folgende Wertsteigerungen enthalten, die auf Kosten des *D* eingetreten sind: Reparatur 500 €, Lackieren 200 €, Einbau der Wischanlage 100 €, insgesamt also 800 €. Diese Beträge sind dem *E* zugeflossen, da sie bei der Berechnung des Schadensersatzanspruchs berücksichtigt wurden. *E* ist also in Höhe von 800 € auf Kosten des *D* bereichert. *D* hat somit gegenüber dem Anspruch des *E* auf 5.300 € einen Gegenanspruch von 800 € aus §§ 687 II 2, 684, 812. Dieser Gegenanspruch ist an keine weiteren Voraussetzungen geknüpft, im Gegensatz zu den Verwendungsersatzansprüchen aus §§ 994 ff., vgl. § 1001. *D* kann mit diesem Anspruch wegen § 393 zwar nicht aufrechnen, er kann ihn aber sofort geltend machen. Dem *E* verbleiben dann im Ergebnis 4.500 €, er steht sich mit dem Anspruch aus §§ 687 II, 677, 678 schlechter als bei den anderen Ansprüchen. Zu untersuchen bleibt das Verhältnis dieses Gegenanspruchs zu den Ansprüchen des *E* aus §§ 990, 989 und §§ 992, 823 und das Verhältnis der Ansprüche des *E* aus §§ 990, 989; §§ 992, 823; §§ 687, 677, 678 untereinander. Kann ein und

[11] Da man über §§ 992, 823 I, 848 zum gleichen Ergebnis kommt wie über §§ 687 II, 677, 678, besteht keine Veranlassung, schon hier das Verhältnis von § 687 zum Eigentümer-Besitzer-Verhältnis zu diskutieren.

derselbe Sachverhalt unter mehrere anspruchsbegründende Normen subsumiert werden, so entstehen nach h. M.[12] mehrere, voneinander unabhängige Ansprüche (Anspruchskonkurrenz). Nach dieser Lehre hätte *E* gegen *D* je einen selbstständigen Schadensersatzanspruch aus §§ 990, 989; aus §§ 992, 823 und aus §§ 687 II, 677, 678. Diese Lehre führt aber zu erheblichen Problemen bei der Frage getrennter Abtretung der Ansprüche, bei der Frage der Erfüllung, Aufrechnung, Stundung, des Erlasses usw.; sie steht insbesondere im Gegensatz zur prozessualen Lehre vom Streitgegenstand und vom prozessualen Anspruch.

Nach richtiger, heute im Vordringen befindlicher Ansicht besteht nur ein einziger, einheitlicher Anspruch, wenn ein Sachverhalt verschiedene Anspruchsnormen ausfüllt, welche auf das gleiche Ziel gerichtet sind (Anspruchsnormenkonkurrenz).[13] Hier geben alle drei Normen einen Schadensersatzanspruch, sind im Ziel also gleich. Nach dieser Lehre hat also *E* nur einen einheitlichen Schadensersatzanspruch, der dreifach begründet ist. Der Gegenanspruch aus §§ 687 II, 684, 812 auf 800 € würde dem *D* also in jedem Fall zustehen.

Es ist aber anerkannt, dass ausnahmsweise bei gleichem Sachverhalt und gleichem Normziel doch Anspruchskonkurrenz bestehen kann, wenn sich dies aus der Funktion, Ausgestaltung oder Sinn und Zweck der Normen ergibt.[14] Eine solche Besonderheit könnte hier nach § 687 II gegeben sein: Wird der Anspruch aus § 687 II 1 geltend gemacht, so ergibt sich daraus die spezielle Folge, dass der Schuldner die Gegenansprüche aus § 687 II 2 erwirbt („Macht er sie geltend, so …"). Das Gesetz selbst knüpft also an das Geltendmachen des Anspruchs aus § 687 II 1 eine Folge, die beim Geltendmachen der anderen Schadensersatzansprüche nicht eintritt. Es muss dem Geschädigten *(E)* also freistehen, die übrigen Anspruchsnormen (§§ 990, 989 und §§ 992, 823) geltend zu machen, auf § 687 II aber zu verzichten. Aus dieser besonderen Ausgestaltung und Funktion des § 687 II zeigt sich, dass hier Anspruchskonkurrenz besteht: *E* hat den Schadensersatzanspruch aus §§ 990, 989 und §§ 992, 823 und den aus §§ 687 II, 677, 678, also zwei eigenständige Ansprüche. Er kann den Anspruch aus §§ 687 II, 677, 678 geltend machen, würde sich dann aber schlechter stehen. *E* hat aber auch die Möglichkeit, nur den Schadensersatzanspruch aus §§ 990, 989 und §§ 992, 823 geltend zu machen, auf den aus §§ 687 II 1, 677, 678 aber zu verzichten.[15] In diesem Fall entfällt auch der Gegenanspruch des *D* aus § 687 II 2, es bleibt damit bei dem oben (2c) festgestellten Ergebnis.

II. Ansprüche des E auf Gewinnherausgabe

1. Anspruch aus §§ 985, 285

Nachdem *D* den Pkw nicht mehr nach § 985 herausgeben kann, könnte er gemäß § 285 auf Herausgabe des Surrogats, also der 6.000 € haften. Streitig ist, ob § 285 auf den Anspruch aus § 985 überhaupt anwendbar ist. § 285 gehört zu den Regeln der Leistungsstörung im Allgemeinen Schuldrecht. Für § 985 hat das Gesetz jedoch in den §§ 987 ff. besondere Regeln für den Fall der Leistungsstörung aufgestellt, welche die entsprechenden Regeln des Allgemeinen Schuldrechts verdrängen. § 285 ist daher

---

12 Vgl. bei *Wolf/Neuner* BGB AT § 21 Rn. 8.

13 So z. B. *Wolf/Neuner* BGB AT § 21 Rn. 8; *Nikisch* AcP 154 (1955), 269 (282 ff.); *Georgiades,* Die Anspruchskonkurrenz im Zivilrecht und im Zivilprozeßrecht, 1968, 164.

14 Vgl. *Wolf/Neuner* BGB AT § 21 Rn. 9 f.; *Georgiades,* Die Anspruchskonkurrenz im Zivilrecht und im Zivilprozeßrecht, 1968, 165.

15 Vgl. BGHZ 39, 188; Palandt/*Sprau* § 687 Rn. 4.

auf § 985 nicht anwendbar.[16] Das gilt besonders auch deswegen, weil der Eigentümer, der den Anspruch aus § 985 gegen den bisherigen Besitzer verliert, dafür einen neuen Anspruch gegen den neuen Besitzer erwirbt.

2. Anspruch auf Herausgabe des Erlangten, § 816 I 1

a) Zuerst ist festzustellen, ob § 816 im Eigentümer-Besitzer-Verhältnis anwendbar ist. Zwischen *E* und *D* bestand bis zur Veräußerung des Pkw ein Eigentümer-Besitzer-Verhältnis (vgl. oben I 1a). Dieses Rechtsverhältnis enthält spezielle Regelungen, welche die allgemeinen Vorschriften des Bereicherungs- und Deliktsrechts ausschließen, soweit sie eingreifen. In den §§ 987 ff. ist speziell geregelt: die Frage der Nutzung der Sache, die Frage der Beschädigung sowie der Unmöglichkeit allgemein und schließlich die Frage der Verwendungen. Nicht geregelt ist der Spezialfall der Unmöglichkeit, dass der Besitzer den Substanzwert der Sache für sich verwendet, etwa durch Verbrauch oder Veräußerung. Da der Besitzer dadurch den Sachwert seinem Vermögen einverleibt, kommt eine Anwendung der §§ 989 ff. nicht in Betracht, denn diese gehen vom Verlust der Sache aus. Da also das Eigentümer-Besitzer-Verhältnis für diese Fälle, insbesondere für die Veräußerung, keine spezielle Regelung enthält, ist § 816 anwendbar.

Durch die Veräußerung hat *D* als Nichtberechtigter über das Eigentum des *E* verfügt. Der Pkw war dem *E* abhandengekommen, ein gutgläubiger Erwerb des Käufers gemäß §§ 929, 932 war also gemäß § 935 ausgeschlossen: Die Verfügung des *D* war somit gegenüber *E* nicht wirksam, die Voraussetzungen des § 816 I 1 liegen nicht vor. *E* kann aber die Verfügung des *D* nachträglich gemäß § 185 II 1 genehmigen; sie wird dann wirksam, § 816 I 1 wäre dann gegeben.

Genehmigt *E* die Verfügung des *D*, so kann er von diesem gemäß § 816 I 1 die Herausgabe des Erlangten verlangen. Erlangt hat *D* 6.000 €. Fraglich ist aber, ob *D* den gesamten Gewinn herausgeben muss oder ob sich die Herausgabepflicht auf den objektiven Wert des Pkw (5.100 €) beschränkt. Nach einer verbreiteten Ansicht[17] haftet der Veräußernde aus § 816 I 1 nur auf den objektiven Wert der veräußerten Sache, nur insoweit sei er bereichert. Das ergebe sich auch aus § 818 II, wonach nur der objektive Wert zu ersetzen sei. Indessen betrifft § 818 II den Fall, dass der Bereicherte das Erlangte nicht herausgeben kann, in diesem Fall haftet er auf den Wert. Ob dabei der objektive Wert zugrunde zu legen ist, ist umstritten. Hier aber ist das Erlangte der Kaufpreis, also auch der gesamte Gewinn, auf den sich infolgedessen der Ausgleichsanspruch richtet.[18] Das Prinzip des Bereicherungsrechts geht dahin, den Vorteil abzuschöpfen, den ein Nichtberechtigter aus fremden, einem anderen zugewiesenen Rechtsgütern gezogen hat. Zur Veräußerung und Verwertung des Pkw war aber nur der Eigentümer *E* befugt. Es ist daher richtig, dass *D* nach Bereicherungsrecht darauf haftet, alle Vorteile, die er aus der Verwertung des Pkw gezogen hat, herauszugeben: *D* muss an *E* den gesamten Gewinn abführen.[19] Das entspricht auch dem Wortlaut des § 816 I 1, von dem abzugehen keine Veranlassung besteht.

D hat 6.000 € erlangt, indem er über den Pkw verfügte, der 5.500 € wert war. Allerdings gehörten davon dem *D* selbst die Reifen im Wert von 400 €, nur der

---

[16] *Wieling/Finkenauer* SachenR § 1 Rn. 4; *Medicus/Petersen* BürgerlR Rn. 599; Palandt/*Grüneberg* § 285 Rn. 4; a. A. *Weiss* JuS 2012, 965 (967 f.).

[17] Vgl. die Nachw. oben Fall 9 I 2e.

[18] Vgl. BGHZ 29, 160.

[19] So die h. M., s. die Nachw. oben Fall 9 I 2e.

restliche Pkw im Werte von 5.100 € gehörte dem *E*. Den auf seinen Wertanteil von 400 € fallenden Gewinnanteil darf *D* behalten, also 7,27 % von 6.000 € = 436 €. Den Restgewinn von 5.564 € muss *D* an *E* herausgeben.

b) Nunmehr ist zu prüfen, wie *D* seine Verwendungen geltend machen kann. *D* könnte gegen *E* einen Gegenanspruch aus Bereicherung haben, da die Verwendungen den Wert des Pkw erhöht haben, was dem *E* bei der Gewinnberechnung zugutegekommen ist. Es liegt aber zwischen *E* und *D* ein Eigentümer-Besitzer-Verhältnis vor, die Frage der Verwendungen ist in §§ 994 ff. abschließend geregelt, Bereicherungsrecht ist daneben nicht anwendbar (vgl. oben I 1d).

D könnte vielleicht seine Verwendungen als Entreicherung nach § 818 III geltend machen.[20] Das scheidet aber hier wegen der Bösgläubigkeit des *D* aus, vgl. §§ 819 I, 818 IV. Letztere Vorschrift zeigt zugleich den richtigen Weg zur Lösung der Frage: Das Rechtsverhältnis zwischen *D* und *E* regelt sich gemäß §§ 819 I, 818 IV nach den allgemeinen Bestimmungen über rechtshängige Ansprüche, also gemäß § 292 nach dem Eigentümer-Besitzer-Verhältnis im Fall der Rechtshängigkeit. Gemäß § 292 II kann *D* Verwendungen nur in dem gleichen Maß geltend machen wie ein verklagter Besitzer, also gemäß §§ 994 II, 996 nur für notwendige Verwendungen.[21] Das Entstehen des Anspruchs richtet sich nach § 1001. Es kann somit auf das oben (I 1c) Gesagte verwiesen werden.

Ergebnis: E kann, wenn er die Verfügung des *D* genehmigt, 5.564 € verlangen. Nach der Zahlung hat *D* einen Verwendungsersatzanspruch aus §§ 819 I, 818 IV, 292 II, 994 II, 687 II 2, 684, 812 in Höhe von 500 €. Dieser Anspruch ist also günstiger für *E* als die Schadensersatzansprüche.

3. Anspruch auf Gewinnherausgabe, §§ 687 II 1, 681, 667

a) Zunächst ist festzustellen, ob der Anspruch aus §§ 687 II 1, 681, 667 auch im Eigentümer-Besitzer-Verhältnis bestehen kann. Schon oben (I 1c a. E.) ist gezeigt worden, dass immer, wenn jemand unberechtigt eine Sache in Besitz nimmt und nutzt, gleichzeitig auch ein Fall des § 687 vorliegt; denn der nichtberechtigte Besitzer führt damit ein fremdes Geschäft als eigenes. Andererseits kann nicht jeder Fall von § 687 gleichzeitig unter die §§ 987 ff. eingeordnet werden. Man könnte also daran denken, die §§ 987 ff. seien die speziellen Vorschriften und schlössen § 687 aus. Andererseits ist aber zu bedenken, dass für den unwissenden Geschäftsführer in § 687 I überhaupt keine besondere Regelung angeordnet wird, die Vorschrift hat nur Klarstellungsfunktion. Nur für den, der bewusst fremde Geschäfte als eigene führt, trifft § 687 II eine besondere Regelung. § 687 II erfasst also nur einen Teil der Fälle nach §§ 987 ff., ja sogar nur einen Teil der Fälle bösgläubigen Besitzes. Man könnte also auch meinen, § 687 II sei Spezialvorschrift zu den §§ 987 ff. und schließe diese aus. Entscheidend ist jedoch, was das Gesetz mit § 687 II bezweckt.

Der erste Entwurf des BGB bestimmte lediglich, dass derjenige, der ein fremdes Geschäft in rechtswidriger Absicht als eigenes führt, nach Deliktsrecht hafte.[22] Der zweite Entwurf führte den jetzigen § 687 II ein, um insbesondere eine Haftung des bösgläubigen Geschäftsführers auf Herausgabe des Gewinns (§§ 687 II, 681, 667) zu begründen. Zweck der Vorschrift ist es also, für den besonderen Fall der bewusst rechtswidrigen Eigengeschäftsführung eine strengere Haftung einzuführen. Daher

---

[20] So im Ergebnis *Gursky* JR 1971, 362 f.
[21] Vgl. *Esser/Weyers* SchuldR BT II § 51 III 2.
[22] Erster Entwurf § 761.

ist es richtig, § 687 II auch im Eigentümer-Besitzer-Verhältnis anzuwenden,[23] wobei aber darauf zu achten ist, dass § 687 II den bewusst rechtswidrigen Eigengeschäftsführer gegenüber den §§ 987 ff. nicht besserstellen, sondern seine Haftung verschärfen will. Der Anspruch aus §§ 687 II, 681, 667 auf Gewinnherausgabe ist also neben den Vorschriften der §§ 987 ff. anwendbar.

Die Voraussetzungen des § 687 II sind gegeben (vgl. oben I 3a). *E* kann somit gemäß §§ 681, 667 von *D* Herausgabe des Gewinns verlangen.[24] Der Gewinn beträgt 5.564 € (vgl. oben II 2a a. E.).

b) Gegen diesen Anspruch könnten dem *D* Gegenrechte zustehen. Gemäß §§ 687 II 2, 684, 812 kann *D* von *E* Herausgabe der Bereicherung verlangen. Die Bereicherung des *E* durch die Verwendungen, die *D* vorgenommen hat, beträgt 800 € (vgl. oben I 3c). Da § 687 II 2 den Anspruch an keine weiteren Voraussetzungen knüpft, wie etwa § 1001 dies tut, könnte *D* den Anspruch sofort geltend machen, dem *E* blieben im Ergebnis nur 4.764 €. *E* stände danach schlechter, als wenn er nur Schadensersatzansprüche geltend machen würde.

Um dem zu entgehen, kann *E* seinen Anspruch auf Herausgabe des Gewinns nur auf § 816 stützen (vgl. oben II 2). Dann kann *D* die Gegenrechte aus § 687 II 2 nicht geltend machen. Aber selbst wenn *E* den Anspruch aus § 687 II 1 geltend macht, ist nach dem oben zu a Ausgeführten zu beachten, dass § 687 II die Funktion hat, die Haftung des Geschäftsführers gegenüber den §§ 987 ff. zu verschärfen, nicht aber, ihn besserzustellen. Das heißt also, dass § 687 II 2 nur im Rahmen der §§ 994 ff. anwendbar ist: *D* kann gemäß §§ 994 II, 687 II 2 Bereicherungsansprüche gegen *E* nur wegen notwendiger Verwendungen geltend machen.[25] Auch die Voraussetzungen des § 1001 sind zu beachten (vgl. oben I 1c). *D* muss daher 5.564 € an *E* zahlen. Danach hat er einen Anspruch aus §§ 994 II, 687 II 2, 684, 812 über 500 €.

c) Anders als bei den Schadensersatzansprüchen und dem Anspruch aus § 816 I 1 kann *E* den Anspruch aus §§ 687 II, 681, 667 geltend machen, ohne sein Eigentum am Pkw aufzugeben. Denn der Gewinnherausgabeanspruch ist kein Schadensersatzanspruch i. S. v. § 255, eine Genehmigung der Verfügung des *D* ist ebenfalls nicht erforderlich. *E* könnte also weiterhin den Pkw vindizieren, falls er wieder auftauchte. Es ist aber selbstverständlich, dass *E* im Ergebnis nicht den Pkw und den Gewinn daraus haben kann.

Es wäre denkbar, in der Forderung auf Gewinnherausgabe eine konkludente Genehmigung der Verfügung des *D* zu sehen. Das wäre aber eine Unterstellung, die nicht den Interessen des *E* entspricht, der möglicherweise lieber den Pkw zurücknähme, falls er auftauchte. Nach der Genehmigung hätte er keinen Anspruch mehr darauf. Denkbar wäre auch eine analoge Anwendung von § 255, da in dem herauszugebenden Gewinn gleichzeitig der Sachwert enthalten ist, so dass dadurch auch der Schaden des Eigentümers ausgeglichen wird. Doch auch hier verliert *E* sein Eigentum mit der Abtretung des Anspruchs (oben I 1b), so dass er den Pkw endgültig verliert. Diese Nachteile kann man vermeiden, wenn man dem *E* sein Eigentum belässt. Nimmt er infolgedessen seine Sache wieder an sich, so kann der Ausgleich über §§ 687 II 2, 684 erfolgen.[26] Der Käufer wird von *D* gemäß §§ 433, 435, 437

---

23 Ebenso im Ergebnis Soergel/*Stadler* Vor § 987 Rn. 21; *Prütting* SachenR Rn. 569; Palandt/*Herrler* Vorb. v. § 987 Rn. 18.

24 Für die Vertreter der Ansicht, § 816 I 1 gehe nur auf Wertersatz (oben Fn. 17), ergibt sich aus §§ 687 II 1, 681, 667 der einzige Anspruch auf Gewinnherausgabe, die Bedeutung dieses Anspruchs wird daher von ihnen gerade in dieser Funktion gesehen.

25 Ebenso im Ergebnis *Wolf* AcP 166 (1966), 188 (218–221).

26 Vgl. *Fikentscher/Heinemann* Rn. 1285.

Nr. 2 i. V. m. §§ 326 V, 323, 346 den Kaufpreis von 6.000 € zurückverlangen. *D* hat diese Verpflichtung bei der Veräußerung auf sich genommen, um den Gewinn zu machen, es liegt also eine Aufwendung von Seiten des *D* vor. Diese kann *D* in Höhe der Bereicherung des *E* von diesem gemäß §§ 687 II 2, 684, 812 herausverlangen, also in Höhe des Gewinnanteils des *E* von 5.564 €.[27] Außerdem könnte *D* die Reifen von *E* vindizieren.[28]

Ergebnis: Aufgrund der Ansprüche auf Gewinnherausgabe (§ 816 I 1 und §§ 687 II 1, 681, 667) kann *E* von *D* 5.564 € verlangen. Hat er das Geld bekommen, haftet er dem *D* auf 500 € Verwendungsersatz.

---

27 Statt zurückzutreten, könnte der Käufer von *D* gemäß § 437 Nr. 3 auch Schadensersatz gemäß § 311a verlangen, jedoch würde er durch die Nichterfüllung des Kaufvertrags keinen Schaden erleiden, da er den Wagen im Wert von 5.500 € überteuert für 6.000 € gekauft hat.

28 *D* hat das Eigentum daran bei der Veräußerung an den Käufer gemäß § 139 nicht verloren: Die Übereignung des Pkw an den Käufer gemäß §§ 929, 932 scheiterte an § 935; als Eigentümer der vier Reifen könnte *D* diese wohl nach § 929 übereignen, der Käufer hat aber am Erwerb allein der vier Reifen ohne den Pkw kein Interesse, er will unter diesen Umständen die Reifen nicht erwerben.

Fall 13. Die unberechtigte Zugfahrt

Das Erlangen fremder Dienstleistungen als Bereicherung – Ersparnis von Aufwendungen – Bösgläubigkeit eines Minderjährigen

Sachverhalt

Der 17-jährige Oberschüler *M* aus Essen will mit der Eisenbahn nach München fahren, um dort ein Fußballspiel zu besuchen. Seine Eltern wissen von diesem Plan nichts. Da er nur über ein geringes Taschengeld verfügt, steigt er ohne Fahrkarte in ein nur mäßig besetztes Abteil 2. Klasse ein. Bei der Fahrkartenkontrolle behauptet er, er sei schon in Hamburg eingestiegen und schon kontrolliert worden. Der Beamte glaubt das und verzichtet auf eine Kontrolle. Kurz vor München wird bei einer Zugrevision festgestellt, dass *M* ohne Fahrkarte gefahren ist. Die Deutsche Bahn AG verlangt von *M* den Fahrpreis für eine Fahrt Essen – München.

Lösung

I. Vertragliche Ansprüche
II. Ansprüche aus unerlaubter Handlung
III. Ansprüche wegen ungerechtfertigter Bereicherung, §§ 812 I 1, 818 II
1. Problem des erlangten „Etwas"
2. Entreicherung bei Erlangung fremder Dienstleistungen, § 818 III
3. Bösgläubigkeit des minderjährigen M, §§ 819 I, 818 IV

I. Vertragliche Ansprüche

Da *M* minderjährig ist (§§ 2, 106), der Beförderungsvertrag für *M* nicht lediglich rechtlich vorteilhaft ist (§ 107) und die Eltern des *M* nicht zugestimmt haben (§§ 107, 108), kann ein wirksamer Vertrag nicht durch rechtsgeschäftliches Handeln zustande gekommen sein. In Betracht kommt nur ein Vertrag durch „sozialtypisches Verhalten" im modernen Massenverkehr. Die Frage, ob ein Vertrag ohne rechtsgeschäftliches Handeln allein durch „sozialtypisches Verhalten" begründet werden kann, ist nach h. M. zu verneinen.[1] Selbst wenn man die Möglichkeit des Vertragsschlusses durch „sozialtypisches Verhalten" bejahte, würde hier doch die beschränkte Geschäftsfähigkeit des *M* der Annahme eines Vertrages entgegenstehen. Der

---

[1] Vgl. etwa BGHZ 132, 198 (200); *Esser/Schmidt* SchuldR AT I § 10 I 2; *Brox/Walker* BGB AT, Rn. 193 f.; Jauernig/*Mansel* Vor § 145 Rn. 19 f.; Palandt/*Ellenberger* Einf. v. § 145 Rn. 25; *Wolf/Neuner* BGB AT § 37 Rn. 44 ff.; *Kellmann* NJW 1971, 862 (863); a. A. die frühere Rechtsprechung, vgl. BGHZ 21, 335; 23, 177; BGH NJW-RR 1987, 937 (938); offen gelassen noch in BGH NJW-RR 1991, 176 f.

Schutz der Nicht-Geschäftsfähigen muss den Vorrang haben, gleich ob ein Schuldverhältnis durch Willenserklärungen oder „sozialtypisches Verhalten“ entsteht.[2]

II. Ansprüche aus unerlaubter Handlung

Ein Anspruch der Deutschen Bahn AG auf Schadensersatz gegen *M* scheitert daran, dass sie durch das Verhalten des *M* keinen Schaden erlitten hat.[3] Das wäre nur dann der Fall gewesen, wenn die Deutsche Bahn AG wegen Überfüllung andere Fahrgäste hätte abweisen müssen.

III. Ansprüche wegen ungerechtfertigter Bereicherung, §§ 812 I 1, 818 II

1. Problem des erlangten „Etwas“

§ 812 I 1 enthält nicht einen, sondern zwei verschiedene Tatbestände und Anspruchsgrundlagen: die Leistungs- und die Nichtleistungskondiktion.[4] Die Leistungskondiktion („Wer durch die Leistung ...“) dient der Rückabwicklung rechtsgrundloser Leistungen. Die Nichtleistungskondiktion („... oder in sonstiger Weise ...“) wird weiter unterteilt in die Eingriffskondiktion und die Verwendungskondiktion;[5] sie dient dem Güterschutz, wenn ein Sach- oder Gebrauchswert, der einer bestimmten Person zugewiesen ist, in das Vermögen einer fremden Person kommt. Ob im vorliegenden Fall eine Leistung der Deutschen Bahn AG an *M* vorliegt oder ob *M* sich durch Eingriff die Dienstleistung der Deutschen Bahn AG verschafft hat, ist zweifelhaft.[6] In beiden Fällen kommt man zum gleichen Ergebnis, dass *M* um die Dienstleistung ungerechtfertigt bereichert ist. Die Frage kann also nicht durch den Rückgriff auf Wertungen beantwortet werden, sondern nur durch die Anwendung von Begriffen und Definitionen, denen man nicht zu viel Bedeutung beimessen sollte.[7] Immerhin wird man realistischerweise wohl sagen müssen, dass die Deutsche Bahn AG mit Schwarzfahrern rechnet, auch mit solchen, die bei Kontrollen nicht erkannt werden. Man wird daher kaum sagen können, dass die Deutsche Bahn AG an alle in den Zügen befindlichen Personen die Beförderung als Leistung erbringen will; die Annahme einer Bereicherung durch Eingriff des *M* liegt näher.

Es ist nunmehr zu untersuchen, was *M* erlangt hat. Das erlangte „Etwas“ könnte hier in der Ersparnis von Aufwendungen liegen, da *M* normalerweise für die Fahrt den Fahrpreis hätte aufwenden müssen, den er sich durch „Schwarzfahren“ erspart

---

2 *Wolf/Neuner* BGB AT § 37 Rn. 47; *Brox/Walker* BGB AT Rn. 194; *Medicus* NJW 1967, 354 f.; *Teichmann* JuS 1972, 248; offen gelassen in BGH JZ 1971, 557 (Flugreisefall). Das Gleiche gilt auch für den Vorschlag *Fielenbachs* NZV 2000, 358 ff., der über § 162 einen wirksamen Vertrag des Minderjährigen konstruieren will.

3 Ebenso zum insoweit ähnlich liegenden „Flugreisefall“ *Canaris* JZ 1971, 560; *Kellmann* NJW 1971, 862 (863); *Medicus* FamRZ 1971, 250 (252); AG Kerpen ZGS 2006, 437 Rn. 25.

4 Grundlegend *Wilburg*, Die Lehre von der ungerechtfertigten Bereicherung, 1934; vgl. auch *v. Caemmerer* FS Rabel I, 1954, 333 ff.; *Reeb* 1–5; *Koppensteiner/Kramer* 3 ff.; *Reuter/Martinek* § 2 II (26 ff.); *Wieling* BereicherungsR § 1 II b aa.

5 Eine Verwendungskondiktion ist etwa gegeben, wenn jemand mit eigenem Material auf fremdem Grund baut in der Meinung, das Grundstück gehöre ihm. Dagegen gibt es die bisweilen genannte „Rückgriffskondiktion“ (vgl. *Brox/Walker* SchuldR BT § 42 Rn. 8 ff.; *Fikentscher/Heinemann* Rn. 1483 ff.; *Larenz/Canaris* SchuldR BT II § 69 III 2; *Koppensteiner/Kramer* 102 f.) nicht. Der zumeist hier genannte Fall des § 684 ist ein Fall der Leistungskondiktion, vgl. unten Fall 15 IV und *Wieling* BereicherungsR § 4e; ebenso *Reeb* 16, 83–86.

6 Vgl. zur entsprechenden Frage im „Flugreisefall“ *Kellmann* NJW 1971, 862 (863); *Reeb* 14; *Reuter/Martinek* II § 6 I 1 (222); Staudinger/*Lorenz*, 2007, § 812 Rn. 3.

7 Vgl. *Koppensteiner/Kramer* 193.

hat. Tatsächlich sah die ältere Rechtsprechung und Lehre in vergleichbaren Fällen die Bereicherung in der Ersparnis von Aufwendungen. Dagegen sieht man nach der heute h. M. das erlangte „Etwas" im Verbrauch oder Gebrauch fremder Sachen bzw. Dienste,[8] dieser Ansicht ist der Vorzug zu geben. Mit Recht wirft sie der älteren Meinung vor, sie vermenge unzulässig die Frage nach dem Erlangten mit der nach dem Umfang der Bereicherung: Die Ersparnis ist erst die wirtschaftliche Folge der erlangten Dienstleistungen, sie wird von Bedeutung erst bei der Frage nach der Höhe der Bereicherung. Die ältere Lehre ist aber insbesondere deshalb abzulehnen, weil sie zu unbefriedigenden Ergebnissen führt. Nach ihr geht jeder – selbst der Bösgläubige –, der fremde Dienste in Anspruch nimmt, frei aus, wenn er nur nachweist, dass er dafür keinen Gegenwert aufgewendet hätte oder hätte aufwenden können: Er hat in diesem Fall ja keine Aufwendungen erspart, also nichts erlangt, ist also nicht bereichert.

In der Vermeidung dieses unangemessenen Ergebnisses liegt der wesentliche Vorteil der neueren Lehre. *M,* der zur Bezahlung der Fahrt weder willens noch in der Lage war, hat zwar keine Aufwendungen erspart, aber dennoch etwas erlangt: die Dienstleistung der Deutschen Bahn AG. Den Wert dieser Dienstleistung muss *M* gemäß § 818 II ersetzen, es sei denn, dass er nicht mehr bereichert ist und sich auf § 818 III berufen kann.

2. Entreicherung bei Erlangung fremder Dienstleistungen, § 818 III

Nach einer verbreiteten Ansicht kann der Bereicherte, der fremde Sachen verwertet oder fremde Dienste erlangt hat, eine Entreicherung niemals geltend machen.[9] Eine Entreicherung ist nach dieser Ansicht schon begrifflich ausgeschlossen, weil der Gebrauch oder Verbrauch, sobald er einmal geschehen sei, nicht wieder rückgängig gemacht werden könne. Der BGH[10] ist dem zu Recht entgegengetreten. Zwar kann das Gebrauchen oder Verbrauchen fremder Sachen oder die Inanspruchnahme fremder Dienste nicht mehr ungeschehen gemacht werden, aber darauf kommt es nicht an. Entscheidend ist, dass die durch den Gebrauch erlangte Bereicherung wieder wegfallen kann.[11] Die genannte Ansicht hatte zum Ziel, beim bewussten Ge- oder Verbrauch fremder Sachen oder Dienste zu einer Haftung des Bereicherten zu gelangen. Sie schießt aber über dieses wünschenswerte Ziel hinaus, da sie es auch dem Gutgläubigen verwehrt, eine Entreicherung geltend zu machen.

Auch bei einer Bereicherung durch Verwertung fremder Sachen und Dienste ist die Berufung auf eine Entreicherung somit nicht ausgeschlossen. Da *M* nicht auf eigene Kosten nach München gefahren wäre, hat er keine Aufwendungen erspart und ist somit nicht bereichert. Dabei spielt es keine Rolle, dass die Fahrt objektiv den Fahrpreis nach dem geltenden Tarif wert war. Denn entscheidend für die Bemessung der Bereicherung gemäß § 818 III ist nicht der objektive Wert des Erlangten, sondern der subjektive Wert: um wieviel das Vermögen gerade dieses Bereicherten

---

[8] Vgl. etwa BGHZ 55, 130; BGH NJW 1987, 2872; AG Kerpen ZGS 2006, 437 Rn. 30; *Larenz/Canaris* SchuldR BT II § 71 I 2; *Reeb* 9 ff.; *Koppensteiner/Kramer* 117 ff.; *Reuter/Martinek* II § 6 I (221 ff.); *Wieling* BereicherungsR § 2 III; MüKoBGB/*Schwab* § 812 Rn. 18; Staudinger/*Lorenz*, 2007, § 812 Rn. 72; *Looschelders* SchuldR BT Rn. 1020; *Wandt* Gesetzl. Schuldverhältnisse § 10 Rn. 6; *Gursky* BereicherungsR, Problem 17 III mit Lit.

[9] Vgl. etwa das OLG Nürnberg im „Flugreisefall", BGHZ 55, 130; *Koppensteiner,* NJW 1971, 1774; ferner die bei *Canaris* JZ 1971, 560 (561 Fn. 8) Genannten.

[10] Im Flugreisefall, BGHZ 55, 130 f.

[11] Vgl. *Gursky* JR 1972, 279 (282); *Lieb* NJW 1971, 1289 (1292); *Canaris* JZ 1971, 560; *Kellmann* NJW 1971, 862 (864); *Reeb* 120 ff.

vermehrt ist.[12] Da es sich bei der Fahrt des *M* um ein reines „Luxusunternehmen" handelte, für das er kein Geld aufgewendet hätte, ist er nicht bereichert.

Obwohl also *M* die Dienstleistung der Deutschen Bahn AG erlangt hat, ist er gemäß § 818 III nicht mehr bereichert. Fraglich ist jedoch, ob er sich auf diese Entreicherung berufen darf. Er wusste, dass er die Dienstleistung ohne Rechtsgrund in Anspruch nahm, war also bösgläubig i. S. v. § 819 I. Der bösgläubige Bereicherte haftet gemäß §§ 819 I, 818 IV nach den allgemeinen Vorschriften, kann sich also nicht auf eine Entreicherung gemäß § 818 III berufen. Besteht die Bereicherung in der Erlangung einer körperlichen Sache, so richtet sich die Haftung gemäß § 292 nach dem Eigentümer-Besitzer-Verhältnis, also nach § 989. Kann der Bereicherte die Sache nicht herausgeben, so wird er demnach nur dann frei, wenn er die Unmöglichkeit nicht zu vertreten hat. Hier haftet *M* gemäß § 818 II auf Wertersatz, es liegt eine Geldschuld vor. Die „allgemeinen Vorschriften" i. S. d. § 818 IV sind hier die Regeln des allgemeinen Schuldrechts.[13] Da *M* eine Geldsumme schuldet, kann er sich nicht auf § 275 berufen und frei werden, da man für seine eigene Zahlungsfähigkeit immer einzustehen hat; insofern ist seine Haftung gemäß § 276 I 1 verschärft; er trägt das Beschaffungsrisiko.

3. Bösgläubigkeit des minderjährigen M, §§ 819 I, 818 IV

Fraglich ist aber, ob dem *M* wegen seiner beschränkten Geschäftsfähigkeit seine Bösgläubigkeit zugerechnet werden kann. Nach einer Meinung[14] soll es bei nicht voll Geschäftsfähigen auf die Deliktsfähigkeit gemäß §§ 827, 828 ankommen. Das stützt sich auf die Überlegung, dass die §§ 819 I, 818 IV, 292 auf den § 989 verweisen, also eine besondere Form deliktischer Haftung. Nach dieser Ansicht wäre *M* bösgläubig i. S. d. § 819 I. Diese Ansicht ist aber abzulehnen, der Verweis auf § 989 überzeugt nicht. Denn er kann nicht darüber hinwegtäuschen, dass es sich bei der Haftung aus §§ 812, 819 I nicht um Schadensersatz handelt, sondern um Ausgleich einer Bereicherung. Es kommt nicht darauf an, ob der Anspruchsgegner geschädigt ist, sondern darauf, ob der Anspruchsinhaber etwas erlangt hat. Die generelle Anwendung der §§ 827, 828 ist aber hauptsächlich deswegen abzulehnen, weil sie gegen den Schutzzweck der §§ 106 ff. verstoßen würde. Müsste der Minderjährige trotz nichtigem Vertrag auf jeden Fall den Wert der empfangenen Leistung nach §§ 812, 818 II, 819 I vergüten, so würde das zu einer Rechtslage führen, die der Gültigkeit des Vertrages nahekäme.[15] Eine solche Regelung verstieße gegen die §§ 106 ff.

Eine andere, von *Larenz* begründete Ansicht[16] will eine Verletzung des Schutzzwecks der §§ 106 ff. durch eine Differenzierung vermeiden: Bei der Leistungskondiktion, die durch rechtsgeschäftliches Verhalten entstehe, solle es gemäß den §§ 106 ff. für die Bösgläubigkeit auf die Kenntnis des gesetzlichen Vertreters ankom-

---

12 Nur so lassen sich die Probleme der „aufgedrängten Bereicherung" interessengerecht lösen; vgl. auch *Koppensteiner/Kramer* 169 ff.; *Esser/Weyers* SchuldR BT II § 51 I 4c; Erman/*Buck-Heeb* § 818 Rn. 17; *Beuthien/Weber* 59; *Wieling* BereicherungsR § 5 I 4b; *Canaris* JZ 1971, 560 (561).

13 So auch *Fikentscher/Heinemann* Rn. 1528; Jauernig/*Stadler* § 818 Rn. 46 f.; *Canaris* JZ 1971, 560 (562); a. A. *Medicus* JuS 1993, 705 (710).

14 Vgl. etwa *Koppensteiner/Kramer* 144 ff.; *Kellmann* NJW 1971, 862 (865), und die bei *Gursky* BereicherungsR, Problem 20 II Genannten.

15 Vgl. *Medicus* FamRZ 1971, 250 (251).

16 *Larenz* SchuldR BT, 12. Aufl. 1981, § 70 IV; *Gursky* NJW 1969, 2184; Palandt/*Sprau* § 819 Rn. 4; *Medicus/Petersen* BürgerlR Rn. 176, und die bei *Gursky* BereicherungsR, Problem 20 III Genannten.

men; bei der Eingriffskondiktion, die auf nicht-rechtsgeschäftliches, deliktisches Verhalten zurückgehe, solle es auf die §§ 827, 828 ankommen. Die Unterscheidung zwischen Leistungs- und Eingriffskondiktion ist aber ungenau, da auch bei rechtsgeschäftlichem Verhalten, das zur Leistungskondiktion führt, ein Delikt (z.B. Betrug) gegeben sein kann. Der BGH[17] unterscheidet daher wie folgt: Liegt ein deliktisches Verhalten vor, so richtet sich die Bösgläubigkeit nach den §§ 827, 828; liegt kein deliktisches, sondern ein rein rechtsgeschäftliches Verhalten vor, so kommt es bei § 819 I auf die Kenntnis des gesetzlichen Vertreters an. Auch nach dieser Ansicht wäre *M* gemäß § 265a StGB, §§ 823 II, 828 III, 819 I bösgläubig.

Auch die differenzierende Ansicht des BGH kann aber nicht voll überzeugen: Die Anwendung der §§ 827, 828 im Bereicherungsrecht ist abzulehnen. Hat der Minderjährige tatsächlich ein Delikt begangen und Schaden angerichtet, so muss ein solcher Schaden dem Geschädigten im Rahmen des § 828 III ersetzt werden. Es geht aber hier gerade um Fälle, in denen der Minderjährige keinen Schaden angerichtet hat, die Interessen seines Gegners also im geringeren Maße betroffen sind als bei einer Schädigung. Es geht nicht an, in solchen Fällen den § 828 III anzuwenden, der bei einer Schädigung im Interesse des Geschädigten die Handlungsfähigkeit des Minderjährigen gegenüber den §§ 106ff. erweitert. Andererseits kann man das Verhalten des *M* auch nicht ohne weiteres dem rechtsgeschäftlichen Handeln gleichstellen, da er immerhin ein Delikt begangen hat, wenn dadurch auch kein Schaden entstanden ist. Der Gesetzgeber hat die hier gegebene Problematik nicht gesehen, immerhin aber in §§ 687 II, 682 einen Fall geregelt, der unserem Problem gleichsteht.[18] Die unberechtigte Inanspruchnahme fremder Dienste und Sachnutzungen ähnelt der bewussten Führung eines fremden Geschäfts als eigenes, § 687 II. Geschieht eine solche Handlung durch einen Minderjährigen, so folgt daraus nach dem Gesetz lediglich eine Haftung wegen Delikts und Bereicherung, die scharfe Haftung aus § 687 II selbst greift nicht ein. Die Motive[19] betonen, in der genannten Situation müssten die Regeln über die Geschäftsfähigkeit, also die §§ 106ff., angewendet werden; eine Anwendung der strengeren Regeln über die Deliktsfähigkeit sei nur dann gerechtfertigt, wenn tatsächlich eine deliktische Schädigung vorliege. Dieser Wille des Gesetzgebers hat im Gesetz (§§ 687 II, 682) seinen deutlichen Ausdruck gefunden, er führt zu billigenswerten Ergebnissen, da er den Schutz der nicht voll Geschäftsfähigen in gebührendem Maße gewährleistet. Im Ergebnis ist daher die Ansicht zu billigen, die für die Bösgläubigkeit nach § 819 I in allen Fällen auf die Kenntnis des gesetzlichen Vertreters abstellt.[20]

Wir kommen damit zu dem Ergebnis, dass *M* nicht der verschärften Haftung aus §§ 819 I, 818 IV, 292 unterliegt, er kann sich vielmehr auf § 818 III berufen: Da er durch die erlangte Dienstleistung der Deutschen Bahn AG nicht mehr in seinem Vermögen bereichert ist, haftet er auch nicht aus § 812.

---

17 BGHZ 55, 135; ebenso *Teichmann* JuS 1972, 250; *Kellmann* NJW 1971, 862 (865); Soergel/*Hadding* § 819 Rn. 4.

18 Vgl. zu dieser überzeugenden Argumentation aus § 682 *Canaris* JZ 1971, 560 (562f.); *Reeb* 126f.

19 Motive II, 860.

20 Vgl. neben den oben Fn. 18 Genannten etwa *Brox/Walker* SchuldR BT § 43 Rn. 19; *Esser/Weyers* SchuldR BT II § 51 III 1a; *Larenz/Canaris* SchuldR BT II § 73 II 2a; *Medicus/Petersen* BürgerlR Rn. 176; *Looschelders* SchuldR BT Rn. 1120; Staudinger/*Lorenz*, 2007, § 819 Rn. 10; *Beuthien/Weber* 61ff.; OLG Hamm MDR 1990, 152; AG Kerpen ZGS 2006, 437 Rn. 33f.

Fall 14. Eine problematische Pkw-Miete

Nutzungsmöglichkeit als Leistungs- und Bereicherungsobjekt – einschränkende Auslegung des § 818 III – Haftung des beschränkt Geschäftsfähigen bei Pkw-Miete

Sachverhalt

B, Handelsvertreter, hat durch einen Unfall am 25.8. seinen Pkw verloren. Da der neu bestellte Pkw erst am 1.10. geliefert werden kann, beschließt *B*, inzwischen wochenweise einen Pkw anzumieten. Da ihm *E* seinen Pkw günstig (für 400 €) für den ganzen Monat September anbietet, schließt *B* den Mietvertrag mit *E* ab. *B* weiß nicht, dass *E* wegen krankhafter Verschwendungssucht unter Betreuung mit Einwilligungsvorbehalt gestellt worden ist. *B* überweist dem *E* die 400 €, am 1.9. erhält er den Pkw von *E* und benutzt ihn für seine Geschäftsreisen. Am 16.9. erkrankt *B*, so dass er bis Ende des Monats zu Hause das Bett hüten muss und den Pkw nicht fahren kann. Am 30.9. erfährt *B*, dass *E* unter Betreuung mit Einwilligungsvorbehalt steht, er gibt den Pkw zurück und fordert von *E* die gezahlten 400 € zurück, zumindest aber 200 €, da er den Pkw nur die halbe Mietzeit genutzt habe. *E* will die 400 € behalten. Der Betreuer des *E* verweigert die Genehmigung des Mietvertrages.

Abwandlung:

Wie wäre es, wenn nicht *E*, sondern *B* unter Betreuung mit Einwilligungsvorbehalt stünde?

Lösung

I. Ausgangsfall
- 1. Anspruch des B gegen E aus § 812 I 1 (1)
- 2. Gegenansprüche des E gegen B
  - a) §§ 987, 988, auf Herausgabe gezogener Nutzungen
  - b) §§ 812, 818 I, Ersatz für gezogene Nutzungen
  - c) §§ 812, 818 II, Ersatz für die geleistete Nutzungsmöglichkeit

II. Abwandlung

I. Ausgangsfall

1. Anspruch des B gegen E aus § 812 I 1 (1)

E hat durch Leistung des *B* die 400 € erlangt, und zwar ohne Rechtsgrund; denn der Leistungszweck – Tilgung der Mietzinsschuld – wurde verfehlt, da aufgrund der angeordneten Betreuung unter Einwilligungsvorbehalt[1] gemäß §§ 1903, 108 mangels Zustimmung des Betreuers des *E* ein wirksamer Mietvertrag nicht zustande kam. Dem *B* steht also gemäß §§ 812, 818 II ein Anspruch auf Rückzahlung der 400 € zu. *E* könnte aber einen aufrechenbaren Gegenanspruch haben.

2. Gegenansprüche des E gegen B

a) §§ 987, 988, auf Herausgabe gezogener Nutzungen

§ 987 und § 988 setzen eine Vindikationslage voraus, also einen Anspruch des *E* gegen *B* aus § 985. Vor der Rückgabe des Pkw an *E* war *E* Eigentümer, *B* unrechtmäßiger Besitzer. Dennoch könnte die Vindikation durch ein spezielles Rechtsverhältnis zwischen *E* und *B* ausgeschlossen sein. Dieses spezielle Rechtsverhältnis kann freilich nicht der Mietvertrag sein, denn er ist nichtig. Aus der Nichtigkeit folgt aber das Abwicklungsverhältnis aus §§ 812, 818 (Leistungskondiktion). Dieses Abwicklungsverhältnis ist spezieller als das Eigentümer-Besitzer-Verhältnis[2] und verdrängt dieses.[3] § 987 ist somit nicht anwendbar, ebenso wenig § 988. Die Frage, ob der rechtsgrundlose Besitzer dem unentgeltlichen in § 988 gleichzustellen sei, kann also dahingestellt bleiben.

b) §§ 812, 818 I, Ersatz für gezogene Nutzungen

§ 818 I regelt einen Nebenanspruch wegen gezogener Nutzungen. Darum geht es hier aber nicht. Zunächst will *E* von *B* nicht nur 200 € wegen der von *B* gezogenen Nutzungen, er will auch Ersatz für die Zeit, in welcher *B* den Pkw hätte nutzen können, aus persönlichen Gründen dazu aber nicht in der Lage war: Er will die gesamten 400 € behalten. Zudem geht es bei dem Anspruch des *E* auf Wertersatz nicht um eine Nebenleistung, sondern um die Hauptleistung. *E* hat dem *B* die Nutzungsmöglichkeit am Pkw geleistet, dafür will er gemäß §§ 812, 818 II Wertersatz.

---

[1] *E* ist also beschränkt geschäftsfähig, vgl. §§ 1896, 1903; seine Geschäfte sind schwebend unwirksam, § 108 I. Dagegen können gemäß § 105a Geschäfte eines erwachsenen Geschäftsunfähigen ohne weiteres wirksam sein, wenn sie „mit geringwertigen Mitteln bewirkt werden..., sobald Leistung und Gegenleistung bewirkt sind". Der Geschäftsunfähige kann also sein Geld nicht zurückverlangen, wenn ihm die soeben gekaufte Bratwurst in den Schmutz fällt; der Minderjährige könnte es! Vgl. dazu auch die Glosse von *Kohler* JZ 2004, 348 f.

[2] Weil die §§ 987 ff. auf jeden unrechtmäßigen Besitzer anwendbar sind, während die Leistungskondiktion nur die Abwicklung rechtsgrundloser Leistungen betrifft, vgl. etwa die spezielle Regelung des Synallagma („Saldotheorie").

[3] Es ist weitgehend anerkannt, dass § 812 bei Leistungsverhältnissen die §§ 987 ff. verdrängt, vgl. *Reuter/Martinek* II § 11 I 2c cc (505 ff.); *Wieling/Finkenauer* SachenR § 12 Rn. 15; *Prütting* SachenR Rn. 568 mit Lit.; *Waltjen* AcP 175 (1975), 109 (110 ff.); *Honsell* JZ 1975, 439 (441); *Haas* AcP 176 (1976), 1 (17); *v. Caemmerer* FS G. Boehmer, 1954, 145 (154 Fn. 42); *Ebenroth/Zeppernick* JuS 1999, 209 (215); anders etwa Westermann/*Gursky* § 30 Rn. 12; Staudinger/*Gursky,* 2012, Vorbem. zu § 987 Rn. 21 f. Die Rechtsprechung ist uneinheitlich. – Beispiel: *E* hat dem *V* aufgrund eines Vermächtnisses eine Sache übereignet, beide wissen nicht, dass das Vermächtnis unwirksam ist. *V* wirft die Sache zum Müll, da er sie nicht gebrauchen kann. *V* ist von seiner Haftung aus der *condictio indebiti* gemäß § 818 III frei geworden, da er gemäß § 819 I gutgläubig war, selbst wenn er grob fahrlässig die Unwirksamkeit des Vermächtnisses nicht kannte. Die Gegenmeinung käme bei grober Fahrlässigkeit zu einer Haftung nach §§ 990, 989, was gegen die gesetzliche Entscheidung in § 818 III verstößt. Noch weiter vom Gesetz entfernt sich die Meinung, die neben den §§ 990, 989 auch die §§ 823 ff. anwenden will; sie käme zu einer Haftung des *V* schon bei leichter Fahrlässigkeit.

c) §§ 812, 818 II, Ersatz für die geleistete Nutzungsmöglichkeit

Ob schon die Nutzungsmöglichkeit Bereicherungsobjekt sein kann, ist umstritten. Es wird dagegen geltend gemacht, die Möglichkeit der Nutzung sei eben noch keine Nutzung und führe daher auch zu keiner Bereicherung. Wer die Möglichkeit habe, widerrechtlich fremde Sachen zu nutzen, es aber nicht tue, sei nicht bereichert.[4] Dem ist für die Eingriffskondiktion zuzustimmen; es ist nicht zu billigen, wenn *Lieb*[5] auch bei der Eingriffskondiktion die Nutzungsmöglichkeit als Bereicherungsobjekt anerkennen will. Die bloße Eingriffsmöglichkeit bringt noch keine Bereicherung. Zudem spricht *Lieb* von erlangten Nutzungsmöglichkeiten auch in solchen Fällen, in welchen der Bereicherte keine Nutzungsmöglichkeit, sondern Dienstleistungen bzw. Nutzungen erlangt hat, wie im Flugreisefall.[6] Im Flugreisefall hat der Kläger dem Beklagten nicht etwa ein Flugzeug für eine gewisse Zeit zur Verfügung gestellt, sondern ihn transportiert. Der Beklagte hat ohne Rechtsgrund die Dienstleistungen des Klägers erlangt, keineswegs aber eine Nutzungsmöglichkeit. Der Flugreisefall hat mit dem Problem der Nutzungsmöglichkeit nichts zu tun.

Die Nutzungsmöglichkeit kann also bei der Eingriffskondiktion nicht Bereicherungsobjekt sein. Anders ist es aber bei der Leistungskondiktion.[7] Es kann nicht bestritten werden, dass die Nutzungsmöglichkeit Gegenstand der Leistung sein kann, denn jede Hingabe einer Sache aufgrund eines Mietvertrages bedeutet die Leistung der Nutzungsmöglichkeit. Der Vermieter leistet dem Mieter keine Nutzungen,[8] denn ob der Mieter die Sache nutzt oder nicht, hängt nur von ihm selbst ab; der Vermieter hat darauf keinen Einfluss. Der Vermieter leistet die Nutzungsmöglichkeit. Der Vermieter leistet dem Mieter auch nicht einfach die Mietsache, sondern er übergibt sie dem Mieter zu dem Zweck, dass dieser für eine gewisse Zeit die Nutzungsmöglichkeit haben soll.[9] Wenn aber die Nutzungsmöglichkeit Leistungsobjekt sein kann, so kann sie auch Bereicherungsobjekt bei der Leistungskondiktion sein.[10]

---

[4] Vgl. *Koppensteiner/Kramer* 118 ff.; *Batsch* NJW 1972, 611; *Gursky* JR 1972, 279 (281 Fn. 17); *Haines,* Bereicherungsansprüche bei Warenzeichenverletzungen und unlauterem Wettbewerb, 1970, 40 ff.

[5] *Lieb* NJW 1971, 1289; vgl. auch *Reeb* JuS 1973, 92.

[6] BGHZ 55, 128 ff.

[7] Vgl. die richtige Differenzierung bei *Ostendorf* JuS 1974, 447; ähnlich auch *Reuter/Martinek* II § 6 I 2c (225 f.).

[8] Vgl. *Wieling* AcP 169 (1969), 166 f.

[9] Anders etwa die Hingabe der Sache zum Zweck der Verwahrung, zum Zweck der Verpfändung usw. Ist die Nutzungsmöglichkeit geleistet, so ist der Anspruch aus § 812 auf Rückgabe der Sache nicht etwa der Hauptanspruch, zu dem ein Anspruch auf Ersatz der Nutzungen als Nebenanspruch hinzukäme; Hauptanspruch ist vielmehr gemäß §§ 812, 818 II der Anspruch auf Ersatz der Nutzungsmöglichkeit. Es gilt hier nichts anderes als beim gültigen Mietvertrag, bei welchem ebenfalls die Hauptpflicht des Mieters nicht in der Rückgabe der Sache besteht, sondern in der Zahlung des Mietzinses als Gegenleistung für die überlassene Nutzungsmöglichkeit.

[10] Vgl. *Lieb* NJW 1971, 1289; *Reeb* 12; *Ostendorf* JuS 1974, 447; *Wieling* BereicherungsR § 2 III c und die bei *Gursky* BereicherungsR, Problem 17 IV Genannten. Irrig ist die Annahme von *Gursky* JR 1972, 279 (281 Fn. 17), diese Begründung enthalte eine Begriffsvertauschung. Aus der Tatsache, dass jemand ein Recht auf Überlassung der Nutzungsmöglichkeit haben könne, werde geschlossen, dass die Nutzungsmöglichkeit selbst Inhalt der Bereicherung sein könne. Der Anspruch auf Überlassung der Nutzungsmöglichkeit werde mit dieser selbst verwechselt. In Wirklichkeit ist aber hier vom Anspruch auf Überlassung der Nutzungsmöglichkeit keine Rede, sondern nur von der Überlassung selbst: Wenn die Nutzungsmöglichkeit geleistet werden kann, muss sie unzweifelhaft auch kondiziert werden können.

Canaris[11] und *Koppensteiner/Kramer*[12] wollen auch bei der Leistungskondiktion die Nutzungsmöglichkeit nicht als Bereicherungsobjekt anerkennen. Zur Begründung verweisen sie auf § 818 I, wonach nur tatsächlich gezogene Nutzungen zu ersetzen sind. Dieses Argument geht indessen fehl. § 818 I regelt den Fall, dass jemand aus dem Bereicherungsobjekt Nutzungen gezogen hat: Er muss dann nicht nur das Bereicherungsobjekt selbst herausgeben, es besteht vielmehr auch ein Nebenanspruch auf Ersatz der Nutzungen. Da es hier aber nicht um den Nebenanspruch auf Ersatz der Nutzungen geht, sondern um den Hauptanspruch auf Ersatz geleisteter Nutzungsmöglichkeit, ergibt sich aus § 818 I für unser Problem nichts.

B ist also um die von *E* geleistete Nutzungsmöglichkeit bereichert, deren Wert muss er dem *E* ersetzen, § 818 II, also 400 € an *E* zahlen. *B* könnte aber gemäß § 818 III entreichert sein. Wegen der ersten beiden Wochen, in welchen *B* den Pkw tatsächlich genutzt hat, ist er nicht entreichert. Er hätte auf jeden Fall einen Pkw mieten und den Mietzins entrichten müssen, wenn er fahren wollte. Fraglich ist aber, was für die zweite Hälfte des Monats zu gelten hat, in welcher *B* den Pkw nicht nutzen konnte.

Die Nutzungsmöglichkeit hat dem *B* insoweit keinen Vorteil gebracht, sein Vermögen ist nicht mehr vermehrt, der Wert der Nutzungsmöglichkeit ist nach Ablauf der Nutzungsfrist für *B* wieder entfallen. Kann sich *B* deshalb auf Entreicherung berufen? Nach dem Wortlaut des § 818 III wäre das möglich. Es ist aber inzwischen weitgehend anerkannt, dass der Wortlaut des § 818 III zu weit ist und einer einschränkenden Auslegung bedarf. § 818 III soll den guten Glauben an den Bestand und die Endgültigkeit eines Erwerbs schützen.[13] Also nur wenn der Bereicherte davon ausgehen konnte, das Bereicherungsobjekt endgültig behalten zu dürfen, kann er sich auf Entreicherung berufen.[14] Denn § 819 I zeigt, dass der sich nicht auf Entreicherung berufen kann, der seine Herausgabepflicht kennt.

Bösgläubig und nach § 818 III ungeschützt ist aber nicht nur, wer seine Verpflichtung zur Herausgabe des Bereicherungsobjekts kennt. Auch wer zwar davon ausgeht, das Bereicherungsobjekt behalten zu dürfen, dafür aber eine Gegenleistung eingesetzt hat, kann sich nicht auf § 818 III berufen. Denn er mag zwar glauben, das Bereicherungsobjekt behalten zu dürfen, er weiß aber, dass er es auf keinen Fall ohne ein eigenes Vermögensopfer behalten darf. Geht die empfangene Leistung bei ihm unter, so weiß er, dass das auf seine eigene Gefahr geschieht, da die eingesetzte Gegenleistung für ihn auf alle Fälle verloren ist. Diese „vermögensmäßige Entscheidung“[15] muss auch dann wirksam sein, wenn der Austauschvertrag nichtig ist; denn der Empfänger konnte zu keiner Zeit darauf vertrauen, die empfangene Leistung ersatzlos behalten zu können; er konnte auch zu keiner Zeit darauf vertrauen, eine Entreicherung werde ihn von der Pflicht zur Erbringung der Gegenleistung befreien. Er ist daher nicht gutgläubig i. S. v. § 818 III.[16]

---

[11] *Canaris* JZ 1971, 560 (561); *Larenz/Canaris* SchuldR BT II § 71 I 2a a. E.

[12] *Koppensteiner/Kramer* 118.

[13] So kann sich z. B. nicht auf Entreicherung berufen, wer aufgrund eines unwirksamen Darlehensvertrages Geld bekommen hat, selbst wenn er es z. B. ersatzlos verloren hat; vgl. BGH WM 1969, 858.

[14] Vgl. z. B. *Lieb* NJW 1971, 1289 (1293); *Flume* NJW 1970, 1161 (1163); *Batsch* NJW 1972, 611 (614); *Reeb* 115 f.; *Larenz/Canaris* SchuldR BT II § 73 I 5g; *Esser/Weyers* SchuldR BT II § 51 II 2b; Palandt/*Sprau* § 818 Rn. 35, 29; Erman/*Buck-Heeb* § 818 Rn. 31; Soergel/*Hadding* § 818 Rn. 40; *Koppensteiner/Kramer* 128; *Giesen* Jura 1995, 281 (283).

[15] Vgl. *Flume* FS Niedermeyer, 1953, 103 (106).

[16] Vgl. *Wieling* BereicherungsR § 5 I 4c aa; *Reuter/Martinek* II § 6 I 2d (230), § 8 II 2a (360 f.); Jauernig/*Stadler* § 818 Rn. 40 ff.; *Diesselhorst,* Die Natur der Sache als außergesetzliche Rechtsquelle, 1968, 106 f.; BGHZ 83, 295; BGH NJW 1985, 1829.

Hier wusste *B*, dass er die Nutzungsüberlassung durch *E* nicht umsonst erhielt. Er hatte sich dafür entschieden, den Gegenwert von 400 € dafür zu zahlen. Zu keiner Zeit konnte er davon ausgehen, das ungenutzte Verstreichenlassen der Nutzungsmöglichkeit werde zu Lasten des *E* gehen und ihn von seiner Verpflichtung gegenüber *E* entbinden. *B* war somit nicht gutgläubig i. S. v. § 818 III, er kann sich nicht auf eine Entreicherung berufen. Vielmehr haftet er dem *E* auf Zahlung von 400 €.

Gegen dieses Ergebnis wird geltend gemacht, man komme so zum gleichen Resultat wie bei der Wirksamkeit des Vertrages.[17] Es ist indessen nicht einzusehen, wie das ein Argument gegen die sachgerechte Entscheidung eines Problems sein könnte. Wenn die Entscheidung die Interessen der Beteiligten richtig bewertet, kann sie unbedenklich ebenso lauten wie bei der Gültigkeit des Vertrages. Denn die Nichtigkeit eines Vertrages fordert nicht, dass die Entscheidung immer anders lauten müsste als bei der Gültigkeit. Die Nichtigkeit des Mietvertrages in unserem Fall besagte, dass jede Partei sofort die Beendigung des tatsächlichen Mietverhältnisses verlangen konnte. Nachdem es aber ungestört durchgeführt wurde, verlangt die Nichtigkeit nicht, dass eine Partei leer ausgehe, während die andere ihre Leistung erhalten hat.

Ergebnis: E hat gegen *B* einen Anspruch aus § 812 auf Zahlung von 400 €. Diesen Anspruch kann er gegen den des *B* aufrechnen.

II. Abwandlung

1. Der Anspruch des *B* gegen *E* aus §§ 812 I 1 (1), 818 II auf Rückzahlung der 400 € ist wie im Hauptfall gegeben.

2. Für den Gegenanspruch des *E* ändert sich zu I 2a, b ebenfalls nichts. Auch zu I 2c bleibt es dabei, dass *B* die Nutzungsmöglichkeit ohne Rechtsgrund erlangt hat. Fraglich ist, ob es nicht dem Zweck der §§ 1903, 108 ff. widerspricht, wenn man dem *E* einen Anspruch gegen *B* auf Wertersatz der Nutzungsmöglichkeit zusprechen wollte.

In den ersten zwei Wochen hat *B* den Pkw genutzt, er ist bereichert, da er andere Aufwendungen erspart hat. Der Wert der Nutzungsmöglichkeit beträgt (mindestens) 200 €. Spricht man allerdings dem *E* den Anspruch aus § 812 gegen *B* zu, käme man zum gleichen Ergebnis wie bei der Wirksamkeit des Vertrages. Daher lässt eine verbreitete Ansicht keinen Anspruch auf Wertersatz von Nutzungen und Nutzungsmöglichkeiten gegen einen beschränkt Geschäftsfähigen zu, da sonst der Sinn der §§ 107 ff. umgangen würde.[18] Das ist indessen nicht angebracht, das Argument geht fehl. Soweit der beschränkt Geschäftsfähige tatsächlich bereichert ist, muss er die Bereicherung herausgeben.[19] Auch ein beschränkt Geschäftsfähiger darf sich nicht ohne Rechtsgrund bereichern. Die §§ 107 ff. wollen nur eine Haftung aus dem Vertrag verhindern, keineswegs aber dem beschränkt Geschäftsfähigen eine ungerechtfertigte Bereicherung sichern.

Anders liegt es mit den letzten beiden Wochen; wie im Hauptfall hat *B* hier die Nutzungsmöglichkeit für diese Zeit erlangt, ohne dass dies zu einer Bereicherung seines Vermögens geführt hätte. Dort hatte *B* sich auf diese Entreicherung nicht

---

[17] Vgl. etwa *Koppensteiner/Kramer* 140 f.; in ähnlichem Zusammenhang *Rengier* AcP 177 (1977), 418 (426); *Pinger,* Funktion und dogmatische Entwicklung des Eigentümer-Besitzer-Verhältnisses, 1973, 50.

[18] Vgl. etwa KG FamRZ 1964, 518; OLG Hamm NJW 1966, 2357; *Pawlowski* JuS 1967, 302 (306); auch *Medicus/Petersen* BürgerlR Rn. 601 f.

[19] So zu Recht *Batsch* NJW 1969, 1147; *Metzler* NJW 1971, 690.

berufen können, da er gemäß seiner vermögensmäßigen Entscheidung wusste, dass er auf jeden Fall seine Gegenleistung erbringen musste. Hier ist diese Entscheidung dem *B* wegen seiner beschränkten Geschäftsfähigkeit aber nicht zurechenbar.[20] Er kann sich daher insoweit trotzdem auf die Entreicherung berufen.

Ergebnis: E hat einen Gegenanspruch in Höhe von 200 € gegen die Forderung des *B* von 400 €; *E* kann damit aufrechnen.

[20] Vgl. *Flume* NJW 1970, 1161 (1164); *Reeb* 122; *Lieb* NJW 1971, 1289 (1293).

Fall 15. Ein unvorsichtiger Freund

Leistungsbegriff und Arten der Leistung – Problematik des § 267 – Saldotheorie – Leistung bei Geschäftsführung ohne Auftrag

Sachverhalt

Der immer noch wohlhabende *E* ist im Jahr 2017 wegen krankhafter Verschwendungssucht unter Betreuung mit Einwilligungsvorbehalt gestellt worden, zum Betreuer ist *B* ernannt worden. *E* verkauft dem *K*, der von der angeordneten Betreuung nichts weiß, am 5.6.2018 seinen Pkw (Wert 20.000 €) für 15.000 €. Am nächsten Tag geht *K* zu *E*, um den Wagen abzuholen, er bittet den *E*, den Preis in einigen Wochen zahlen zu dürfen. *E* lehnt ab und will den Wagen nur gegen Barzahlung herausgeben. *K* erklärt darauf, das Geld in den nächsten Tagen zu bringen, obwohl er nicht recht weiß, wie er es sich beschaffen soll. *F*, ein Freund des *K*, hört von dem Vorfall, der ihm wegen des *K* sehr peinlich ist. *F* hatte sich im Februar 2018 von *K* 15.000 € auf ein Jahr gegen 5 % Zinsen geliehen, es war vereinbart, dass *F* das Geld jederzeit, auch vorzeitig, zurückzahlen könne. *F* überweist dem *E* 15.000 € mit dem Vermerk, es solle damit die Schuld des *K* aus dem Autokauf getilgt werden. *E*, der das Geld am 15.6. bekommt, lässt noch am gleichen Tag den Pkw dem *K* übergeben. *K*, erfreut, dass *E* den Wagen doch vor der Zahlung des Kaufpreises hergebe – er weiß von der Zahlung des *F* nichts –, unternimmt am Abend eine Spazierfahrt, wobei er durch seine Ungeschicklichkeit gegen einen Baum fährt und Totalschaden erleidet. Im Juli 2018 wird über das Vermögen des *K* das Insolvenzverfahren eröffnet, *I* wird zum Insolvenzverwalter eingesetzt. Außerdem wird die für *E* angeordnete Betreuung bekannt, *F* verlangt von *E* die 15.000 € zurück, weil der Kaufvertrag nichtig gewesen sei. *B* verlangt im Namen des *E* den Wagen zurück oder Wertersatz in Höhe von 20.000 €. *I* meint, *K* sei wegen des Unfalls nicht mehr bereichert. Er verlangt weiter von *F* Rückzahlung des inzwischen fälligen Darlehens. *F* meint, die Schuld sei durch die Zahlung an *E* getilgt, er zahlt nur die Zinsen an *I*.

Wie ist die Rechtslage?

Lösung

I. Ansprüche des F gegen E
  1. § 812 I 1 (1), condictio indebiti
  2. § 812 I 1 (2), Nichtleistungskondiktion des F gegen E

II. Anspruch des E gegen K aus §§ 812 I 1 (1), 818 II (Leistungskondiktion)

III. Anspruch des K gegen E aus § 812 I 1 (1) (Leistungskondiktion)

IV. Anspruch des K gegen F auf Zahlung von 15.000 € aus Darlehen, § 488 I 2

I. Ansprüche des F gegen E

1. § 812 I 1 (1), condictio indebiti

F könnte gegen *E* aus § 812 I 1 (1) einen Anspruch auf Rückzahlung der 15.000 € haben (Leistungskondiktion). *E* hat 15.000 € von *F* erlangt. Hat er sie durch eine Leistung des *F* erlangt?

Die Leistung ist eine bewusste und zweckgerichtete Mehrung fremden Vermögens.[1] *F* hat durch die Zahlung an *E* dessen Vermögen bewusst vermehrt.[2] Fraglich ist, ob diese Zuwendung[3] auch zweckgerichtet war. Dazu muss zunächst die Bedeutung des Merkmals „Leistungszweck" bestimmt werden. Dieser Zweck ist in die Definition der Leistung aufgenommen, und zwar aus zwei Gründen. Einmal bestimmt sich durch den Leistungszweck, ob eine Leistung mit oder ohne Rechtsgrund geschehen ist: Ist der Leistungszweck erreicht, so liegt auch ein Rechtsgrund i. S. d. Leistungskondiktion vor; andernfalls fehlt es am Rechtsgrund. Zum zweiten dient der Leistungszweck zur Bestimmung der Parteien des Leistungsverhältnisses (etwa in Dreiecksverhältnissen) und damit der eventuell eingreifenden Kondiktion: Leistender (und Gläubiger der Kondiktion) ist, wer den Leistungszweck setzt; Leistungsempfänger (und Schuldner der Kondiktion) ist, wem gegenüber der Zweck gesetzt wird.[4]

Der Leistungszweck wird durch die Zweckbestimmung gesetzt, eine einseitige, empfangsbedürftige Willenserklärung des Leistenden an den Empfänger.[5] Mit der Zweckbestimmung bestimmt der Leistende, welchen Zweck er verfolgt und wem gegenüber.[6] Als Leistungszweck kommt aber nicht jedes beliebige Motiv des Leistenden in Betracht, sondern nur ein solcher Zweck, dessen Fehlen eine Leistungskondiktion nach § 812 auslöst und dessen Erreichen diese Kondiktion ausschließt.[7] In Betracht kommen daher ausschließlich folgende Zwecke:[8]

---

1 Vgl. *Looschelders* SchuldR BT Rn. 1022; *Koppensteiner/Kramer* 10 ff.; Palandt/*Sprau* § 812 Rn. 3; *Wieling* BereicherungsR § 3 I 1.

2 Eine unbewusste Mehrung fremden Vermögens liegt etwa vor bei dem bekannten „Hausmeisterfall": Hausmeister *H* verwendet zur Heizung im Miethaus seines Arbeitgebers *A* aus Versehen Kohlen, die ihm *(H)* selbst gehören. *H* hat zwar das Vermögen des *A* vermehrt (Ersparnis), aber nicht bewusst, eine Leistung liegt nicht vor. *H* hat gegen *A* also keine Leistungskondiktion, sondern eine Kondiktion „in sonstiger Weise".

3 „Zuwendung" ist eine bewusste, aber nicht zweckgerichtete Vermögensmehrung, vgl. *Reeb* 22; *Koppensteiner/Kramer* 24 f.; *Wieling* BereicherungsR § 3 I 1b bb.

4 Vgl. *Reeb* 15 ff. Beispiel: *A* verkauft eine Sache an *B*, *B* verkauft sie weiter an *C*. *B* bittet den *A*, die Sache direkt an *C* zu übereignen, was geschieht. Hier verfolgt *A* gegenüber *C* keinerlei Leistungszweck, vielmehr will *A* mit der Zuwendung an *C* an *B* leisten; Leistungszweck ist die Tilgung der Schuld des *A* aus § 433 I gegenüber *B*. Gleichzeitig liegt in der Zuwendung des *A* an *C*, die auf Weisung des *B* erfolgte, eine Leistung des *B* an *C*: *B* wollte dem *C* gegenüber seine Schuld aus § 433 I tilgen. Wären z. B. beide Kaufverträge nichtig, etwa wegen Geschäftsunfähigkeit des *B*, so könnte *A* nur von *B* kondizieren, nicht von *C*, weil er nur an *B* geleistet hat, nicht an *C*.

5 Die Zwecksetzung geschieht nicht etwa durch eine Vereinbarung zwischen Leistendem und Leistungsempfänger, wie eine irrige Meinung annimmt. Das ergibt sich zur Genüge aus § 366 I: Der Erfüllende (= Leistende) bestimmt einseitig den Zweck, dem die Leistung dienen soll. Vgl. dazu *Wieling* BereicherungsR § 3 I 3a; *dens.* JZ 1977, 291; *dens.* JuS 1978, 801 (801 Fn. 5); *Reuter/Martinek* § 4 II 3b; *Looschelders* SchuldR BT Rn. 1024.

6 Die Zweckbestimmung erfolgt oft konkludent, wenn ohnehin klar ist, welchem Zweck die Leistung dienen soll.

7 Irgendwelche anderen Absichten sind bei der Leistung ohne Bedeutung, so etwa, dass in unserem Beispiel (Fn. 4) *A* an *C* übereignen will. Das Erreichen oder Nichterreichen dieses Zweckes ist i. S. d. § 812 irrelevant.

8 Vgl. *Wieling* BereicherungsR § 3 I 2. Es ist zu beachten, dass es sich dabei nicht um wirtschaftliche, sondern um rechtliche Zwecke handelt. Die *datio solvendi causa* kann also bei

(1) *datio solvendi causa,* Leistung, um eine bestehende Schuld zu tilgen. Hierher gehören auch die Fälle, in denen eine Schuld beim Entstehen sofort erfüllt wird, wie etwa beim Handkauf. Wird der Leistungszweck verfehlt, etwa weil die Verbindlichkeit nicht bestand, entsteht die *condictio indebiti* nach § 812 I 1 (1). Bestand die Schuld zwar ursprünglich, fällt sie aber später fort, etwa durch Vertragsaufhebung, so folgt daraus die *condictio ob causam finitam,* § 812 I 2 (1), ein Unterfall der *condictio indebiti.*

(2) *datio donandi causa,* bei der Handschenkung nach § 518 II. Es handelt sich dabei um einen Unterfall der *datio solvendi causa* mit der Besonderheit, dass hier die Verpflichtung, die getilgt werden soll, erst durch die Leistung selbst entsteht. Wird der Zweck verfehlt, d. h. entsteht kein wirksamer Schenkungsvertrag, etwa mangels Geschäftsfähigkeit einer Partei, so erwirbt der Leistende die *condictio indebiti.*

(3) *datio ob rem,* in den Fällen des § 812 I 2 (2). Es handelt sich dabei um das Erbringen einer nicht geschuldeten Leistung in Erwartung eines künftigen Ereignisses; tritt das erwartete Ereignis nicht ein, kann die erbrachte Leistung kondiziert werden. Das erwartete Ereignis besteht häufig in einer freiwilligen Gegenleistung des Empfängers.

(4) *datio obligandi causa,* ein Unterfall der *datio ob rem.* Der Leistende erbringt die Leistung, um eine Forderung gegen den Leistungsempfänger zu erwerben. Es handelt sich um die Fälle der Geschäftsführung ohne Auftrag, bei welchen der Geschäftsführer Leistungen an den Geschäftsherrn erbringt, um einen Ersatzanspruch nach § 683 zu erwerben. Man spricht deshalb auch von einer *datio negotii gerendi causa,* einer Leistung, um als berechtigter Geschäftsführer damit ein fremdes Geschäft zu führen. Wird dieser Zweck nicht erreicht, so greift die *condictio ob rem* gemäß §§ 684, 812 I 2 (2) ein.

Im Grunde gibt es also nur zwei relevante Leistungszwecke, die *datio solvendi causa* und die *datio ob rem,* andere Zwecke werden in § 812 nicht berücksichtigt und können keine Leistungskondiktion auslösen.

In unserem Fall hat *F* an *E* gezahlt, um die Schuld des *K* zu tilgen, also *solvendi causa.* Ob darin eine Leistung des *F* an *E* gesehen werden kann, ist sehr umstritten. Die h. M. bejaht das,[9] indem sie die Absicht des *F,* die Schuld des *K* zu tilgen, als einen Leistungszweck zwischen *F* und *E* anerkennt. Das ist jedoch nicht haltbar, *F* verfolgt keinen eigenen Leistungszweck gegenüber *E.* Zwar verfolgt *F* den Zweck, eine Schuld zu tilgen, aber es ist nicht seine Schuld, sondern die des *K,* welche *F* tilgen will. *F* will also für *K* an *E* leisten, gemäß § 267 liegt eine Leistung *K–E* vor, nicht aber eine Leistung des *F* an *E.* Eine Leistungskondiktion des *F* gegen *E* scheidet aus.

---

den verschiedensten wirtschaftlichen Zwecken gegeben sein, wenn etwa zur Erfüllung eines Kaufvertrags, eines Darlehensvertrags oder einer Verpflichtung aus § 823 I geleistet wird. Nichts anderes gilt auch bei der Bestellung von Sicherheiten, obwohl das gelegentlich behauptet wird. Der Besteller hat sich entweder vorher zur Bestellung der Sicherheit verpflichtet, oder er verpflichtet sich – eventuell konkludent – gleichzeitig mit der Bestellung.

9 Vgl. nur BGHZ 50, 227; 113, 69; *Brox/Walker* SchuldR BT § 40 Rn. 17; *Esser/Weyers* SchuldR BT II § 48 III 4b; *Koppensteiner/Kramer* 41 ff.; *Reuter/Martinek* II § 3 III 3 (125 f.); MüKoBGB/*Krüger* § 267 Rn. 22; *Harke* SchuldR BT Rn. 500; *Larenz/Canaris* SchuldR BT II § 70 V 3b; *Wilhelm* JuS 1973, 1 (6 f.); *Canaris* FS Larenz, 1973, 799 (847); *Pinger* AcP 179 (1979), 301 (326 f.); *Bulla* JuS 1983, 755 (758); *Giesen* Jura 1995, 169 (177) und die bei *Gursky* BereicherungsR, Problem 4 I und *Wieling* JuS 1978, 801 (803 Fn. 26) Genannten. *Jakobs* NJW 1992, 2524 erklärt sogar die Gegenmeinung für „tot"; er ist zu pessimistisch.

Nach dem modernen Leistungsbegriff, der in Dreiecksverhältnissen wie hier die Parteien der Leistung bestimmt, liegt also keine Leistung des *F* an *E* vor. Diese Regeln sind aufgestellt für den Normalfall des Dreiecksverhältnisses, bei dem der Zuwendende *(F)* vom Schuldner *(K)* angewiesen wird, an den Gläubiger *(E)* zu zahlen. Die h. M. behauptet, diese Regeln könnten hier nicht angewendet werden, da die Leistung ohne Anweisung des Schuldners, also nach § 267, einen Sonderfall darstelle,[10] für den der moderne Leistungsbegriff nicht passe. Da eine solche Möglichkeit nicht auszuschließen ist, muss noch geprüft werden, ob die Anwendung des modernen Leistungsbegriffs auch in den Dreiecksfällen nach § 267 zu den erstrebten Ergebnissen führt oder ob man hier – wie die h. M. behauptet – anders verfahren müsse.

Der zweckbestimmte Leistungsbegriff ist aufgestellt worden, um in den Dreiecksverhältnissen die Anwendung von drei Grundsätzen zu sichern,[11] über deren Richtigkeit und Notwendigkeit kein Streit besteht:

(1) Es soll im Dreiecksverhältnis die richtige Verteilung des Insolvenzrisikos gewährleistet werden.

(2) Es sollen jedem am Leistungsverhältnis Beteiligten die Einreden gegen seinen Partner erhalten bleiben.

(3) Jeder am Leistungsverhältnis Beteiligte soll vor Einwendungen aus dem Leistungsverhältnis, an dem er selbst nicht beteiligt ist, geschützt werden.[12]

Diese Grundsätze haben dazu geführt, dass man in Dreiecksverhältnissen die Kondiktion grundsätzlich nur noch in den Leistungsverhältnissen zulässt[13] und einen Durchgriff ausschließt. Zur Wahrung dieses Prinzips ist der moderne Leistungsbegriff geschaffen worden. Er ist bei allen Dreiecksverhältnissen anzuwenden, gleich wie diese im Einzelnen gestaltet sind. Unsere Aufgabe besteht darin zu prüfen, ob der moderne Leistungsbegriff auch im Fall des § 267 die genannten Prinzipien gewährleisten kann.

---

[10] Vgl. insbesondere *Canaris* FS Larenz, 1973, 799 (847 f.), der von einer Verabsolutierung der Konstruktion gegenüber der Wertung spricht, und *Wilhelm* JuS 1973, 1 (6), der die Anwendung des modernen Leistungsbegriffs auf § 267 gar einen „Irrweg rein doktrinärer Anwendung des herrschenden Leistungsbegriffs" nennt. Ob das zutrifft, ist nach den Ergebnissen zu entscheiden.

[11] Vgl. dazu *Medicus/Petersen* BürgerlR Rn. 667; *Canaris* FS Larenz, 1973, 799 (802 f.).

[12] Prüfen wir diese Grundsätze kurz an unserem obigen Beispiel (Fn. 4): *B* wird insolvent. Hier könnte *A* auf den Gedanken kommen, gegen *C* vorzugehen, um so Nachteile für sich zu vermeiden. Nehmen wir etwa an, *A* habe den Kaufpreis von *B* noch nicht erhalten, also an *B* vorgeleistet, während *C* sich dadurch sicherte, dass er erst nach Empfang der Sache an *B* zahlte. Könnte *A* gegen *C* vorgehen, so würde *C* seine Sicherheit verlieren und auf die Insolvenzforderung gegen *B* angewiesen sein, obwohl er sich abgesichert hatte. Dagegen würde der unvorsichtige *A* voll befriedigt werden. *A* darf aber das Risiko, dass er bei der Wahl seines Partners *(B)* und bei der Vorleistung eingegangen ist, nicht auf *C* abwälzen. *A* kann daher nur gegen *B* vorgehen, er hat eine Insolvenzforderung. Nur so wird der erste Grundsatz gewahrt. Würde man dagegen dem *A* eine Kondiktion gegen *C* geben, so wäre *C* dadurch auch ohne die Insolvenz des *B* unbillig belastet. *C* würde seine Sicherheit für seine Gegenforderung gegen *B* verlieren, sein Anspruch gegen *B* wäre also gefährdet. Das wäre ein Verstoß gegen den Grundsatz 2. – *C* wird insolvent. Das darf dem *A* nicht schaden, selbst wenn er an *B* vorgeleistet hatte, da sein Partner, den er sich ausgesucht hat *(B)*, solvent ist. *B* haftet also dem *A* aus §§ 812, 818 II und kann *A* nicht an *C* verweisen.

[13] Grundsätzlich! Ein Durchgriff kommt entsprechend § 822 immer dann in Betracht, wenn feststeht, dass dadurch die Interessen keines Beteiligten beeinträchtigt werden können, vgl. *Wieling* BereicherungsR § 6 V 1.

Würde *F* im Falle einer Insolvenz des *K* gegen *E* vorgehen und Rückzahlung verlangen können, so würde dem *E* nur eine Insolvenzforderung gegen *K* bleiben. *E* würde also den Pkw und den Kaufpreis zugleich verlieren, obwohl er vorsichtig war und nur Zug um Zug gegen Zahlung geleistet hat. Eine Kondiktion des *F* gegen *E* würde also einen offensichtlichen Verstoß gegen den ersten und zweiten Grundsatz darstellen, sie würde zu einem unbilligen Ergebnis führen, das man mit dem modernen Leistungsbegriff gerade vermeiden will. Die h. M., welche die genannten Grundsätze generell anerkennt, will diese also im Fall des § 267 verletzen, wozu sich kein vernünftiger Grund finden lässt.[14] Es müssen also auch in diesem Fall die allgemeinen Regeln für die Dreiecksverhältnisse angewendet werden und die Leistungsparteien nach dem zweckgerichteten Leistungsbegriff bestimmt werden,[15] alles andere führt zu untragbaren Ergebnissen. Es wäre auch nicht unbillig, wenn *F* im Insolvenzverfahren des *K* einen Schaden erlitte. Denn *F* hat ohne Auftrag des *K* an *E* gezahlt, es ist sein Risiko, wenn er dadurch von seiner Verbindlichkeit gegenüber *K* nicht frei wird.

Ergebnis: Da *F* nicht an *E* geleistet hat, steht ihm keine Leistungskondiktion gegen *E* zu.

2. § 812 I 1 (2), Nichtleistungskondiktion des F gegen E

F könnte eine Kondiktion in sonstiger Weise gegen *E* haben, aber gemäß dem Subsidiaritätsprinzip nur, wenn *E* die 15.000 € nicht durch eine Leistung erlangt hat.[16] *E* hat das Geld nicht durch eine Leistung des *F* erlangt, er könnte es aber durch eine Leistung des *K* erlangt haben. *K* hat dem *E* das Geld weder selbst ausgezahlt noch den *F* zu einer Zahlung angewiesen. Daraus schließt die h. M., dass eine Leistung des *K* an *E* nicht vorliege. Das verkennt jedoch die Bedeutung des § 267. Danach kann jeder Dritte mit Wirkung für den Schuldner an den Gläubiger zahlen. Darin liegt auch die Berechtigung für den Dritten, den Zweck der Leistung mit Wirkung für den Schuldner zu bestimmen.[17] Auch hier war *F* aus § 267 berechtigt, die Zweckbestimmung mit Wirkung für *K* vorzunehmen. Da er das auch getan hat, indem er die Zahlung als Leistung auf die Schuld des *K* bestimmte, stellt die Zahlung des *F* an *E* gemäß § 267 eine Leistung des *K* an *E* dar. *E* hat somit die

---

[14] Vgl. auch *Wieling* BereicherungsR § 7 I. Die Behauptung, die h. M. führe allein zu billigen Ergebnissen, die Anwendung des modernen Leistungsbegriffs dagegen zu interessenwidrigen Entscheidungen (vgl. oben Fn. 10), stellt sich somit als offenbar falsch heraus. Auch das Argument von *Medicus/Petersen* BürgerlR Rn. 685: „Wie gewonnen, so zerronnen" dürfte den *E* wohl kaum über den ersatzlosen Verlust des Pkw hinwegtrösten, ebenso wenig das oft zu hörende Argument, der Schuldner *(K)* habe die Zahlung nicht veranlasst, er dürfe also nicht haften. Dieser Gesichtspunkt hat den Gesetzgeber nicht gehindert, den Geschäftsherrn, der nichts veranlasst hat, aus §§ 683 f. haften zu lassen. Das Bereicherungsrecht könnte erheblich vereinfacht und von überflüssigem Ballast befreit werden, wenn man bei zweifelhaften Entscheidungen auf die grundlegenden Prinzipien (vgl. oben bei Fn. 11) zurückgriffe und der Fantasie nur in deren Rahmen Spielraum gewährte.

[15] In diesem Sinne auch die zwar nicht herrschende, aber richtige Ansicht von *Esser* SchuldR AT, 4. Aufl. 1970, § 102 I 2a; *Reeb* 27 ff.; *Schmidt* JZ 1971, 601 (606 f.); *Köndgen* FS Esser, 1975, 55 (67); Palandt/*Sprau* § 812 Rn. 63 ff., und die bei *Gursky* BereicherungsR, Problem 4 II Genannten. Nicht einzusehen ist aber, warum nach *Esser* und *Reeb* bei einer Leistung nach § 268 etwas anderes gelten soll. Die Interessenlage ist nicht anders als bei § 267; so auch *Kunisch,* Die Voraussetzungen für Bereicherungsansprüche in Dreiecksverhältnissen, 1968, 65.

[16] Vgl. dazu unten Fall 16 I 3a.

[17] Wenn etwa *S* dem *G* 1.000 € aus Kauf und 1.000 € aus Darlehen schuldet, so kann gemäß § 267 ein Dritter für *S* an *G* zahlen und dabei bestimmen, welche Schuld getilgt werden soll.

15.000 € durch eine Leistung erlangt, nach dem Subsidiaritätsprinzip kommt eine Kondiktion „in sonstiger Weise" des *F* gegen *E* nicht in Betracht.[18]

Ergebnis: F hat keinen Anspruch gegen *E.*

II. Anspruch des E gegen K aus §§ 812 I 1 (1), 818 II (Leistungskondiktion)[19]

K hat von *E* den Pkw erlangt, und zwar nur den Besitz, da die Übereignung nach §§ 1903, 108 I, 109 I unwirksam war. *E* hat dem *K* den Besitz am Pkw übertragen, um damit seine Schuld aus dem Kaufvertrag zu tilgen. Darin könnte eine Leistung an *K* liegen. Es erscheint jedoch fraglich, ob *E* eine Zweckbestimmung i. S. d. § 812 wirksam vornehmen konnte. Der Betreute ist grundsätzlich weiter geschäftsfähig, eine Ausnahme gilt aber dann, wenn wie hier ein Einwilligungsvorbehalt nach § 1903 angeordnet ist. In diesem Fall steht der Betreute einem beschränkt Geschäftsfähigen gleich, ohne Genehmigung des Betreuers kann er keine ihm rechtlich nachteilige Willenserklärung abgeben, § 108. Die Zweckbestimmung ist eine einseitige, empfangsbedürftige Willenserklärung, die dem Erklärenden jedoch keinen Nachteil bringt. Sie verschafft ihm vielmehr bei Zweckverfehlung eine Leistungskondiktion, ohne wirksame Zweckbestimmung käme dagegen nur eine Nichtleistungskondiktion in Betracht.[20] Da § 1903 den Betreuten schützen soll, die Zweckbestimmung für ihn aber keinen Nachteil mit sich bringt, ist die durch *E* vorgenommene Zweckbestimmung wirksam.[21] *E* hat also i. S. v. § 812 den Besitz am Pkw an *K* geleistet.

Da *K* den Pkw nicht mehr herausgeben kann, muss er Wertersatz gemäß § 818 II leisten. Er könnte aber gemäß § 818 III entreichert sein. Da es sich zwischen *E* und *K* um einen (unwirksamen) gegenseitigen Vertrag handelt, sind die Regeln der Saldotheorie anzuwenden.[22] Die Saldotheorie geht von dem zutreffenden Gedanken aus, dass auch bei unwirksamen gegenseitigen Verträgen die gegenseitige Abhängigkeit der Leistungen (das *„do ut des"*) erhalten bleiben muss. Es darf nicht eine Partei ihre Leistung zurückfordern, sich selbst aber gegenüber dem Anspruch der anderen auf § 818 III berufen. Die vom Reichsgericht entwickelte Saldotheorie versucht, dieses Ziel durch eine Saldierung von Leistung und Gegenleistung zu erreichen: Der Bereicherungsschuldner kann sich gemäß § 818 III darauf berufen, in Höhe der selbst erbrachten Leistung entreichert zu sein.

Diese ursprüngliche, aber veraltete Konstruktion, die der Saldotheorie auch ihren Namen gegeben hat, leidet an erheblichen Mängeln. Einmal führt sie zu unangemessenen Ergebnissen, wenn die Leistung, die ein nicht voll Geschäftsfähiger erlangt hat, bei diesem untergeht.[23] Hier ist die Saldotheorie unbrauchbar, so dass man eine

---

[18] Ein Durchgriff *F* gegen *E* kommt nur im Fall des § 822 in Betracht sowie in Fällen, in denen die Ähnlichkeit der Interessenlage eine analoge Anwendung ermöglicht, vgl. oben Fn. 13.

[19] Ein Anspruch aus § 990 kommt nicht in Betracht, da die Leistungskondiktion als Sonderrechtsverhältnis die §§ 985 ff. ausschließt, vgl. Fall 14 bei Fn. 3.

[20] Vgl. *Wieling* BereicherungsR § 3 I 3a cc, vgl. auch *Reeb* 17. Sollte ausnahmsweise die Zweckbestimmung einen rechtlichen Nachteil bringen, so ist Geschäftsfähigkeit zu fordern, vgl. *Wieling* BereicherungsR § 3 III 1c aa, § 3 III 3f.

[21] Nach anderer Ansicht ist die Zweckbestimmung keine Willenserklärung, könnte also auch durch einen Geschäftsunfähigen wirksam vorgenommen werden, vgl. etwa *Koppensteiner/Kramer* 14. Diese Ansicht käme hier zum gleichen Ergebnis, sie gerät jedoch in Schwierigkeiten, wenn die Zweckbestimmung dem Leistenden rechtliche Nachteile bringt. Eine weitere Ansicht fordert volle Geschäftsfähigkeit, vgl. *Fikentscher/Heinemann* Rn. 1430, 1502; BGH NJW 1990, 3194; NJW-RR 2010, 858 f.; danach läge hier keine Leistung vor.

[22] Vgl. *Wieling* BereicherungsR § 5 I 4c.

[23] So auch BGH NJW 1994, 2021 f.; *Looschelders* SchuldR BT Rn. 1134; *Wandt* Gesetzl. Schuldverhältnisse § 12 Rn. 37. Beispiel: Der 17-jährige *M* kauft von *V* einen Pkw und

andere Theorie bemühen muss, die Zweikondiktionentheorie, nach welcher sich die beiden Kondiktionen unverbunden gegenüberstehen.[24] Zudem hilft die Saldotheorie dann nicht weiter, wenn eine Partei vorgeleistet hat[25] oder wenn einer Partei zur Rückabwicklung ein Anspruch aus § 985 zusteht.[26] Daher kann die ursprüngliche Konstruktion der Saldotheorie in diesen Fällen das gesteckte Ziel nicht erreichen.[27]

Die Suche nach der richtigen Konstruktion hat von der Frage auszugehen, ob der Leistungsempfänger, bei dem die geleistete Sache untergegangen ist, sich auf Entreicherung berufen kann. Es setzt sich immer mehr die richtige Ansicht durch, dass § 818 III zu weit gefasst sei und nach seinem Zweck beschränkt werden müsse: Auf Entreicherung kann sich nur der berufen, der darauf vertrauen durfte, die Sache oder ihren Wert endgültig behalten zu dürfen.[28] Nur in einem solchen Fall kann der Bereicherte darauf vertrauen, dass der Verlust der Sache keinen darüber hinausgehenden Schaden im eigenen Vermögen verursachen wird. Wer dagegen weiß, dass er die Sache oder deren Wert wieder herausgeben muss – wie etwa der Darlehensnehmer im Fall eines nichtigen Darlehensvertrages –, der kann sich nicht auf Entreicherung berufen. Dem ist gleichzustellen derjenige, der für die Sache (Bereicherungsobjekt) eine Gegenleistung erbracht hat oder erbringen soll.[29] In einem solchen Fall weiß der Bereicherte, dass er in jedem Fall die Gegenleistung erbringen oder dem Gegner belassen muss, gleich was bei ihm mit der empfangenen Sache geschieht. Er hat seine Gegenleistung dafür eingesetzt, die Leistung des anderen zu bekommen, an diesen Entschluss ist er gebunden. Ist der Vertrag nichtig und kommt es zur Rück-

---

übergibt den Kaufpreis. *M* fährt den Pkw zu Schrott, aufgrund der Nichtigkeit des Kaufvertrages fordert er das Geld zurück. Eine Anwendung der Saldotheorie würde dazu führen, dass *V* wie bei einem gültigen Vertrag den Kaufpreis behalten würde, was dem Zweck des § 107 widersprechen würde.

24 Im vorliegenden Fall spielt die Zweikondiktionentheorie keine Rolle, obwohl *E* einem beschränkt Geschäftsfähigen gleichgestellt ist. Sie regelt den Fall, dass der nicht Geschäftsfähige seine empfangene Leistung verliert. Er kann dennoch die erbrachte Leistung kondizieren. Hier ist aber nicht die Leistung, die *E* empfangen hat, untergegangen, sondern der Pkw bei *K*.

25 Vgl. *Reeb* 124; *Looschelders* SchuldR BT Rn. 1133; *Wandt* Gesetzl. Schuldverhältnisse § 12 Rn. 36. Beispiel: *V* verkauft dem *K* einen Pkw und übergibt ihn. Der Preis soll in drei Monaten gezahlt werden. *K* fährt den Pkw zu Schrott, der Vertrag ist unwirksam. Die Saldotheorie kann hier nicht helfen, da es keine Leistung zu saldieren gibt. *V* wäre schutzlos.

26 *V* verkauft und übergibt dem *K* den Pkw, er erhält den Kaufpreis, *V* verliert das Geld auf dem Weg zur Bank. Kauf und Übereignung sind nichtig. *V* hat gegen *K* einen Anspruch aus § 985, demgegenüber es nichts zu saldieren gibt. *K* ist schutzlos.

27 Vgl. *Koppensteiner/Kramer* 136 ff.; *Reuter/Martinek* II § 8 II 3c (382 ff.); MüKoBGB/*Schwab* § 818 Rn. 257; *H. Honsell* MDR 1970, 717 (718 f.); *Th. Honsell* JZ 1980, 802; *Finkenauer* JuS 1998, 986 (987 f.); *Wieling* AcP 169 (1969), 152 m. w. N. Dagegen wendet die Rechtsprechung noch die Saldotheorie in ihrer veralteten Form an, vgl. etwa BGH NJW 2001, 1863, und beim Problem der Vorleistung BGH ZIP 1994, 954. Der BGH (NJW 1995, 454 ff.) nimmt die „Gesamtabrechnung" nach der Saldotheorie freilich zu wörtlich und verrechnet nicht nur Leistung und Gegenleistung, sondern auch noch weitere Rechnungsposten, wodurch er zu überraschenden Ergebnissen kommt; kritisch dazu zu Recht *Finkenauer* JuS 1998, 986. – In unserem Fall würde die Saldotheorie in der alten Form zu dem Ergebnis führen, dass nach Saldierung zwar für *E* ein Anspruch über 5.000 € bestehen bliebe, der jedoch wegen des Untergangs des Pkw bei *K* nach § 818 III entfiele. *E* könnte nichts von *K* verlangen.

28 Vgl. die oben in Fall 14 Fn. 14 Genannten.

29 Vgl. *Enneccerus/Lehmann* § 227 III 7; *Flume* FS Niedermeyer, 1953, 103 (165 ff.); *dens.* AcP 194 (1994), 427 (443 f.); *Canaris* FS Larenz, 1973, 799 (816 f.); *Reeb* JuS 1974, 517 f.

abwicklung, so kann keine der Parteien sich auf Entreicherung berufen, sie wussten von vornherein, dass sie das Empfangene nur durch ein Vermögensopfer, die Gegenleistung, erkauft hatten. Sie konnten nie damit rechnen, bei einem eventuellen Verlust der Sache nur diese selbst einzubüßen: Sie wussten, dass auch ihre Gegenleistung verloren wäre.[30]

In unserem Fall hat *K* von *E* zwar nur den Besitz und nicht das Eigentum am Pkw erlangt, er hatte sich jedoch dafür entschieden, für die Möglichkeit der dauernden Nutzung des Wagens 15.000 € zu zahlen. *K* wusste auch, dass er den gekauften Pkw auf eigenes Risiko fuhr, dass er im Fall einer Zerstörung des Wagens die 15.000 € endgültig verloren hatte.[31] Nachdem sich die Nichtigkeit des Kaufvertrages herausgestellt hat, kann *K* sich daher nicht auf Entreicherung berufen. *E* hat also gegen *K* einen Anspruch aus §§ 812, 818 II auf Wertersatz für den Pkw in Höhe von 20.000 €.[32]

III. Anspruch des K gegen E aus § 812 I 1 (1) (Leistungskondiktion)

E hat von *K* 15.000 € erlangt, und zwar durch eine Leistung des *K: K* wollte seine Verpflichtung aus dem Kaufvertrag erfüllen. Zwar hat *F* das Geld an *E* gezahlt, doch ist dies dem *K* gemäß § 267 als Leistung zuzurechnen (vgl. oben I 2). Da der Rechtsgrund für die Leistung des *K* fehlt – der Zweck, Tilgung der Schuld aus Kauf, wurde nicht erreicht –, kann *K* 15.000 € von *E* verlangen. *E* hat somit einen Anspruch gegen *K* auf 20.000 €, *K* einen Gegenanspruch von 15.000 €. *E* oder *K* kann somit aufrechnen, auch nach Eröffnung des Insolvenzverfahrens des *K*. Danach bleibt dem *E* eine Insolvenzforderung in Höhe von 5.000 €.

IV. Anspruch des K gegen F auf Zahlung von 15.000 € aus Darlehen, § 488 I 2

Der Anspruch bestand, er könnte durch die Zahlung des *F* an *E* erloschen sein. Doch hat *F* weder an den Gläubiger noch an eine nach § 362 II gleichgestellte Person gezahlt, da *K* den *F* nicht gemäß § 185 I zur Zahlung an *E* ermächtigt hatte. Der Anspruch besteht weiter.

Der Forderung des *K* gegen *F* könnte ein aufrechenbarer Gegenanspruch des *F* entgegenstehen. Indem *F* an *E* zahlte, wollte er an *K* eine Leistung erbringen: Er

---

[30] Daraus folgt für den Fall der Vorleistung (oben Fn. 25), dass *K* dem *V* nach §§ 812, 818 II den Wert des Pkw ersetzen muss, und zwar in der Höhe des vereinbarten Preises. Auf § 818 III kann *K* sich nicht berufen. Für den Fall, dass einer Partei ein Anspruch aus § 985 zusteht (Fn. 26), gilt, dass (in unserem Fall) *K* dem Anspruch des *V* aus § 985 seinen Bereicherungsanspruch gemäß § 273 entgegenhalten kann. *V* kann sich nicht auf Entreicherung berufen. Besser ist es freilich, den Anspruch aus § 985 hier überhaupt zu verneinen, weil die Vindikation durch die speziellere Leistungskondiktion verdrängt wird, vgl. oben Fall 14 bei Fn. 3. Ist dagegen der, bei dem die Leistung untergegangen ist, nicht geschäftsfähig (vgl. das Beispiel oben Fn. 23), so ist diesem sein Entschluss, seine Gegenleistung für das Erlangen der Leistung einzusetzen, nicht zuzurechnen. *M* kann sich also auf Entreicherung berufen, während *V* nach § 812 haftet. Damit kommt man zum gleichen Ergebnis wie die Zweikondiktionentheorie, man muss jedoch für diesen Fall keine eigene Theorie aufstellen, sondern kann bei der einheitlichen Auslegung des § 818 III bleiben wie in anderen Fällen auch.

[31] Zum Wert des Besitzes allgemein und speziell in der Saldotheorie vgl. *Wieling* BereicherungsR § 5 I 3b und 4c aa.

[32] Wäre *E* voll geschäftsfähig, so müsste er sich an seinem Entschluss festhalten lassen, auf den Pkw für 15.000 € zu verzichten. Er könnte nur 15.000 € kondizieren. Als Betreuter, der einem beschränkt Geschäftsfähigen gleichzusetzen ist, ist er dagegen an seinen Entschluss nicht gebunden und kann den vollen Wert des Pkw verlangen.

wollte gegen *K* durch Geschäftsführung ohne Auftrag einen Anspruch aus § 683 gewinnen (*datio obligandi causa,* vgl. oben I 1). Ein solcher Anspruch würde aber voraussetzen, dass eine Geschäftsführung ohne Auftrag zwischen *F* und *K* zustande gekommen ist. Die Voraussetzungen des § 683 liegen jedoch nicht vor, da die Zahlung des *F* an *E* nicht im objektiven Interesse des *K* lag: *K* schuldete dem *E* nichts. Ein Anspruch aus §§ 683, 670 kommt also nicht in Betracht.[33]

Da *F* den Zweck seiner Leistung nicht erreicht hat, steht ihm die Leistungskondiktion gemäß §§ 684, 812 gegen *K* zu. Was hat *K* durch die Leistung des *F* erlangt? Da *F* nach § 267 für *K* an *E* geleistet hat und für diese Leistung kein Rechtsgrund im Verhältnis *E–K* bestand, hat *K* durch die Leistung des *F* die Kondiktion gegen *E* erlangt (vgl. oben III). Mit der Abtretung dieser Forderung gegen *E* an *F* wäre dem *F* aber nicht gedient, denn *E* könnte mit seiner Gegenforderung gegen *K* auch dem *F* gegenüber aufrechnen (§ 406), so dass *F* im Ergebnis durch die Abtretung der Forderung nichts erlangt hätte. Der Wert der Forderung gegen *E,* die *K* durch die Leistung des *F* erlangt hat, besteht für *K* darin, dass *K* sich gegen den Anspruch des *E* in Höhe von 15.000 € durch Aufrechnung befreien kann. Die Forderung ist für *K* also 15.000 € wert, diesen Wert muss *K* dem *F* gemäß § 818 II ersetzen.

K hat somit einen Darlehensanspruch in Höhe von 15.000 € gegen *F, F* hat einen Bereicherungsanspruch in Höhe von 15.000 € gegen *K.* Die Ansprüche stehen sich aufrechenbar gegenüber, die Aufrechnung ist auch noch nach Eröffnung des Insolvenzverfahrens über das Vermögen des *K* möglich. Denn bereits vor der Eröffnung des Insolvenzverfahrens standen sich die Forderungen aufrechenbar gegenüber.

Ergebnis: F kann nicht gegen *E* vorgehen. *E* hat eine Forderung in Höhe von 20.000 € gegen *K, K* hat eine Forderung in Höhe von 15.000 € gegen *E. E* oder *I* können aufrechnen, wonach dem *E* eine Insolvenzforderung von 5.000 € verbleibt. *K* hat einen Darlehensanspruch von 15.000 € gegen *F, F* hat einen Bereicherungsanspruch von 15.000 € gegen *K. F* oder *I* können aufrechnen.

[33] Die h. M., die interessenwidrig einen Anspruch des *F* gegen *E* bejaht (oben Fn. 9), will einen Anspruch des *F* gegen *K* nicht zulassen mit der Begründung: *K* habe den *F* nicht zur Zahlung an *E* angewiesen, also dürfe ihm daraus auch keine Haftung gegenüber *F* entstehen. Das ist angesichts der Regelung der §§ 683, 684 offensichtlich unrichtig. Nach diesen Vorschriften kann man sich eine Haftung auch ohne eigenes Zutun zuziehen.

Fall 16. Missverständnisse beim Hausbau

Subsidiarität der Eingriffskondiktion – die actio de in rem verso – Ausnahme von der Subsidiaritätsregel

Sachverhalt

E will auf seinem Grundstück ein Haus bauen. Er bestellt bei dem Baustoffhändler *H* für 5.000 € Steine. Die Steine sollen am 2.5. geliefert und bezahlt werden. Am 30.4. ruft *E* bei *H* an und sagt, der Bau sei noch nicht weit genug fortgeschritten, er könne die Steine zurzeit weder gebrauchen noch lagern. *H* besteht auf sofortiger Bezahlung. *E* und *H* einigen sich schließlich, dass *E* sofort die 5.000 € zahlt, dass *H* die Steine kostenlos bei sich lagert und *E* Eigentümer der Steine wird. *H* lässt die Steine, die er bereits für *E* bereitgestellt hatte, gesondert auf seinem Gelände stapeln.

A, der auch ein Haus baut, bestellt ebenfalls bei *H* für 5.000 € Steine und zahlt sofort den Kaufpreis. Die Steine sollen am 15.6. geliefert werden. *H*, der in finanzielle Schwierigkeiten geraten ist und weder Steine auf Lager hat noch welche besorgen kann, liefert die für *E* bestimmten Steine schon am 1.6. bei *A* an und setzt sich dann ins Ausland ab. *A*, dem der Maurerpolier von der Lieferung berichtet, glaubt, es handele sich um eine Lieferung des *X*, bei dem *A* zum 1.6. eine gleiche Menge von Steinen bestellt hatte. *A* hätte jedoch aus den mitgelieferten Papieren erkennen können, dass die Lieferung von *H* stammte, was er leicht fahrlässig übersah. *A* ruft sofort bei *X* an, dankt für die prompte Lieferung und fragt nach der Rechnung. Der Angestellte des *X*, der den Anruf entgegennimmt, glaubt, *X* habe tatsächlich geliefert. Er sagt, die Rechnung werde dem *A* in den nächsten Tagen zugehen. Die Steine werden in das Haus des *A* eingebaut.

Als *E* von dem Verschwinden des *H* und der Steine erfährt, möchte er wissen, welche Ansprüche er gegen *A* hat.

Abwandlung:

Würde es etwas ausmachen, wenn *A* hätte erkennen müssen, dass ihm die dem *E* gehörenden Steine geliefert wurden, *A* dies aber aus grober Fahrlässigkeit dennoch nicht bemerkt hat?

Lösung

I. Ausgangsfall
1. Anspruch des E gegen A auf Herausgabe der Steine, § 985
2. Anspruch auf Wertersatz, §§ 990, 989
3. Anspruch auf Wertersatz, §§ 951 I, 812 I 1 (2)

II. Abwandlung
1. Anspruch des E gegen A auf Herausgabe der Steine, § 985
2. Anspruch auf Wertersatz, §§ 990, 989
3. Anspruch auf Wertersatz, §§ 951 I, 812 I 1

I. Ausgangsfall

1. Anspruch des E gegen A auf Herausgabe der Steine, § 985

E war Eigentümer der Steine. Er hatte sich mit dem Eigentümer *H* gemäß § 929 darüber geeinigt, dass er das Eigentum erwerben solle. Die Übergabe wurde gemäß § 930 dadurch ersetzt, dass die Parteien ein Besitzmittlungsverhältnis vereinbarten, § 868: *H* sollte die Steine für *E* verwahren, § 688. *E* könnte sein Eigentum infolge einer Übereignung durch *H* an *A* verloren haben, §§ 929, 932. *H* wollte die Steine an *A* übereignen, *A* hätte das erkennen können. Es liegt also objektiv ein Übereignungsangebot des *H* vor. *A* wollte jedoch ein Angebot des *X* annehmen. Auch objektiv stellt sein Verhalten eine Annahme gegenüber *X* dar, wie das Telefongespräch mit dem Büro des *X* zeigt. *H* und *A* haben sich somit nicht gemäß § 929 geeinigt, *A* hat kein Eigentum von *H* erworben, *E* ist Eigentümer geblieben.

A hat jedoch Eigentum an den Steinen durch Einbau erworben, § 946; die Steine sind wesentliche Bestandteile des Hauses geworden, § 94 II. *E* ist somit nicht mehr Eigentümer der Steine, ein Anspruch aus § 985 steht ihm nicht zu.

2. Anspruch auf Wertersatz, §§ 990, 989

Vor dem Einbau der Steine bestand eine Vindikationslage, § 985, da *E* Eigentümer der Steine war und *A* Besitzer ohne Besitzrecht. *A* war jedoch gutgläubig, da er an ein Besitzrecht glaubte: Er hielt sich ohne grobe Fahrlässigkeit für den Eigentümer. Der Anspruch entfällt.

3. Anspruch auf Wertersatz, §§ 951 I, 812 I 1 (2)

E hat durch das Einbauen gemäß § 946 sein Eigentum an den Steinen verloren, also einen Rechtsverlust erlitten. Er kann somit Ersatz nach Bereicherungsrecht verlangen, § 951 I. Diese Vorschrift enthält nach heute unstrittiger Meinung nicht nur eine Rechtsfolgenverweisung, sondern eine Rechtsgrundverweisung.[1] Das bedeutet, dass alle Voraussetzungen des § 812 I 1 (2) vorliegen müssen. § 951 I stellt klar, dass die Art der Bereicherung („auf sonstige Weise") hier in dem Einbau gemäß § 946 liegt und dass der Eigentumserwerb des *A*, obgleich er vom Gesetz in § 946 angeordnet ist, dennoch rechtsgrundlos i. S. d. § 812 I 1 (2) erfolgt ist. Es sind also die Voraussetzungen des § 812 I 1 (2) zu prüfen: *A* hat das Eigentum an den Steinen erlangt, und zwar auf sonstige Weise, nicht durch Leistung des *E:* durch Einbau, § 946; der Erwerb des *A* geht auf Kosten des *E,* da *E* das Eigentum verloren hat; der Erwerb ist ohne Rechtsgrund erfolgt, wie § 951 I klarstellt. Der Tatbestand des § 812 I 1 (2) ist somit erfüllt.

---

[1] Vgl. z. B. *Wieling* SachenR I § 11 II 5a; Palandt/*Herrler* § 951 Rn. 2; Jauernig/*Berger* § 951 Rn. 1; *Baur/Stürner* § 53 Rn. 24; *Prütting* SachenR Rn. 467; *Reeb* 45. Der Grund für diese Annahme liegt in folgendem: Die Rechtswissenschaft hat für die Anwendung der Eingriffskondiktion gewisse Regeln aufgestellt, insbesondere die Regel von der Subsidiarität der Eingriffskondiktion gegenüber einer Leistung (Fall 16 I 3a). Da auch § 951 I Fälle der Eingriffskondiktion regelt, müssen diese Regeln auch hier angewendet werden. Es wäre nicht angebracht, die Fälle der Eingriffskondiktion aus § 812 und aus § 951 I verschieden zu behandeln. Man muss also für die Anwendung des § 951 I die gleichen Voraussetzungen aufstellen wie für die Eingriffskondiktion aus § 812 I 1. Um das zu erreichen, bestimmt man, dass auch für die Fälle des § 951 I alle Voraussetzungen gegeben sein müssen, die für die Eingriffskondiktion nach § 812 verlangt werden. Aus diesem Grund betrachtet man § 951 I als Rechtsgrundverweisung.

a) Nach h. M.[2] ist aber eine Eingriffskondiktion dann ausgeschlossen, wenn der Bereicherte das Bereicherungsobjekt durch eine Leistung erlangt hat. In Betracht kommt hier eine Leistung des *H* an *A*. Als Faustregel gilt: Wer etwas durch Leistung erlangt hat, kann nicht „in sonstiger Weise" bereichert sein (Subsidiaritätsregel). Diese Regel beruht nicht etwa darauf, dass es logisch unmöglich wäre, zugleich durch Leistung und „auf sonstige Weise" bereichert zu sein.[3] Es gibt keinen logischen Grund, der eine solche Möglichkeit ausschließen würde. Der Grund liegt vielmehr darin, dass von dritter Seite nicht in ein Leistungsverhältnis eingegriffen werden soll, damit auf diese Weise die Partner des Leistungsverhältnisses geschützt werden. Irgendwelche Mängel in den Beziehungen des einen Partners zu Dritten sollen im Leistungsverhältnis unbeachtlich sein. Kein Partner des Leistungsverhältnisses soll mehr Risiken tragen müssen, als er mit dem Leistungsverhältnis eingegangen ist.[4]

In unserem Fall hat *A* an *H* vorgeleistet, dieses Risiko hat sich aber nicht zum Schaden konkretisiert, da *H* später auch seine Leistung an *A* erbracht hat. Dagegen hat sich das Risiko, das *E* durch Überlassen der Steine an *H* eingegangen ist, zum Schaden konkretisiert: *H* hat die Steine unterschlagen und veräußert. Es erscheint gerecht, dass *E* den Schaden trägt. Fraglich kann nur sein, ob *A* das Eigentum an den Steinen durch eine Leistung des *H* erlangt hat. *H* hat dem *A* nur den Besitz über-

---

[2] Vgl. etwa BGHZ 40, 278; 56, 240; *Larenz* SchuldR BT, 12. Aufl. 1981, § 68 III pr. mit Lit.; *Reeb* 46; *Fikentscher/Heinemann* Rn. 1468, 1478; *Reuter/Martinek* II § 1 II 1b (25); Palandt/*Sprau* § 812 Rn. 7; Erman/*Buck-Heeb* § 812 Rn. 83 f.; *Brox/Walker* SchuldR BT § 42 Rn. 1 f.; *Wieling* BereicherungsR § 6 IV 2a. Eine verbreitete Ansicht erkennt in der Sache zwar die Subsidiaritätsregel an, will sie aber nicht als Grundsatz oder Prinzip gelten lassen, vielmehr „nach der Lage des Falles" entscheiden, indem sie statt der Regel die notwendigen Ausnahmen davon in den Vordergrund stellt, vgl. etwa *Koppensteiner/Kramer* 104 ff.; *Medicus* Gesetzl. Schuldverhältnisse, 161 f.; *Esser/Weyers* SchuldR BT II § 50 IV. Das ist nicht nur methodisch verfehlt, es verstellt auch den Blick auf die Wertungen, die hinter der Subsidiaritätsregel stehen. Dass statt der Subsidiaritätsregel die Anwendung der Grundgedanken der §§ 932 ff. ausreiche (so *Esser/Weyers* SchuldR BT II § 50 IV; *Thielmann* AcP 187 [1987], 23 ff.), trifft nicht zu, vgl. das Beispiel unten in Fn. 4. Zu weit geht der Vorschlag bei *Larenz/Canaris* SchuldR BT II § 70 III 2d, die Nichtleistungskondiktion im Dreiecksverhältnis durch die Annahme auszuschließen, jede fehlerfreie (?) Übereignung trage ihren Rechtsgrund in sich. Dadurch würde jeder Durchgriff in Dreiecksverhältnissen unmöglich.

[3] Irrig insoweit z. B. *Huber* JuS 1970, 342 (343).

[4] Bei der Subsidiaritätsregel geht es um die gleichen Probleme, die auch zum modernen zweckorientierten Leistungsbegriff geführt haben, vgl. oben Fall 15 bei Fn. 11: Es soll der Durchgriff ausgeschlossen werden. Und zwar wird der Durchgriff mit der Leistungskondiktion ausgeschlossen durch den modernen Leistungsbegriff, der Durchgriff mit der Eingriffskondiktion wird ausgeschlossen durch die Subsidiaritätsregel. Beispiel: *E* überlässt dem *V* eine Sache, damit *V* sie für ihn, aber im eigenen Namen (des *V*) veräußere. *V* veräußert sie an *K* und erhält den Kaufpreis, bevor er ihn an *E* abführt, wird *V* insolvent. *K* hat auf Kosten des *E* das Eigentum an der Sache erlangt, ein Rechtsgrund zwischen *E* und *K* für diesen Erwerb findet sich nicht. Insbesondere kann natürlich nicht der Vertrag des *K* mit *V* einen Rechtsgrund gegenüber *E* darstellen, wie dies früher bisweilen behauptet wurde. Aber *K* hat die Sache durch eine Leistung des *V* erlangt, er haftet dem *E* daher nach der Subsidiaritätsregel nicht mit der Eingriffskondiktion. Eine Leistungskondiktion des *E* gegen *K* schließt der zweckorientierte Leistungsbegriff aus. Eine andere Lösung würde den berechtigten Interessen des *K* widerstreiten. *K* hat sich auf keinerlei Risiko bezüglich seines Vertragspartners *V* eingelassen, er hat nur Zug um Zug an *V* gezahlt. Dagegen hat *E* das Risiko einer unsicheren Vorleistung an *V* auf sich genommen. Er musste damit rechnen, dass *V* insolvent wurde und dass er dann den Erlös verlieren würde. *E* ist dieses Risiko eingegangen, er muss es auch tragen. Es wäre nicht zu billigen, wollte er dieses Risiko auf *K* abwälzen. Daher ist gemäß der Subsidiaritätsregel eine Eingriffskondiktion des *E* gegen *K* ausgeschlossen.

tragen, nicht aber das Eigentum. Das Eigentum hat *A* später durch Einbau, § 946, erworben. Hat *H* also das Eigentum an den Steinen an *A* geleistet?

Eigentum wird nicht nur geleistet, wenn der Leistende nach § 929 das Eigentum auf den Empfänger überträgt, Eigentum wird auch dann geleistet, wenn der Leistende nur den Besitz überträgt und der Empfänger aufgrund des Besitzerwerbs Eigentümer wird, sei es unmittelbar durch gutgläubigen Erwerb, § 932, oder Ersitzung, § 937, sei es mittelbar durch weitere Erwerbshandlungen nach §§ 946–950. Dieser Grundsatz ergibt sich freilich nicht aus der Analyse der juristischen Konstruktion des Eigentumserwerbs; beim mittelbaren Erwerb nach den §§ 946 ff. könnte man mit einigem Recht zweifeln, ob wirklich das Eigentum geleistet sei. Unser Grundsatz ergibt sich vielmehr aus einer Interessenbewertung bei den verschiedenen Arten des Eigentumserwerbs: Mag der Erwerber das Eigentum nach § 929, nach § 932 oder nach den §§ 946 ff. erwerben, in allen Fällen ist es angebracht, eine Eingriffskondiktion eines Dritten gegen den Erwerber auszuschließen. Um daher in allen diesen Fällen die Subsidiaritätsregel anwenden zu können, muss die Entscheidung dahin getroffen werden, dass in allen den genannten Fällen das Eigentum durch eine Leistung erworben sei.[5]

A hat in unserem Fall das Eigentum von *H* nicht nach §§ 929, 932 erworben, sondern nach § 946; dennoch ist eine Leistung des *H* anzunehmen, der Erwerb nach § 946 ist dem Erwerb nach § 932 gleichzustellen.[6] Beide Fälle zu unterscheiden wäre auch deshalb völlig sinnlos, weil es meist vom Zufall abhängt, ob der Eigentumsübergang durch Übereignung stattfindet oder erst später durch Einbau. Es wäre also angebracht, gemäß unserer Subsidiaritätsregel keine Eingriffskondiktion des *E* nach § 951 I gegen *A* zuzulassen.

Fraglich ist aber, ob wir zu einem solchen Ausschluss der Eingriffskondiktion berechtigt sind, wenn die vom Gesetz bestimmten Voraussetzungen des Anspruchs aus §§ 951 I, 812 I 1 (2) vorliegen. Aus dem Gesetz ist der Ausschluss der Eingriffskondiktion in solchen Fällen scheinbar nicht zu entnehmen. In der Tat hat das Gesetz die Eingriffskondiktion in solchen Situationen nicht durch eine positive Bestimmung ausgeschlossen. Das Gesetz hat den Ausschluss aber dadurch angeordnet, dass es die gemeinrechtliche Versionsklage nicht übernommen, sondern bewusst abgeschafft hat.[7] Ihre Voraussetzungen waren zu unbestimmt, die Gefahr einer weiten, unkontrollierten Anwendung war zu groß.[8] Jeder soll sich vielmehr nur an

---

5 *Wieling* BereicherungsR § 6 IV 2c.

6 H.M., vgl. etwa *v. Caemmerer* FS Rabel I, 1954, 333 (351); *Huber* JuS 1970, 342 (346); *Canaris* FS Larenz, 1973, 855 f.; *Berg* AcP 160 (1961), 505 (520); *Koppensteiner/Kramer* 107; *Medicus* Gesetzl. Schuldverhältnisse, 163; *Reeb* 56; *Reuter/Martinek* § 4 II 1b.

7 Vgl. Motive bei *Mugdan* II, 487 f.; auch *Wieling*, Die Unsterblichkeit der Versionsklage und die heutige Rechtsanwendung, Festgabe Zivilrechtslehrer 1934–1935, 1999, 683 ff. Die Versionsklage wurde gegeben, wenn jemand irgendwie aus dem Vermögen eines anderen bereichert war, vgl. etwa die Entscheidung RGZ 1 (1880), 159: Der Ehemann der Beklagten hatte vom Kläger Dünger gekauft und auf den Feldern der Beklagten verwendet. Der Ehemann starb, der Nachlass war insolvent. Das RG verurteilte die Beklagte aufgrund der *actio de in rem verso* (Versionsklage) zur Zahlung des Wertersatzes. Nach heutiger Rechtsauffassung wäre die Klage daran gescheitert, dass die Beklagte den Dünger durch eine Leistung des Mannes erhielt. Damals musste die Frau zahlen, obwohl der Kläger mit der Vorleistung das Risiko der Gegenleistung des Ehemannes übernommen hatte. Wenn allerdings der Mann den Dünger der Frau unentgeltlich überlassen hatte, würde auch nach heutigem Recht die Frau haften, § 822. Diese Vorschrift ist das letzte Überbleibsel der Versionsklage.

8 Ein Beispiel dafür sei die Entscheidung der Juristenfakultät Helmstedt von 1717 (bei *Leyser*, Meditationes ad pandectas, Leipzig 1723, vol. 2, 636): Der Kläger hatte einem Hauseigentü-

seinen Vertragspartner halten und nicht in fremde Leistungsverhältnisse eingreifen können. Auch in unserem Fall wäre die Eingriffskondiktion des *E* gegen *A* nichts anderes als die abgeschaffte Versionsklage. Nach unserer Faustregel von der Subsidiarität der Eingriffskondiktion ist somit die Eingriffskondiktion des *E* ausgeschlossen.[9]

b) Mit der Anwendung der Subsidiaritätsregel ist unser Fall aber noch nicht entschieden. Diese Regel besitzt keine absolute Geltung. Sie ist das Ergebnis einer Interessenbewertung und muss daher zurückstehen, wenn in besonderen Fällen die Interessenbewertung anders ausfällt. Zweck der Subsidiaritätsregel ist es, Eingriffe Dritter in ein Leistungsverhältnis auszuschließen. Es ist aber möglich, dass das Gesetz dem Dritten eine absolut geschützte Rechtsposition zuweist, so dass er kraft dieses absoluten Schutzes gegen jedermann vorgehen kann. In solchen Fällen muss die Subsidiaritätsregel zurückweichen. Eine solche absolut geschützte Rechtsposition hat z. B. der Eigentümer. Der Eigentümer ist gegen jedermann absolut geschützt, § 903. Irgendwelche rechtlichen Beziehungen z. B. des Besitzers zu Dritten gehen ihn nichts an; es ist gleichgültig, wie und von wem der Besitzer die Sache erlangt hat: Der Eigentümer kann sie nach § 985 vindizieren. Der Besitzer kann diesem Anspruch gegenüber nicht einwenden, er habe die Sache aufgrund einer Leistung erlangt und der Eigentümer dürfe als Dritter nicht in dieses Leistungsverhältnis eingreifen.

In unserem Fall war *E* Eigentümer der Steine und somit absolut geschützt. Damit ist unser Problem aber noch nicht gelöst. Entscheidend ist, ob das Gesetz dem *E* diesen absoluten Schutz lassen wollte oder ob es vielleicht diesen Schutz dem *E* entziehen und auf *A* übertragen wollte. Nur im ersteren Fall müsste die Subsidiaritätsregel zurückweichen.

Ob dem *E* der absolute Eigentumsschutz geblieben ist oder ob er auf *A* übergegangen ist, regelt sich nach den §§ 932–935. Hier ist geregelt, dass unter gewissen Voraussetzungen dem Eigentümer seine Position entzogen wird und auf einen anderen übertragen wird. Liegen also bezüglich der Steine bei *A* die Voraussetzungen des gutgläubigen Erwerbs vor, so soll nach dem Willen des Gesetzes *E* seinen absoluten Schutz verlieren: Die Subsidiaritätsregel greift ein.[10] Dabei ist es unerheb-

---

mer ein Darlehen gewährt, der damit eine dingliche Last auf dem Grundstück abtrug. Der Beklagte kaufte dann das Haus. Da der Darlehensnehmer das Darlehen nicht zurückzahlte, klagte der Kläger gegen den Käufer mit der *actio de in rem verso.* Der Klage wurde stattgegeben! Die Schuldtilgung sei dem Käufer zugutegekommen; der Beklagte sei daher zum Nachteil des Klägers bereichert!

[9] Es sei darauf hingewiesen, dass die Subsidiaritätsregel bisweilen irrig dahin formuliert wird, die Eingriffskondiktion sei gegenüber der Leistungskondiktion subsidiär; vgl. etwa *Fikentscher/Heinemann* Rn. 1468, 1478; *Wandt* Gesetzl. Schuldverhältnisse § 9 Rn. 18; *Looschelders* SchuldR BT Rn. 1060. Es kommt aber nicht darauf an, ob ein Dritter gegen den Empfänger eine Leistungskondiktion hat, sondern ob er an ihn geleistet hat. Auch in unserem Fall hat *H* gegen *A* keine Leistungskondiktion, weil der Kaufvertrag zwischen beiden wirksam ist. Dennoch ist die Eingriffskondiktion nach der Subsidiaritätsregel ausgeschlossen, weil *H* an *A* geleistet hat.

[10] Das Ergebnis entspricht der h. M., z. B. BGHZ 55, 176 („Jungbullen-Fall"); *Larenz/Canaris* SchuldR BT II § 70 III 2b; *Koppensteiner/Kramer* 106 ff.; *Medicus/Petersen* BürgerlR Rn. 730; *Esser/Weyers* SchuldR BT II § 50 IV; *Hager* JuS 1987, 877 (878 f.) mit Lit.; *Westermann* JuS 1968, 17 (19). Dagegen wollen *Reuter/Martinek* II § 1 II 2b (30 ff.), eine Ausnahme von der Subsidiaritätsregel auch dann nicht zulassen, wenn die Voraussetzungen für einen gutgläubigen Erwerb nach den §§ 932 ff. nicht vorlagen, die Steine etwa abhandengekommen waren. Das Argument aus § 816 I 1, wonach der frühere Eigentümer nur gegen

lich, ob *A* das Eigentum gutgläubig nach § 932 erworben hat oder – wie in unserem Fall – nach § 946. Entscheidend ist nicht die Art des Eigentumserwerbs; entscheidend ist, ob die Voraussetzungen eines gutgläubigen Erwerbs vorlagen, mag der Erwerb auch auf andere Weise eingetreten sein. Denn die Art des Erwerbs hängt oft vom Zufall ab, wertungsmäßig stehen diese Fälle gleich.[11]

Die Steine waren dem *E* nicht abhandengekommen, so dass insoweit die Voraussetzung für einen gutgläubigen Erwerb gegeben ist. War *A* gutgläubig? *A* glaubte, die Steine würden ihm von *X* übereignet. Man darf aber nicht auf die Person des *X* abstellen, da objektiv ein Übereignungsangebot des *H* vorlag. Entscheidend ist, ob *A* bezüglich des *H* gutgläubig war. Da *A* den *X* für den Übereignenden hielt, kann von einer Gutgläubigkeit des *A* im subjektiven Sinne keine Rede sein. Es geht aber nicht an, in solchen Fällen, in denen die subjektive Vorstellung des Empfängers vom objektiven Erklärungswert abweicht, einen gutgläubigen Erwerb generell abzulehnen. Es ist vielmehr hier darauf abzustellen, ob *A* den *H* ohne grobe Fahrlässigkeit für den Eigentümer hätte halten dürfen, wenn er den *H* als Übereignenden erkannt hätte. Hätte *A* erkannt, dass *H* der Lieferant der Steine war, so hätte er doch nicht erkennen können, dass die Steine dem *E* gehörten. *A* war also gutgläubig. Das Gesetz zeigt also, dass es in unserem Fall den *A* für schutzwürdiger hält als den *E*. Nachdem *A* gemäß § 946 Eigentum erworben hat, kann *E* nicht mehr mit der Eingriffskondiktion gegen ihn vorgehen. Die Subsidiaritätsregel greift ein.

Wir können somit die Faustregel von der Subsidiarität der Nichtleistungskondiktion wie folgt modifizieren: Wer etwas durch eine Leistung erlangt hat, haftet nicht mit der Eingriffskondiktion. Ausnahmsweise haftet er aber doch, wenn der Betroffene absolut geschützt war und wenn die §§ 932–935 zeigen, dass dieser Schutz eigentlich andauern sollte, der Berechtigte aber wegen des originären Eigentumserwerbs (§§ 946 ff.) sein Recht verlor. Nach dem Willen des Gesetzes soll dieser Schutz dann andauern, wenn der Bereicherte i. S. d. § 932 II bösgläubig war oder wenn die Sache abhandengekommen war, § 935 I (Ausnahme: § 935 II).[12] An die Stelle des dinglichen Schutzes tritt dann der Rechtsfortwirkungsanspruch aus §§ 812, 951.

---

den Verfügenden, nicht gegen den Leistungsempfänger vorgehen kann, überzeugt jedoch nicht, da dieser Anspruchsausschluss gerade nur dann stattfindet, wenn die Voraussetzungen des gutgläubigen Erwerbs vorliegen; nur dann ist die Verfügung wirksam, andernfalls kann der Eigentümer gegen den Erwerber vorgehen. Entscheidend bleibt die Wertung aus den §§ 932 ff.; so im Ergebnis auch *Lorenz* JZ 1984, 615; *Hager* JuS 1987, 877 (879 Fn. 15).

[11] Vgl. oben bei Fn. 6.

[12] Abschließend sei noch darauf hingewiesen, dass die modifizierte Subsidiaritätsregel nicht selten in folgender fehlerhafter Form auftaucht: Die Eingriffskondiktion sei ausgeschlossen, wenn der Betroffene (hier: *E*) sich der Sache freiwillig durch eine Leistung entäußert habe; andernfalls greife die Eingriffskondiktion ein. Vgl. z. B. *Jakobs* JuS 1973, 152 (155); *Huber* JuS 1970, 342 (343); *Beuthien/Weber* 74 f.; *Reeb* 52. Es kommt aber nicht darauf an, ob der Betroffene geleistet hat, sondern ob der Bereicherte die Sache durch eine Leistung empfangen hat. Denn der Sinn der Subsidiaritätsregel besteht ja darin, den Empfänger einer Leistung gegen Eingriffe Dritter zu schützen. Dafür spielt es keine Rolle, ob der Betroffene geleistet hat oder nicht. Das wird erst bedeutsam bei der Frage, ob dem Betroffenen eine absolut geschützte Stellung erhalten bleiben soll oder nicht. Hat der Betroffene die Sache freiwillig abgegeben (geleistet), so ist gutgläubiger Erwerb möglich; ist die Sache dagegen abhandengekommen, so ist gutgläubiger Erwerb in der Regel ausgeschlossen. Die obige Formel gibt aber die Regelung der §§ 932–935 viel zu ungenau wieder, als dass sie brauchbar sein könnte. Sie beachtet nur § 935 I, nicht aber die Rolle des guten Glaubens und die Regelung des § 935 II. Folgendes Beispiel mag das demonstrieren: *E* hat dem *V* eine Sache in Verwahrung gegeben, *V* veräußert sie an den bösgläubigen *K*, der nach § 950 (Verarbeitung) Eigentum erwirbt. Nach obiger Regel müsste ein Anspruch des *E* gegen *K*

II. Abwandlung

1. Anspruch des E gegen A auf Herausgabe der Steine, § 985

Hier ändert sich nichts gegenüber dem Grundfall, *E* hat gemäß § 946 sein Eigentum an *A* verloren. Die Bösgläubigkeit des *A* spielt bei § 946 keine Rolle.

2. Anspruch auf Wertersatz, §§ 990, 989

A hätte beim Besitzerwerb erkennen können, dass *H* nicht Eigentümer der Steine war und dass er selbst daher kein Besitzrecht erwerben konnte. Dass *A* dies nicht erkannt hat, war grob fahrlässig. *A* war bösgläubig i. S. d. §§ 990, 932 II. Er haftet auf Wertersatz, wenn ihm die Herausgabe der Steine schuldhaft unmöglich geworden ist. *A* hätte wissen müssen, dass er dem *E* gemäß § 985 auf Herausgabe haftete. Diesen Anspruch hat *A* dem *E* schuldhaft entzogen, als er die Steine in sein Haus einbaute. *A* haftet daher dem *E* auf Wertersatz.

3. Anspruch auf Wertersatz, §§ 951 I, 812 I 1

Die Voraussetzungen der Eingriffskondiktion nach §§ 951 I, 812 I 1 sind gegeben (vgl. Grundfall). Da auch eine Leistung des *H* vorliegt, greift die Subsidiaritätsregel ein. Es bleibt zu prüfen, ob sie wegen des absoluten Schutzes des *E* zurückweichen muss. *A* war bösgläubig, das Gesetz zeigt in § 932, dass in solchen Fällen der Schutz des Berechtigten andauern soll. Nun hat *E* sein Eigentum aber doch verloren, da es für § 946 auf den guten Glauben nicht ankommt. Da aber *E* gegenüber *A* schutzwürdig war, muss hier die Subsidiaritätsregel zurückweichen: *E* hat gegen *A* die Eingriffskondiktion nach §§ 951 I, 812 I 1 (Rechtsfortwirkungsanspruch). *A* kann auch dem *E* nicht entgegenhalten, er sei nach § 818 III entreichert, da er den Kaufpreis an *H* gezahlt habe. Es gilt für § 951 I insofern dasselbe wie für § 816: Wenn das Gesetz zeigt, dass der Eigentümer für den Verlust seiner Sache Wertersatz vom Eingreifenden verlangen kann, so kann man diese Entscheidung nicht dadurch umgehen, dass man es dem Eingreifenden gestattet, eine Gegenleistung an einen Dritten gemäß § 818 III anzurechnen.

---

ausgeschlossen sein, da *E* die Sache freiwillig an *V* herausgegeben hat; so z. B. *Ehmann* NJW 1971, 612. Indessen muss dem *E* der Anspruch aus §§ 951 I, 812 I 1 zugesprochen werden (so z. B. auch *Reeb* JuS 1973, 230, der zuerst zwar für die obige Formulierung eintritt, dann aber zu Recht nach der gesetzlichen Wertung in den §§ 932 ff. entscheidet). *E* war als Eigentümer absolut geschützt, wegen der Bösgläubigkeit soll dieser Schutz dem *E* auch erhalten bleiben. Nach dem Eigentumsverlust des *E* gemäß § 950 setzt sich dieser Schutz in einem Anspruch aus §§ 951, 812 fort. Es würde gegen die gesetzliche Wertung verstoßen, dem *E* den Anspruch gegen *K* zu versagen. Obige Formel käme auch in den Fällen des § 935 II zu falschen Ergebnissen. Sie ist daher als irreführend und überflüssig abzulehnen. Ob der absolute Schutz des Betroffenen endet, ist dem Gesetz in den §§ 932 ff. zu entnehmen, nicht jener Formel.

Fall 17. Der Streit um die Briefmarke

Empfängerhorizont bei Willenserklärungen und Leistungen – Geheißerwerb und guter Glaube

Sachverhalt

M ist Briefmarkensammler. Sein Freund *F*, der auch sammelt, pflegt dem *M*, der wenig Zeit hat, gute Gelegenheiten zum Tausch, Kauf und Verkauf nachzuweisen. Eines Tages sieht *F* in einer Zeitschrift eine Anzeige, in welcher *G* eine bestimmte wertvolle Marke für 8.000 € sucht. Da *F* sich in finanziellen Schwierigkeiten befindet, denkt er sich folgenden Plan aus, um zu Geld zu kommen: Er schreibt dem *G*, er wolle ihm die Marke für 8.000 € verkaufen, müsse sie sich aber erst selbst von einem befreundeten Sammler besorgen, der die Marke dem *G* direkt übersenden werde. *G* ist einverstanden. *F* sagt nun dem *M*, er wisse, dass dieser eine bestimmte Marke doppelt habe und verkaufen wolle. Er habe ein Angebot von einem Sammler für diese Marke über 8.000 €. Diesem Sammler habe er gesagt, *M* habe solch eine Marke zu verkaufen. Der Sammler habe ihm gesagt, *M* solle ihm die Marke zusenden, er werde dem *M* dann alsbald die 8.000 € überweisen. Daraufhin sendet *M* dem *G* die Marke mit dem Bemerken, er tue das aufgrund seines Gespräches mit *F*. Nunmehr überweist *G* dem *F* 8.000 €. *F* verschwindet mit dem Geld, sein Aufenthalt ist nicht zu ermitteln. *M* verlangt von *G* 8.000 € oder die Marke.

Würde sich etwas ändern, wenn *M* minderjährig wäre?

Lösung

I. Ausgangsfall: M ist volljährig
1. Anspruch des M gegen G aus § 433 II
2. Anspruch des M gegen G aus § 985
3. Anspruch des M gegen G aus § 812 I 1

II. Fallvariante: M ist minderjährig
1. Anspruch des M gegen G aus § 985
2. Anspruch des M gegen G aus § 812 I 1 (1)

I. Ausgangsfall: M ist volljährig

Als Anspruchsgrundlagen kommen die §§ 433 II, 985, 812 I 1 in Betracht.

1. Anspruch des M gegen G aus § 433 II

M könnte gegen *G* einen Anspruch auf Zahlung des Kaufpreises in Höhe von 8.000 € haben, § 433 II. *M* wollte durch das Übersenden der Marke dem *G* ein Kauf-

und Übereignungsangebot machen, seine Erklärung ist jedoch objektiv auszulegen, d. h. so, wie *G* sie verstehen musste. Dem *G* erschien das Zusenden der Marke durch *M* nicht als Kaufangebot. Er hatte bereits einen Kaufvertrag mit *F* abgeschlossen. Er musste annehmen, *F* habe die Marke von *M* gekauft, *M* sende sie ihm auf Weisung des *F* zu. Dieser Rechtsschein, von dem *G* ausgehen muss, ist dem *M* auch zuzurechnen: Das Verhalten des *F*, auf dem dieser Rechtsschein beruht, ist eher dem *M* als dem *G* anzulasten. Denn *M* war mit *F* befreundet, er hat schon länger mit *F* zusammengearbeitet, schließlich hat *M* auf das Wort des *F* vertraut und die Marke aus der Hand gegeben. Dagegen hat *G* sich gesichert und erst an *F* gezahlt, als er bereits die Gegenleistung erhalten hatte.

Es liegt somit objektiv kein Kaufangebot des *M* an *G* vor; darüber hinaus hat auch *G* keine Kauferklärung gegenüber *M* abgegeben. *M* hat keinen Anspruch aus Kaufvertrag gegen *G*.

2. Anspruch des M gegen G aus § 985

M könnte einen Anspruch auf Herausgabe der Marke gemäß § 985 gegen *G* haben. *G* ist Besitzer der Briefmarke, fraglich ist, ob *M* Eigentümer ist. *M* war zwar Eigentümer, er könnte sein Eigentum aber durch eine Übereignung *M–G* verloren haben, § 929 S. 1. Eine Übergabe von *M* an *G* liegt vor, problematisch ist die Einigung. Aus der Sicht des *G* liegt ein Dreiecksverhältnis vor: Der Verkäufer *F* leistet an *G* dadurch, dass er den *M* anweist, die Marke an *G* herauszugeben. In solchen Weisungsfällen ist regelmäßig eine direkte Übereignung vom Angewiesenen *(M)* an den Empfänger *(G)* nicht anzunehmen.[1] Der Angewiesene kann nicht wissen, welche Rechte der Empfänger *(G)* im Verhältnis zum Anweisenden *(F)* haben soll: Soll *G* Eigentümer werden, ist ein Eigentumsvorbehalt vereinbart, oder soll der Empfänger etwa nur Verwahrer für den Anweisenden sein usw.? All das kann in einem Dreiecksverhältnis der Liefernde nicht wissen; er wird daher regelmäßig nicht den Willen haben, den Empfänger zum Eigentümer zu machen.[2] Eine Übereignung wird man nur dann annehmen können, wenn der Liefernde vom Anweisenden die ausdrückliche Weisung erhält, dem Empfänger Eigentum zu übertragen.

Im Normalfall will also der Angewiesene *(M)* nicht an den Empfänger übereignen. In unserem Fall liegt aber ein Dreiecksverhältnis nur aus der Sicht des *G* vor. In Wirklichkeit wollte *M* durchaus an *G* übereignen, er glaubte, selbst Verkäufer der Marke zu sein und an *G* zu leisten. Ein Übereignungsangebot des *M* liegt also vor.[3] Es ist zu untersuchen, ob *G* das Angebot angenommen hat. Aus seiner Sicht konnte *G* nicht mit Sicherheit davon ausgehen, *M* wolle die Marke an ihn übereignen. Daraus schließt die h. M.,[4] der Erwerber *(G)* wolle regelmäßig nicht vom Angewiesenen Eigentum erwerben. Danach hätte also *G* kein Eigentum von *M* erworben, es

---

[1] So zu Recht die h. M., vgl. z. B. BGH JZ 1975, 28; NJW 1986, 1166; Westermann/*Westermann* § 38 Rn. 11; *Baur/Stürner* § 51 Rn. 17; Palandt/*Herrler* § 929 Rn. 19 f.; Jauernig/*Berger* § 929 Rn. 16; Soergel/*Henssler* § 929 Rn. 63–65; *Wieling/Finkenauer* SachenR § 9 Rn. 44.

[2] Das bestreitet zu Unrecht *Lopau* JuS 1975, 773 (774), der meint, der Angewiesene kenne regelmäßig die rechtlichen Beziehungen zwischen Empfänger und dem Anweisenden und wolle daher übereignen, wenn das im Sinne des Anweisenden liege. Das würde voraussetzen, dass der Anweisende seine Lieferanten regelmäßig über seine Beziehungen zu seinen Abnehmern aufklärt, wovon man aber nicht ausgehen kann.

[3] Vgl. *Wieling* JZ 1977, 291 (295). Auch objektiv ist ein Übereignungsangebot des *M* gegeben, da *G* damit rechnen muss, dass *M* ausnahmsweise doch an ihn übereignen will, vgl. unten.

[4] Vgl. z. B. BGH JZ 1975, 28.

läge keine Einigung vor. Diese Meinung beachtet jedoch nicht, dass der Erwerber *(G)* seinerseits nicht wissen kann, was der Anweisende mit dem Liefernden vereinbart hat. Es ist möglich, dass er nur eine Weisung zur Lieferung gegeben hat; dann wird der Liefernde nicht übereignen wollen. Es ist aber auch denkbar, dass der Anweisende um Übereignung gebeten hat; dann will der Liefernde übereignen. Der Erwerber kann somit nicht mit Sicherheit wissen, wer ihm übereignen will. In dieser Situation ist davon auszugehen, dass der Erwerber *(G)* das Eigentum von dem jeweils Übereignenden erwerben will. *G* wollte also das Eigentum entweder von *F* oder *M* erwerben. Wer ihm übereignete, war ihm gleichgültig. Würde man einen solchen Erwerbswillen des *G* verneinen, so bestünde für ihn die Gefahr, zufällig sich die falsche Person als Übereignenden vorzustellen und kein Eigentum zu erwerben.

G wollte somit Eigentum von *M* erwerben, die Voraussetzungen des § 929 S. 1 liegen vor, *G* ist Eigentümer der Marke geworden. *M* hat keinen Anspruch aus § 985 gegen *G.*[5]

3. Anspruch des M gegen G aus § 812 I 1

a) *M* könnte gegen *G* einen Anspruch auf Zahlung von 8.000 € wegen Bereicherung haben, § 812 I 1 (1) *(Leistungskondiktion). G* hat Besitz und Eigentum an der Briefmarke erlangt. Zu prüfen ist, ob der Erwerb auf eine Leistung des *M* zurückgeht. „Leistung" ist definiert als bewusste und zweckgerichtete Mehrung fremden Vermögens. *M* wollte durch die Zuwendung der Marke das Vermögen des *G* vermehren; fraglich ist, ob diese Zuwendung zweckgerichtet war. *M* beabsichtigte mit der Lieferung, das angebliche Kaufangebot des *G* anzunehmen und gleichzeitig zu erfüllen. *M* wollte also eine Leistung *solvendi causa,* um die angebliche Schuld aus § 433 I zu tilgen. Die Zwecksetzung geschieht durch eine einseitige, empfangsbedürftige Willenserklärung (Zweckbestimmung), vgl. § 366 I.[6] Sie folgt den Regeln der §§ 104 ff.,[7] auch die Auslegung folgt den allgemeinen Regeln der Auslegung von Willenserklärungen. Danach ist entscheidend nicht, was *M* wollte, sondern wie sich dem *G* das Verhalten des *M* darstellen musste: Entscheidend ist die Sicht aus dem Empfängerhorizont.[8] *G* glaubte, *F* habe die Marke von *M* gekauft und ihn angewiesen, sie an ihn *(G)* zu übersenden. *G* glaubte somit, *M* wolle mit der Zuwendung an ihn an *F* leisten, und es solle weiter eine Leistung des *F* an ihn selbst *(G)* vorliegen.

---

[5] Eine Anfechtung der Einigungserklärung des *M* nach § 123 kommt nicht in Betracht, da der Täuschende *F* Dritter i. S. d. § 123 II 1 ist.

[6] Vgl. oben Fall 15 bei Fn. 5. Die Zweckbestimmung nach § 812 ist identisch mit der nach § 362, wenn auch nicht jede Zweckbestimmung nach § 812 zugleich eine solche nach § 362 ist; denn nicht jede Leistung geschieht *solvendi causa.*

[7] Vgl. *Fikentscher/Heinemann* Rn. 1431; z. B. für die Anfechtung *Beuthien/Weber* 24 f.; Staudinger/*Lorenz,* 2007, § 812 Rn. 61; *Wieling* BereicherungsR § 3 I 3b; *Canaris* FS Larenz, 1974, 827; *Weitnauer* NJW 1974, 1729 (1731); *Stolte* JZ 1990, 220.

[8] H. M., vgl. z. B. BGHZ 40, 272; BGH JZ 1975, 27; NJW 1986, 251; VersR 1989, 75; *Brox/Walker* SchuldR BT § 40 Rn. 21 f.; *Fikentscher/Heinemann* Rn. 1431; Soergel/*Schmidt-Kessel/Hadding* § 812 Rn. 149; *Larenz/Canaris* SchuldR BT II § 70 III 3c; *Koppensteiner/Kramer* 36 f. mit Lit.; Palandt/*Sprau* § 812 Rn. 14; *Beuthien/Weber* 23 f.; Erman/*Buck-Heeb* § 812 Rn. 14 f.; MüKoBGB/*Schwab* § 812 Rn. 213; *Huber* JuS 1970, 515 (516); *Giesen* Jura 1995, 169 (175) und die bei *Gursky* BereicherungsR, Problem 1 II Genannten. Man muss sich bei der Auslegung nach dem Empfängerhorizont aber vor der fehlerhaften Vorstellung hüten, sie bedeute etwas anderes als die objektive Auslegung und sei eine Privilegierung des Empfängers, dessen besondere Kenntnisse in die Auslegung einfließen müssten; so etwa *Schnauder* JuS 1994, 537 (539). Die Auslegung nach dem Empfängerhorizont ist identisch mit der objektiven Auslegung, es kommt darauf an, wie der Empfänger (oder ein objektiver Beobachter) die Erklärung verstehen musste, nicht, wie er sie verstanden hat.

Letztere Zweckbestimmung konnte von *F* selbst vorgenommen werden oder von *M* für *F* gemäß § 267. *G* ging also davon aus, *F* habe an ihn geleistet. Diese Annahme war auch objektiv gerechtfertigt: Als *M* die Marke herausgab, musste *G* glauben, *M* folge einer Weisung des *F* und wolle an diesen leisten.

Bei der Auslegung einer Willenserklärung – also auch hier – geht es um die Frage, wer den aus einem Missverständnis entstandenen Schaden tragen soll. Das Missverständnis liegt hier zwischen *G* und *M* vor: *M* wollte an *G* leisten, *G* musste an eine Leistung des *F* glauben. Der Schaden, der daraus entstanden ist, besteht darin, dass *G* 8.000 € an *F* gezahlt hat und dass dieses Geld nicht zurückzuerlangen ist. Wer also soll den Schaden tragen, *M* oder *G*? Wenn man ihn dem *G* auferlegen will, müsste man eine Leistung des *M* an *G* annehmen. *M* hätte dann die Leistungskondiktion, *G* müsste die Marke herausgeben und hätte den Nachteil. Es ist jedoch hier gerechter, im Verhältnis zu *G* dem *M* den Schaden aufzuerlegen (vgl. oben I 1). *G* ist schutzwürdiger, er durfte von einer Leistung des *F* ausgehen. Es liegt somit keine Leistung des *M* an *G* vor, eine Leistungskondiktion scheidet aus.

Eine Gegenansicht[9] will bei der Bewertung der Zweckbestimmung nicht – wie bei allen anderen Willenserklärungen – auf den Empfängerhorizont abstellen, sondern auf den inneren, nicht erkennbaren Willen des Erklärenden. Das ist abzulehnen. Eine solche Bewertung der Erklärung lässt den Empfänger völlig schutzlos, er kann nie wissen, was die Erklärung bedeutet; selbst der geheime Vorbehalt müsste nach dieser Ansicht entgegen § 116 S. 1 wirksam sein. Es besteht kein Grund, eine Willenserklärung auf diese Weise auszulegen. Die Gegenmeinung käme hier aber zum gleichen Ergebnis wie die h. M.: Es läge zwar eine Leistung des *M* an *G* vor, *M* hätte die Leistungskondiktion; aber *G* könnte sich nach dieser Ansicht auf Entreicherung berufen, § 818 III, da er an *F* 8.000 € gezahlt hat. Nachdem man also zunächst bei der Auslegung den Empfänger schutzlos gestellt hat, will man dieses Versäumnis nun mit der Anwendung des § 818 III wiedergutmachen. Aber die Anwendung des § 818 III ist in solchen Fällen abzulehnen.

§ 818 III ist nämlich nach richtiger Ansicht nicht anwendbar, wenn beim Erwerb einer Sache der Gegenwert an einen Nichtberechtigten gezahlt wurde. Das ist bei § 816 I 1 heute unstreitig.[10] Wer etwa grob fahrlässig eine unterschlagene Sache kauft und an einen Gutgläubigen weiterverkauft, muss dem Eigentümer den Erlös herausgeben; den Kaufpreis, den er selbst gezahlt hat, kann er nicht absetzen. Dasselbe gilt auch für die Fälle des § 951, es muss auch für unseren Fall gelten. Die Begründung liegt darin, dass die Rechtsordnung mit der Zubilligung einer Kondiktion entschieden hat, dem Berechtigten sein Vermögen ungeschmälert zu erhalten. Eine Anrechnung des an Dritte gezahlten Kaufpreises würde einen Ersatzanspruch des Berechtigten praktisch ausschließen und den Willen des Gesetzes umgehen.[11] Gesteht man also hier dem *M* die Leistungskondiktion zu, so kann man diese Entscheidung nicht über § 818 III wieder zurücknehmen. Jedenfalls wäre ein solch unentschlossenes

---

9 Vgl. z. B. *Flume* JZ 1962, 281 f.; *Medicus/Petersen* BürgerlR Rn. 688; *Schnauder* JuS 1994, 537 (539 f.), und die bei *Gursky* BereicherungsR, Problem 1 I Genannten.

10 Vgl. nur Palandt/*Sprau* § 816 Rn. 11; *Reeb* 119; *Giesen* Jura 1995, 281 (283); zum ganzen Problem auch *Wieling* JZ 1977, 291 (292 f.).

11 Das wird auch von einigen Vertretern der Gegenmeinung anerkannt (vgl. z. B. *Berg* JuS 1964, 137 [141]; *v. Caemmerer* FS Dölle I, 1963, 135 [162]), was aber im Ergebnis den Empfänger völlig schutzlos lässt und die Unhaltbarkeit dieser Ansicht beweist. *Esser* SchuldR BT, 4. Aufl. 1971, § 102 II 2, überspielt seine – offenbar vorhandenen – Bedenken mit der Überlegung, es liege der zu fordernde enge Zusammenhang zwischen Be- und Entreicherung vor. Aber das gilt für die Fälle des § 816 im gleichen Maße, bei denen eine Anrechnung ausgeschlossen ist.

Zubilligen und Zurücknehmen keine vernünftige Lösung. § 818 III ist nicht der richtige Ansatzpunkt für die Lösung unseres Problems. Es geht ja nicht um Fragen der Entreicherung, sondern darum, wer den aus einem Missverständnis entstehenden Schaden tragen soll. Das aber wird durch Auslegung der Zweckbestimmung ermittelt.

Die Gegenansicht kommt mit ihrer willkürlichen Konstruktion aber auch zu falschen Ergebnissen. Das ist leicht einzusehen, wenn man bedenkt, dass sie zum Schutz des Empfängers nur den § 818 III zur Hand hat. Wie aber, wenn dem Empfänger ein Schaden entsteht, der über die Bereicherung hinausgeht?[12] Oder wenn der Empfänger überhaupt nicht bereichert ist? Denn ein Missverständnis bei der Zweckbestimmung kann ja auch dann eintreten, wenn ein Rechtsgrund für die Leistung besteht. In diesen Fällen versagt die Gegenmeinung, sie muss den Empfänger völlig schutzlos lassen.[13] Sie ist daher abzulehnen.

Nach richtiger und h. M. ist also vom Empfängerhorizont auszugehen: *M* wollte zwar an *G* leisten, seine Lieferung stellt aber eine Leistung des *F* an *G* dar. Weil *M* sich somit bei der Zweckbestimmung geirrt hat, kann er sie nach § 119 I anfechten.[14] Nach der Anfechtung ist keine Zweckbestimmung mehr vorhanden, *M* kann den Zweck seiner Leistung neu festsetzen:[15] als eigene Leistung an *G*. *M* hat dann gegen *G* die Leistungskondiktion auf Herausgabe der Marke. *G* hat aber gegen *M* nach § 122 einen Anspruch auf Ersatz seines Vertrauensschadens; diesen Anspruch kann er der Kondiktion des *M* entgegenhalten, § 273. Der Schaden des *G* besteht hier darin, dass er die 8.000 € an *F* gezahlt hat und nicht zurückerlangen kann. *G* kann also gemäß § 122 von *M* 8.000 € verlangen.[16]

---

[12] Das gibt schon *Thomä* JZ 1962, 623 (626), zu bedenken, vgl. auch *Baur/Wolf* JuS 1966, 393 (396).

[13] Z. B.: Glaser *(G)* hat im Jahre 2014 Arbeiten für Anton Schmidt *(A)* ausgeführt, die Rechnung über 500 € ist noch nicht beglichen. Bert Schmidt *(B)*, ein Bruder des *A* und Freund des *G*, leiht sich Mitte 2017 von *G* 500 € auf ein Jahr, wobei er sagt, er werde das Geld vermutlich schon früher zurückzahlen. *G* hat Mitte 2017 den *A* mehrfach vergeblich gemahnt, er beschließt, dem *A* Mitte Dezember 2017 einen Mahnbescheid zustellen zu lassen, um die drohende Verjährung zu hemmen (vgl. §§ 195, 199, 204 I Nr. 3, 209). Anfang Dezember 2017 überweist *B* dem *G* 500 €, verschreibt sich aber und gibt als Einzahlenden *A* an. Daraufhin geht *G* nicht gegen *A* vor. Im Sommer 2018 erinnert *G* den *B* an das Darlehen, worauf sich der Sachverhalt herausstellt. – Nach der Gegenmeinung hat *B* an *G* geleistet, seine Schuld ist erloschen, die des *A* besteht noch, ist aber verjährt. *G* hat durch den Irrtum des *B* einen Schaden erlitten, die Gegenmeinung kann dem *G* nicht helfen: § 818 III ist offenbar nicht anwendbar. Nach richtiger Ansicht liegt eine Leistung des *A* vor, gemäß dem objektiven Erklärungswert der Zahlung. Die Schuld des *A* ist erloschen, die des *B* besteht weiter. Auch wenn *B* nach § 119 I seine Zweckbestimmung anficht und die Zahlung als eigene Leistung bestimmt, ist *G* geschützt. Dann ist zwar die Schuld des *B* erloschen, die des *A* verjährt, aber *G* kann von *B* nach § 122 Schadensersatz verlangen.

[14] Gegenüber *G;* es liegt ein Inhaltsirrtum vor, da die objektive Bedeutung der Erklärung des *M* vom Gewollten abweicht. Diese Anfechtungsmöglichkeit wird von der Praxis noch nicht genügend beachtet, vgl. etwa BGH JZ 1975, 28, wo ohne weitere Prüfung behauptet wird, eine Anfechtung sei nicht erfolgt; zutreffend dagegen die oben in Fn. 7 Genannten. Mit unzureichenden Argumenten gegen eine Anfechtung *Reuter/Martinek* II § 3 I 3b (111 f.).

[15] Vgl. zur nachträglichen Zweckbestimmung *Enneccerus/Nipperdey,* Allgemeiner Teil des Bürgerlichen Rechts, 15. Aufl. 1959/1960, § 145 II B 1a; *Ehmann* NJW 1969, 1834 m. w. N.; *Thomä* JZ 1962, 623 (627); *Wieling* BereicherungsR § 3 I 3a cc.

[16] Es ist zu beachten, dass nur solche Schäden zu ersetzen sind, die durch das Missverständnis verursacht sind. Hätte in unserem Falle *G* dem *F* z. B. 8.000 € geliehen und wäre diese Forderung uneinbringbar gewesen, hätte *G* dann seine Kaufpreisschuld mit der Darlehensschuld des *F* aufgerechnet, so würde dem *G* durch den Irrtum des *M* kein Schaden entstanden sein. Der Schaden wäre vielmehr schon durch die Darlehenshingabe an einen

b) Eine *Eingriffskondiktion* des *M* gegen *G* kommt nach dem Subsidiaritätsprinzip nicht in Betracht, da *G* die Marke durch eine Leistung des *F* erlangt hat.

II. Fallvariante: M ist minderjährig

1. Anspruch des M gegen G aus § 985

G ist Besitzer der Marke, ist *M* Eigentümer? *M* war Eigentümer der Marke, ein Eigentumsverlust durch eine Übereignung *M* an *G* scheidet in dieser Variante gemäß § 107 aus. Es könnte aber eine Übereignung von *F* an *G* vorliegen. *F* hat dem *G* die Marke verkauft, er wollte sie ihm auch übereignen; jedenfalls kann sein Verhalten objektiv nur so gedeutet werden. *G* wollte auch von *F* Eigentum erwerben (vgl. oben I 2). Es liegt also eine Einigung vor. *F* hat dem *G* die Marke aber nicht übergeben, er war nicht Besitzer. Es genügt jedoch, dass *M* dem *G* die Marke auf Geheiß des *F* übergeben hat (Geheißerwerb):[17] Für § 929 S. 1 wird nach h. M. die Besitzverschaffungsmacht dem Besitz gleichgestellt. *F* war aber nicht Eigentümer der Marke, *G* könnte allenfalls gemäß § 932 gutgläubig vom Nichtberechtigten Eigentum erworben haben. Zwar ist anerkannt, dass auch beim Geheißerwerb ein gutgläubiger Erwerb möglich ist, wenn etwa der Anweisende den Besitzer anweist, eine Sache dem Empfänger zu übergeben, die einem Vierten gehört. Hier ist die Lage jedoch komplizierter, weil *F* in Wirklichkeit gar keine Besitzverschaffungsmacht hatte: *F* konnte den *M* nicht zur Lieferung an *G* anweisen; *M* wollte mit der Lieferung keineswegs einer Weisung des *F* nachkommen. *M* hat nur deshalb an *G* geliefert, weil *F* ihn getäuscht hat. Ob in solchen Fällen mangelnder Besitzverschaffungsmacht ein gutgläubiger Erwerb möglich ist, ist umstritten.

Die Entscheidung hängt davon ab, ob das Vertrauen des *G* schutzwürdig ist. Es muss also zunächst festgestellt werden, worauf der gutgläubige Erwerber vertrauen darf. Als Grundlage des Vertrauensschutzes wird meist der Besitz des Veräußerers genannt. Das ist aber nicht richtig: Da das Eigentum äußerlich nicht erkennbar ist, muss für den Vertrauensschutz an seine Stelle etwas äußerlich Erkennbares treten. Es wäre sinnlos, an Stelle des äußerlich nicht erkennbaren Eigentums wiederum etwas äußerlich nicht Erkennbares zu setzen. Der Besitz ist aber juristisch definiert und daher äußerlich nicht erkennbar. Daher kann der Besitz als Basis des Vertrauensschutzes nicht in Betracht kommen. Grundlage für den Vertrauensschutz ist vielmehr das tatsächliche Haben der Sache,[18] die „Inhabung" i. S. d. ersten BGB-Entwurfs.[19] Es spielt also keine Rolle, ob der Inhaber Besitzwillen hat, ob er Besitzdiener ist usw.[20] Hat der Veräußerer die Sache, so ist gutgläubiger Erwerb möglich.

Insolventen entstanden. *G* hätte nach der Anfechtung durch *M* aus dem Kaufvertrag einen Anspruch im Werte von 8.000 € gegen *F*.

[17] Vgl. z. B. Westermann/*Westermann* § 38 Rn. 10; *Baur/Stürner* § 51 Rn. 17; *Medicus/Petersen* BürgerlR Rn. 563; *Wieling/Finkenauer* SachenR § 9 Rn. 45; *Musielak* JuS 1992, 713 (716); *Maßloff* JA 2000, 503.

[18] So zu Recht *Westermann*, Sachenrecht, 5. Aufl. 1966, § 49 I 6.

[19] Vgl. § 797 des 1. Entwurfs; vgl. auch *Wieling* JZ 1977, 291 (295 f.).

[20] Daher ist gutgläubiger Erwerb auch vom Besitzdiener möglich, wenn dieser als solcher nicht zu erkennen ist. Ein Abhandenkommen ist dann nicht anzunehmen, vgl. *Westermann*, Sachenrecht, 5. Aufl. 1966, § 49 I 6; *Wieling* SachenR I § 10 V 3c; *Wiegand* JuS 1974, 201 (206); *Rebe* AcP 173 (1973), 186 (201). Wenn man dagegen argumentiert, der Glaube an den Besitz sei nicht geschützt (vgl. z. B. *Baur/Stürner* § 52 Rn. 39), so verkennt das, dass Grundlage des Gutglaubensschutzes nicht der Besitz ist, sondern die Inhabung.

Es gibt aber Übereignungsformen, bei denen die Inhabung nicht Grundlage des Vertrauensschutzes sein kann, weil der Veräußerer die Sache gar nicht hat. Das ist z. B. der Fall bei § 934 (2) und beim Geheißerwerb. Inhaber ist in diesen Fällen ein Dritter. Die Vertrauensgrundlage besteht hier darin, dass der Dritte in Anerkennung des – angeblichen – Eigentums des Veräußerers die Sache an den Erwerber herausgibt.[21] Der Veräußerer hat also statt des Besitzes Besitzverschaffungsmacht. Aber auch hier kann nicht die äußerlich unerkennbare Besitzverschaffungsmacht Grundlage des Vertrauensschutzes sein; es muss sich vielmehr auch hier um einen äußerlich erkennbaren Vorgang handeln. Dieser äußerlich erkennbare Vorgang besteht darin, dass der Inhaber auf Veranlassung des Veräußerers die Sache an den Erwerber herausgibt. Es kommt also nicht darauf an, ob der Veräußerer eine – nicht erkennbare – Besitzverschaffungsmacht hat oder ob er den Inhaber durch eine Täuschung zur Herausgabe veranlasst. Entscheidend ist, dass der Erwerber das Verhalten des Inhabers so verstehen muss, als erkenne dieser die Besitzverschaffungsmacht des Veräußerers an.[22]

In unserem Fall musste *G* glauben, *M* folge der Weisung des *F*. *G* war auch gutgläubig, er konnte den *F* für den Eigentümer halten.[23] Da die Marke dem *M* auch nicht abhandengekommen war, liegen alle Voraussetzungen eines gutgläubigen Erwerbs vor, *G* ist gemäß §§ 929, 932 Eigentümer geworden. *M* hat keinen Anspruch aus § 985 gegen *G*.

2. Anspruch des M gegen G aus § 812 I 1 (1)

M könnte einen Anspruch aus § 812 I 1 (1) (Leistungskondiktion) gegen *G* auf Rückübereignung und Rückgabe der Briefmarke haben.

Objektiv liegt zwar eine Leistung des *F* an *G* vor, aber die Zweckbestimmung, die auf dem Verhalten des *M* basiert, ist wegen seiner Minderjährigkeit unwirksam.[24] *M* (sein gesetzlicher Vertreter) kann daher die Lieferung als eigene Leistung an *G* bestimmen.[25] Da es an einem Rechtsgrund für diese Leistung fehlt, hat dann *M* die Leistungskondiktion gegen *G*. *G* hat keine Gegenansprüche gegen *M*, er kann sich nur an *F* halten.

---

21 Vgl. wegen § 934 die Protokolle in *Mugdan* III, 633.

22 Für einen gutgläubigen Geheißerwerb in diesen Fällen z. B. BGHZ 36, 56; BGH JZ 1975, 29; Westermann/*Gursky* § 47 I 1a; *Pinger* AcP 179 (1979), 301 (333 Fn. 180); *Mormann* WM 1966, 2; *Wieling* JZ 1977, 291 (295); anders die h. L., vgl. etwa *v. Caemmerer* JZ 1963, 586 (587 f.); *Medicus/Petersen* BürgerlR Rn. 564; *Lopau* JuS 1975, 773 (775); *Picker* NJW 1974, 1790 (1795); *Martinek* AcP 188 (1988), 573 (629 ff.). Das Argument der h. L., der gute Glaube an die Besitzverschaffungsmacht werde vom Gesetz nicht geschützt, zeigt aber nur, dass sie etwas Ungeeignetes als Basis des Vertrauensschutzes annimmt.

23 Beim Geheißerwerb vom Berechtigten – von diesem Fall geht *G* aus – geht das Eigentum vom Inhaber *(M)* zunächst auf den Anweisenden *(F)* über, vgl. *Wieling/Finkenauer* SachenR § 9 Rn. 44. Über die Konstruktion ist man sich allerdings nicht einig, vgl. Westermann/*Westermann* § 38 III 3, und andererseits *Baur/Stürner* § 51 Rn. 17.

24 Zwar genügt für die Wirksamkeit der Zweckbestimmung in den meisten Fällen eine beschränkte Geschäftsfähigkeit, vgl. oben Fall 15 II, da die Zweckbestimmung meist lediglich rechtlich vorteilhaft ist: Sie eröffnet die Leistungskondiktion. Hier würde die Zweckbestimmung aber dazu führen, dass *M* an *F* geleistet hätte und daher eine Leistungskondiktion gegen *G* nicht in Betracht käme, was für *M* nachteilig wäre. Daher ist hier für die Wirksamkeit der Zweckbestimmung volle Geschäftsfähigkeit erforderlich.

25 Vgl. oben Fn. 15.

Die Tatsache, dass *G* gutgläubig Eigentum erworben hat, schließt eine Leistungskondiktion keineswegs aus; § 932 bildet keinen Rechtsgrund für die Leistungskondiktion. Nach einem gutgläubigen Erwerb ist zwar eine Eingriffskondiktion des früheren Eigentümers gegen den Erwerber ausgeschlossen. Eine Leistungskondiktion greift aber in allen Fällen ein, wenn jemand etwas ohne Rechtsgrund durch Leistung erlangt hat, mag auch ein gutgläubiger Erwerb vorliegen.

Fall 18. Der stillgelegte Gewerbebetrieb

Eigentumsverletzung und Eingriff in einen Gewerbebetrieb – hypothetische Kausalität – Mitverschulden

Sachverhalt

E betreibt auf einem Grundstück, auf dem auch sein Privathaus steht, eine Fabrik. Auf dem Nachbargrundstück lässt der Bauunternehmer *U* durch seinen Baggerführer *B* einen Keller für ein Wohnhaus ausheben. *U* hat die Pläne ungenau gelesen und weist den *B* so an, dass dieser über die Grenze auf das Grundstück des *E* gerät. *B* zerstört dabei – am frühen Morgen des 1.6. – ein dem *E* gehöriges Stromkabel, welches das Haus und die Fabrik des *E* mit Strom versorgt. Der Strom fällt bis zum Abend des 3.6. aus, die Maschinen des *E* – soweit sie elektrisch betrieben werden – stehen still, der Betrieb des *E* kommt damit zum Ruhen.

E, dessen Dieselölreserven für seine Fabrik noch bis zum Abend des 1.6. gereicht hätten, hatte rechtzeitig beim Händler *H* neues Öl für den 1.6. bestellt. Am Mittag des 1.6. schickte *H* seinen Fahrer *F* mit einem Tankwagen zu *E*. Durch gleich schweres grobes Verschulden des *F* und des Pkw-Fahrers *X* kam es jedoch zu einem Unfall, wobei der Tankwagen umstürzte und das Öl auslief. *H* konnte dem *E* das Öl erst am Abend des 3.6. liefern. Der Betrieb des *E* hätte wegen Ölmangels (Ausfall einiger Antriebsaggregate) am 2. und 3.6. nicht arbeiten können.

E möchte 5.000 € Schadensersatz wegen der Reparatur des Stromkabels und 30.000 € wegen Verdienstausfalls an drei Tagen. *G*, die Frau des *E*, möchte 4.000 € Schadensersatz wegen verdorbener tiefgekühlter Lebensmittel. Diese hatten zur Hälfte ihr selbst, zur Hälfte ihrer Schwiegermutter *S* gehört, welche die Vorräte bei *G* einzulagern pflegte. *U*, *H*, *F* und *X* möchten wissen, ob sie gegebenenfalls Regressansprüche gegeneinander haben.

Wie ist die Rechtslage?

Lösung

I. Ansprüche der G wegen der verdorbenen Lebensmittel
- 1. Anspruch gegen B, § 823 I
- 2. Ansprüche gegen U
  - a) Anspruch aus § 831 I
  - b) Anspruch aus § 823 I

II. Ansprüche des E wegen des zerstörten Stromkabels
- 1. Anspruch gegen B aus § 823 I
- 2. Ansprüche gegen U
  - a) Anspruch aus § 831 I
  - b) Anspruch aus § 823 I

III. Ansprüche des E wegen Verdienstausfalls
1. Ansprüche gegen B
2. Ansprüche gegen U
   a) Anspruch aus § 823 I
   b) Anspruch aus § 831 I
3. Anspruch des E gegen F
   a) Anspruch aus § 823 I
   b) Anspruch aus § 18 StVG
4. Ansprüche des E gegen X
   a) Anspruch aus § 823 I
   b) Anspruch aus § 7 I StVG
5. Ansprüche des E gegen H
   a) Anspruch aus § 831 wegen unerlaubter Handlung des F
   b) Anspruch aus § 7 I StVG
   c) Anspruch aus § 280 I, II, 286 I

IV. Bedeutung der hypothetischen Schadensverursachung des H für die Haftung des U

V. Regressansprüche
1. Anspruch des U gegen H aus § 426 I 1
2. Ansprüche des H
   a) Anspruch des H gegen U aus § 426 I
   b) Anspruch des H gegen F aus Verletzung des Arbeitsvertrages, §§ 280, 611
   c) Anspruch des H gegen X aus § 823 I und § 7 I StVG
   d) Regressansprüche aus § 426 I von F und X gegeneinander

I. Ansprüche der G wegen der verdorbenen Lebensmittel

1. Anspruch gegen B, § 823 I

B hat das Kabel zerstört und damit das Eigentum des *E* verletzt, nicht das Eigentum der *G*. Infolge der Zerstörung des Kabels sind dann die Lebensmittel verdorben. *G* und *S* sind also durch das Verhalten des *B* mittelbar geschädigt. Im Schadensersatzrecht gilt die Regel, dass der nur mittelbar Geschädigte keinen Ersatz verlangen kann.[1] Unmittelbar bedeutet aber nicht, dass zwischen schädigender Handlung und Schaden keine Zwischenursachen liegen dürfen. In diesem Sinne wäre die *G* nur mittelbar geschädigt, da zwischen der Verletzungshandlung des *B* – Beschädigung des Kabels – und dem Verderb der Lebensmittel noch Zwischenursachen liegen: Ausfall des Stroms, Ansteigen der Temperatur. Unmittelbar bedeutet vielmehr, dass derjenige, der Schadensersatz verlangt, selbst in einem Rechtsgut i. S. v. § 823 I beeinträchtigt sein muss.[2] Die *G* selbst ist in ihrem Eigentum verletzt, sie ist also unmittelbar durch *B* geschädigt worden. Der Schaden ist auch eine adäquate Folge der Beschädigung des Kabels. Es ist nichts Ungewöhnliches, dass beim Ausfall des Stromes Sachen zerstört werden, deren Erhalt von elektrisch erzeugter Wärme oder Kälte abhängt. Wer die Stromzufuhr unterbricht, muss mit solchen Schäden rechnen.[3] Die Schädigung war auch rechtswidrig. *B* war allerdings von *U* falsch einge-

---

1 Vgl. *Brox/Walker* SchuldR AT § 29 Rn. 13; *Lange/Schiemann* § 6 IX 5 pr.
2 Vgl. BGHZ 41, 125 f. (Bruteier-Fall); *Deutsch/Ahrens* Rn. 622.
3 Vgl. BGHZ 41, 127 f.

wiesen worden, er konnte vom Verlauf der Grenze und des Kabels nichts wissen; er durfte sich auf die Angaben des *U* verlassen. *B* hat somit nicht schuldhaft gehandelt, er haftet nicht.

2. Ansprüche gegen U

a) Anspruch aus § 831 I

B ist von *U* als Baggerführer eingesetzt und muss nach dessen Weisungen arbeiten; *B* ist somit Verrichtungshilfe[4] des *U. B* hat die *G* rechtswidrig in ihrem Eigentum geschädigt, ein Verschulden des Verrichtungsgehilfen verlangt § 831 nicht. Die Schädigung erfolgte auch bei der Ausführung der dem *B* von *U* aufgetragenen Verrichtung. Damit liegen die Voraussetzungen des § 831 I vor, *U* haftet auf Schadensersatz. Ein Entlastungsbeweis gemäß § 831 I 2 kommt für *U* nicht in Betracht. *U* mag zwar den *B* sorgfältig ausgewählt und überwacht haben. *U* hat aber bei der hier erforderlichen Leitung der Arbeit nicht die erforderliche Sorgfalt beobachtet, weil er dem *B* irrig das auszuhebende Kellergelände falsch bezeichnete.

Der Schaden der *G* beträgt 2.000 €. Die andere Hälfte der Lebensmittel gehörte der *S*. Es ist zu prüfen, ob die *G* den Schaden ihrer Schwiegermutter *S* gegenüber *U* geltend machen kann. In Betracht kommt eine Schadensliquidation im Drittinteresse. Eine solche Drittschadensliquidation wird heute ausnahmsweise in den Fällen zugelassen, in welchen derjenige, dessen Rechtsgut verletzt ist (hier *S*), deswegen keinen Schaden hat, weil der Schaden aufgrund rechtlicher Beziehungen zu einem Dritten auf diesen verlagert wird.[5] Hier hat aber die in ihrem Eigentum verletzte *S* auch selbst den Schaden. Sie muss ihn selbst gegen *U* geltend machen,[6] eine Schadensliquidation durch *G* ist nicht möglich. *U* haftet der *G* aus § 831 I auf 2.000 €.

b) Anspruch aus § 823 I

Ein Anspruch aus § 823 I gegen den Geschäftsherrn kann neben einem Anspruch aus § 831 bestehen,[7] beide stützen sich auf verschiedene tatsächliche Voraussetzungen: § 823 I begründet eine Haftung wegen einer schuldhaften Schädigungshandlung des Geschäftsherrn selbst. Dagegen begründet § 831 eine Haftung wegen einer Schädigungshandlung eines Gehilfen; das Verschulden des Geschäftsherrn bezieht sich nicht auf die Schädigungshandlung, sondern auf die Auswahl, Überwachung und Anleitung des Gehilfen. Es ist möglich, dass das Verhalten des Geschäftsherrn beide Tatbestände ausfüllt.

---

[4] Vgl. Palandt/*Sprau* § 831 Rn. 5.

[5] H. M., vgl. *Larenz* SchuldR AT § 27 IV b; *Looschelders* SchuldR AT § 46 Rn. 8 ff.; *Harke* SchuldR AT Rn. 439 ff.; *Medicus* Gesetzl. Schuldverhältnisse, 108 ff.; *Deutsch/Ahrens* Rn. 624; *Kupisch/Krüger* 98; *Lange/Schiemann* § 8 III 1; Palandt/*Grüneberg* Vorb. v. § 249 Rn. 105. Beispiel: Erbe *E* ist mit einem Vermächtnis zu Gunsten des *V* beschwert. *X* zerstört den vermachten Gegenstand: *X* hat das Eigentum des *E* i. S. v. § 823 I zerstört, *E* hat aber keinen Schaden, da er den Gegenstand an *V* übertragen musste und nun nach § 275 frei geworden ist. Den Schaden hat *V*, dem aber kein Rechtsgut i. S. v. § 823 I verletzt wurde. Hier kommt die Drittschadensliquidation in Betracht.

[6] Anspruchsgrundlage ist § 831. In Betracht zu ziehen wäre, ob *S* ihren Schadenersatzanspruch an *G* abgetreten hat.

[7] Vgl. BGHZ 17, 214; *Deutsch/Ahrens* Rn. 459; *Fuchs* 193.

U könnte das Eigentum der *G* verletzt haben. *U* hat den *B* angewiesen, an der Stelle, an welcher das Kabel des *E* lag, zu baggern. Ohne diese Anweisung hätte *B* nicht an der betreffenden Stelle gebaggert, er hätte das Kabel nicht zerstört, der Schaden der *G* wäre nicht eingetreten. Das Verhalten des *U* ist somit *condicio sine qua non* des Schadens.

Der Schaden ist auch eine adäquate Folge des Verhaltens des *U*, solche Schäden sind keinesfalls ungewöhnlich, wenn unvorsichtig Baggerarbeiten ausgeführt werden. Die *G* ist auch unmittelbar durch das Verhalten des *U* geschädigt, da ihr Eigentum verletzt wurde. Die Beschädigung des Eigentums der *G* durch *U* war auch rechtswidrig; sie war auch schuldhaft, da *U* die Pläne nicht sorgfältig gelesen hatte und fahrlässig dem *B* eine falsche Anweisung gab. *U* haftet somit der *G* auch aus § 823 I auf 2.000 €.

II. Ansprüche des E wegen des zerstörten Stromkabels

1. Anspruch gegen B aus § 823 I

B hat rechtswidrig das Eigentum des *E* am Kabel verletzt. Es trifft ihn aber kein Verschulden, da er den Verlauf des Kabels und der Grenze weder kannte noch kennen musste. *B* haftet also nicht.

2. Ansprüche gegen U

a) Anspruch aus § 831 I

B hat als Verrichtungsgehilfe des *U* in Ausführung der ihm übertragenen Arbeit das Eigentum des *E* am Kabel verletzt. Damit liegen die Voraussetzungen des § 831 I vor, ein Verschulden des Verrichtungsgehilfen *B* ist nicht erforderlich. Ein Entlastungsbeweis nach § 831 I 2 kommt für *U* nicht in Betracht, da er den *B* schuldhaft falsch angeleitet hat (vgl. oben I 2a). *U* haftet somit dem *E* auf 5.000 €.

b) Anspruch aus § 823 I

U könnte das Eigentum des *E* am Stromkabel verletzt haben. Die falsche Weisung an *B* kann nicht weggedacht werden, ohne dass der Schaden des *E* entfiele. Das Verhalten des *B* ist somit kausal für den Schaden des *E*. Auch Adäquanz ist gegeben, die Beschädigung eines Stromkabels ist keineswegs unwahrscheinlich, wenn sorglos auf fremden Grundstücken gebaggert wird. *U* hat somit das Eigentum des *E* verletzt. Die Verletzung war rechtswidrig und geht auf ein Verschulden des *U* zurück, der die Pläne nachlässig gelesen hat. *U* haftet dem *E* somit auch aus § 823 I auf 5.000 €.

III. Ansprüche des E wegen Verdienstausfalls

1. Ansprüche gegen B

Ein Anspruch gegen *B* aus § 823 I kommt nicht in Betracht, da den *B* kein Verschulden trifft.

2. Ansprüche gegen U

a) Anspruch aus § 823 I

Der Verdienstausfall stellt als entgangener Gewinn einen Sonderfall des Schadens dar. Gemäß § 252 S. 1 ist er zu ersetzen. Der Verdienstausfall ist jedoch ein allgemeiner Vermögensschaden, der nach § 823 I nicht zu ersetzen ist.[8] Dieser Schaden könnte aber auf die Verletzung eines in § 823 I geschützten Rechtsgutes zurückgehen und daher gemäß dieser Vorschrift zu ersetzen sein.

aa) *U* hat das Eigentum des *E* am Stromkabel verletzt. Aus dieser Eigentumsverletzung ist der weitere Schaden des *E* (entgangener Gewinn) gefolgt. Wer ein Delikt i. S. v. § 823 I begeht, muss nicht nur die Schäden an dem angegriffenen Rechtsgut ersetzen, sondern auch alle adäquatkausalen Folgeschäden.[9] Der Betriebsstillstand ist eine adäquate Folge der Zerstörung des Kabels durch *U;* eine solche Folge ist keineswegs unwahrscheinlich. *U* hat das Eigentum des *E* am Stromkabel auch rechtswidrig und schuldhaft verletzt (vgl. oben II 2b). Auf die Folgeschäden muss sich das Verschulden nicht erstrecken.[10] Die Voraussetzungen des § 823 I liegen somit vor, *U* muss dem *E* wegen des Betriebsausfalls Schadenersatz leisten.

bb) *U* könnte dem *E* weiter aus § 823 I haften wegen eines Eingriffs in einen eingerichteten und ausgeübten Gewerbebetrieb. Ein Anspruch wegen Verletzung des Gewerbebetriebs ist aber subsidiär,[11] d. h. er kommt nur in Betracht, wenn die Verletzungshandlung kein anderes, in § 823 I geschütztes Rechtsgut verletzt. Hier hat *U* das Eigentum des *E* am Kabel verletzt, ein Anspruch wegen Beeinträchtigung des Gewerbebetriebs kommt nicht in Betracht.[12]

b) Anspruch aus § 831 I

B, der Verrichtungsgehilfe des *U,* hat in Ausführung der ihm von *U* übertragenen Arbeit das Eigentum des *E* am Stromkabel verletzt. Ein Entlastungsbeweis kommt nicht in Betracht, *U* haftet gemäß § 831 I (vgl. oben II 2a). Er haftet nicht nur für das zerstörte Stromkabel, sondern auch für die Folgeschäden: den Verdienstausfall wegen Betriebsstillstandes. *U* hat somit dem *E* auch den Schaden aus dem Betriebsstillstand (30.000 €) zu ersetzen. Wegen der Frage der Entlastung des *U* durch hypothetische Schadensverursachung (Verzögerung der Öllieferung) vgl. unten IV.

---

8 Vgl. Palandt/*Sprau* § 823 Rn. 135; *Kupisch/Krüger* 9; *Brüggemeier,* Deliktsrecht, 1986, Rn. 330. Auch ein Verlust von Computerdaten infolge Stromausfalls ist deswegen nicht nach § 823 I ersatzfähig, da keine Eigentumsverletzung im Sinne dieser Vorschrift vorliegt, vgl. LG Konstanz NJW 1996, 2662.

9 Vgl. *Larenz* SchuldR AT § 27 II b 3; *Kupisch/Krüger* 60; *Deutsch/Ahrens* Rn. 622; Palandt/*Grüneberg* Vorb. v. § 249 Rn. 26 f.

10 Vgl. *Lange/Schiemann* § 2 V 1; *Brox/Walker* SchuldR BT § 45 Rn. 58.

11 Vgl. BGHZ 36, 257; 38, 204; BGH NJW 1992, 41 f.; *Brox/Walker* SchuldR BT § 45 Rn. 18; *Fuchs* 73; *Brüggemeier,* Deliktsrecht, 1986, Rn. 334 ff. Zudem würde es hier auch an einer „Betriebsbezogenheit“ des Eingriffs fehlen, vgl. unten 3a bb.

12 Ein Eingehen auf die bekannte Problematik, ob der „eingerichtete und ausgeübte Gewerbebetrieb“ eine nach § 823 I geschützte Rechtsposition sei, erübrigt sich also immer dann, wenn der Verletzer das Eigentum des Betriebsinhabers beschädigt oder in ein sonstiges nach § 823 I geschütztes Rechtsgut (Gesundheit, berechtigter Besitz usw.) eingreift. Es ist unproblematisch, dass der Geschädigte in diesen Fällen Schadensersatz verlangen kann, auch für einen Verdienstausfall, der durch die Rechtsgutverletzung verursacht wurde, vgl. etwa BGHZ 41, 125 (Bruteier-Fall); BGH NJW 1961, 1925 (gelagertes Baumaterial blockiert den Zugang zum Ladengeschäft: Eigentums- bzw. Besitzverletzung am Ladenlokal); BGHZ 55, 153 (Eigentumsverletzung durch Einsperren eines Schiffs; der BGH verneint hier einen Eingriff in den Gewerbebetrieb); BGHZ 59, 30 ff. (Demonstranten verhindern durch Blockieren der Ausfahrt die Auslieferung von Zeitungen; Eigentumsverletzung an den Zeitungen durch Gebrauchsstörung); OLG München BB 1964, 661 (Beeinträchtigung des Besitzrechts am Stromkabel durch Zerstörung).

3. Anspruch des E gegen F

a) Anspruch aus § 823 I

aa) *F* könnte das Eigentum des *E* verletzt haben. Das Öl, das *F* transportierte, gehörte noch nicht dem *E*, sondern noch dem *H*. Eine Verletzung des Eigentums des *E* könnte aber darin liegen, dass wegen des Ölmangels die Maschinen des *E* – soweit sie mit Dieselöl betrieben wurden – stillstehen mussten.[13] Ob hierin eine Eigentumsverletzung zu sehen ist, ist fraglich. Gemäß § 903 kann der Eigentümer mit seinen Sachen nach Belieben verfahren. *E* konnte wegen des Ausbleibens des Dieselöls einige Maschinen nicht arbeiten lassen. Man könnte daher annehmen, die Verursachung des Ölmangels stelle eine Eigentumsverletzung dar. Andererseits kann man auch argumentieren, *E* sei lediglich in seinem Vermögen im Allgemeinen (Anspruch auf Öllieferung) beeinträchtigt, sein Eigentum sei dagegen unverletzt geblieben.

Eine Eigentumsverletzung liegt unstreitig vor in den Fällen des Eingriffs in die Sachsubstanz (Beschädigung, Zerstörung), bei Besitzentzug und bei Rechtsentzug. Fraglich ist der hier gegebene Fall der Gebrauchsstörung. Es wird die Ansicht vertreten, jede Gebrauchsstörung stelle auch eine Eigentumsverletzung dar,[14] nach anderer Meinung ist eine Gebrauchsstörung nur in bestimmten Fällen eine Eigentumsverletzung,[15] ohne dass die Unterscheidungskriterien klar würden. Bei der Untersuchung, ob in einer Gebrauchsstörung eine Eigentumsverletzung liegt oder nur eine sanktionslose Vermögensbeeinträchtigung, ist von der Regelung des § 823 I und dem damit verfolgten Zweck des Gesetzgebers auszugehen. Der Gesetzgeber hat in § 823 I nicht jede Vermögensbeeinträchtigung, sondern nur die Verletzung bestimmter absolut geschützter Rechte und Rechtspositionen unter die Sanktion der Schadensersatzpflicht gestellt, um so die Pflicht zum Schadensersatz einzugrenzen und nicht ausufern zu lassen.[16] Auch bei der Gebrauchsstörung ist daher darauf zu achten, ob sie durch eine Einwirkung auf die Sache selbst geschieht[17] oder dadurch, dass Rechtspositionen verletzt werden, die in § 823 I nicht geschützt sind. Eine Eigentumsverletzung durch Gebrauchsstörung liegt danach nur dann vor, wenn der Eigentümer an einem Gebrauch gehindert wird, den er ohne weitere tatsächliche oder rechtliche Hilfsmittel (Öl für den Motor, Genehmigung usw.) vornehmen

---

[13] Die Frage, ob *F* dadurch wirklich den Schaden des *E* (Betriebsausfall) verursacht hat oder ob dieser Schaden nicht allein auf den vorhergehenden Stromausfall zurückzuführen ist, ist an dieser Stelle noch nicht zu prüfen.

[14] Vgl. etwa *Fikentscher/Heinemann* Rn. 1564; vgl. zur ganzen Problematik *Möschel* JuS 1977, 1.

[15] Vgl. *Brox/Walker* SchuldR BT § 45 Rn. 7 und insbesondere die Rechtsprechung des BGH: Nach BGHZ 29, 65 stellt eine Gebrauchsstörung an Maschinen durch Unterbrechung der Stromversorgung keine Eigentumsverletzung dar; nach BGHZ 55, 153 stellt dagegen eine Gebrauchsstörung durch Einschließen eines Schiffes eine Eigentumsverletzung dar; dagegen soll wiederum eine Gebrauchsstörung an einem Grundstück durch Blockade der Zufahrt gemäß BGH NJW 1977, 2264 keine Eigentumsverletzung sein; vgl. dazu *Medicus* Gesetzl. Schuldverhältnisse, 28; *Larenz/Canaris* SchuldR BT II § 76 II 3c; *Fuchs* 31 ff.; *Deutsch/Ahrens* Rn. 245; *Eckert* JuS 1994, 625.

[16] Vgl. *Larenz/Canaris* SchuldR BT II § 76 I 1.

[17] So richtig *Esser/Weyers* SchuldR BT II § 55 I 2; MüKoBGB/*Wagner* § 823 Rn. 243 ff. Eine Einwirkung auf die Sache selbst liegt nach unbestrittener Ansicht z. B. vor, wenn durch Rauch- oder Gasimmissionen der Gebrauch eines Grundstücks gestört wird, eine Eigentumsverletzung ist zu bejahen; ebenso ist das Einschließen eines Schiffes eine Einwirkung auf die Sache selbst und daher eine Eigentumsverletzung i. S. v. § 823 I, vgl. BGHZ 55, 153; das Gleiche gilt, wenn der Zugang zu einem Grundstück blockiert wird, entgegen BGH NJW 1977, 2264.

kann. Wird ihm der Gebrauch unmöglich, weil ihm solche Hilfsmittel vorenthalten werden, so liegt darin keine Eigentumsverletzung.

Nicht geschützt sind in § 823 I insbesondere Forderungsrechte, die von Dritten z. B. durch einen Angriff auf den Schuldner oder das Leistungsobjekt beeinträchtigt werden können. Die Beeinträchtigung eines Forderungsrechts ist eine allgemeine Vermögensbeeinträchtigung, aus welcher keine Schadensersatzpflicht folgt, selbst wenn in ihrer Folge der Betroffene gehindert wird, seine Sachen so, wie er es möchte, zu benutzen.[18] Würde man diese Einschränkung nicht gelten lassen, so würde die vom Gesetzgeber gewollte Eingrenzung der Schadensersatzpflicht fallen. Denn fast jede Beeinträchtigung eines Forderungsrechtes führt mittelbar auch zu Gebrauchsstörungen an Sachen, an welchen der Betroffene das Eigentumsrecht hat oder ein Recht zum Besitz.[19] Eine Schadensersatzpflicht kann nach dem Willen des Gesetzgebers in solchen Fällen nicht bestehen.

E hatte gegen *H* ein Forderungsrecht auf Lieferung des Öls am 1.6. *F* hat diesen Anspruch des *E* beeinträchtigt, indem er einen Unfall verursachte; eine ordnungsgemäße Erfüllung war dadurch ausgeschlossen. *F* hat somit zwar das Vermögen des *E* beeinträchtigt, nicht aber dessen Eigentum. Daran ändert sich auch nichts dadurch, dass *E* infolge der Vermögensbeeinträchtigung seine Maschinen nicht wie vorgesehen nutzen konnte. Nach dem oben Gesagten ist darin keine Eigentumsverletzung zu sehen. Ein Anspruch aus § 823 I ist insoweit nicht begründet.

bb) *F* könnte aber in den eingerichteten und ausgeübten Gewerbebetrieb des *E* eingegriffen haben. § 823 I kennt ein solches Recht am Gewerbebetrieb nicht, doch sah sich schon das Reichsgericht veranlasst, ein solches Recht anzuerkennen,[20] da der in § 824 und § 826 gewährte Schutz unzulänglich ist. Auch der BGH hat das Recht zur „störungsfreien Entfaltung des gewerblichen Tätigkeitskreises" als geschützte Rechtsposition i. S. v. § 823 I anerkannt. Freilich stellt diese „Rechtsposition" eine Generalklausel dar, die der Konkretisierung bedarf. Nicht jede Beeinträchtigung eines fremden Gewerbebetriebes kann schadensersatzpflichtig machen, es müssen vielmehr die unrechtmäßigen Verletzungshandlungen von den neutralen unterschieden werden. So kann z. B. ein erlaubter Wettbewerb einen fremden Gewerbebetrieb beeinträchtigen oder gar vernichten, dennoch liegt darin keine rechtswidrige Verletzung des Rechts am Gewerbebetrieb, die zum Schadensersatz verpflichten könnte.[21] Anders als bei den übrigen in § 823 geschützten Rechtsgütern indiziert also ein Eingriff in das Recht am Gewerbebetrieb nicht die Rechtswidrigkeit,[22] es ist vielmehr jeweils zu untersuchen, ob die Eingriffshandlung unzulässig und rechtswidrig ist oder nicht.

---

[18] Vgl. BGHZ 29, 65 (oben Fn. 15); Palandt/*Sprau* § 823 Rn. 11; a. A. im Ergebnis *Mertens/Reeb* JuS 1971, 469 (471); *Möschel* JuS 1977, 1 (4); *Hammen* AcP 199 (1999), 591 (599 f.); *Picker* FS Canaris, Bd. I, 2007, 1001.

[19] *X* verletzt den Kammersänger *S*, der Liederabend muss ausfallen. Der Veranstalter kann den für die Veranstaltung vorgesehenen Saal nicht so gebrauchen, wie er es vorgesehen hatte.

[20] RGZ 58, 29. *Esser/Weyers* SchuldR BT II § 55 I 2c wollen den Schutz nicht nur den Gewerbebetrieben zukommen lassen, sondern auch der freiberuflichen sowie abhängigen Erwerbstätigkeit, vgl. auch Palandt/*Sprau* § 823 Rn. 133 f.; *Schmidt* JuS 1993, 985.

[21] Vgl. RGZ 126, 93: Das Errichten eines Konkurrenzunternehmens ist kein rechtswidriger Eingriff in das Recht am Gewerbebetrieb; das Gleiche gilt etwa für sachliche Kritik. Vgl. auch OLG München NJW 1994, 1964.

[22] Vgl. etwa *Larenz/Canaris* SchuldR BT II § 81 I 3; *Fikentscher/Heinemann* Rn. 1581; *Looschelders* SchuldR BT Rn. 1250; *Esser/Weyers* SchuldR BT II § 55 I 2c; *Medicus* Gesetzl. Schuldverhältnisse, 47 f. i. V. m. 45; *Fuchs* 77 ff.

Weiter ist zu beachten, dass ein Schadensersatz wegen Beeinträchtigung des eingerichteten und ausgeübten Gewerbebetriebs nur dann in Betracht kommt, wenn die Schädigungshandlung gegen den Betrieb selbst gerichtet ist; es reicht also nicht aus, wenn der Angriff gegen andere – in § 823 I nicht geschützte – Rechtsgüter gerichtet ist. Das RG sprach davon, dass der Angriff sich *unmittelbar* gegen den Gewerbebetrieb als solchen richten müsse,[23] nach Ansicht des BGH muss der Angriff *betriebsbezogen* sein, darf sich also nicht gegen Rechtsgüter richten, die ohne weiteres vom Gewerbebetrieb ablösbar sind.[24] Als Eingriffe in den Gewerbebetrieb sind etwa folgende Fälle anerkannt: Boykott oder rechtswidriger Streik gegen einen Gewerbebetrieb,[25] herabsetzende Werturteile in unnötig scharfer Form,[26] Verbreitung wahrer Tatsachen über Produkte, Leistungen, Verhältnisse des Betriebs in unnötig scharfer Form,[27] Schutzrechtsberühmungen,[28] physische Beeinträchtigung des Gewerbebetriebs durch Blockierung des Zugangs zum Ladengeschäft.[29]

Das Problem der Betriebsbezogenheit des Eingriffs tritt nur in der zuletzt genannten Fallgruppe der physischen Beeinträchtigung auf, während die Betriebsbezogenheit in den anderen Fällen offenbar ist.[30] Ein betriebsbezogener Eingriff ist immer dann zu verneinen, wenn der Angriff sich gegen einzelne – in § 823 I nicht geschützte – Rechtsgüter richtet statt gegen den Gewerbebetrieb selbst, z. B. bei der Verletzung von Mitarbeitern[31] (Verletzung des Anspruchs auf Dienstleistungen), Verletzung von Ansprüchen gegen Dritte,[32] Beschädigung von betriebszugehörigen Sachen. In allen diesen Fällen liegt ein Eingriff in den Gewerbebetrieb nicht vor, in den ersten beiden Fallgruppen entfällt daher ein Anspruch aus § 823 I, in der letzten steht dem Betriebsinhaber ein Anspruch aus § 823 I wegen Eigentums- oder Besitzrechtsverletzung zu.[33] Demnach ist es sehr zweifelhaft, ob es überhaupt einen Eingriff in einen Gewerbebetrieb durch physische Beeinträchtigung geben kann.[34]

F hat durch sein Verhalten den Anspruch des *E* gegen *H* auf Öllieferung beeinträchtigt, ein betriebsbezogener Eingriff ist darin nach dem oben Gesagten nicht zu sehen.[35] Es entfällt daher auch ein Anspruch des *E* gegen *F* aus § 823 I wegen Eingriffs in den Gewerbebetrieb des *E*.

---

23 RGZ 163, 32.

24 BGHZ 29, 74; 85, 152; BGH NJW 1976, 1741; JuS 1978, 273; NJW 1985, 1620; NJW-RR 1994, 1054; dazu *Medicus* Gesetzl. Schuldverhältnisse, 45 f.; *Larenz/Canaris* SchuldR BT II § 81 I 2; Palandt/*Sprau* § 823 Rn. 135. Genau genommen lässt das Merkmal der Betriebsbezogenheit nur noch vorsätzliche Eingriffe zu.

25 BGHZ 24, 200; *Fikentscher/Heinemann* Rn. 1574.

26 BGHZ 3, 279; 45, 296; OLG München NJW 1994, 1964.

27 BGHZ 8, 145; 24, 200.

28 Etwa: Jemand fordert zu Unrecht die Einstellung der Produktion mit der Behauptung, er habe ein Ausschlussrecht, etwa ein Patent, vgl. RGZ 58, 24; 94, 248; 141, 336; BGHZ 2, 387; 38, 205.

29 BGH NJW 1961, 1925; richtiger wäre hier schon eine Eigentums- bzw. Besitzrechtsverletzung am Ladenlokal anzunehmen, vgl. oben Fn. 12. Vgl. auch *Grüneberg* NJW 1992, 945.

30 Vgl. auch *Fikentscher/Heinemann* Rn. 1578 ff.

31 Vgl. BGHZ 7, 30; 29, 74.

32 BGHZ 7, 35 ff.; 29, 73 f.

33 Beispiel in BGHZ 29, 74 (Beschädigung eines Betriebskraftwagens).

34 In allen Fällen, in welchen die Rechtsprechung das bejaht hat, liegt in Wirklichkeit eine Eigentums- oder Besitzrechtsverletzung vor, vgl. die Fälle oben Fn. 12.

35 Der Einwand, die Unterscheidung zwischen Produktionsbeeinträchtigung durch Eigentumsverletzung (z. B. im Bruteier-Fall BGHZ 41, 125) und Produktionsbeeinträchtigung ohne Eigentumsverletzung (z. B. Kabelbruch-Fall BGHZ 29, 65) sei zufällig und ungerecht (so *Glückert* AcP 166 [1966], 311 [317 ff.]; *Neumann-Duesberg* NJW 1968, 1990 [1992]), trifft nicht zu. Das BGB kennt eben keinen Schadensersatz bei Vermögensverletzung, sondern nur bei Verletzung der in § 823 I genannten Rechte; so zu Recht BGH NJW 1976, 1741.

b) Anspruch aus § 18 StVG

Ein Anspruch des *E* gegen *F* aus § 18 StVG entfällt, da *F* beim Unfall keine Sachen des *E* beschädigt hat.

4. Ansprüche des E gegen X

a) Anspruch aus § 823 I

Der Anspruch entfällt, da *X* gegenüber *E* keine Eigentumsverletzung begangen hat und auch nicht in dessen Gewerbebetrieb eingegriffen hat (vgl. dazu die Ausführungen oben zu 3a).

b) Anspruch aus § 7 I StVG

Ein Anspruch aus § 7 I StVG entfällt, da *X* beim Unfall keine Sachen des *E* beschädigt hat.

5. Ansprüche des E gegen H

a) Anspruch aus § 831 wegen unerlaubter Handlung des F

Der Anspruch scheidet aus, da *F* keine unerlaubte Handlung gegenüber *E* begangen hat (vgl. oben 3a).

b) Anspruch aus § 7 I StVG

Der Anspruch entfällt, da bei dem Unfall keine Sachen des *E* zu Schaden gekommen sind.

c) Anspruch aus §§ 280 I, II, 286 I

E und *H* hatten vereinbart, dass *H* das Öl am 1.6. zu *E* bringen sollte (Bringschuld). *H* hat das Öl aber erst am 3.6. gebracht, er hat zu spät geleistet. Da für die Leistung des *H* eine Zeit nach dem Kalender bestimmt war, konnte *H* ohne Mahnung in Verzug kommen, § 286 II Nr. 1. Voraussetzung für den Verzug des *H* ist aber gemäß § 286 IV, dass *H* die Verzögerung der Lieferung zu vertreten hat. Den *H* trifft kein eigenes Verschulden, er hat jedoch gemäß § 278 auch das Verschulden eines Erfüllungsgehilfen zu vertreten. *H* bediente sich des *F*, um seine Lieferpflicht gegenüber *E* zu erfüllen; *F* war Erfüllungsgehilfe des *H*. *F* hat durch seine Unachtsamkeit einen Unfall verursacht und damit die Verzögerung der Leistung verschuldet; *H* hat das zu vertreten. Verzug des *H* liegt somit vor.

Gemäß §§ 280 I, II, 286 I, II Nr. 1 hat *H* dem *E* allen Schaden zu ersetzen, der diesem durch die Leistungsverzögerung entstanden ist. Da der Betrieb des *E* aber wegen des Stromausfalls schon seit dem Morgen des 1.6. ruhte, ist fraglich, ob der Verzug des *H* dem *E* überhaupt einen Schaden gebracht hat. Der Verzug des *H* war für den Betriebsausfall nicht wirklich, sondern nur hypothetisch kausal: Hätte nicht *U* bereits am 1.6. durch Unterbrechung der Stromversorgung den Betrieb des *E* stillgelegt, so hätte der Verzug des *H* am 2.6. und 3.6. zum Betriebsstillstand geführt. Wie in solchen Fällen nur hypothetischer Schadensverursachung[36] zu entscheiden ist, ist streitig. Nach wohl h. M. soll nur der wirkliche Verursacher (hier: *U*) haften,

---

[36] Man spricht auch von überholender Kausalität: Eine Schadensursache (Verzug des *H*) ist durch eine andere (Stromunterbrechung durch *U*) zeitlich überholt worden; vgl. zum ganzen Problem *Medicus* Gesetzl. Schuldverhältnisse, 85 ff.; *Lange/Schiemann* § 4.

nicht der hypothetische (hier: *H*), da dieser den Schaden eben nur hypothetisch, also nicht wirklich verursacht habe.[37] Indessen ist bei der Bewertung dieser Frage der auch von der h. M. betonte Gesichtspunkt zu beachten, dass es sich hier nicht um ein Kausalitätsproblem handelt, sondern um die Frage der Schadenszurechnung: Ist es gerechter, wenn *U* den gesamten Schaden allein tragen muss, oder ist es angemessen, wenn er sich im Endergebnis den Schaden mit *H* teilen kann? Sowohl *U* als *H* haben in einer zum Schadensersatz verpflichtenden Weise die Rechte des *E* verletzt; es ist daher gerecht, wenn beide dem *E* haften. Dass *U* dem *H* zuvorgekommen ist und die Verletzungshandlung des *H* daher nur noch hypothetisch wirksam ist, ist zufällig. Jedenfalls ist die zeitliche Priorität kein hinreichender Grund dafür, den einen Schädiger zu entlasten und den anderen den Schaden allein tragen zu lassen.[38] Demnach haften *U* und *H* dem *E* als Gesamtschuldner auf Schadensersatz.

H hat somit dem *E* den von ihm durch den Verzug hypothetisch verursachten Schaden zu ersetzen. Wäre der Betriebsstillstand nicht durch den Stromausfall erfolgt, so wäre er aufgrund des Ölmangels am 2. und 3.6. eingetreten. Nur für den entgangenen Gewinn an diesen beiden Tagen muss *H* Ersatz leisten, also 20.000 €.

IV. Bedeutung der hypothetischen Schadensverursachung des H für die Haftung des U

Wie oben (vgl. III 2) festgestellt wurde, haftet *U* dem *E* für den Verdienstausfall wegen Betriebsstillstandes. Es hat sich nunmehr gezeigt, dass dieser Betriebsstillstand am 2. und 3.6. auch eingetreten wäre, wenn *U* die Stromzufuhr nicht unterbrochen hätte. Ob der Schädiger durch eine hypothetische Schadensursache entlastet wird, ist nach wie vor umstritten. Unbestritten ist aber, dass eine Entlastung nicht eintreten kann, wenn die hypothetische Schadensverursachung auf der Verletzung einer zum Schadensersatz verpflichtenden Norm beruht.[39] Haben sowohl wirklicher als auch hypothetischer Verursacher gegen eine zum Schadensersatz verpflichtende Norm verstoßen, so entlastet das Verhalten des einen nicht den anderen; beide haften.

Die hypothetische Schadensursache – Verzögerung der Öllieferung – erfüllt die Schadensersatznorm des § 286 I, *H* haftet dem *E* auf Schadensersatz. *U* wird also durch diese hypothetische Schadensverursachung nicht gegenüber *E* entlastet, er haftet auf vollen Schadensersatz.[40]

V. Regressansprüche

1. Anspruch des U gegen H aus § 426 I 1

Es kommt für *U* nur ein Anspruch gegen *H* in Betracht, und zwar aus § 426 I: *U* haftet dem *E* wegen entgangenen Gewinns auf 30.000 € (oben III 2), er haftet

---

[37] So *Larenz* SchuldR AT § 30 I; *Brox/Walker* SchuldR AT § 30 Rn. 17 ff.; Palandt/*Grüneberg* Vorb. v. § 249 Rn. 60 f. Das soll allerdings nur für den Schaden am unmittelbar angegriffenen Objekt selbst gelten. Bei Folgeschäden soll die hypothetische Ursache dagegen zu beachten sein, eine Unterscheidung, die nicht ohne weiteres einleuchtet.

[38] Ebenso *Heck,* Grundriß des Schuldrechts, 1929, § 14; *Bydlinski,* Probleme der Schadensverursachung, 1964, 64 ff.; *Schulin,* Der natürlich-vorrechtliche Kausalitätsbegriff im zivilen Schadensersatzrecht, 1976, 180 ff.; zust. auch *Gebauer,* Hypothetische Kausalität und Haftungsgrund, 2007, 400 f.; dagegen *Lange/Schiemann* § 4 X 4 mit Lit.

[39] Vgl. z. B. *Larenz* SchuldR AT § 30 I, der aber annimmt, es hafte nur der wirkliche Schadensverursacher, nicht auch der hypothetische.

[40] Im Ergebnis wird aber *U* doch entlastet, da er wegen der hypothetischen Schadensverursachung mit *H* als Gesamtschuldner haftet und bei diesem Regress nehmen kann (vgl. unten V).

zusammen mit *H* als Gesamtschuldner (oben III 5c). *U* kann von *H* Befreiung von seiner Schuld gegenüber *E* insoweit verlangen, als *H* im Innenverhältnis zu *U* haftet. Da sich nichts anderes ergibt, haften *U* und *H* gemäß § 426 I 1 je zur Hälfte. Da aber *H* dem *E* gegenüber nur auf 20.000 € haftet (vgl. oben III 5c a. E.), muss *H* im Innenverhältnis zu *U* 10.000 € tragen. In Höhe von 10.000 € hat *U* gegen *H* aus § 426 I einen Befreiungsanspruch.

2. Ansprüche des H

a) Anspruch des H gegen U aus § 426 I

H haftete dem *E* wegen des entgangenen Gewinns auf 20.000 € (oben III 5c) zusammen mit *U* als Gesamtschuldner. Da *H* im Innenverhältnis zu *U* auf 10.000 € haftet (oben V 1), kann er von *U* gemäß § 426 I 1 Befreiung von seiner Verbindlichkeit gegenüber *E* in Höhe von 10.000 € verlangen.

b) Anspruch des H gegen F aus Verletzung des Arbeitsvertrages, §§ 280, 611

Indem *F* in Ausführung seiner Dienstverpflichtung grob fahrlässig einen Unfall herbeiführte, hat er den Arbeitsvertrag verletzt und haftet dem Arbeitgeber *H* auf Schadensersatz aus § 280 I. Der gleiche Anspruch ist auch aus § 823 I begründet, da *F* schuldhaft das Eigentum des *H* am Lkw und an der Ladung verletzt hat. *F* hat dem *H* somit den Schaden zu ersetzen, der dem *H* durch den Verkehrsunfall entstanden ist. In Betracht kommt eine Haftungsbeschränkung zugunsten des *F* nach den Regeln des Arbeitsrechts, die hier freilich in Anbetracht der groben Fahrlässigkeit des F entfallen wird.[41]

Durch den Unfall ist *H* nicht nur in seinem Eigentum am Lkw und an der Ladung geschädigt worden, er ist dem *E* auch haftbar geworden. Dafür muss *F* dem *H* Ersatz leisten. Die Höhe der Haftung des *H* gegenüber *E* beläuft sich auf 20.000 €. In Höhe von 10.000 € kann *H* von *U* Befreiung verlangen. Der Schaden aus der Haftung, die sich *H* gegenüber *E* zugezogen hat, besteht also in der Verbindlichkeit von 10.000 €. Davon kann *H* von *F* gemäß §§ 280 I, 611 und § 823 I Befreiung verlangen.

c) Anspruch des H gegen X aus § 823 I und § 7 I StVG

X hat den Unfall verschuldet, er haftet dem *H* aus § 823 I und § 7 I StVG wegen der Beschädigung des Pkw und der Ladung und wegen aller weiteren daraus entstehenden Schäden. *H* hat sich durch den Unfall eine Verbindlichkeit in Höhe von 20.000 € zugezogen, in Höhe von 10.000 € kann er von *U* Befreiung verlangen. Es bleibt dem *H* also der Schaden, der in der Restverbindlichkeit gegenüber *E* in Höhe von 10.000 € besteht. Wegen dieser Verbindlichkeit kann *H* zwar von *F* Befreiung verlangen, doch kann das den *X* nicht entlasten, da *F* und *X* dem *H* gemäß § 840 I als Gesamtschuldner haften.

Der Schaden des *H* besteht also in der Verbindlichkeit über 10.000 €. Möglicherweise muss aber *X* dem *H* diesen Schaden wegen Mitverschuldens des *H* nur teilweise ersetzen. *H* selbst hat den Unfall nicht mitverschuldet, sondern sein Gehilfe *F*. Es fragt sich, ob *H* sich das anrechnen lassen muss. Gemäß § 254 II 2 ist bei der Frage des Mitverschuldens § 278 entsprechend anzuwenden. Dass das nicht nur für § 254 II gilt, sondern auch für den hier einschlägigen § 254 I, ist allgemein anerkannt.[42] Umstritten ist aber, was mit der „entsprechenden Anwendung" des § 278 gemeint ist.

---

41 Vgl. nur Palandt/*Grüneberg* § 276 Rn. 44; Palandt/*Weidenkaff* § 611 Rn. 156 ff.; *Walker* JuS 2002, 736 (737 f.).

42 Vgl. z. B. Palandt/*Grüneberg* § 254 Rn. 48 ff.

§ 278 regelt das Einstehen für den Erfüllungsgehilfen, setzt also ein Schuldverhältnis und eine Verbindlichkeit voraus, zu deren Erfüllung sich der Geschäftsherr des Erfüllungsgehilfen bedient. Ob auch bei der entsprechenden Anwendung des § 278 gemäß § 254 II 2 ein Schuldverhältnis zwischen Schädiger und Geschädigtem zur Zeit der Schädigung erforderlich ist, ist umstritten. Eine verbreitete Meinung und insbesondere die Rechtsprechung bejahen das.[43] Nach dieser Ansicht kann beim Fehlen eines Schuldverhältnisses eine Haftungsminderung wegen Verschuldens eines Gehilfen des Geschädigten nur über § 831 erfolgen. Eine andere, außerhalb der Rechtsprechung überwiegende Ansicht wendet innerhalb des § 254 II 2 den § 278 auch dann an, wenn zwischen Schädiger und Geschädigtem kein Schuldverhältnis besteht.[44] Der Streit betrifft letztlich die Frage, wer das Verschulden eines Gehilfen des Geschädigten zu vertreten hat: der Geschädigte oder der Schädiger. Verlangt man für die Anwendung des § 278 ein Schuldverhältnis, so lässt man den Schädiger für das Verhalten des Gehilfen des Geschädigten einstehen. Denn regelmäßig besteht bei einer unerlaubten Handlung zur Zeit der Schädigung kein Schuldverhältnis zwischen Schädiger und Geschädigtem. Die Anwendung des § 831 aber wird dem Schädiger wenig nützen, da der Geschäftsherr erfahrungsgemäß in aller Regel den Entlastungsbeweis für seinen Verrichtungsgehilfen führen kann. Der Schädiger ist dann zu vollem Schadensersatz verpflichtet. Es ist aber nicht angemessen, den Schädiger für den Tatbeitrag des Gehilfen des Geschädigten einstehen zu lassen; vielmehr müssen die Folgen den Geschädigten treffen. Daher ist auf das Bestehen eines Schuldverhältnisses zu verzichten. Die „entsprechende Anwendung“ des § 278 legt diese Auslegung des § 254 II 2 nahe.

Obwohl somit zur Zeit des Unfalls zwischen *X* und *H* kein Schuldverhältnis bestand, ist gemäß § 254 II 2 der § 278 anwendbar: *H* muss sich den Tatbeitrag seines Gehilfen *F* anrechnen lassen, er kann nur teilweise Schadensersatz verlangen. Da das Verschulden des *F* und *X* gleich groß war, kann *H* nur die Hälfte seines Schadens von *X* ersetzt erlangen: Er kann von *X* Befreiung von seiner Schuld gegenüber *E* nur in Höhe von 5.000 € verlangen.

d) Regressansprüche aus § 426 I von F und X gegeneinander

F haftet dem *H* auf Befreiung von dessen Schuld gegenüber *E* in Höhe von 10.000 €, *X* in Höhe von 5.000 €. Beide haften gemäß § 840 I als Gesamtschuldner. Gemäß § 426 I haben sie gegeneinander einen Anspruch auf Befreiung von dieser Verbindlichkeit, soweit sie den Anteil übersteigt, auf den sie im Innenverhältnis zueinander haften. Da beide ein gleiches Verschulden trifft, haften sie je zur Hälfte. *F* kann somit von *X* Befreiung von seiner Verbindlichkeit gegenüber *H* in Höhe von 5.000 € verlangen. *X* haftet dem *H* nur in Höhe von 5.000 €, weil zu seinen Gunsten der Tatbeitrag des *F* bereits berücksichtigt wurde. Da dieser Umstand nicht noch einmal zugunsten des *X* berücksichtigt werden kann, bleibt es dabei, dass *X* im Innenverhältnis 5.000 € tragen muss. Er hat keinen Regressanspruch gegen *F*.

Im Ergebnis tragen somit von dem Schaden des *E* durch Betriebsstillstand *U* 20.000 €, *X* und *F* je 5.000 €.

---

[43] Vgl. die Nachweise bei *Marburger/Sutschet,* 20 Probleme aus dem Schuldrecht, Allgemeiner Teil, 7. Aufl. 2006, Problem 6, 26 f.; ferner *Lange/Schiemann* § 10 XI 4.

[44] Vgl. die Nachweise bei *Marburger/Sutschet,* 20 Probleme aus dem Schuldrecht, Allgemeiner Teil, 7. Aufl. 2006, 27 f.; *Lange/Schiemann* § 10 XI 4.

Fall 19. Der mangelhafte Pkw

Produkthaftung – Produzentenhaftung – Weiterfresserschaden

Sachverhalt

E hat bei *V* einen neuen Pkw der Herstellerfirma *F* gekauft. Bei der ersten Spazierfahrt kommt es zu einem schweren Unfall, der Wagen wird völlig zerstört, *E* erheblich verletzt. Es stellt sich heraus, dass die hintere Schubstrebe des Pkw gebrochen war. Dieses Teil wird in der Fabrik des *P* hergestellt und an die *F* geliefert, die es in ihrem Pkw einbaut. Das in den Pkw des *E* eingebaute Teil war brüchig gewesen, weil es bei zu niedriger Temperatur geschmiedet worden war. Äußerlich war das nicht erkennbar.

Nach vergeblichen Verhandlungen klagt *E* auf Schadensersatz. *V* erklärt, er habe von dem Mangel des Pkw weder gewusst noch wissen können. *F* bestreitet, irgendeine Schuld an dem Mangel des Pkw zu haben; nähere Einzelheiten will sie aber nicht mitteilen. *P* bestreitet, dass der Fehler auf eigene Schuld oder auf ein Verschulden eines Mitarbeiters zurückzuführen sei. Er wisse nicht, wie der Fehler entstanden sei. Alle Teile seien nach modernsten Methoden magnetisch überprüft worden; alle Mitarbeiter habe er sorgsam ausgesucht und überwacht, insbesondere den *X*, der für die Prüfung der Produkte zuständig sei. Beim Ausfall des *X* sei ein Ersatzmann eingesetzt worden. Den Namen dieses Ersatzmannes wolle er aber nicht nennen, es könne ohnehin jetzt nicht mehr festgestellt werden, ob *X* oder der Ersatzmann das fehlerhafte Teil geprüft habe. Im Übrigen habe er die Leitung des Betriebes, insbesondere die Auswahl und Überwachung des Personals, dem Betriebsleiter *L* übertragen, den er sehr sorgfältig ausgesucht und überwacht habe.

Wird die von *E* gegen *V, F, P* und *L* gerichtete Klage auf Schadensersatz Erfolg haben?

Lösung

I. Anspruch des E gegen V

1. Anspruch aus § 437 Nr. 3 i. V. m. §§ 280 I, III, 281 I 1, 440 wegen Sachmangels
2. Anspruch aus § 437 Nr. 3 i. V. m. § 280 I wegen Mangelfolgeschadens
3. Anspruch aus § 1 I 1 ProdHaftG
4. Anspruch aus § 823 I

II. Ansprüche des E gegen F

1. Anspruch aus Vertrag
   a) Anspruch aus Garantievertrag, § 443
   b) Anspruch aus Vertrag mit Schutzwirkung für Dritte (§ 311 III 1)
   c) Anspruch aus Schadensliquidation im Drittinteresse
2. Anspruch aus Vertrauenshaftung
3. Ansprüche aus §§ 1 I 1, 8 S. 2 ProdHaftG
4. Anspruch aus § 823 I i. V. m. den Grundsätzen über die Produzentenhaftung

III. Ansprüche des E gegen P
1. Ansprüche aus §§ 1 I 1, 8 S. 2 ProdHaftG
2. Anspruch aus § 831
3. Anspruch aus § 823 I (Organisationsverschulden)

IV. Ansprüche des E gegen L
1. Anspruch aus dem Produkthaftungsgesetz
2. Anspruch aus § 831
3. Anspruch aus § 823 I (Organisationsverschulden)

V. Ausgleich

I. Anspruch des E gegen V

1. Anspruch aus § 437 Nr. 3 i. V. m. §§ 280 I, III, 281 I 1, 440 wegen Sachmangels

Der von *V* an *E* verkaufte und gelieferte Pkw entsprach weder der konkludent vereinbarten noch der im Vertrag vorausgesetzten Beschaffenheit, § 434 I; er war nicht zum Gebrauch im Straßenverkehr geeignet. Die Folge des Sachmangels ergibt sich aus §§ 437 Nr. 3, 280, 281. Der Schadensersatzanspruch setzt voraus, dass *E* dem *V* eine angemessene Nachfrist gesetzt hat,[1] was in unserem Fall nicht geschehen ist. Gemäß § 440 ist das Setzen einer solchen Nachfrist in bestimmten Fällen jedoch nicht erforderlich. In Betracht kommt hier die Möglichkeit, dass dem *E* die Nacherfüllung durch *V* unzumutbar ist. Der von *F* produzierte und von *V* gelieferte Wagen wies einen gravierenden Sachmangel auf, der die Gesundheit, das Eigentum sowie das Vermögen des *E* schwer verletzt hat. Es gibt auch keine Sicherheit für *E*, dass ein anderer gelieferter Wagen dieses Modells fehlerfrei sein wird. Das Vertrauen in die Sicherheit der von *F* produzierten und von *V* verkauften Wagen ist so stark enttäuscht worden, dass dem *E* die Annahme der Nachlieferung eines solchen Wagens nicht mehr zumutbar ist. Das Setzen einer Nachfrist war daher nicht erforderlich.

Ein Schadensersatzanspruch des *E* setzt weiter ein Verschulden voraus, es ist aber nicht zu sehen, welches Verschulden den *V* im vorliegenden Fall treffen könnte. Auch für die Annahme einer Untersuchungspflicht, welche *V* verletzt haben könnte, ergeben sich keine Anzeichen. *V* konnte den Mangel am Pkw nicht bemerken, da der Mangel äußerlich nicht erkennbar war. Zwar wird in § 280 I 2 eine Beweislastregelung dahin aufgestellt, dass das Verschulden vermutet wird, das ändert aber nichts daran, dass der Geschädigte die schädigende Handlung des Schädigers behaupten und gegebenenfalls beweisen muss; nur das Verschulden des Schädigers wird dann vermutet.[2] Hier hat *E* nichts dafür vorgetragen, worin ein Verschulden des *V* gesehen werden könnte. Ein Schadensersatzanspruch des *E* wegen des mangelhaften Pkw entfällt daher.

Den *V* selbst trifft kein Verschulden. *V* hat den Mangel trotzdem gemäß § 278 zu vertreten, wenn *F* und *P* seine Erfüllungsgehilfen waren. Die zuweilen vertretene Ansicht, der Lieferant sei der Erfüllungsgehilfe des verkaufenden Händlers,[3] würde hier voraussetzen, dass *V* seine Pflicht gegenüber *E* durch *F* und *P* erfüllen ließ. *V* hatte sich jedoch nicht dazu verpflichtet, einen Pkw anzufertigen und zu liefern,

---

[1] S. auch oben Fall 2 II.
[2] Palandt/*Grüneberg* § 280 Rn. 34.
[3] S. nur MüKoBGB/*Grundmann* § 278 Rn. 31.

sondern lediglich dazu, einen Pkw aus seinem Vorrat zu liefern bzw. einen bereits fertigen Pkw zu beschaffen und zu liefern. In diesen Fällen sind aber die Hersteller nicht Erfüllungsgehilfen des *V*, da dessen Verpflichtung nicht auf die Herstellung ging.[4] *V* haftet nicht auf Schadensersatz.

2. Anspruch aus § 437 Nr. 3 i. V. m. § 280 I wegen Mangelfolgeschadens

E könnte wegen seines verletzten Integritätsinteresses (Körperverletzung) einen Schadensersatzanspruch aus § 437 Nr. 3 i. V. m. § 280 haben. Fraglich ist allerdings, ob stattdessen nicht § 280 unmittelbar anwendbar ist, ohne den Umweg über § 437 Nr. 3. Der Anspruch aus § 437 Nr. 3 i. V. m. § 280 verjährt gemäß § 438 in zwei Jahren, der Anspruch direkt aus § 280 würde in der längeren Frist der §§ 195, 199 verjähren. Man könnte argumentieren, es sei nicht angebracht, den Verkäufer durch die Anwendung der kürzeren Verjährungsfrist zu privilegieren, der doch dem Käufer schuldhaft einen Schaden zugefügt hat.[5] Der Gesetzgeber wollte indessen durch die Anwendung der §§ 437, 438 auf alle Ansprüche aus dem Sachmangel die Regelung vereinheitlichen und alle Schäden, also Mangelschäden und Mangelfolgeschäden, der gleichen Verjährungsfrist unterwerfen.[6] Dieses durchaus billigenswerte Bestreben der Harmonisierung von Mangel- und Mangelfolgeschaden sollte nicht unterlaufen werden. Es ist also § 437 i. V. m. § 280 anzuwenden.[7]

Ein Schadensersatzanspruch des *E* kommt aber auch hier mangels Verschuldens des *V* nicht in Betracht.

3. Anspruch aus § 1 I 1 ProdHaftG

Das Produkthaftungsgesetz[8] ordnet in § 1 eine verschuldensunabhängige Haftung (Gefährdungshaftung) des Herstellers für Personen- und Sachschäden durch fehlerhafte Produkte an. Die Haftung tritt neben die aus den §§ 823 ff. und gilt für alle Produkte, die nach dem 1.1.1990 in Verkehr gebracht wurden, vgl. § 16 ProdHaftG. Da das Verschulden keine Rolle spielt, gibt es auch keine Exkulpationsmöglichkeit, etwa für „Ausreißer". Die einzigen Entlastungsgründe sind in § 1 II ProdHaftG angeordnet. Die Haftung bezieht sich nur auf Folgeschäden, nicht auf das fehlerhafte Produkt selbst, § 1 I 2. Der Begriff des Herstellers ist weit gefasst, vgl. § 4 ProdHaftG.[9] Bei Sachschäden besteht eine Selbstbeteiligung von 500 €, § 11. Neben der Haftung aus dem Produkthaftungsgesetz bleibt die bisherige, vom BGH entwickelte

---

4 Vgl. Palandt/*Grüneberg* § 278 Rn. 13; *Looschelders* SchuldR AT § 23 Rn. 35.

5 Vgl. *Eidenmüller* JZ 2001, 283 (286); *Zimmermann* u. a. JZ 2001, 684 (689 f.); im Ergebnis ebenso *Canaris* ZRP 2001, 329 (335).

6 Vgl. BT-Drs. 14/6040, 224, 229.

7 Man könnte auch die Meinung vertreten, es sei hier § 437 Nr. 3 i. V. m. §§ 280, 281 anzuwenden, denn auch der Mangelfolgeschaden ist ein Schaden aus der Nichterfüllung der Pflicht aus § 433 I 2. § 281 fordert über die Voraussetzungen des § 280 hinaus eine Fristsetzung zur Leistung oder Nacherfüllung, bei Mangelfolgeschäden kommt jedoch eine Leistung oder Nacherfüllung nicht in Betracht. Es ist daher zutreffend, § 280 direkt anzuwenden, vgl. auch oben Fall 6 I 2a.

8 Es beruht auf Art. 19 der EG-Richtlinie zur Produkthaftung vom 25.7.1985, abgedruckt bei *Taschner/Frietsch*, Produkthaftungsgesetz und EG-Produkthaftungsrichtlinie, 2. Aufl. 1990, 1 ff.; *Schmidt-Salzer*, Produkthaftung, III/1, 2. Aufl. 1990, 30 ff. Wegen der Rechtsprechung zur Produkthaftung vgl. den Kommentar von *Kullmann*, ProdHaftG, Kommentar, 6. Aufl. 2010.

9 Zur Ermittlung des Herstellers und zum „Quasihersteller" nach § 4 I 2 ProdHaftG vgl. BGH NJW 2005, 2695 und dazu *Wagener/Wahle* NJW 2005, 3179.

deliktsrechtliche Regelung der Produzentenhaftung[10] in Geltung, § 15 II ProdHaftG,[11] welche in vielen Punkten über die Haftung aus dem Produkthaftungsgesetz hinausgeht.[12] In der Praxis hat die deliktsrechtliche Regelung nach § 823 I eine größere Bedeutung als das Produkthaftungsgesetz.

V haftet dem *E* nach § 1 I 1 ProdHaftG, wenn er Hersteller gemäß § 4 ProdHaftG ist. Danach haftet gemäß Absatz 2 und 3 ein Händler nur, wenn er das Produkt aus Drittstaaten in den EWR eingeführt hat oder wenn der wirkliche Hersteller nicht feststellbar ist; beides ist hier nicht gegeben. *V* haftet dem *E* nicht nach § 1 ProdHaftG.

4. Anspruch aus § 823 I

V hat dem *E* einen mangelhaften Pkw geliefert und dadurch adäquat die Gesundheit des *E* verletzt und alle daraus entstehenden Schäden für *E* verursacht. Ob *V* auch das Eigentum des *E* am Pkw verletzt hat, ist dagegen fraglich. Der Pkw war durch den Einbau des fehlerhaften Teils von vornherein insgesamt fehlerhaft und unbrauchbar. *V* hat ihn dem *E* bereits mit diesem Mangel übereignet. Das Liefern einer mangelhaften Sache stellt aber keine Eigentumsverletzung an dieser Sache dar.[13] Hier ist indessen nicht lediglich eine fehlerhafte Sache geliefert worden, sondern dem *E* ist ein weiterer, darüber hinausgehender Schaden entstanden: Der gelieferte Pkw war zwar mangelhaft, stellte aber dennoch wegen der Teile, die in Ordnung waren, einen erheblichen Wert dar. Dieser Wert wurde durch den Unfall vernichtet, welcher durch das fehlerhafte Einzelteil verursacht wurde. Ob hierin eine Eigentumsverletzung i. S. d. § 823 I gesehen werden kann, ist umstritten. Man könnte meinen, das sei praktisch von geringer Bedeutung, da dem *E* gegen *V* jedenfalls ein Rücktrittsrecht gemäß § 437 Nr. 2 zustehe und danach ein Anspruch auf Rückgabe des Kaufpreises nach § 346. Aber abgesehen davon, dass damit *E* nicht für seine Schäden aus der Körperverletzung entschädigt wird, sind die Verjährungsfristen beider Regelungen unterschiedlich. Als die Lehre vom „weiterfressenden Schaden" entwickelt wurde, verjährte der Anspruch auf Wandelung gemäß dem alten § 477 in sechs Monaten ab Übergabe, während die Ansprüche aus § 823 gemäß § 852 a. F. erst in drei Jahren verjährten. Der Unterschied ist heute in gleicher Weise gravierend: Ansprüche wegen eines kaufrechtlichen Sachmangels verjähren gemäß § 438 in zwei Jahren nach Ablieferung der Sache, deliktische Ansprüche nach § 195 in frühestens drei Jahren, bei Körperverletzungen möglicherweise jedoch erst in dreißig Jahren, bei Sachbeschädigungen möglicherweise erst in zehn Jahren, vgl. § 199 II, IV.

Ursprünglich sahen sowohl die h. M. wie der BGH in der Lieferung einer fehlerhaften Sache keine Eigentumsverletzung, wenn infolgedessen nur die gelieferte Sache selbst beschädigt oder zerstört wurde. Nur wenn infolge des Mangels der gelieferten Sache andere Sachen des Empfängers oder Dritter beschädigt wurden, wurde eine Eigentumsverletzung bejaht.[14] Später ist die Rechtsprechung von diesem Grundsatz jedoch abgewichen und hat die Lehre vom „weiterfressenden Schaden" begründet. Bestehe der Mangel einer gelieferten Sache in einem fehlerhaften Teil, während der

---

[10] Es kann terminologisch zwischen der Produkthaftung nach dem Produkthaftungsgesetz und der Produzentenhaftung nach den §§ 823 ff. unterschieden werden; zu Letzterer sogleich II 4, III 3.

[11] Vgl. Palandt/*Sprau* ProdHaftG § 15 Rn. 7.

[12] Vgl. *Medicus/Petersen* BürgerlR Rn. 650; auch *Honsell* JuS 1995, 211.

[13] H. M., vgl. BGHZ 39, 367; Palandt/*Sprau* § 823 Rn. 178; *Kötz/Wagner* Rn. 150 ff.; *Fikentscher/Heinemann* Rn. 1564 f.

[14] BGHZ 39, 366; 55, 392; BGH NJW 1981, 2250.

Rest der Sache mangelfrei sei, so sei eine Eigentumsverletzung an der gesamten Sache darin zu sehen, dass der Fehler des Einzelteils gewissermaßen in der im Übrigen mangelfreien Sache „weiterfresse" und diese zerstöre.[15] Später hat der BGH seine Ansicht dahin modifiziert, die Annahme einer Eigentumsverletzung setze voraus, dass der an der Sache entstandene Schaden nicht „stoffgleich" sei mit dem gelieferten mangelhaften Teil.[16] Denn dann werde nicht das Äquivalenzinteresse des Käufers (an der gelieferten Sache) beeinträchtigt, sondern das Integritätsinteresse (an seinem Vermögen).

Die Ansicht des BGH ist auf berechtigte Kritik gestoßen,[17] denn der Käufer kauft nicht eine fehlerhafte Sache und außerdem noch eine weitere Reihe von Einzelteilen, sondern eine einheitliche, fehlerhafte Sache. Die Lehre vom „weiterfressenden Schaden" ist dogmatisch unhaltbar.

Hier ist also in der Lieferung des mangelhaften Pkw durch *V* an *E* keine Eigentumsverletzung des *V* am Pkw des *E* zu sehen. Ein Anspruch aus § 823 I wegen Eigentumsverletzung entfällt, ein Anspruch aus § 823 I wegen Körperverletzung entfällt mangels Verschuldens des *V*.

II. Ansprüche des E gegen F

1. Anspruch aus Vertrag

a) Anspruch aus Garantievertrag, § 443

Zwischen *F* und *E* könnte – über *V* als Boten – ein Garantievertrag über die Mangelfreiheit des von *F* produzierten Pkw abgeschlossen worden sein. Ein solcher stillschweigend abgeschlossener Vertrag zwischen Hersteller und Endabnehmer wird bisweilen angenommen.[18] Der Einstandswille des Herstellers wird dann der Tatsache entnommen, dass er Werbung für die Ware betreibt, sie mit Gütezeichen versieht usw. Daraus einen Garantievertrag zu konstruieren läuft indessen auf eine Fiktion hinaus: Der Wille des Herstellers, eine Garantiepflicht zu übernehmen, ist regelmäßig nicht vorhanden.[19] Selbst wenn aber ein Garantievertrag vorläge – etwa weil der Hersteller eine Garantiekarte beigefügt hat –, würde sich die übernommene Garantie regelmäßig nur auf die gelieferte Sache erstrecken, nicht auf Folgeschäden.

---

15 BGHZ 67, 359 („Schwimmerschalter"); zum Pkw mit fehlerhaften Reifen vgl. BGH NJW 1978, 2241 und neuerdings NJW 2004, 1032; dazu *Gsell* NJW 2004, 1913. Zum weiterfressenden Schaden auch *Koch,* Produkthaftung, 1995, 117 ff.; *v. Westphalen* MDR 1998, 805 (807).

16 BGHZ 86, 256; BGH NJW 1983, 812; NJW 1985, 2420; NJW 1992, 1678; JZ 1992, 801; vgl. dazu *Franzen* JZ 1999, 702; *Koch,* Produkthaftung, 1995, 137 ff.; *Looschelders* SchuldR BT Rn. 181.

17 Vgl. MüKoBGB/*Wagner* § 823 Rn. 252; *Kötz/Wagner,* Rn. 150 ff.; *Esser/Weyers* SchuldR BT I § 6 III 2; *Brüggemeier,* Deliktsrecht, 1986 Rn. 315 ff.; *Schubert* JR 1977, 458 f.; *Schwark* AcP 179 (1979), 57; *Lieb* JZ 1977, 345 f.; *Rengier* JZ 1977, 346 f.; *Marburger* AcP 192 (1992), 1 (6 f.); *Tiedtke* NJW 1990, 2961; *Koch,* Produkthaftung, 1995, 147 ff.; *Timme* JuS 2000, 1154 sowie die lesenswerte Entscheidung LG Karlsruhe NJW-RR 1987, 1511 f. Zur Anwendung der Lehre vom „weiterfressenden Schaden" nach der Schuldrechtsreform von 2002 vgl. etwa *Grigoleit* ZGS 2002, 78; *Foerste* FS v. Westphalen, 2010, 161; *Staudinger* ZGS 2002, 145 f.

18 Vgl. etwa *Müller* AcP 165 (1965), 285; zur Produzentenhaftung vgl. auch *Leßmann* JuS 1978, 433; *Hager* AcP 184 (1984), 413 (436 f.).

19 Vgl. BGHZ 51, 98; 78, 372; *Larenz* SchuldR BT § 41a; *Kupisch/Krüger* 96; *Baumgärtel* JA 1984, 660 (661); *Littbarski* JuS 1983, 345 (347).

Mit einem fingierten Garantievertrag lässt sich das Problem der Produkthaftung nicht lösen.

b) Anspruch aus Vertrag mit Schutzwirkung für Dritte (§ 311 III 1)

E könnte aus dem Kaufvertrag der *F* mit *V* einen Anspruch haben, wenn dieser Liefervertrag auch zugunsten Dritter, d. h. zugunsten der Endabnehmer abgeschlossen wurde. *F* müsste in dem Vertrag mit *V* also – stillschweigend – Schutzpflichten gegenüber *E* übernommen haben. Dass jemand Schutzpflichten auch gegenüber anderen Personen als dem Vertragspartner übernehmen kann, ist unstreitig. Eine stillschweigende Vereinbarung dieses Inhalts kann man aber nur unter eng begrenzten Umständen annehmen: Die h. M. fordert einmal die „Leistungsnähe", die nur anzunehmen ist, wenn bestimmungsgemäß ein Dritter mit dem Leistungsobjekt in Berührung kommt und den von ihr ausgehenden Gefahren unterworfen wird. Sodann wird eine „Gläubigernähe" vorausgesetzt. Während man anfangs eine personenrechtliche Fürsorgepflicht des Vertragspartners gegenüber den zu schützenden Personen forderte, hat man später den Kreis der zu schützenden Personen ausgedehnt: Geschützt sind Personen, an deren Schutz der Vertragspartner erkennbar ein besonderes Interesse hat.[20] Dass er diese Person schützen will und zu ihren Gunsten eine Schutzpflicht des anderen Vertragspartners mit diesem vereinbart, kann zwanglos angenommen werden; denn es handelt sich bei der Frage des „Vertrages mit Schutzwirkung zugunsten Dritter" um ein Problem der Vertragsauslegung. Bei anderen Personen, denen gegenüber ein solches Schutzinteresse des Vertragspartners nicht erkennbar ist, ist eine Schutzvereinbarung mit dem anderen Vertragspartner regelmäßig nicht anzunehmen, es besteht keine Veranlassung zu einer solchen Vereinbarung. Es wäre eine Fiktion, dennoch von einer Vereinbarung zum Schutz Dritter auszugehen.[21] *V* hat kein erkennbares Interesse, zugunsten des *E* eine Schutzvereinbarung mit *F* zu treffen; ein Vertrag mit Schutzwirkung zugunsten des *E* liegt somit zwischen *V* und *F* nicht vor.

c) Anspruch aus Schadensliquidation im Drittinteresse

E könnte dann einen Schadensersatzanspruch aus dem Vertrag *V–F* haben, wenn der Gedanke der Schadensliquidation im Drittinteresse hier anwendbar wäre. Dieses Rechtsinstitut enthält eine Ausnahme von dem Grundsatz, dass Schadensersatz immer nur der unmittelbar Geschädigte verlangen kann, d. h. also der Vertragspartner als Inhaber des verletzten Anspruchs oder der Inhaber des geschützten Rechts im Deliktsrecht.[22] Hiervon wird eine Ausnahme dann nötig, wenn bei einer Schädigung der wirtschaftliche Schaden nicht beim Inhaber des verletzten Rechts eintritt, sondern bei einem Dritten, und zwar deshalb, weil zwischen Rechtsinhaber und Drittem besondere Rechtsbeziehungen bestehen, die den Schaden verlagern. Typisch für die Schadensliquidation im Drittinteresse ist also die Verlagerung des Schadens vom Inhaber des verletzten Rechts auf einen Dritten aufgrund besonderer Rechtsbeziehungen. Eine solche Schadensverlagerung kann

---

[20] Vgl. etwa Palandt/*Grüneberg* § 328 Rn. 16 ff.

[21] Vgl. BGHZ 51, 96; *Medicus* Gesetzl. Schuldverhältnisse, 61; *Larenz* SchuldR BT § 41a; *Berg* JuS 1977, 364.

[22] Ein Fall der Drittschadensliquidation ist geregelt in § 421 I 2 HGB: Der Empfänger einer Ware kann den Schadensersatzanspruch, den der Absender hat, im eigenen Namen gegen den Frachtführer geltend machen. Die Vorschrift wendet die von der Rechtswissenschaft entwickelte Lehre von der Drittschadensliquidation auf diesen speziellen Fall an.

etwa eintreten bei der Anwendung des § 275,[23] bei § 447,[24] bei der mittelbaren Stellvertretung.[25] Entscheidend ist immer, dass der Schaden ohne die besondere Rechtsbeziehung zu dem Dritten beim Inhaber des verletzten Rechts selbst eingetreten wäre.

Im gegebenen Fall hat keine Schadensverlagerung stattgefunden: *E*, dessen Anspruch aus dem Vertrag mit *V* verletzt wurde und dessen geschützte Rechtsgüter beeinträchtigt wurden, hat selbst den Schaden. Es liegt keine der anerkannten Fallgruppen einer Drittschadensliquidation vor. Auch die Drittschadensliquidation ist kein geeignetes Mittel, dem Problem der Produzentenhaftung beizukommen.[26]

2. Anspruch aus Vertrauenshaftung

In der Literatur findet sich eine große Anzahl von Meinungen, welche eine Haftung des Herstellers gegenüber dem Endabnehmer dadurch begründen will, dass der Verbraucher auf einwandfreie Beschaffenheit der Ware vertraue, die der Hersteller in Verkehr gebracht habe. Dabei wird z. T. eine Garantiehaftung des Herstellers nach dem Vorbild ausländischer Rechte postuliert, doch findet das in der deutschen Rechtsordnung keinerlei Grundlage. Z. T. wird § 122 analog angewendet, wobei aber darüber hinweggegangen wird, dass § 122 von einer Fallgestaltung ausgeht, die von dem Problem der Produkthaftung völlig verschieden ist: Es handelt sich um das Vertrauen auf eine Willenserklärung, auf ein gegebenes Wort, ein Tatbestand, der hier gerade nicht vorliegt. Auch Werbung, Gütezeichen und dergleichen lassen nicht auf einen rechtsgeschäftlichen Bindungswillen schließen. Z. T. wird schließlich eine analoge Anwendung der Grundsätze der *culpa in contrahendo* vorgeschlagen: Der Hersteller, der gefährliche Waren herstelle, trage eine Verkehrssicherungspflicht, dafür zu sorgen, dass niemand durch die Produkte zu Schaden komme; diese Pflicht entstehe aus einem besonderen sozialen Kontakt, aus dem Vertrauen des Verbrauchers in die Ungefährlichkeit der Produkte des Herstellers. Diese Ansicht – wie auch die vorher genannten – verwischt die Grenzen zwischen vertraglicher und deliktischer Haftung, die Anwendung der Grundsätze der *culpa in contrahendo* ist nicht zuzulassen, da der Verbraucher gerade nicht mit dem Hersteller in Kontakt gekommen ist, was Voraussetzung wäre.[27]

---

[23] Etwa: *E*, Erbe, ist mit einem Vermächtnis zu Gunsten des *G* belastet, *X* zerstört die vermachte Sache. *E* ist durch *X* in seinem Eigentumsrecht verletzt (§ 823 I), aber er hat keinen Schaden: Er ist gemäß § 275 I von der Herausgabepflicht frei geworden, den Schaden hat der Dritte *G*.

[24] Etwa: Verkäufer *V* sendet die verkaufte Sache dem Käufer *K* gemäß § 447 zu, auf dem Transport wird die Sache durch *X* schuldhaft zerstört (§ 823 I). Inhaber des verletzten Eigentumsrechts ist *V*, aber er hat keinen Schaden: Gemäß §§ 447, 275 wird *V* von seiner Lieferpflicht frei, gemäß §§ 447, 326 II behält er den Anspruch auf den Kaufpreis; den Schaden hat *K*. Beim Verbrauchsgüterkauf ist die Anwendbarkeit des § 447 allerdings gemäß § 475 II eingeschränkt.

[25] *X* beauftragt den *K*, bei *V* im eigenen Namen (des *K*) für ihn, *X*, eine Sache zu erwerben. Das geschieht, *V* kommt mit der Lieferung in Verzug. *K*, der Inhaber des Anspruchs aus § 433 I, hat durch Verzug keinen Schaden, wohl aber (möglicherweise) *X*. Diesen Schaden kann *K* für *X* im Wege der Drittschadensliquidation gegen *V* geltend machen. Vgl. dazu *Larenz* SchuldR AT § 27 IV b.

[26] Vgl. BGHZ 40, 91 (105), Ledergürtelfall; BGHZ 51, 93 f.; *Larenz* SchuldR BT § 41a; *Medicus* Gesetzl. Schuldverhältnisse, 110; *Kupisch/Krüger* 98.

[27] Vgl. zur Vertrauenshaftung BGHZ 51, 99; *Larenz* SchuldR BT § 41a; *Baumgärtel* JA 1984, 660 (662).

3. Ansprüche aus §§ 1 I 1, 8 S. 2 ProdHaftG

F müsste Herstellerin eines fehlerhaften Produkts gemäß § 4 ProdHaftG sein. In ihrer Fabrik wurde der betreffende Pkw hergestellt, er ist eine bewegliche Sache, also ein Produkt im Sinne der Vorschrift des § 2 ProdHaftG. *F* ist somit Herstellerin eines Endproduktes nach § 4 ProdHaftG. Dass sie selbst nicht die fehlerhafte Schubstrebe hergestellt hat, spielt nach dem Wortlaut des § 4 keine Rolle.

Der Pkw muss fehlerhaft sein, d. h. er darf nicht die Sicherheit bieten, die man berechtigterweise erwarten kann, § 3 ProdHaftG.[28] Die hintere Schubstrebe war bei zu niedriger Temperatur geschmiedet worden und daher brüchig. Da dies nur bei einem Einzelstück geschah und nicht aufgrund falscher Konstruktion bei allen, liegt ein Fabrikationsfehler vor. Das Erfordernis des Schmiedens bei höherer Temperatur war bekannt, da es sonst immer eingehalten wurde. Also war der Pkw zum Zeitpunkt des Inverkehrbringens fehlerhaft.

Durch die Zerstörung des Pkw infolge seines Fehlers kam es zu Sach- und Körperschäden. *E* kann den Fehler,[29] den Schaden und die Kausalität[30] zwischen beiden auch beweisen, was gemäß § 1 IV ProdHaftG erforderlich ist. Von der Haftung wird der Hersteller nur freigestellt, wenn er sich nach § 1 II entlasten kann;[31] solche Entlastungsgründe bestehen hier nicht. Fraglich ist jedoch, ob die oben genannten Schäden unter den Schadensbegriff des Gesetzes fallen. Für den Körperschaden ist dies nach § 1 I 1 zu bejahen. Bei Sachschäden tritt die Haftung jedoch nur dann ein, wenn sie an anderen Sachen als dem fehlerhaften Produkt aufgetreten sind, § 1 I 2. Damit ergibt sich hier ein ähnliches Problem wie das des „weiterfressenden Schadens“ bei § 823 I, vgl. oben I 4. Die Regelung, dass die Haftung für das fehlerhafte Produkt selbst ausgenommen wird, wurde entgegen den Wünschen der Verbraucherschutzverbände durchgesetzt, damit vertragliche Regelungen (Sachmängelhaftung) nicht unterlaufen werden. Entsteht in solchen Fällen der Schaden erst nach Ablauf der Gewährleistungsfrist, so muss der Verbraucher auf die allgemeine Deliktshaftung zurückgreifen.[32]

Fraglich ist, wofür der Hersteller haftet und was von der Haftung ausgenommen ist. Ausgangspunkt ist der in § 1 I 1 ProdHaftG verwendete Begriff des „Produkts“, der in Satz 2 in Beziehung gesetzt wird zum Begriff der „Sache“: Der Sachbegriff ist weiter als der Begriff des Produkts, nicht jede Sache ist ein Produkt. Der Hersteller haftet für sein Produkt, aber nicht für Schäden an seinem Produkt, sondern nur für

---

[28] § 3 ProdHaftG geht von einem anderen Fehlerbegriff aus als das Gewährleistungsrecht des BGB. Das Gewährleistungsrecht soll das subjektive Nutzungs- und Äquivalenzinteresse des Vertragspartners schützen, das Produkthaftungsgesetz schützt das objektive Integritätsinteresse jedes Benutzers, vgl. Palandt/*Sprau* ProdHaftG § 3 Rn. 1.

[29] Es reicht aus, wenn *E* die Existenz des Fehlers zur Zeit des Unfalls beweist; gemäß § 1 II 2, IV 2 ProdHaftG wird dann vermutet, dass der Fehler schon zur Zeit des Inverkehrbringens bestanden hat.

[30] Eine Beweislastumkehr bezüglich der Kausalität kennt das Produkthaftungsgesetz ebenso wenig wie das übrige Deliktsrecht, vgl. BGH NJW 1991, 1948 ff. Ausnahmsweise wird in § 6 I 1 Umwelthaftungsgesetz die Kausalität vermutet, „wenn eine Anlage nach den Gegebenheiten des Einzelfalles geeignet [ist], den entstandenen Schaden zu verursachen“; vgl. dazu *Fuchs* 326 ff.; *Larenz/Canaris* SchuldR BT II § 84 V 2c. Die Rechtsprechung nimmt auch für die §§ 823 ff. in besonderen Einzelfällen eine Kausalitätsvermutung an, vgl. etwa BGHZ 104, 323 ff.; BGH NJW 1993, 528 ff.; NJW 1994, 945 f., und die Fälle bei Palandt/*Sprau* § 823 Rn. 184.

[31] Wenn er z. B. das Produkt nicht in den Verkehr gebracht hat.

[32] *Taschner/Frietsch*, Produkthaftungsgesetz und EG-Produkthaftungsrichtlinie, 2. Aufl. 1990, Richtlinie Art. 9 Rn. 15.

Schäden an anderen Sachen. Eine Haftung der *F* nach § 1 ProdHaftG für die Zerstörung des Pkw käme also nur in Betracht, wenn *F* als Hersteller der fehlerhaften Schubstrebe angesehen werden könnte, welche dann die Zerstörung des restlichen Pkw verursacht hätte. Eine solche Auslegung des § 1 I ProdHaftG ist aber offenbar ausgeschlossen. Produkt der *F* ist nicht die Schubstrebe, sondern der Pkw.

Für § 1 I ProdHaftG ist also eine Konstruktion, wie sie die Rechtsprechung mit der Figur des „weiterfressenden Schadens" geschaffen hat, von vornherein ausgeschlossen. Es ist nicht möglich, das Produktionsergebnis eines Herstellers in fehlerhafte und fehlerfreie Einzelteile zu zerlegen und diese selbst wieder als Produkte eben dieses Herstellers zu bezeichnen. Nur das gesamte Produktionsergebnis eines Herstellers ist dessen Produkt, und dafür haftet er nach § 1 I 2 ProdHaftG nicht. Dieses Ergebnis entspricht nicht nur der Verkehrsanschauung, sondern auch der Intention des Gesetzgebers, welcher die Anwendung der Konstruktion des „weiterfressenden Schadens" für das Produkthaftungsgesetz ausschließen wollte. Der Entwurf der Bundesregierung von 1988[33] stellt auf die Verkehrsanschauung ab, so dass das Endprodukt immer als eine einheitliche Sache aufzufassen ist. Das entspricht auch der herrschenden Ansicht, welche eine Haftung für das „Restprodukt" bei einem fehlerhaften Teilstück ablehnt.[34]

Danach stellt der Pkw insgesamt das fehlerhafte Produkt dar. *F* hat den Pkw zu einer Einheit zusammengebaut und auch als solche geliefert. Nach der Verkehrsauffassung ist der Pkw als einheitliche Sache anzusehen. *F* muss für den zerstörten Pkw keinen Ersatz leisten. *E* hat einen Anspruch nur wegen seines Körperschadens.[35] Außerdem kann er Schmerzensgeld nach § 8 S. 2 ProdHaftG verlangen.

4. Anspruch aus § 823 I i. V. m. den Grundsätzen über die Produzentenhaftung

F hat einen mangelhaften Pkw in Verkehr gebracht und dadurch adäquat die Gesundheit des *E* verletzt und alle daraus entstehenden Schäden für *E* verursacht. Ob *F* auch das Eigentum des *E* am Pkw verletzt hat, ist fraglich. Das Liefern einer mangelhaften Sache stellt keine Eigentumsverletzung an dieser Sache dar. Eine Eigentumsverletzung der *F* gegenüber *E* könnte man nur bejahen, wenn man sich der Konstruktion vom „weiterfressenden Schaden" der Rechtsprechung anschlösse, vgl. oben I 4. Diese Konstruktion ist aber abzulehnen. *F* hat also nur den Körper des *E*, nicht sein Eigentum i. S. v. § 823 I verletzt.

Problematisch ist das Verschulden der *F*. *F* bestreitet jedes Verschulden, ohne aber auf Einzelheiten einzugehen. Grundsätzlich ist es Sache des Geschädigten, ein Verschulden des Schädigers zu beweisen. In den Fällen, in welchen es um eine *Pro-*

---

33 BT-Drs. 11/2447, 13.

34 *Kullmann*, ProdHaftG, Kommentar, 6. Aufl. 2010, § 1 Rn. 6 ff.; *Taschner/Frietsch*, Produkthaftungsgesetz und EG-Produkthaftungsrichtlinie, 2. Aufl. 1990, Richtlinie Art. 9 Rn. 15; ProdHaftG § 1 Rn. 38 ff.; *Schmidt-Salzer/Hollmann*, Kommentar zur EG-Richtlinie Produkthaftung, I, 1986, Art. 9 Rn. 27, und in BB 1987, 1404 (1406); *Larenz/Canaris* SchuldR BT II § 84 VI 1c; *Fuchs* 333; *Kötz/Wagner* Rn. 656; *Fikentscher/Heinemann* Rn. 1621; *Tiedtke* NJW 1990, 2961; *Marburger* AcP 192 (1992), 1 (6 ff.) – A. A. *v. Westphalen* Jura 1992, 511 (513 f.); *Sack* VersR 1988, 439; *Buchner* DB 1988, 32 (36). Der von dieser Ansicht vorgebrachte Hinweis auf § 2 ProdHaftG, wonach ein Produkt auch Teil einer Sache sein kann, verfängt jedoch nicht. Die Vorschrift stellt klar, dass eine Sache nicht ihre Eigenschaft als „Produkt" verliert, wenn sie als Teil in eine andere Sache eingebaut wird. Dass dagegen auch Teile eines Endprodukts als Produkt desselben Herstellers behandelt werden können, ergibt sich daraus nicht. – Der BGH hat zu der Frage noch nicht Stellung genommen, s. etwa *Kullmann*, ProdHaftG, Kommentar, 6. Aufl. 2010, § 1 Rn. 6 ff.

35 Der Haftungshöchstbetrag nach § 10 I ProdHaftG (85 Millionen €) wird nicht erreicht.

duzentenhaftung geht, wird der Abnehmer indessen kaum einmal in der Lage sein, ein Verschulden des Herstellers zu beweisen. Denn als Außenstehender kann der Abnehmer keinen Einblick in den Betrieb des Herstellers haben; er kann nicht wissen, ob die Produktionsmethoden einwandfrei sind, ob zuverlässig gearbeitet wird, ob die Produktion im erforderlichen Maße überwacht wird, ob der Betrieb fehlerfrei organisiert ist usw. Darüber kann nur der Hersteller Auskunft geben. Es ist also angemessen, dem Hersteller die Darlegungs- und Beweislast für sein mangelndes Verschulden aufzuerlegen,[36] andernfalls würde man den Abnehmer von vornherein rechtlos stellen. Man kann sich für diese Darlegungs- und Beweislastverteilung auf die Wertung des Gesetzes berufen, das in vergleichbaren Fällen dem diese Lasten auferlegt, der allein die Vorgänge in seinem Lebensbereich kennen und aufklären kann, vgl. §§ 280 I 2, 286 IV, 831 ff., 836 ff. Nach den Grundsätzen der Produzentenhaftung muss *F* demnach darlegen und beweisen, dass sie an den Rechtsgutsverletzungen, die sie dem *E* verursacht hat, kein Verschulden trifft.

Das fehlerhafte Teil (Schubstrebe) ist allerdings nicht im Betrieb der *F* produziert worden, sondern im Betrieb des *P;* im Betrieb der *F* wurde das Teil nur eingebaut. Dennoch sind auch auf *F* die Grundsätze der Produzentenhaftung anzuwenden: Auch wer ein Produkt aus Teilen, die er von anderen bezieht, zusammensetzt, ist Hersteller im Sinne der Produzentenhaftung und haftet nach diesen Grundsätzen für das Produkt, das er in den Verkehr bringt.[37] Nun steht aber fest, dass das fehlerhafte Teil von *P* produziert wurde, dass also die *F* ein Verschulden bei der Herstellung des fehlerhaften Teils nicht treffen kann. Ein Verschulden der *F* kann aber darin liegen, dass sie die von *P* übernommenen Teile nicht auf ihre Mangelfreiheit untersucht hat. Wer fremde Teile in seine Produkte einbaut, darf sich nicht ohne weiteres darauf verlassen, dass sie einwandfrei sind,[38] er haftet vielmehr grundsätzlich auch für zugelieferte Teile.

Eine Prüfungspflicht entfällt nur dann, wenn der Hersteller aufgrund objektiver Anhaltspunkte von der mangelfreien Beschaffenheit der gelieferten Teile überzeugt sein darf.[39] *F* hat nicht dargelegt, wieso sie sich auf die Mangelfreiheit der von *P* gelieferten Teile verlassen durfte, wieso also eine eigene Prüfung der Teile überflüssig gewesen wäre. Die Möglichkeit eines Verschuldens ist somit keinesfalls ausgeräumt. Die *F* hat auch nicht dargelegt, dass die Teile in ihrem Betrieb geprüft worden wären und dass die Herstellung des fehlerhaften Pkw nicht auf einem Verschulden beruhte. Infolge der nicht ausgeräumten Verschuldensvermutung ist daher von einem Verschulden der *F* auszugehen. Damit liegen die Voraussetzungen des § 823 I vor. *E* kann von *F* Ersatz der Schäden verlangen, die ihm aus der Gesundheitsverletzung entstanden sind, einschließlich eines Schmerzensgeldes nach § 253 II.

III. Ansprüche des E gegen P

1. Ansprüche aus §§ 1 I 1, 8 S. 2 ProdHaftG

Hersteller i. S. v. § 1 I ProdHaftG ist nicht nur der Hersteller des Endprodukts (hier: *F*), sondern gemäß § 4 I 1 ProdHaftG auch der Hersteller eines Teilproduktes, das

[36] So BGHZ 51, 104 ff.; 59, 309; BGH NJW 1991, 1948; NJW-RR 1993, 988; NJW 1996, 2507 f.; NJW 1999, 1028 f.; *Fikentscher/Heinemann* Rn. 1619; *Medicus* Gesetzl. Schuldverhältnisse, 61; *Diederichsen* VersR 1984, 797; *Baumgärtel* JA 1984, 660.

[37] Vgl. BGH JZ 1976, 524 f.; JuS 1978, 129 f.; Palandt/*Sprau* § 823 Rn. 181; MüKoBGB/*Wagner* § 823 Rn. 786 ff.

[38] Vgl. BGH JZ 1976, 525; NJW 1988, 2611.

[39] BGH VersR 1960, 855; JuS 1978, 129.

zum Einbau in ein Endprodukt bestimmt ist. Hier hat *P* in seinem Betriebe die Schubstreben hergestellt, die von *F* in die von ihr produzierten Pkw eingebaut wurden. *P* ist also Hersteller eines Teilproduktes im Sinne des § 4 I 1. Die Schubstreben verlieren auch ihre Eigenschaft als „Produkt" i. S. d. Produkthaftungsgesetzes nicht dadurch, dass sie als Teile in die Pkw eingebaut werden, vgl. § 2 ProdHaftG: Auch bewegliche Sachen, die in andere bewegliche oder unbewegliche Sachen eingefügt werden, fallen unter den Produktbegriff. Die Schubstrebe ist eine bewegliche Sache, die in den Pkw eingebaut, also ein Teil davon wurde; folglich ist sie ein Produkt i. S. d. Gesetzes.[40] Die Schubstrebe war falsch geschmiedet und deshalb fehlerhaft i. S. d. § 3 ProdHaftG. *P* haftet für die Schubstrebe nach § 1 I ProdHaftG. *E* als Geschädigter kann den Fehler, den Schaden und auch die Kausalität zwischen beiden beweisen, § 1 IV ProdHaftG. Eine Haftung des *P* entfällt jedoch dann, wenn er sich nach § 1 II, III ProdHaftG entlasten kann. Eine solche Möglichkeit ist hier jedoch nicht gegeben. *P* haftet dem *E* somit auf Ersatz seines Körperschadens. Fraglich ist, ob er auch für den Sachschaden am Pkw haftet.

Nach § 1 I 2 ProdHaftG haftet der Hersteller nicht für das fehlerhafte Produkt selbst. *P* hat die fehlerhafte Schubstrebe produziert, für sie haftet er nicht. Haftet er für den Schaden am übrigen Pkw? Die Frage ist gemäß dem Wortlaut und dem Zweck des Gesetzes[41] zu bejahen. Produkt des *P* ist die Schubstrebe, mit dem Abtransport aus der Fabrik des *P* ist sie in den Verkehr gebracht. Verursacht sie danach Schäden an anderen Sachen, z. B. auch an denen, in die sie eingebaut wird, so haftet der Zulieferer dafür.[42]

Nach einer anderen Ansicht soll der Hersteller eines fehlerhaften Teils, das in ein Endprodukt eingefügt wurde, zwar für alle Schäden haften, die daraus entstehen, ausgenommen jedoch die Schäden am Endprodukt selbst.[43] Diese Ausnahme erscheint willkürlich, sie widerspricht dem Gesetz, es lässt sich für sie kein überzeugender Grund finden. Mit der abzulehnenden Lehre vom „weiterfressenden Schaden" hat das Problem nichts zu tun. Hier wird nicht ein einheitliches Vertragsobjekt künstlich in seine Einzelteile zerlegt, vielmehr wird vom Produkt und Vertragsobjekt ausgegangen: Für dieses wird gemäß § 1 I 2 ProdHaftG nicht gehaftet, wohl aber für alle übrigen Sachen.

Demnach kann *E* von *P* für den Körperschaden Ersatz verlangen sowie für den Schaden am restlichen Pkw, soweit der Schaden den Betrag von 500 € übersteigt, §§ 1 I 1, 11 ProdHaftG. Außerdem kann er Schmerzensgeld nach § 8 S. 2 ProdHaftG verlangen.

2. Anspruch aus § 831

Die Mitarbeiter des *P* in seinem Produktionsbetrieb sind seine Verrichtungsgehilfen, für welche er nach § 831 haftet. Voraussetzung für die Haftung ist zunächst, dass einer der Verrichtungsgehilfen den objektiven Tatbestand einer Deliktsnorm erfüllt

---

40 *Taschner/Frietsch*, Produkthaftungsgesetz und EG-Produkthaftungsrichtlinie, 2. Aufl. 1990, ProdHaftG § 2 Rn. 40; Palandt/*Sprau* ProdHaftG § 2 Rn. 1.

41 Dem durch das Produkt Geschädigten soll die Möglichkeit gegeben werden, von mehreren den in Anspruch zu nehmen, von dem er am sichersten Ersatz erhalten kann, vgl. *Fuchs* 341 f.

42 H. M., vgl. etwa *Schmidt-Salzer/Hollmann*, Kommentar zur EG-Richtlinie Produkthaftung, I, 1986, Art. 9 Rn. 28; *Fuchs* 341 f.; *Kötz/Wagner* Rn. 649; *v. Westphalen* Jura 1992, 511 (513).

43 *Larenz/Canaris* SchuldR BT II § 84 VI 1c; *Tiedtke* NJW 1990, 2961 ff.; *Marburger* AcP 192 (1992), 1 (8 f.).

und dadurch die Rechte des *E* verletzt hat. *P* bestreitet, dass sich einer seiner Mitarbeiter fehlerhaft verhalten habe, und zwar sowohl bei der Produktion wie bei der Prüfung. Grundsätzlich muss der Geschädigte beweisen, dass der Verrichtungsgehilfe objektiv rechtswidrig einen Schaden herbeigeführt hat.[44] *E* hat das nicht getan und ist dazu auch nicht in der Lage. Er hat keinen Einblick in den Betrieb des *P* und kann daher nicht wissen, was sich dort zugetragen hat. Um in Fällen der Produzentenhaftung den Endabnehmer nicht rechtlos zu stellen, ist hier die Beweislast umzukehren, in Anwendung des Rechtsgedankens aus §§ 280 I 2, 286 IV, 831 ff., 836 ff.[45] Der Hersteller muss darlegen und beweisen, dass keiner seiner Verrichtungsgehilfen sich fehlerhaft verhalten hat. *P* hat zwar generell behauptet, seine Mitarbeiter hätten keine Fehler gemacht, er hat diese Behauptung aber nicht substantiiert. Insbesondere hat er nicht dargelegt, wie der Mangel an der Schubstrebe ohne einen Fehler seiner Mitarbeiter entstanden sein könnte. Da *P* somit seiner Behauptungs- und Beweislast nicht hinreichend nachgekommen ist, ist davon auszugehen, dass der Mangel durch ein Fehlverhalten eines seiner Verrichtungsgehilfen entstanden ist.

P kann seine Haftung aus § 831 ausschließen, wenn ihm der Entlastungsbeweis nach § 831 I 2 gelingt: *P* müsste nachweisen, dass er den Verrichtungsgehilfen, der den Schaden angerichtet hat, sorgfältig ausgewählt und überwacht hat. Da hier nicht zu ermitteln war, welcher der Verrichtungsgehilfen bei der Produktion (möglicherweise) fehlerhaft gehandelt hat, und da diese Ungewissheit zu Lasten des *P* geht, muss *P* den Entlastungsbeweis für alle in der Produktion beschäftigten Mitarbeiter führen: Er muss sie namentlich benennen und nachweisen, dass er sie sorgfältig ausgesucht und überwacht hat. Selbst wenn dem *P* dieser Nachweis gelingen sollte, wäre er aber damit noch nicht von der Haftung aus § 831 frei: Er muss auch darlegen und beweisen, dass die Mitarbeiter, die zur Überprüfung der Produkte eingesetzt waren, sorgfältig ausgesucht und überwacht wurden. Denn auch sie haben den Schaden adäquat verursacht.

P hat behauptet, er habe den *X*, der zur Überwachung der Produkte eingesetzt war, sorgfältig ausgesucht und überwacht. Fraglich ist, ob ein entsprechender Beweis den *P* entlasten würde. Es ist nicht mehr festzustellen, ob *X* oder der Ersatzmann das fehlerhafte Stück geprüft hat. Es muss also festgestellt werden, wen der Nachteil aus dieser Unklarheit trifft. Müsste der Geschädigte nachweisen, welcher Mitarbeiter in einem Unternehmen fehlerhaft gehandelt hat, so würde er kaum je zu seinem Recht kommen, da er keinen Einblick in die Verhältnisse des Unternehmens hat. Es ist daher Sache des Herstellers darzulegen und zu beweisen, dass ein bestimmter Verrichtungsgehilfe fehlerhaft gehandelt hat; dann kann er den Entlastungsbeweis führen. Kann der Hersteller nicht nachweisen, wer fehlerhaft gehandelt hat, so muss er den Entlastungsbeweis für alle Mitarbeiter führen, welche möglicherweise den Schaden verursacht haben.[46] *P* muss also den Entlastungsbeweis für *X* und für den Ersatzmann führen. Dazu wäre erforderlich, dass *P* den Ersatzmann namentlich benennt.[47] Da *P* sich weigert, das zu tun, ist er nicht entlastet.

---

[44] Vgl. z. B. Palandt/*Sprau* § 831 Rn. 18.

[45] So BGH NJW 1973, 1603; Palandt/*Sprau* § 823 Rn. 185; MüKoBGB/*Wagner* § 823 Rn. 858 ff. Die analoge Anwendung des § 280 I 2 geht hier über den Wortlaut der Vorschrift hinaus: Es wird nicht nur eine Vermutung allein für das Verschulden angenommen, sondern auch für die Verletzungshandlung. Damit wird also der Anwendungsbereich des § 280 I 2 noch weiter ausgedehnt als in den oben Fn. 36 genannten Entscheidungen.

[46] So BGH NJW 1968, 248; vgl. *Larenz/Canaris* SchuldR BT II § 79 III 3a.

[47] Vgl. BGH NJW 1968, 248.

P macht weiter geltend, er habe dem *L* die Leitung des Betriebs übertragen und ihn sorgfältig ausgesucht und überwacht. Er beansprucht damit die Möglichkeit des dezentralisierten Entlastungsbeweises, die früher von der Rechtsprechung zugelassen wurde: Hatte der Betriebsinhaber die Aufgaben der Auswahl und Überwachung des Personals einem besonderen Mitarbeiter übertragen, so konnte er sich dadurch exkulpieren, dass er den Beweis führte, er habe diesen Mitarbeiter sorgfältig ausgesucht und überwacht.[48] Die Möglichkeit des dezentralisierten Entlastungsbeweises begünstigte jedoch Großbetriebe mit eigenem Überwachungspersonal, sie läuft der rechtspolitischen Tendenz entgegen, den Unternehmer für die Risiken der von ihm gefertigten Produkte haften zu lassen, indem sie ihm die Exkulpation erleichtert. Daher hat die Rechtsprechung auf Kritik in der Literatur den dezentralisierten Entlastungsbeweis der Sache nach verworfen und verlangt vom Betriebsinhaber den Beweis, dass die Aufsichtsperson jeden Mitarbeiter, auf den der Mangel zurückgehen könnte, sorgfältig ausgesucht und überwacht habe.[49] Da *P* diesen Beweis nicht geführt hat, haftet er dem *E* aus § 831 in voller Höhe für alle Körper- und Sachschäden, auch für ein Schmerzensgeld nach § 253 II.

3. Anspruch aus § 823 I (Organisationsverschulden)

Es könnte ein Organisationsmangel im Betrieb des *P* vorliegen sowie ein Organisationsverschulden des *P*, wodurch dieser die rechtswidrige Körper- und Eigentumsverletzung des *E* verursacht haben könnte. Auch wenn *P* die Leitung des Betriebes weitgehend auf *L* übertragen hat, bleibt er doch verpflichtet, allgemeine Anweisungen zu geben, um eine ordentliche Betriebsführung zu gewährleisten.[50] Diese Pflicht zur Oberaufsicht kann nicht mit entlastender Wirkung auf einen Angestellten übertragen werden.

P ist – neben *F* – Hersteller, denn er hat die von ihm fabrizierten Pkw-Teile in Verkehr gebracht, indem er sie an *F* lieferte. Auch *P* unterliegt daher der Produzentenhaftung. Die Tatsache, dass *P* ein fehlerhaftes, weil zu kalt geschmiedetes Teil geliefert hat, das zudem in der Prüfung nicht aussortiert wurde, legt die Vermutung mangelhafter Organisation im Betrieb des *P* nahe.[51] Es lässt sich allerdings auch die Möglichkeit nicht ausschließen, dass es sich bei dem fehlerhaften Teil um einen sogenannten „Ausreißer“ handelte, d. h. um ein fehlerhaftes Stück, das ohne menschliches Versagen durch nicht immer zu vermeidende technische Mängel in Verkehr gekommen ist. Für Ausreißer haftet der Hersteller nach § 823 I nicht.

Da *E* keinen Einblick in den Betrieb des *P* haben kann, kann er nicht beweisen, dass das fehlerhafte Teil kein Ausreißer war. Daher trägt *P* die Darlegungs- und Beweislast dafür, dass der Mangel ohne Pflichtverletzung der Unternehmensleitung entstanden ist.[52] *P* hat nicht dargelegt, wie der Mangel ohne eigenes Fehlverhalten entstanden sein könnte. Zu seinen Lasten ist also davon auszugehen, dass der Fehler auf einen (objektiven) Organisationsmangel zurückzuführen ist. Zudem wird bei der Produzentenhaftung das Verschulden vermutet.[53] Auch diese Vermutung hat *P* nicht

---

[48] BGHZ 4, 1 ff.

[49] Vgl. BGH NJW 1973, 1602 f.; ferner Staudinger/*Bernau*, 2018, § 831 Rn. 175; MüKoBGB/*Wagner* § 831 Rn. 44 f.; *Kötz/Wagner* Rn. 296; *Wandt* Gesetzl. Schuldverhältnisse § 18 Rn. 15; *Diederichsen* NJW 1978, 1281 (1287); *v. Westphalen* Jura 1983, 57 (65).

[50] Vgl. BGHZ 4, 2 f.; BGH NJW 1968, 248; VersR 1964, 297; auch MüKoBGB/*Wagner* § 823 Rn. 859.

[51] Vgl. BGH NJW 1968, 248.

[52] BGH NJW 1968, 249.

[53] Vgl. oben II 4.

widerlegt, insbesondere nicht dargelegt, dass der Ersatzmann des *X* für seine Prüfungstätigkeit hinreichend ausgebildet war, dass also die Unternehmensleitung für den Fall Vorsorge getroffen hatte, dass der eigentliche Prüfer *X* ausfiel. Aufgrund dieses von *P* verschuldeten Organisationsmangels haftet *P* dem *E* gemäß § 823 I auf Schadensersatz für alle Körper- und Sachschäden, Schmerzensgeld nach § 253 II eingeschlossen.

IV. Ansprüche des E gegen L

1. Anspruch aus dem Produkthaftungsgesetz

Ein Anspruch des *E* gegen *L* aufgrund des ProdHaftG besteht nicht, da *L* nicht Hersteller i. S. dieses Gesetzes ist.

2. Anspruch aus § 831 II

Da *P* dem *L* die Auswahl und Beaufsichtigung des Personals übertragen hat, haftet auch *L* aus § 831 II. Auch hier gilt wiederum,[54] dass den *L* die Beweislast dafür trifft, dass der Mangel nicht auf ein Fehlverhalten des Personals zurückgeht bzw. dass er auf das Fehlverhalten eines bestimmten Mitarbeiters zurückgeht. Kann *L* das nicht beweisen, so kann er sich nur durch den Nachweis entlasten, dass er alle für den Mangel möglicherweise Verantwortlichen in Produktion und Prüfung sorgsam ausgewählt und überwacht hat.

3. Anspruch aus § 823 I (Organisationsverschulden)

Dem *L* war die Leitung des Betriebes übertragen worden, er war für seine Organisation verantwortlich. *L* könnte die Schäden des *E* durch ein Organisationsverschulden verursacht haben. *L* war ebenso wie *P* verpflichtet und in der Lage, den Betrieb so zu organisieren, dass niemand durch die Produkte zu Schaden kam. Der BGH[55] wendet daher die Regeln über die Produzentenhaftung auch auf die Geschäftsleiter an: Es wird vermutet, dass ein Organisationsmangel vorlag, den *L* verschuldet hat. Es ist aber fraglich, ob diese Haftungsverschärfung durch Verschuldensvermutung auch gegenüber einem Geschäftsführer angemessen ist. Die bei der Produzentenhaftung zu Lasten des Herstellers angewendeten Vermutungen gehen so weit, dass sie fast zu einer Zufallshaftung führen. Für den Hersteller ist eine solche Haftung angemessen, sie gehört zu seinem Unternehmerrisiko, welchem der Unternehmergewinn gegenübersteht. Anders ist es bei Geschäftsführern. Eine an Gefährdungshaftung grenzende Haftung wäre keineswegs auch hier ein angemessenes Risiko, zumal auch ein dem Unternehmergewinn entsprechender Ausgleich fehlt. Es erscheint daher richtiger, die Verschuldensvermutung wegen Organisationsmangels bei der Produzentenhaftung auf den Unternehmer selbst zu beschränken und nicht auf Geschäftsführer auszudehnen.[56] *E* muss also als Geschädigter – wie grundsätzlich bei § 823 I – ein Verschulden des *L* nachweisen.

Allerdings spricht eine *prima-facie*-Vermutung für ein Organisationsverschulden, wenn ein Produkt fehlerhaft hergestellt und der Mangel bei der Prüfung nicht erkannt wurde.[57] *L* müsste also darlegen, wie der Mangel in Produktion und Prüfung ohne Organisationsverschulden zu erklären sein könnte. Tut *L* das, so muss *E* ein

---

[54] Vgl. oben III 2.
[55] BGH NJW 1975, 1828.
[56] Vgl. MüKoBGB/*Wagner* § 823 Rn. 785; *v. Bieberstein* VersR 1976, 411.
[57] Vgl. BGH NJW 1968, 248 f.

Verschulden des *L* beweisen. Gelingt der Beweis, so haftet *L* dem *E* gemäß § 823 I auf Schadensersatz für alle Köper- und Sachschäden.

V. Ausgleich

E hat gegen *P* einen Ersatzanspruch wegen des Sachschadens am Pkw. Wegen des Körperschadens haften ihm sowohl *F* als *P*. Beide haften als Gesamtschuldner, § 840 I, § 5 S. 1 ProdHaftG. Im Innenverhältnis ist zu berücksichtigen, wer den Schaden vorwiegend verursacht hat, § 5 S. 2 ProdHaftG. Da die Schubstrebe im Betrieb des *P* fehlerhaft hergestellt wurde, trifft die Haftung im Innenverhältnis ihn. Zwar trifft den *F* im Verhältnis zu *P* eine Prüfungs- und Rügeobliegenheit nach § 377 HGB, doch ist aus den Umständen nicht zu erkennen, dass *F* dagegen verstoßen hätte, da der Fehler der gelieferten Schubstrebe äußerlich nicht erkennbar war. Den *F* traf auch keine Pflicht zu einer eingehenderen Prüfung, da kein Anlass dazu ersichtlich war.[58] *F* haftet somit im Innenverhältnis nicht.

---

[58] Hätte *F* allerdings gegen eine solche Prüfungs- und Rügeobliegenheit verstoßen, so läge darin gemäß § 377 II HGB eine Genehmigung der Ware; er könnte bei *P* keinen Regress nehmen.

Fall 20. Der nächtliche Unfall

Alternative Kausalität – Begriff des „Beteiligten" in § 830 I 2 – Anwendbarkeit des § 830 I 2 bei feststehender Verursachung durch einen Beteiligten

Sachverhalt

K, auf dem Weg von einer Diskothek in sein Heimatdorf, wollte einen Pkw anhalten. Da es dunkel war und *K* weit auf der Straße stand, wurde er von einem Pkw erfasst und auf die Straße geschleudert, wo er liegen blieb. Dort wurde er etwa zwei Stunden später von dem Pkw des *B* überfahren. *K* hat schwere Verletzungen erlitten, sein Schaden beträgt 15.000 €. *K* räumt ein, dass ihn ein gewisses Mitverschulden an dem Unfall treffe, er verlangt von *B* 7.500 € Schadensersatz. *B* meint, es sei zwar richtig, dass er den *K* auf der Fahrbahn hätte sehen müssen, er habe aber gerade eine Zigarette angezündet. Im Übrigen stehe gar nicht fest, ob er dem *K* einen Schaden verursacht habe, er könne alle Schäden auch schon beim ersten Anprall erlitten haben. Zudem sei es möglich, dass er in der Zwischenzeit noch von weiteren Fahrern angefahren worden sei.

Wie ist die Rechtslage?

Lösung

K könnte gegen B einen Schadensersatzanspruch aus § 823 I haben.

1. *B* hat den Körper und die Gesundheit des *K* verletzt, die Verletzung war rechtswidrig. *B* hat auch schuldhaft gehandelt. Er hätte den *K* auf der Straße sehen müssen, war aber durch seine Zigarette abgelenkt. Die Voraussetzungen des § 823 I sind damit gegeben. Fraglich ist aber, welchen Schaden er dem *K* zugefügt hat. Da der erste, der den *K* angefahren hat, sowie mögliche andere Pkw-Fahrer, die *K* eventuell überfahren haben, den gesamten Schaden des *K* verursacht haben können, lässt sich nicht mehr feststellen, ob *B* dem *K* überhaupt einen Schaden zugefügt hat. In solchen Fällen der Beweisnot hilft § 830 dem Geschädigten. § 830 I 1 und II behandeln die Teilnahme an einer vorsätzlichen Tat, erfassen also Mittäter, Anstifter, Gehilfen. Ein solcher Fall liegt hier nicht vor. Dagegen behandelt § 830 I 2 die sogenannte „alternative Kausalität". Sie setzt voraus, dass keine Teilnahme i. S. v. § 830 I 1 und II vorliegt; es müssen vielmehr mehrere, die nicht Teilnehmer sind, jeder für sich den Geschädigten rechtswidrig und schuldhaft verletzt haben. Erforderlich ist ferner, dass jeder der Rechtsgutverletzer den Schaden herbeigeführt haben kann, es aber nicht feststellbar ist, wer ihn wirklich herbeigeführt hat. Diese Voraussetzungen sind hier gegeben, da zumindest *B* und der erste Pkw-Fahrer den *K* rechtswidrig und schuldhaft verletzt haben, wobei nicht feststeht, wer die Körperschäden des *K* verursacht hat. In solchen Fällen spricht § 830 I 2 eine (widerlegliche, vgl. § 292 S. 1 ZPO) Kausalitätsvermutung dahin aus, dass alle Beteiligten als Schädiger vermutet werden und dementsprechend haften.

2. Umstritten ist, ob mit dem Ausdruck „Beteiligte“ in § 830 I 2 gewisse Beziehungen der Schädiger untereinander gefordert werden. Dass damit nicht eine bewusste Mittäterschaft gemeint sein kann, ergibt sich aus der Gegenüberstellung zu § 830 I 1 und II. Früher wurde die Meinung vertreten, es müsse auch hier – wie bei der Mittäterschaft – eine subjektive Gemeinschaft vorliegen derart, dass jeder seine Gefährdungshandlung in Kenntnis des Tuns der anderen begehen muss, so dass also eine wissentlich gemeinschaftliche Gefährdung vorliegt.[1] Der BGH hat diese Ansicht zu Recht verworfen,[2] sie wird heute nicht mehr vertreten.[3] Es handelt sich um das unbegründete Bemühen, ebenso wie bei der Teilnahme Gemeinsamkeiten der Täter zu finden. Der Wortlaut des Gesetzes gibt aber dazu keinen Anlass, nach dem Willen des Gesetzgebers sollte auch kein gemeinschaftliches Handeln erforderlich sein.[4]

Wenn der BGH auch die subjektive Gemeinschaft nicht fordert, so hat er diese Voraussetzung jedoch nicht völlig fallengelassen, sondern in eine objektive Einheitlichkeit der Tat gemindert: Die Handlungen der Verletzer müssten ein „tatsächlich einheitlicher, örtlich und zeitlich zusammenhängender Vorgang“ sein.[5] Aber auch diese Voraussetzung hat der BGH weiter herabgesetzt, indem er auf die Gleichzeitigkeit verzichtete. Es reiche aus, dass die Gefährdungshandlungen einen einheitlichen Vorgang bildeten.[6] Dieser Begriff wird weit ausgelegt und etwa bejaht bei Verkehrsunfällen, die in einigem zeitlichen Abstand erfolgen.

Der Begriff der Beteiligung in § 830 I 2 besagt, dass der Täter an den Verletzungshandlungen gegen den Geschädigten beteiligt gewesen sein muss. Irgendeine Gemeinsamkeit, subjektiv oder objektiv, wird damit nicht vorausgesetzt. Der Beweisnotstand des Geschädigten, den § 830 I 2 beheben will, kann bei mehreren völlig unabhängigen Verletzungen ebenso auftreten wie bei gemeinschaftlichen. Es besteht daher keinerlei Grund, die Anwendbarkeit des § 830 I 2 gegen seinen Wortlaut einzuschränken, indem man Gemeinschaftlichkeit oder Einheit des Geschehens verlangt.[7] Es bestehen also insoweit keine Bedenken, § 830 I 2 hier zugunsten des *K* anzuwenden.

3. Ein anderes Bedenken gegen die Anwendbarkeit des § 830 I 2 ergibt sich daraus, dass hier möglicherweise ein Beweisnotstand gar nicht vorliegt, weil die Kausalität der Schädigung durch einen Schädiger feststeht: Der erste Fahrer, der den *K* erfasst hat (nach dem Sachverhalt ist seine Person nicht bekannt, er soll hier *X* genannt werden), hat damit auch die Ursache dafür gesetzt, dass *K* nochmals verletzt wurde: von *B* und möglicherweise auch noch von anderen, die ihn überfahren haben. Hätte *X* den *K* nicht angefahren, so hätte dieser nicht auf der Straße gelegen und wäre nicht mehr angefahren worden. Damit steht fest, dass *X* den gesamten Schaden des *K* adäquat verursacht hat. § 830 I 2 geht aber davon aus, dass nicht feststeht, wer den Schaden verursacht hat. Es wird daher die Ansicht vertreten, § 830 I 2 sei in solchen Fällen nicht anwendbar, in denen ein Täter die Verletzungshandlungen der folgen-

---

1 Vgl. die Literaturnachweise bei *Bauer* JZ 1971, 4 (5); auch *Deutsch* JZ 1990, 733 (739).

2 BGHZ 33, 289.

3 Vgl. z. B. Palandt/*Sprau* § 830 Rn. 7; *Deutsch/Ahrens* Rn. 192 ff.; *Fuchs* 263 ff.; *Looschelders* SchuldR BT Rn. 1394; *Gernhuber* JZ 1961, 152; *Bauer* JZ 1971, 4 (5).

4 Vgl. BGHZ 33, 289 f.; *Frommhold* Jura 2003, 403 (404 f.).

5 Vgl. BGHZ 25, 274; BGH VersR 1965, 1200.

6 BGHZ 33, 291; 55, 89; *Deutsch/Ahrens* Rn. 195.

7 So auch *Deubner* JuS 1962, 385; *Bauer* JZ 1971, 4 (7); *Brox/Walker* SchuldR BT § 51 Rn. 7; *Esser/Weyers* SchuldR BT II § 60 I 1b; *Benicke* Jura 1996, 130 f.; *Frommhold* Jura 2003, 403 (404 f.).

den adäquat verursacht habe.[8] Danach könnte hier § 830 I 2 nicht zugunsten des *K* angewendet werden, *K* bekäme nichts; weder von *B*, dessen Ursächlichkeit für den Schaden nicht nachgewiesen werden kann, noch von *X*, dessen Ursächlichkeit zwar feststeht, der aber nicht zu ermitteln ist. Es bleibt zu untersuchen, ob hier § 830 I 2 dennoch angewendet werden kann.

Der Wortlaut des § 830 I 2 schließt seine Anwendung auf den vorliegenden Fall nicht mit Sicherheit aus. Er könnte auch so verstanden werden, dass die Unsicherheit über die Ursächlichkeit eines Verletzers ausreicht, auch wenn die eines anderen festgestellt ist. Allerdings wird man einräumen müssen, dass bei unbefangenem Verständnis der Vorschrift diese davon ausgeht, dass die Ursächlichkeit der Schädigung bei keinem Verletzer festgestellt werden kann. Es liegt aber hier eine besondere Fallgestaltung vor, die der Gesetzgeber nicht gesehen hat und die auch dazu berechtigen könnte, die Vorschrift im oben genannten Sinne zu verstehen und damit hier anzuwenden.[9] Der Gesetzgeber ging bei der Fassung des § 830 I 2 von Fallkonstellationen aus, bei denen nur einer der Beteiligten den Schaden herbeigeführt haben kann. Stünde also fest, wer den Schaden herbeigeführt hat, so müssten alle anderen Beteiligen als Verursacher ausscheiden.[10] Hier indessen ist die Situation anders. Obwohl *X* als Verursacher des Schadens feststeht, bleibt offen, ob auch *B* den Schaden verursacht hat oder nicht. In dieser Situation kann es einen guten Sinn haben, die Vermutung des § 830 I 2 anzuwenden, was freilich erst aus dem Zweck der Vorschrift festgestellt werden muss.

Der Sinn des § 830 I 2 liegt darin, dass es bei unaufgeklärter Kausalität mehrerer Verletzer angemessener ist, den Schaden den Verletzern aufzubürden als dem Geschädigten.[11] Entsprechend kann man auch hier sagen, dass es besser ist, dem rechtswidrig und schuldhaft handelnden *B* den Schaden aufzubürden als dem Opfer *K*. § 830 I 2 ist somit zugunsten des *K* anwendbar. Bedenken könnten sich aber aus der Überlegung ergeben, dass es das Risiko jedes Geschädigten ist, dass der Schädiger nicht ermittelt werden kann. Dieses Risiko dürfe nicht auf einen Verletzer abgewälzt werden, dessen Ursächlichkeit für den Schaden nicht feststellbar sei.[12] Dieses Argument überzeugt jedoch nicht, wenn man den Fall vergleicht, dass der Schaden nur von einem verursacht sein kann, aber nicht feststeht, wer ihn verursacht hat. In diesem Fall, von welchem das Gesetz ausgeht, trifft ebenfalls das Risiko der Unauffindbarkeit oder Insolvenz eines möglichen Schädigers die anderen, nicht den Geschädigten. Hat etwa der Geschädigte einen möglichen Schädiger verklagt, der von Gesetzes wegen (§ 830 I 2) als Verursacher feststeht, und setzt sich dieser mit unbekanntem Ziel ab, so streitet dennoch die Vermutung des § 830 I 2 gegen alle anderen möglichen Schädiger. Das Gleiche gilt, wenn der zuerst in Anspruch genommene Schädiger insolvent ist. § 830 I 2 nimmt somit bei alternativer Kausalität dem Geschädigten die Gefahr der Durchsetzbarkeit seines Anspruchs ab und verlagert sie auf die möglichen Schädiger. Es besteht kein Grund, von dieser gesetzlichen Wertung abzugehen, wenn die Ursächlichkeit für den Schaden bei einem Ver-

---

8 So BGHZ 67, 14 ff.; 72, 355 ff.; BGH VersR 1985, 269; *Medicus/Petersen* BürgerlR Rn. 792a; *Fikentscher/Heinemann* Rn. 1681; *Gernhuber* JZ 1961, 148 f.; *Köndgen* NJW 1970, 2281; *Frommhold* Jura 2003, 403 (405). Meist geht man bei dieser Entscheidung allerdings davon aus, dass der erste Schädiger zu ermitteln ist und der Geschädigte so einen festgestellten Schuldner hat, was hier gerade nicht der Fall ist.

9 So noch BGHZ 55, 90 ff.

10 Etwa: Bei einer nicht verabredeten Rauferei erhält *K* einen Stich mit einem Messer. Stünde fest, dass *A* der Täter ist, so müssten *B, C, D* als Schädiger ausscheiden.

11 Vgl. *Larenz/Canaris* SchuldR BT II § 82 II 2f.

12 So BGHZ 72, 355 ff.; *Kupisch/Krüger* 128.

letzer feststeht, bei anderen aber offenbleibt. Auch hier ist somit § 830 I 2 anwendbar,[13] *B* haftet dem *K* aufgrund der Verursachungsvermutung des § 830 I 2 auf Schadensersatz nach § 823 I.[14] Geht man davon aus, dass *B* und *K* den Schaden in gleichem Maße verursacht und verschuldet haben, so kann *K* die Hälfte seines Schadens ersetzt verlangen, also 7.500 €.

---

13 Vgl. *Esser/Weyers* SchuldR BT II § 60 I 1c; *Larenz/Canaris* SchuldR BT II § 82 II 2f; *Deubner* JuS 1962, 385; *Bauer* JZ 1971, 4 (7); *Brehm* JZ 1980, 585; *Fraenkel* NJW 1979, 1202 f.; *Deutsch* NJW 1981, 2731; sowie die frühere Rechtsprechung, vgl. etwa BGHZ 55, 89 ff.; BGH NJW 1969, 2137 (offen gelassen in NJW 1976, 1934).

14 Der Anspruch kann ferner aus § 7 StVG gegen den Fahrzeughalter *B* begründet werden. Auch bei der Gefährdungshaftung ist § 830 I 2 anwendbar, vgl. *Medicus/Petersen* BürgerlR Rn. 790.

Paragraphenregister

Die **fett** gedruckten Zahlen verweisen auf die Fallnummern.

BGB
§ 2: **13** I
§ 13: **2** II; **11** IV 1; **6** I 1a; **7** III 2a
§ 14: **2** II; **6** in Fn. 2; **6** I 1a; **8** II 1a; **11** IV 1
§ 93: **4** I 2c; **12** I 1a
§ 94: **4** I 2c; **16** I 1
§ 104: **17** I 3a
§ 105a: **14** Fn. 1
§ 106: **13** I, III 3
§ 107: **13** I; **14** II 2; **17** II 1
§ 108: **13** I; **14** II 2; **15** II
§ 109: **15** II
§ 116: **17** I 3a
§ 119: **1** I 5; **2** I 1c, I 5; **7** I 3; **17** I 3a mit Fn. 13
§ 122: **1** II 2a; **10** III 1b; **17** I 3a mit Fn. 13; **19** II 2
§ 123: **7** I 2; **17** I 2a Fn. 5
§ 125: **3** II 1a; **7** I 1a, I 1a bb
§ 126: **7** I 1a aa
§ 126a: **7** I 1a aa
§ 126b: **6** I 1a
§ 133: **7** 1b bb
§ 134: **8** I, II 1b
§ 138: **7** I 2; **8** I, II 1c, Fn. 16
§ 139: **12** Fn. 28
§ 142: **1** I 5
§ 151 **7** I 1b
§ 164: **8** II 1a
§ 166: **8** II 1c
§ 185: **3** in Fn. 44; **9** I 2e; **10** IV 1; **12** I 1b, c, II 2a
§ 195: **1** I 5; **2** I 4; **4** II 1b; **6** I 2b, IV 1b, Fn. 12; **17** in Fn. 13; **19** I 2, 4
§ 197: **4** I 2e
§ 199: **1** I 5; **2** I 4, Fn. 32; **4** II 1b; **6** I 2b, IV 1b, Fn. 12; **17** in Fn. 13; **19** I 2, 4
§ 204: **17** in Fn. 13
§ 209: **17** in Fn. 13
§ 218: **1** II 4b; **2** I 2
§ 241: **2** I 4; **3** V 1; **4** I 1a; **7** III 2b
§ 241a: **11** IV 1
§ 242: **5** II 9
§ 249: **3** IV; **9** II 2b, c
§ 251: **9** II 2c mit Fn. 30
§ 252: **9** I 2b; **18** III 2a
§ 253 I: **9** II 2a
§ 253 II: **3** I; **6** I 2d, II 2d, Fn. 34, IV 2b; **11** II 2b; **19** II 4
§ 254: **1** II 3; **4** I 1a mit Fn. 7; **6** III 1a, IV 3; **11** III 1b und Fn. 25; **18** V 2c
§ 255: **12** I 1b, c, 2b, 3b, II 3c
§ 258: **12** I 1e
§ 267: **15** I 1, 2, III, IV; **17** I 3a
§ 271: **7** III 2a
§ 271a: **7** III 2a
§ 273: **9** I 3 mit Fn. 22; **11** II 2b; **15** Fn. 30; **17** I 3a
§ 275: **1** I 1b; **2** I 1e; **9** I 2a, II 2c; **13** III 2; **18** I 2a mit Fn. 5; **19** II 1c mit Fn. 23, 24
§ 276: **1** I 1a, II 2b; **2** I 3; **5** II 3; **13** III 1
§ 278: **1** II 3; **2** I 3; **18** III 5c, V 2c; **19** I 1
§ 280: **2** I 4; **3** I 1c, V 1; **4** I 1a, II 1a, II 2a; **6** I 1b, I 2a, II 1a, II 2a, IV 1a, IV 2c, Fn. 12; **7** II 3, III 2b; **8** III 2; **9** I 2b; **10** III 1a, 2a, Fn. 24; **18** III 5c; **19** II 4, III 2
§ 281: **4** in Fn. 1, I 1a, I 2d, II 1a mit Fn. 45, 2 mit Fn. 53; **6** I 1b, I 2b, IV 1a, Fn. 12; **7** Fn. 29; **10** III 1a, 2a; **19** I 1, 2
§ 282: **4** in Fn. 1
§ 283: **6** II 1a; **9** I 2b
§ 284: **18** III 5c
§ 285: **1** II 1; **9** I 2a mit Fn. 6; **12** II 1
§ 286: **18** III 5c, IV; **19** II 4, III 2
§ 292: **12** II 2b; **13** III 3
§ 293: **7** II 1b aa
§ 295: **7** II 1b aa
§ 296: **7** II 1b aa
§ 299: **7** II 1b aa
§ 305: **1** I 3b; **5** II 3; **6** II 1a
§ 305c: **5** II 3
§ 306: **5** II 2
§ 307: **1** I 3b; **4** II 2; **5** II 3; **6** II 2a
§ 309: **1** I 3b; **5** II 3; **6** II 1a, II 2a
§ 310: **5** II 3
§ 311 II: **2** I 4
§ 311 III: **3** II 1b
§ 311a: **1** I 2, II 3; **2** I 3; **3** I 2; **12** II 3 Fn. 27
§ 313: **1** I 6; **2** I 6; **5** II 6a, c, III 1
§ 314: **5** II 5
§ 320: **5** II 8
§ 323 I: **5** I 2c; **7** Fn. 29
§ 323 V: **5** I 2b
§ 326 I: **1** I 3a; **2** in Fn. 19; **5** II 7
§ 326 II: **7** II 2; **19** II 1c mit Fn. 24
§ 326 V: **1** I 3a, II 4 pr., II 5; **2** I 2; **12** II 3c
§ 346 I: **1** II 4a, II 4b; **5** III 1; **12** II 3c
§ 346 II: **1** II 4a
§ 348: **1** II 4b; **5** I 2e

§ 349: **1** II 4b; **5** I 2e
§ 355: **5** III 2
§ 358: **5** II 2b, c, II 9, III 2
§ 359: **5** II 6b, c, II 7, II 9, III 2, 3
§ 362: **15** IV; **17** I 3a Fn. 6
§ 366: **15** I 1 Fn. 5; **17** I 3a
§ 387: **7** III 2b
§ 393: **4** II 1d, 2b; **9** I 3; **12** I 3c
§ 398: **1** II 1
§ 406: **15** IV
§ 413: **1** II 1; **2** I 1a; **5** I 1
§ 421: **11** III 2c, IV 3
§ 425: **6** in Fn. 39
§ 426: **6** III 1, IV 3, Fn. 25; **11** III 2c; **18** V 1, 2a, d
§ 433: **1** II 3; **2** I 3; **5** II 8; **11** V 1a; **15** Fn. 4; **17** I 1, 3a; **19** II 2 mit Fn. 25
§ 434: **1** I 1a, II 2a; **2** I 1b, I 1c; **5** I 2a; **19** I 1
§ 435: **12** II 3c
§ 437 Nr. 1: **1** I 1, II 2; **2** I 1, II; **5** I 2c
§ 437 Nr. 2: **1** I 3, I 4, II 1, II 4, II 5; **2** I 2, II; **5** I 1; **12** II 3c; **19** I 4
§ 437 Nr. 3: **1** I 2, I 3, II 3; **2** I 3; **6** in Fn. 12; **19** I 1, 2
§ 438: **1** I 5; **2** I 2, I 4, Fn. 20; **19** I 4
§ 439: **1** I 1b, II 2
§ 439 I: **1** I 1b; **2** I 1, I 1e, II; **5** I 2c
§ 440: **5** I 2c; **12** II 3c; **19** I 1
§ 441 I: **1** II 5; **2** I 2
§ 441 III: **1** II 5
§ 441 IV: **2** I 2
§ 442: **1** I 5; **2** I 1d
§ 443: **19** II 1
§ 444: **1** I 3b, II 2b; **2** I 2; **5** II 3
§ 445a: **2** II
§§ 445a f.: **2** II
§ 446: **1** I 3a
§ 447: **19** Fn. 24
§ 453: **2** I 1a, I 1b, Fn. 1, 5, 18; **5** I 2a
§ 469 a. F.: **5** I 2b
§ 474: **1** II 2b
§ 475: **19** Fn. 24
§ 476: **1** I 3b, II 2a, II 2b; **2** II
§ 477: **2** II, Fn. 45
§ 477 a. F.: **2** I 1c, **19** I 4
§ 478 I: **2** II, Fn. 37, 45
§ 488: **8** II 1a, III 1; **15** IV
§ 491: **8** II 1a
§ 492: **7** Fn. 10
§ 506: **5** II 1, II 6b, c, II 7, II 9, III 1, 2, Fn. 50; **7** Fn. 10
§ 507: **7** Fn. 10
§ 518: **15** I 1
§ 535: **3** I 2 sowie in Fn. 14; **4** I 1a, II 1a, II 2; **5** II pr., II 1
§ 536: **3** I 1a, Fn. 2; **5** II 3
§ 536a I: **3** I 1a–c mit Fn. 2, II 1b, II 2, III 1a–b, IV
§ 536b: **4** in Fn. 8
§ 536d: **5** II 3, II 4
§ 538: **4** II 1a
§ 538 a. F.: **3** I 1c
§ 539 I: **4** I 2a
§ 539 II: **4** I 2d, e
§ 540: **3** IV, V 2
§ 543: **3** V 6; **5** II 4
§ 546: **3** V 4; **4** II 1a mit Fn. 43; **9** I 1a
§ 548: **4** I 2d, e, II 1a, II 1b, II 2, Fn. 43
§ 550: **3** I 1a
§ 553: **3** IV, V 1, V 2, V 5
§ 558: **4** I 1a
§ 562: **4** I 2e
§ 562b: **4** I 2e
§ 562c: **4** in Fn. 40
§ 563a II: **4** I 2a
§ 566: **3** II 1a, III 1a–b sowie die Fn. 14, 15, 29
§ 571 a. F.: **3** II 1a
§ 573: **4** I 1a, b, c aa
§ 573c: **4** I 1a
§ 574: **4** I 1a
§ 578: **3** III 1a
§ 604: **9** I 1a
§ 618: **3** II 1b bb
§ 631: **6** in Fn. 2; **7** II 1a; **9** I 2a; **10** I 1
§ 633: **6** I 1a, II 1a
§ 634 Nr. 2: **6** I 1a, I 2a, II 1a
§ 634 Nr. 4: **6** I 1b, II 1a, II 2a, IV 1a, Fn. 12
§ 634a: **6** II 1a, Fn. 11, IV 1a, IV 1b
§ 636: **6** I 1b
§ 637: **6** I 1a
§ 640: **6** I 1a; **7** II 2
§ 641: **7** II 1a
§ 642: **7** II 1b aa, Fn. 25
§ 643: **7** II 1b, 1b bb, II 2
§ 645: **7** II 2, II 3
§ 647: **9** I 1b
§ 648: **7** II 2, II 3
§ 648a: **7** II 2
§§ 650a-h: **6** I 1a
§ 650a: **6** I 1a; **10** I 1
§§ 650i-o: **6** I 1a
§ 650i: **6** I 1a; **10** I 1
§§ 650j ff.: **6** I 1a; **10** I 1
§§ 650o-t: **6** II 1a
§ 650p: **6** II 1a
§ 650t: **6** II 1a
§ 666: **6** IV 2c
§ 667: **3** V 2; **8** III 3, III 4; **9** I 2c; **10** IV 1; **12** II 3
§ 670: **10** I 2a, 3a, II 1a, 2a; **11** II 1d, 3c, III 1a, IV 1, 2, 3, V 2, Fn. 25; **12** I 1c
§ 675: **7** III 2b
§ 677: **10** I 3, III 1a, 2a, b, c, IV 1, Fn. 24; **11** I 1, 2; **12** I 1c, 3
§ 678: **10** II 2a, III 1b, 2a, b, c; **11** I 2; **12** I 3
§ 680: **11** I 1a, 2, 3, II 1a, III 1a, b
§ 681: **3** V 2; **8** III 4; **9** I 2c; **10** IV 2; **12** I 3a, II 3

§ 682: **12** I 3a; **13** III 3
§ 683: **4** I 2a; **10** I 2a, 3a, II 1a, 2a, IV 1; **11** I 1b, II 1d, 3c, III 1a, IV 1, 2, 3, V 2; **12** I 1c; **15** I 1, IV
§ 684: **4** I 2a, Fn. 57; **9** I 3; **10** II 2b; **12** I 1c, 3c, II 3b; **15** I 1, IV
§ 685: **10** Fn. 20
§ 686: **10** I 2a, 3a, II 1a, 2a
§ 687: **3** V 2; **9** I 2c, I 3; **10** III 2c, Fn. 33; **12** I 1c, 3, II 3; **13** III 3
§ 688: **16** I 1
§ 691: **9** I 1a
§ 695: **9** I 1a
§ 762: **8** I, II 1c mit Fn. 9, II 2
§ 765: **7** I 1, II 2
§ 766: **7** I 1a aa, bb
§ 768: **7** III; III 2a
§ 770: **7** III, III 2b
§ 771: **7** III 1
§ 773: **7** III 1
§ 812: **1** I 5; **2** I 5; **3** V 4; **5** III 1–3; **8** I, II 2; **10** I 2b, 3b, II 1b, 2b; **11** V 1b; **12** I 1c, d, 3c, II 3b; **13** III 1, 3; **14** I 1, 2b, c; II 1; **15** I 1, 2, II, III; **16** I 3, II 3; **17** I 3a, II 2
§ 813: **5** III 2, 3
§ 814: **1** I 5; **10** II 2b
§ 815: **10** II 2b
§ 816: **3** V 4; **8** III 5; **9** I 2e; **12** II 2 und Fn. 2; **16** II 3; **17** I 3a mit Fn. 11
§ 817: **8** II 2; **10** II 2b
§ 818 I: **14** I 2b, c
§ 818 II: **3** V 5; **10** II 2b; **12** II 2a; **13** III 1; **14** I 1, 2b, c, II 1; **15** II
§ 818 III: **12** II 2b; **13** III 1, 2; **14** I 2c; **15** II und Fn. 31; **16** II 3; **17** I 3a mit Fn. 11, 13
§ 818 IV: **9** I 2e; **12** II 2b; **13** III 3
§ 819 I: **9** I 2e; **12** II 2b; **13** III 3
§ 822: **15** Fn. 18; **16** I 3 Fn. 7
§ 823: **3** I 3, II 3, III 1b, V 6; **4** I 1b, I 1c aa, bb, II 1b, II 1c, Fn. 20, Fn. 50; **6** I 1c, d, I 2b, c, II 1b, II 2b, c, IV 1b; **8** III 6; **9** I 1c, I 2d aa, bb; **10** III 1c, 2d; **11** I 3, II 1a, d, 2a, 3a, III 1b, 2a; **12** I 1c, 2, 3c; **18** I 1, 2b, II 1, 2b, III 1, 2a, 3a, 4a, V 2c; **19** I 3, 4, II 3 mit Fn. 30, 4, III 3, IV 3; **20**
§ 824: **18** III 3a bb
§ 826: **4** I 1d; **9** I 2d cc; **18** III 3a bb
§ 828: **11** II 1d; **13** III 3
§ 830: **20**
§ 831: **4** in Fn. 48; **18** I 2a, b, II 2a, III 2b, 5a, V 2c; **19** II 4, III 2, IV 2
§ 836: **19** II 4
§ 840: **18** V 2c, d; **19** V
§ 850: **12** I 2c
§ 852: **19** I 4
§ 858: **4** I 1c bb; **12** I 2a
§ 868: **16** I 1
§ 903: **16** I 3b; **18** III 3a aa
§ 929: **10** IV; **12** I 1b, II 2a; **16** I 1, 3a; **17** I 2, II 1
§ 930: **16** I 1
§ 931: **12** I 1b
§ 932: **9** I 1b, c; **10** IV 1; **12** I 1a, b, II 2a; **16** I 1, 3a, b, II 2, 3; **17** II 1, 2
§ 933: **16** I 3b
§ 934: **16** I 3b; **17** II 1
§ 935: **9** I 1b mit Fn. 4; **12** I 1b, II 2a; **16** I 3b
§ 937: **16** I 3a
§ 946: **4** I 2c; **16** I 1, 3, II 1, 3
§ 947: **12** I 1a; **16** I 3a
§ 950: **16** I 3a
§ 951: **4** I 2c; **10** I 3b; **12** I 1d; **16** I 3, II 3 und Fn. 1; **17** I 3a
§ 953: **10** IV 1
§ 985: **4** I 2e; **9** I 1b; **10** IV 1; **12** I 1c, II 1; **15** II; **16** I 1, 2, 3b, II 1, 2; **17** I 2, II 1
§ 987: **3** V 3; **12** I 1c, II 3a, b; **14** I 2a
§ 988: **14** I 2a
§ 989: **12** I 1, 3c und Fn. 2; **13** III 3; **16** I 2, II 2
§ 990: **3** V 3; **12** I 1, 3c und Fn. 2; **15** II Fn. 19; **16** I 2, II 2
§ 992: **12** I 2, 3c
§ 994: **4** I 2b; **12** I 1c, d, II 2b
§ 996: **4** I 2b; **12** I 1c
§ 997: **12** I 1e
§ 999: **12** I 1c
§ 1000: **12** I 1c
§ 1001: **12** I 1c, II 2b
§ 1896: **14** Fn. 1
§ 1903: **14** I 1, II 2 und Fn. 1; **15** II
§ 1922: **11** I 1, II 3a, b, c, 4, III 1a, b, 2a, b

EGBGB
Art. 247 §§ 6 ff.: **7** Fn. 10

GmbHG
§ 13: **5** II 3
§ 15: **2** I 1a mit Fn. 10
§ 43: **2** I 3
§ 50: **2** in Fn. 4
§ 53: **2** in Fn. 4

HGB
§ 1: **7** I 1a bb
§ 2: **7** I 1a bb
§ 6: **5** II 3
§ 110: **11** Fn. 24
§ 343: **7** I 1a bb
§ 344: **7** I 1a bb
§ 349: **7** III 1
§ 350 ff.: **7** I 1a bb
§ 350: **7** I 1a bb
§ 366: **9** I 1b
§ 377: **2** II; **5** I 2d; **19** V
§ 421: **19** Fn. 22

InsO
§§ 286 ff.: **7** I 2

ProdHaftG
§ 1: **19** I 3; **19** II 3 mit Fn. 29, III 1, V
§ 2: **19** I 3, II 3 mit Fn. 34, III 1
§ 3: **19** II 3 mit Fn. 28, III 1
§ 4: **19** I 3, II 3, III 1
§ 5: **19** V
§ 8: **19** II 3, III 1
§ 10: **19** II 4 mit Fn. 35
§ 11: **19** I 3
§ 15: **19** I 3
§ 16: **19** I 3

SGB VII
§ 2: **11** Fn. 27

StGB
§ 229: **6** I 2c
§ 246: **8** III 6; **9** I 2d bb
§ 263: **4** I 1c cc
§ 265a: **13** III 3
§ 266: **8** III 6
§ 284: **8** I
§ 303: **4** II 1c; **6** I 1d
§ 319: **6** I 1d, I 2c, II 2c

StVG
§ 7: **11** II 1b, d, 3b, III 2b; **18** III 4b, 5b, V 2c; **20** Fn. 14
§ 10: **19** II 4 Fn. 35
§ 17: **11** II 3b
§ 18: **11** II 1c; **18** III 3b

UmweltHG
§ 6: **19** II 3 Fn. 30

ZPO
§ 292: **20**, 1

Sachverzeichnis

Die **fett** gedruckten Zahlen verweisen auf die Fallnummern.

Abhandenkommen **9** in Fn. 4; **12** II 2a
Ablieferung **2** I 2
Abnahme **7** II 2
Abtretung der Gewährleistungsrechte **1** II 1; **5** I 1, II 1, 3
Abwicklungsverhältnis **14** I 2a
Abzahlungskauf **5** II 6a, III 3
Actio de in rem verso vgl. Versionsklage
Adäquanz **11** II 1a; **18** I 1, 2b, II 2b, III 2a aa; **20**, 3
Affektionsinteresse **9** II 2a
Aliud **1** I 1b
Allgemeine Geschäftsbedingungen **1** I 3b; **4** II 2a; **5** II 3; **6** II 1a, II 2a
Alternative Kausalität **20**, 1
Aneignungsrecht **12** I 1e
Anfechtung
– wegen Eigenschaftsirrtums **1** I 5
– Wegfall des Rechtsgrunds **1** I 5
Annahmeverzug **7** II 1b aa
Anspruchs(normen)konkurrenz **4** I 1b, I 2b, I 2e, II 1b; **6** IV 1b mit Fn. 31, 37; **12** I 3c
Anweisung **15** I 1; **17** I 2, II 1
Äquivalenzinteresse **4** I 1b; **19** Fn. 28
Architektenvertrag **6** II 1a mit Fn. 17
Arglistiges Verschweigen **19** I 1
Asset deal **2** in Fn. 1
Auch-fremdes Geschäft **4** in Fn. 57; **10** I 3a
Aufgedrängte Bereicherung **10** II 2b; **13** Fn. 12
Aufklärungspflicht **2** I 4; **6** IV 2c
Aufrechnung
– mit Bereicherungsanspruch **9** I 3; **15** IV
– mit Ersatzanspruch **17** I 3a
– gegen Anspruch aus unerlaubter Handlung **4** II 1d; **9** I 3
Aufrechnungsverbot **4** II 1d; **9** I 3
Aufwendung **11** II 1d
Aufwendungsersatz
– des Eigengeschäftsführers **9** I 3
– bei Ersparnis **13** III 1
– des Geschäftsführers ohne Auftrag **10** I 2a, 3a, II 1a, 2a; **12** I 1c
– Ansprüche des Mieters **4** I 2a
– für Selbstgefährdung **11** II 3c
– und stellvertretendes commodum **9** I 2a
– des Werkbestellers **6** I 1a
Ausgleichsanspruch **6** III, IV 3; **11** III 2c; **18** V 2b, c, d
Auslegung der Zweckbestimmung **17** I 3a
Ausweichmanöver **11** II 1d
Ausreißer **19** I 3, III 3

Bauvertrag **6** I 1a; **10** I 1
Beförderungsvertrag **13** I
Befreiung von der Gegenleistungspflicht
– bei Unmöglichkeit **1** I 3a; **2** I 3; **5** II 7
Berechtigte Geschäftsführung ohne Auftrag **10** III 1a; **11** I 1a
Bereicherung vgl. ungerechtfertigte Bereicherung
Bereicherungsanspruch
– Anfechtung **1** I 5
– Aufrechnung mit **9** I 3; **15** IV
– eines Beförderungsunternehmers **13** III
– Wert des Besitzes **15** II
– Dreiecksverhältnis **15** I 1; **16** I, II; **17** I 2
– bei Einbau fremder Sachen **10** I 3b, II 2b
– Erfüllung einer Spielschuld **8** I, II 2
– des Geschäftsführers ohne Auftrag **12** I 1c
– durch Nutzungsmöglichkeit **14** I 2c und Fn. 9
– auf Rückzahlung eines Spieldarlehens **8** II 2
– Saldotheorie **14** I 2c, Fn. 2; **15** II mit Fn. 27
– bei unerlaubter Untervermietung **3** V 4, V 5
– bei unwirksamem Darlehensvertrag **8** II 1c, II 2 mit Fn. 16
– Vorrang vor Vindikationsanspruch **14** I 2a mit Fn. 2
– wegen Zweckverfehlung **14** I; **15** I 1
– Zweikondiktionentheorie **15** II
Beschaffenheit **2** I 1c
Beschaffenheitsgarantie **1** I 1a, II 2b
Beschaffenheitsvereinbarung **1** I 1a, 3b, II 2a; **2** I 1c mit Fn. 10
Beschaffungspflicht
– des Rücktrittsberechtigten **1** II 4a
– des Verkäufers **1** I 1b; **2** I 1e mit Fn. 18
Besitz
– als sonstiges Recht **4** I 1b
– Wertberechnung **15** II
Besitzdiener **9** I 1b mit Fn. 4
Besitzmittlungsverhältnis **16** I 1
Besitzverschaffungsmacht **17** II 1
Bestandteil, wesentlicher **4** I 2c; **12** I 1a; **16** I 1
Beteiligte am Delikt **20**, 2
Betreuung mit Einwilligungsvorbehalt **15** II
Betriebsbezogenheit des Eingriffs **18** III 2a bb mit Fn. 11 f., 3a bb mit Fn. 24
Beweislast **19** II 4, IV 2

Beweislastumkehr **2** II; **4** II 1a; **19** II 3 Fn. 30, III 2, 3, IV 2
Beweisnotstand **20**, 2
Bösgläubigkeit
– des Besitzers **12** I 1a, c, d
– des Geschäftsführers **12** I 1c
– des Leistungsempfängers **14** I 2c
– des Minderjährigen bei Entreicherung **13** III 3
Bürgschaft **7** I 1
– Akzessorietät **7** II
– Aufrechnung **7** III 2b
– Bestimmbarkeit der Forderung **7** I 1
– Eigenschaftsirrtum **7** I 3
– Einreden des Hauptschuldners **7** III 2a
– Einrede der Vorausklage **7** III 1
– Form **7** I 1a aa, bb
– künftige Forderung **7** I 1a
– selbstschuldnerische Bürgschaft **7** III 1
– Sittenwidrigkeit **7** I 2
– und Verbraucherkreditvertrag **7** I 2

Causa donandi **10** Fn. 20
– negotii gerendi **10** II 2b
– obligandi **10** I 3a, II 2b
– solvendi **10** II 2b
Commodum, stellvertretendes **9** I 2a mit Fn. 6
– und Aufwendungsersatz **9** I 2a
Condicio sine qua non **4** I 1a; **11** II 1a, 3a; **18** I 2b, II 2b
Condictio indebiti **5** III 3; **8** I, II 2; **10** II 2b; **15** I 1
– ob causam finitam **1** I 5; **15** I 1
– ob rem **10** II 2b
Corpora cohaerentia **9** II 2b mit Fn. 28
Culpa in contrahendo **2** I 3c, I 4 mit Fn. 34; **19** II 2

Darlegungslast **19** II 4
Darlehen **8** II 1; **15** IV
Datio
– donandi causa **15** I 1
– ob rem **15** I 1
– obligandi causa **15** I 1, IV
– solvendi causa **15** I 1
Deckungskauf **9** II 2c
Deliktsansprüche **3** I 3, II 3, V 6; **4** I 1b–d, II 1b, c; **6** I 1c, d, I 2b, c, II 1b, II 2b, c, IV 1b; **9** I 1c, I 2d; **10** III 1c; **11** I 3, II 1a, 2, 3a, III 1b; **12** I 2; **13** II; **18** I 1, 2b, II 2b, III 2a, V 2b; **19** I 4, II 4, III 2, 3, IV 2, 3; **20**
Deliktsfähigkeit des Minderjährigen **13** III 3
Dezentralisierter Entlastungsbeweis **19** III 2
Differenzhypothese **3** V 1; **9** II 2a mit Fn. 28
Dilatorische Einrede **5** III 3
Do ut des **15** II
Dominium sine re **4** in Fn. 42
Dreiecksverhältnisse **15** I 1 und Fn. 4; **16** I, II; **17** I 2
Drittschadensliquidation vgl. Schadensliquidation
Due diligence **2** in Fn. 16
Durchführungsverschulden **11** Fn. 10
Durchgriff **15** I 2 und Fn. 18; **16** I 3a Fn. 2, 4
Durchgriffsverbot **10** I 3a mit Fn. 4

Eigengeschäftsführer **3** V 2; **9** I 2c, I 3; **12** II 3a
Eigenschaft **1** I 1a
Eigenschaftsirrtum **7** I 3
Eigentum
– gutgläubiger Erwerb **9** I 1c; **10** IV 1; **17** II 1 mit Fn. 20
– Herausgabe **4** I 2e; **9** in Fn. 6; **16** I 1; **17** I 2, II 1
Eigentümer-Besitzer-Verhältnis
– Vorrang der Leistungskondiktion **14** I 2a
Eigentumsverletzung **6** I 1c; **9** I 1c; **12** I 2a; **18** I 1, III 3a aa; **19** I 4, II 4
Eingriff in den eingerichteten und ausgeübten Gewerbebetrieb vgl. Gewerbebetrieb
Eingriffskondiktion **3** V 4, V 5; **8** III 5; **9** I 2e; **13** III 1, 3; **15** I 2; **16** I 3a, II 3 und Fn. 4; **17** I 3b, II 2
Einrede, s. Zurückbehaltungsrecht; Leistungsverweigerungsrecht; Einwendungsdurchgriff; dilatorisch; peremptorisch; Mängeleinrede
Einrede des nichterfüllten Vertrags **5** II 8
Einrichtung **4** I 2d
Einwendungsdurchgriff **5** II 6b, II 6c, II 9
Empfängerhorizont **17** I 2, 3a mit Fn. 8
Entgangener Gewinn **18** III 2a aa, V 1, 2
Entlastungsbeweis **18** I 2a, II 2a; **19** I 3, III 1, 2, IV 2
Entreicherung **12** II 2b; **14** I 2c
– durch Aufwendungen **9** I 2e
– des beschränkt Geschäftsfähigen **14** II 2
– bei Dienstleistungen **13** III 2
– im Dreiecksverhältnis **15** II; **17** I 3a mit Fn. 11, 13
– bei Nutzungsmöglichkeit **14** I 2c
Erbensucher **10** Fn. 3
Erfüllungsgehilfe **1** II 3; **2** I 3; **5** I 2d; **18** III 5c; **19** I 2
Erfüllungsverweigerung **4** I 1a und Fn. 56
Erlangtes Etwas **13** III 1
– Ersparnis von Aufwendungen **13** III 1
– Ver- oder Gebrauch fremder Sachen oder Dienste **13** III 1, 2
Erlösherausgabe **9** I 2a, c, e
Ersatzlieferung **1** I 1b
Ersitzung **16** I 3a
Exkulpation vgl. Entlastungsbeweis

Fabrikationsfehler **19** II 3
Fahrlässigkeit
– des Notgeschäftsführers **11** I 2
Fehlerbegriff **19** II 3 Fn. 28; s. auch Sachmangel
Finanzierter Teilzahlungskauf **5** II 6b
Finanzierungsleasing **5** II 6b mit Fn. 49, II 9
Flugreisefall **13**
Folgeschäden **18** III 2a aa
Freistellungsanspruch **6** III 1 mit Fn. 25; **10** IV 1; **11** III 2; **18** V 1, 2b, c, d
Fremdbesitzerexzess **3** V 3
Fremdes Geschäft **10** I 3a
Fremdgeschäftsführungswille **4** I 2a; **8** III 4; **10** II 2a; **12** I 2c, 3a
– Vermutung **10** II 2a
Fürsorgepflicht **19** II 1b

Garantie **1** I 1a, I 2, I 3b, II 2b
Garantiehaftung
– des Erwerbers einer Mietsache **3** III 1b
– des Untervermieters **3** I 1b
– des Vermieters **3** I 1c mit Fn. 10, III 1b
Garantievertrag **19** II 1a
Gebrauchsstörung **18** III 3a aa
Gefährdungshaftung **19** I 3
Gefahrgeneigte Arbeit **18** V 2b mit Fn. 41
Gefahrübergang **1** I 3a; **2** II
Gegenleistung an einen Dritten **16** II 3; **17** I 3a
Gegenleistungspflicht
– Befreiung von **1** I 3a; **2** I 3; **5** II 7
Geheißerwerb **17** II 1
Geldersatz **9** II 2c
Geltungserhaltende Reduktion **1** I 3b; **6** II 2a
Gesamtschuld
– Freistellungsanspruch **6** III 1 mit Fn. 25; **11** III 2; **18** V 1, 2b, c, d
– Mitverschulden **6** III 1a, IV 3a aa
– Verjährung einer Forderung **6** IV 3a aa, IV 3a bb
Gesamtschuldner **18** III 5c, V 1, 2a
– Architekt und Bauunternehmer **6** III, IV 3a aa
– Mittäter **11** III 2c; **18** III 5c, V 2c; **20**, 1, 2
Geschäftsanmaßung **3** V 2; **9** I 2c, I 3; **10** III 2c
Geschäftsfähigkeit **13** I
Geschäftsführung ohne Auftrag
– angemaßte Eigengeschäftsführung **3** V 2; **9** I 2c, I 3; **10** III 2c
– auch-fremdes Geschäft **4** in Fn. 57; **10** I 3a mit Fn. 8
– Aufwendungsersatz aus Geschäftsführung **9** I 3; **10** I 2a, 3a
– Aufwendungsersatz des Notgeschäftsführers **11** III 1a, IV 1, 3, V 2
– bei bestehendem Vertrag **10** I 3a mit Fn. 5
– bei öffentlichrechtlicher Verpflichtung **10** I 3a
– bei unwirksamem Vertrag **10** I 3a mit Fn. 5
– berechtigte Geschäftsführung ohne Auftrag **10** III 1a; **11** I 1a
– Bereicherungsansprüche des bösgläubigen Geschäftsführers **12** II 3b
– fremdes Geschäft **10** I 3a
– Haftung des bösgläubigen Eigengeschäftsführers **12** I 3, II 2, 3
– neutrales Geschäft **10** Fn. 1
– Notgeschäftsführung **11** I 1a, 2, 3, II 1a, III 1a, b
– objektiv fremdes Geschäft **10** I 3a; **11** II 1d; **12** I 1c
– subjektiv fremdes Geschäft **10** Fn. 1
– unberechtigte Geschäftsführung ohne Auftrag **10** III 1a; **11** I 1b, 2; **15** IV
– Verhältnis zum allgemeinen Leistungsstörungsrecht **4** in Fn. 57
Geschäftsgrundlage **1** I 6; **2** I 6 mit Fn. 36; **5** II 6, 9, III 1
Geschäftsherr **10** II 2a
Gestaltungsrecht **1** I 3a, II 1, II 5; **2** I 2 mit Fn. 20; **4** I 1a; **5** II 9
Gewährleistung **19** I 4
– Frist **19** II 3
Gewährleistungsausschluss **1** I 3b, I 5, II 2a, II 2b; **5** II 3
Gewerbe **7** I 1a bb
Gewerbebetrieb, Eingriff in **18** III 2a bb; 3a bb
Gewinnherausgabe **9** I 2a, e; **12** II
Glücksspiel **8** I
Grobe Fahrlässigkeit **11** I 1a
Großer/kleiner Schadensersatz **1** II 3
Gutgläubiger Erwerb **9** I 1b, c; **16** I 3a
Gutgläubigkeit
– des Bereicherten **14** I 2c; **15** II; **16** I 2, 3a
– des Eigentumserwerbers **9** I 1b, c; **12** II 1a; **16** I 2, 3a; **17** II 1
– des Geschäftsführers **12** I 1c
– des unrechtmäßigen Besitzers **16** I 2

Haftung
– des Architekten **6** IV 2c
– des Erwerbers einer Mietsache **3** III 1b
– des Geschäftsführers ohne Auftrag **12** II 2, 3
– des Herstellers **19**
Haftungsbeschränkung bei Notgeschäftsführung
– gegenüber Dritten **11** II 1a
– gegenüber dem Geschäftsherrn **11** I 2, 3
– gemäß § 17 StVG **11** II 3b
Handelsgewerbe **7** I 1a bb
Handelskauf **5** I 1d
Herausgabe
– Anspruch gegenüber Dritten **9** I 1a
– des Besitzes **16** I 1; **17** I 2, II 1

– des Erlangten **9** I 2a, c, e; **12** II 2
– der ersparten Aufwendungen **13** III
– des erzielten Gewinns **9** I 2a, e; **12** II 2, 3
– des aus der Geschäftsführung Erlangten **12** II 2, 3
– der Nutzungen **14** I 2a
Hersteller **19** I 3, III 1
Höhere Gewalt **11** II 1d
Hypothetische Kausalität **18** III 5c, IV
Hypothetischer Schaden **18** III 5c, IV

Immaterielles Interesse **9** II 2a
Instandhaltungspflicht des Vermieters **4** II 2a
Integritätsinteresse **4** I 1b; **6** in Fn. 12; **19** II 3 Fn. 28
Interesse des Geschäftsherrn **10** II 2a; **12** I 3a
Irrtum
– über den Leistungszweck **17** I 3a
– und Sachmängel **1** I 5

Jungbullen-Fall **16** I 3b Fn. 10

Kardinalpflicht **1** I 3b
Kauf bricht nicht Miete **3** II 1a
Kaufvertrag
– s. Aufwendungsersatz; Ausbaupflicht; Beschaffungspflicht; Minderung; Nachbesserung; Nacherfüllung; Nachfrist; Nachlieferung; Rücknahmepflicht; Rücktritt; Sachmangel; Schadensersatzanspruch; Selbstvornahmerecht; Untersuchungspflicht; Verjährung
Kausalität
– adäquate **18** I 1, 2b, II 2b, III 2a aa
– hypothetische **18** III 5c, IV
– Risikoerhöhung **3** IV
– überholende **18** Fn. 36
– Vermutung **20**, 1
Kenntnis des gesetzlichen Vertreters **13** III 3
Kondiktionsausschluss wegen Sittenverstoßes **8** II 2
Kündigung
– Geschäftsgrundlage **5** II 6, II 9, III 1
– Leasingvertrag **5** II 4, 5, 6
– Mietvertrag **3** V 6; **4** I 1a; **5** II 4
– unberechtigte **4** I 1a

Leasingvertrag **5**
– Abtretungskonstruktion **5** II 1, 3
– Einrede des nichterfüllten Vertrags **5** II 8
– Einwendungsdurchgriff **5** II 6b, c, 9
– Geschäftsgrundlage **5** II 6, 9, III 1
– Rechtsnatur **5** II 1
– verbundenes Geschäft **5** II 6b, 9
– s. auch condictio indebiti; Kündigung; Rücktritt
Leistung **15** I 1, III; **17** I 3a
– Begriff **16** I 3a
– des Besitzes **15** II; **16** I 3a
– donandi causa **15** I 1
– negotii gerendi causa **10** I 3b; **15** I 1, IV
– ob rem **10** III 2b; **15** I 1
– obligandi causa **10** I 3b; **15** I 1, IV
– solvendi causa **17** I 3a
Leistungskondiktion **5** III 3; **8** I, II 2; **13** III 1, 3; **15** I 1, II, III; **16** I 3a, II 2; **17** I 3a, II 2
– Vorrang vor der Vindikation **14** I 2a; **15** II Fn. 19
Leistungsverhältnis **16** I 3a
Leistungsverweigerungsrecht **5** II 6b; **9** I 3 mit Fn. 22, II 9; **12** I 3b
Leistungszweck **14** I 1; **15** I 1
– Bestimmung durch beschränkt Geschäftsfähigen **15** II Fn. 21
– Empfängerhorizont **17** I 3a

Mangel der Mietsache **3** I 1a mit Fn. 2
Mängeleinrede **5** III 3
Mangelfolgeschaden **6** I 2a mit Fn. 12; **19** I 2
– beim Kaufvertrag **6** I 2a mit Fn. 12
– im Mietrecht **3** I 1c, IV
Mangelschaden **6** I 1b, Fn. 12
Mieterhöhung **3** V 1
Mietvertrag
– Eintritt des Erwerbers **3** I 4a
– mündlicher **3** II 1a
– Untermietvertrag **3** I 1a
– s. Aufwendungsersatz; Garantiehaftung; Instandhaltungspflicht; Kündigung; Mangel; Minderung; Schadensersatzanspruch; Schönheitsreparatur; Untervermietung; Verjährung; Wegnahmerecht
Minderjähriger
– Kenntnis des gesetzlichen Vertreters **13** III 3
– Schutz **13** III 3
Minderung
– durch den Käufer **1** I 4, II 1, II 5; **2** I 2 mit Fn. 34
– durch den Mieter **5** II 3
Mischmietverhältnis **3** V 1
Mittäter **20**, 1, 2
Mittelbare Schäden **6** II 2a; **18** I 1
Mittelbare Stellvertretung **19** II 1c
Mitverschulden **6** III 1a, IV 3a aa; **11** III 1b; **18** V 2c

Nachbesserung **1** I 1b; **5** I 2c
Nacherfüllung **1** I 1b, II 2; **2** I 1, II mit Fn. 38; **19** I 1
– Unmöglichkeit **1** I 1b, II 2c; **2** I 1e; **6** II 1a
Nachfrist **1** I 1b, 3a; **2** II; **4** I 1a, II 1a, 2a; **6** I 1a, II 1a; **19** I 1
Nachlieferung **1** I 1b; **2** I 1e mit Fn. 18
Naturalobligation **8** I mit Fn. 1
Naturalrestitution **9** I 1c, II 2c
Nebenpflichtverletzung **4** in Fn. 1, 53; **6** in Fn. 12

Negatives Interesse **2** I 4
Negotium (utiliter) gestum **10** III 1a, 2d, IV 1; **11** I 3, II 1d
– als Rechtfertigungsgrund **10** III 1c, 2d; **11** I 3
– als Verfügungsermächtigung **10** IV 1
Nemo auditur turpitudinem suam allegans **4** I 1a
Neutrales Geschäft **10** Fn. 1, 13
„Nicht-so-Berechtigter" **3** V 3; **9** in Fn. 6
Nichtleistungskondiktion **3** V 5; **13** Fn. 5; **15** I 2; **16** I 3b
Notgeschäftsführung **11** I 1a, 2, 3, II 1a, III 1a, b
– Doppelbegünstigung des Notgeschäftsführers **11** I 1a
Nutzungen
– Herausgabe **1** II 4b; **14** I 2a
Nutzungsinteresse **19** II 3 Fn. 28
Nutzungsmöglichkeit **14** I 2c und Fn. 9

Objektiv fremdes Geschäft **10** I 3a
Objektiver Erklärungswert **16** I 1; **17** I 1
Obliegenheit **7** II 3
Organisationsmangel **19** II 4, III 3, IV 3

Peremptorische Einrede **5** III 3
Pfandrecht des Vermieters **4** I 2e
Pflichtverletzung **2** I 4; **4** I 1a, II 1a; **5** I 2b; **6** I 1b, II 2a, IV 2c; **11** I 1a; **19** III 3
– unerhebliche **1** II 3
Positives Interesse **2** in Fn. 34
Prima-facie-Beweis **4** II 1b; **19** IV 3
Produkt **19** II 3
Produkthaftung **19** I 3 mit Fn. 7f., II 3, III 1
Produzentenhaftung **19** I 4 mit Fn. 8, 10, II 4, III 2, 3, IV 2, 3
Prüfungspflicht **19** II 3, 4

Rat **7** III 2b
Recht zum Besitz **4** I 1b; **12** I 1a
Recht zur zweiten Andienung **2** II mit Fn. 38
Rechtmäßiges Alternativverhalten **4** I 1a
Rechtsfolgenirrtum **8** II 1c
Rechtsfolgenverweisung **16** I 3
Rechtsfortwirkungsanspruch **16** I 3b, II 3
Rechtsgrund **15** I 1, III; **16** I 3 und Fn. 4; **17** II 2
Rechtsgrundverweisung **4** I 2a; **10** II 2b; **16** I 3 und Fn. 1
Rechtsgüter, geschützte **4** I 1b; **18** III 2a
Rechtskauf **2** I 1a, b, I 2; **5** I 2a
Rechtsschein bei Willenserklärungen **17** I 1
Rechtswidrigkeit
– bei Eigentumsverletzung **9** I 1c
– bei Eingriff in Gewerbebetrieb **18** III 3a bb
– Indizierung **18** III 3a bb
Regressanspruch **6** III, IV 3; **11** III 2; **18** V
Restprodukt **19** II 3
Risikoerhöhung **3** IV
Rückabwicklung von Rechtsgeschäften
– im Dreiecksverhältnis **15** I 1; **16** I, II; **17** I 2
Rückforderungsdurchgriff **5** III 3
Rückgriff des Verkäufers **2** II
Rückgriffskondiktion **13** Fn. 5
Rücktritt
– und Befreiung von Gegenleistungspflicht **1** I 3a
– Geschäftsgrundlage **5** II 6a, III 1
– des Käufers **1** I 3, II 1, II 4; **2** II
– des Leasingnehmers **5** I 1, 2, II 6a, III 1
– Nutzungsherausgabe **1** II 4b
– beim Verkauf mehrerer Sachen **5** I 2b
– und Wertersatzpflicht **1** II 4a

Sachmangel
– und Eigenschaftsirrtum **1** I 5
– und Fehlen der Geschäftsgrundlage **1** I 6
– objektiver **6** I 1a
– subjektiver **1** I 1a; **2** I 1c
– Werkvertrag **6** I 1a
– s. Mangel; Untersuchungspflicht
Saldotheorie **14** Fn. 2; **15** II
– alte Konstruktion **15** II, Fn. 27
Schaden
– Berücksichtigung später eintretender Umstände **1** II 3b
– mittelbarer **18** I 1
– weiterfressender **6** I 1c mit Fn. 9; **19** I 4, II 3, 4
Schadensbegriff **19** II 3
Schadensberechnung **9** I 2b, II 2
– Differenzhypothese **9** I 2b, II 2a mit Fn. 28
– bei Eingriff in Nutzungsrechte **3** V 1
– bei Mangelfolgeschaden **4** I 1a
– bei unberechtigter Untervermietung **3** V 1, V 6
– bei zusammenhängenden Sachen **9** II 2b mit Fn. 28
Schadensersatz
– großer/kleiner **1** II 3
– Mangelfolgeschaden **3** I 1c, IV; **6** I 2a mit Fn. 12; **19** I 2
– Mangelschaden **6** I 1b, Fn. 12
– statt der (ganzen) Leistung **1** II 3; **2** I 3; **4** I 1a; **6** I 2a; **9** II 2c
– wegen Nichterfüllung **3** I 1c; **6** I 2a
Schadensersatzanspruch
– aus Eigentümer-Besitzer-Verhältnis **12** I 1
– bei Eingriff in Gewerbebetrieb **18** III 2a bb, 3a bb
– des Käufers **1** I 2, II 3; **2** I 3, 4
– des Mieters **3** I 1c, III 1, IV; **4** I 1a, b
– auf Rückübereignung **9** I 1c
– wegen entgangenen Gewinns **18** III 2a aa, V 1, 2
– wegen unberechtigter Geschäftsführung ohne Auftrag **6** I 2c; **10** III; **11** I 1, 2

– wegen Verdienstausfalls **18** III
– des Werkbestellers **6** I 1b
– vgl. auch culpa in contrahendo; Deliktsanspruch; Schmerzensgeld
Schadensliquidation im Drittinteresse **3** II 2; **18** I 2a; **19** II 1c mit Fn. 22
Schadensminderungspflicht **1** II 3
Schadensverlagerung **19** II 1c
Schmerzensgeld **3** I; **6** I 2d; **11** II 2b, 4; **19** II 3, III 1
– Verjährung **6** IV 2b
Schönheitsreparatur **4** II 2
Schriftform **3** I 1a
Schutzgesetz
– Strafgesetze **4** II 1c
– verbotene Eigenmacht **4** I 1c bb
– vertragliche Ansprüche **4** I 1c aa mit Fn. 21
Schutzpflicht **19** II 1b
Sekundärhaftung **6** IV 2c mit Fn. 35
Selbstgefährdung **11** II 1d
Selbstvornahme **4** II 2a mit Fn. 53; **6** I 1a
Share deal **2** I 1a
Sicherheitsleistung **4** Fn. 40
Sittenwidrigkeit
– einer Bürgschaft **7** I 2
– eines Darlehensvertrags **8** II 1c
Software-Überlassungsvertrag **5** I 2a
Sonstige Rechte **4** I 1b
Sozialtypisches Verhalten **13** I
Spielschuld **8** II 1c
Stellvertretendes commodum **1** II 1; **9** I 2a mit Fn. 6
Stellvertretung
– Willensmängel **8** II 1c
Strafgedanke im Zivilrecht **3** IV
Stückkauf **1** I 1b
Subjektiv fremdes Geschäft **10** Fn. 1
Subsidiarität der Eingriffskondiktion **10** I 3b mit Fn. 4; **15** I 2; **16** I 3a, b und Fn. 1, 2, 4, 5, 9
Substanzverletzung **6** I 1c; **18** III 3a aa
Substanzwert **12** I 1c

Täuschung
– des Angewiesenen **17** I 2, II 1, Fn. 5
Teleologische Reduktion **5** III 3
Teilnahme am Delikt **20**, 1

Übereignung **9** I 1b; **17** I 2
Überholende Kausalität **18** III 5c Fn. 36
Übernahmeverschulden **11** Fn. 10
Überwachungsmangel **19** II 4, III 2
Umweltbeziehungen **1** I 1b; **2** I 1c
Unabwendbares Ereignis **11** II 1d
Unangemessene Benachteiligung **4** II 2a; **5** II 3
Unberechtigte Geschäftsführung ohne Auftrag **10** III 1a
Ungerechtfertigte Bereicherung **13**
– das erlangte Etwas **13** III 1
– Entreicherung **9** I 2e; **13** III 2
– Entreicherung des Minderjährigen **13** III 3
– Ersparnis von Aufwendungen **13** III 1
– peremptorische Einrede **5** III 3
– Umfang der Bereicherung **9** I 2e; **13** III 1
– Ver- oder Gebrauch fremder Sachen oder Dienste **13** III 1, 2
– Wert des Besitzes **15** II
– Wert des Erlangten **13** III 2
– s. auch Bereicherungsanspruch; condictio; datio
Unmöglichkeit
– anfängliche **1** I 2, II 3; **2** I 3; **3** I 2
– der Herausgabe **9** I 2a, b; **12** I 1a
– nachträgliche **5** II 7
– qualitative Unmöglichkeit **2** I 3
– s. Nacherfüllung; Schadensersatzanspruch; Zweckerreichung
Unrechtmäßiger Besitzer **12** I 1a
Unterlassen **3** I 3
Unternehmenskauf **2** I
Unternehmer **2** II; **6** Fn. 2; **8** II 1a
Untersuchungspflicht des Verkäufers **2** II 3c bb, cc; **19** I 1
Untervermietung **3** I 1a
– Garantiehaftung **3** I 1b
– Gestattung **3** IV, V 2
– Mieterhöhung **3** V 1
– unberechtigte **3** V
– als Verfügung **3** V 4
Unzumutbarkeit der Nachfristsetzung **6** I 1a

Verbindung **12** I 1a
Verbotene Eigenmacht **4** I 1c bb; **12** I 2a
Verbotsgesetz **8** I
Verbraucherbauvertrag **6** I 1a
Verbraucherdarlehen **7** I 2; **8** II 1a
Verbrauchsgüterkauf **1** II 2a, II 2b; **2** II
Verbrauchsgüterkauf-RL **1** I 1b
Verbundenes Geschäft **5** II 6b, II 9
Verdienstausfall **18** III
Verfügung durch Nichtberechtigten **3** V 4; **9** I 1b; **12** I 1a, II 2
Verfügungsbefugnis **9** I 1b
Verfügungsbegriff **3** V 4
Verjährung
– bei Gesamtschuld **6** IV 3a aa, IV a bb
– Hemmung **17** Fn. 13
– im Kaufrecht **1** II 4b; **2** I 2, I 3 in Fn. 20, I 4, II; **6** I 2a mit Fn. 12
– im Mietrecht **4** I 2d, II 1b
– Rechtskauf **2** I 2
– Schadensersatzanspruch **6** I 2b, IV 1b
– Schmerzensgeldanspruch **6** in Fn. 34
– und Sekundärhaftung **6** IV 2c mit Fn. 35
– Vindikation **4** I 2e mit Fn. 42

– im Werkvertragsrecht **6** I 1b, Fn. 12, Fn. 30, II 1a, IV 1a, IV 1b
– s. auch Anspruchskonkurrenz
Verkehrssicherungspflicht **3** I 3; **6** II 1b; **19** II 2
Verletzergewinn **3** V 1
Vermögensopfer **11** II 1d
Vermögensverletzung **18** III 2a, 3a aa
Vermutetes Verschulden **19** III 3, IV 3
Verrichtungsgehilfe **18** I 2a, II 2a; **19** III 2, IV 2
Versari in re illicita **3** IV
Verschulden
– des Erfüllungsgehilfen **1** II 2a, 3; **2** I 3; **18** III 5c, V 2c; **19** I 2
– bei Folgeschäden **18** III 2a aa; **19** I 2
– des Geschäftsherrn bei § 831 **18** I 2b
– des Herstellers **19** I 3, II 3, 4, IV 1, 2, 3
– unabwendbares Ereignis **11** II 1d
– Vermutung **19** III 3, IV 3
– des Verrichtungsgehilfen **18** I 2b; **19** III 2, IV 2
Versionsklage **16** I 3a mit Fn. 7, 8
Vertrag mit Schutzwirkung für Dritte **3** II 1b; **19** II 1b
Vertrauen des Bereicherten **15** II
Vertrauenshaftung des Herstellers **19** II 2
Vertrauensschutz **17** II 1
Vertretenmüssen **1** I 2; **2** I 3; **4** II 1a, b
Verwahrungsvertrag **9** I 1a
Verwendungen **12** I 1c, d, II 2b
– des Bösgläubigen **12** I 1d
– notwendige **12** I 1c
Verwendungsersatzansprüche **12** I 2c
Verwendungskondiktion **13** Fn. 5
Verzug **18** III 5c
Vindikation
– und stellvertretendes commodum **9** in Fn. 6
– Verjährung **4** I 2e mit Fn. 42
– Vorrang der Leistungskondiktion **14** I 2a; **15** II Fn. 19
Vindikationslage **12** I 1a; **14** I 2a; **16** I 1, 2
Vorleistung **15** II, Fn. 27, 30
Vorrang der Nacherfüllung **2** II; **19** I 1
Vorsätzliche sittenwidrige Schädigung **9** I 2d cc
Vorschuss **6** I 1a
Vorteilsausgleichung **9** I 2d aa

Wandelung **1** II 1; **5** I 2b; **19** I 4
Wegnahmerecht **4** I 2d; **12** I 1e
Weiterfressender Schaden vgl. Schaden
Werkvertrag **5** I 2a; **6**; **7** II 1; **10** I 1
– Abnahme **7** II 1, II 2
– Annahmeverzug **7** II 2a
– Aufhebung **7** II 2
– Fälligkeit **7** II 2
– Gläubigerobliegenheit **7** II 3
– Kündigung **7** II 1b
– Mitwirkung des Gläubigers **7** II 1b aa
– Pflichtverletzung **7** II 3
– Rückgabepflicht **9** I 2a mit Fn. 8
– Teilvergütung **7** II 2
– vgl. auch Abnahme; Aufwendungsersatz; Nachfrist; Rücktritt; Schadensersatzanspruch; Selbstvornahmerecht; Verjährung
Wertersatz **10** II 2b; **11** II 1d; **14** I 2; **16** I 2, 3
Wertersatzpflicht **1** II 4b
Wertsteigerung durch Geschäftsführung **12** I 3c
Wesentliche Bestandteile **16** I 1
Wille des Geschäftsherrn **10** II 2a
Willenserklärung
– Zugang **7** I
– Zweckbestimmung **15** II
Wucherdarlehen **8** in Fn. 16

Zufallshaftung **12** I 2a, 3a
Zug-um-Zug-Leistung **1** II 4c; **5** I 1e; **12** I 1c, 2b, 3b
Zurückbehaltungsrecht **9** I 3
– bei gleichartigen Ansprüchen **9** in Fn. 22
Zusicherung einer Eigenschaft **1** I 1a, I 3b; **19** I 1
Zuwendung **15** I 1, Fn. 3; **17** I 3a
Zweckbestimmung **15** I 1, II; **17** I 3a, II 2
Zwecksetzung **15** I 1 Fn. 5; **17** I 3a
Zweckverfehlung **15** III
Zweikondiktionentheorie **15** II
Zwischenursache **18** I 1